# Direito Financeiro e Controle Externo

O GEN | Grupo Editorial Nacional – maior plataforma editorial brasileira no segmento científico, técnico e profissional – publica conteúdos nas áreas de concursos, ciências jurídicas, humanas, exatas, da saúde e sociais aplicadas, além de prover serviços direcionados à educação continuada.

As editoras que integram o GEN, das mais respeitadas no mercado editorial, construíram catálogos inigualáveis, com obras decisivas para a formação acadêmica e o aperfeiçoamento de várias gerações de profissionais e estudantes, tendo se tornado sinônimo de qualidade e seriedade.

A missão do GEN e dos núcleos de conteúdo que o compõem é prover a melhor informação científica e distribuí-la de maneira flexível e conveniente, a preços justos, gerando benefícios e servindo a autores, docentes, livreiros, funcionários, colaboradores e acionistas.

Nosso comportamento ético incondicional e nossa responsabilidade social e ambiental são reforçados pela natureza educacional de nossa atividade e dão sustentabilidade ao crescimento contínuo e à rentabilidade do grupo.

VALDECIR PASCOAL

# Direito Financeiro e Controle Externo

**10ª Edição**
Revista e atualizada

SÉRIE PROVAS & CONCURSOS

- A EDITORA FORENSE se responsabiliza pelos vícios do produto no que concerne à sua edição (impressão e apresentação a fim de possibilitar ao consumidor bem manuseá-lo e lê-lo). Nem a editora nem o autor assumem qualquer responsabilidade por eventuais danos ou perdas a pessoa ou bens, decorrentes do uso da presente obra.

- Nas obras em que há material suplementar *on-line*, o acesso a esse material será disponibilizado somente durante a vigência da respectiva edição. Não obstante, a editora poderá franquear o acesso a ele por mais uma edição.

- Todos os direitos reservados. Nos termos da Lei que resguarda os direitos autorais, é proibida a reprodução total ou parcial de qualquer forma ou por qualquer meio, eletrônico ou mecânico, inclusive através de processos xerográficos, fotocópia e gravação, sem permissão por escrito do autor e do editor.

    Impresso no Brasil – *Printed in Brazil*

- Direitos exclusivos para o Brasil na língua portuguesa
    Copyright © 2019 by
    **EDITORA FORENSE LTDA.**
    Uma editora integrante do GEN | Grupo Editorial Nacional
    Rua Conselheiro Nébias, 1384 – Campos Elíseos – 01203-904 – São Paulo – SP
    Tel.: (11) 5080-0770 / (21) 3543-0770
    faleconosco@grupogen.com.br / www.grupogen.com.br

- O titular cuja obra seja fraudulentamente reproduzida, divulgada ou de qualquer forma utilizada poderá requerer a apreensão dos exemplares reproduzidos ou a suspensão da divulgação, sem prejuízo da indenização cabível (art. 102 da Lei n. 9.610, de 19.02.1998). Quem vender, expuser à venda, ocultar, adquirir, distribuir, tiver em depósito ou utilizar obra ou fonograma reproduzidos com fraude, com a finalidade de vender, obter ganho, vantagem, proveito, lucro direto ou indireto, para si ou para outrem, será solidariamente responsável com o contrafator, nos termos dos artigos precedentes, respondendo como contrafatores o importador e o distribuidor em caso de reprodução no exterior (art. 104 da Lei n. 9.610/98).

- Esta obra passou a ser publicada pelo selo Método da Editora Forense a partir da 9.ª edição.

- Capa: Fabricio Vale

- Data de fechamento: 28.06.2019

- **CIP – BRASIL. CATALOGAÇÃO NA FONTE.
    SINDICATO NACIONAL DOS EDITORES DE LIVROS, RJ.**

    P286d
    Pascoal, Valdecir

    Direito financeiro e controle externo / Valdecir Pascoal. – 10. ed. – Rio de Janeiro: Forense; São Paulo: MÉTODO, 2019.

    Inclui bibliografia
    ISBN 978-85-309-8613-1

    1. Direito financeiro – Brasil. 2. Administração pública – Brasil. 3. Orçamento – Brasil. 4. Finanças públicas – Brasil. I. Título. II. Série.

    19-55784　　　　　　　　　　　　　　　　CDU: 347.73:351.71(81)

    Leandra Felix da Cruz – Bibliotecária – CRB-7/6135

# Epígrafe

"Consegui salvar em 70 dias 9:539$447. É pouco. Entretanto, fiz esforço imenso para acumular soma tão magra, para impedir que ela escorregasse de cá; suprimi despesas e descontentei vários amigos e compadres que me fizeram pedidos."

"Dos funcionários que encontrei em janeiro do ano passado restam poucos. Saíram os que faziam política e os que não faziam coisa nenhuma. Os atuais não se metem onde não são necessários, cumprem as suas obrigações e, sobretudo, não se enganam em contas..."

"Procurei sempre os caminhos mais curtos. Nas estradas que se abriram só há curvas onde as retas foram inteiramente impossíveis... Há quem ache tudo ruim, e ria constrangidamente, e escreva cartas anônimas, e adoeça, e se morda por não ver a infalível moroteirazinha, a abençoada canalhice, preciosa para quem a pratica, mais preciosa ainda para os que dela se servem como assunto invariável; há quem não compreenda que um ato administrativo seja isento de lucro pessoal."

"No orçamento do ano passado houve supressão de várias taxas que existiam em 1928. A receita, entretanto, calculada em 68:850$000, atingiu 96:924$985. E não empreguei rigores excessivos. Fiz apenas isto: extingui favores largamente concedidos a pessoas que não precisavam deles e pus termo às extorsões que afligiam os matutos de pequeno valor, ordinariamente raspados, escorchados, esbrugados pelos exatores."

"Pensei em construir um novo cemitério, pois o que temos dentro em pouco será insuficiente, mas os trabalhos a que me aventurei, necessários aos vivos, não me permitiram a execução de uma obra, embora útil, prorrogável. Os mortos esperarão mais algum tempo. São os munícipes que não reclamam."

"A Prefeitura foi intrujada quando, em 1920, aqui se firmou um contrato para fornecimento de luz. Apesar de ser um negócio referente à claridade, julgo que assinaram aquilo às escuras. É um *bluff*. Pagamos até a luz que a lua nos dá."

>  Trechos dos *Relatórios* (de prestação de contas) enviados pelo Prefeito do Município de Palmeira dos Índios, *GRACILIANO RAMOS*, ao Governador do Estado de Alagoas, nos anos de 1929 e 1930.

*À memória dos meus amados pais, Valdecir e
Cidinha, pelo exemplo e o legado do estudo;*

*À Dalva, minha esposa, amor, referência e presença;*

*Às minhas princesas, Bárbara e Beatriz, amores em forma de inspiração;*

*Aos meus irmãos – Yara, Inalda, Ilma (in memoriam), Ilka e
Istênio – e aos amigos, os de perto e os de longe, pelo incentivo e apoio;*

*Aos meus alunos, por não me deixarem
esquecer que somos todos aprendizes.*

# Apresentação

Este trabalho, sobre os principais pontos do programa de Direito Financeiro, não tem a pretensão de ser uma produção crítico-doutrinária propriamente dita. Trata-se de um estudo sistemático do ordenamento jurídico brasileiro que disciplina a Atividade Financeira do Estado, destacando-se os aspectos mais relevantes sobre o *Orçamento Público*, a *Receita*, a *Despesa*, o *Crédito Público* e o *Controle Externo* da Administração Pública, exercidos pelo Poder Legislativo e, em especial, pelos Tribunais de Contas. Ressalte-se que, em relação a cada ponto do programa proposto, são tratadas as principais inovações trazidas pela *Lei de Responsabilidade Fiscal – LRF*. Há que se esclarecer, contudo, que, embora o tema Controle Externo esteja inserido no objeto do Direito Financeiro, muitos concursos públicos, a exemplo do Tribunal de Contas da União – TCU – e dos Tribunais de Contas Estaduais e Municipais, vêm destacando o Controle Externo como um item autônomo, exigindo dos candidatos um conhecimento mais denso sobre as normas pertinentes ao controle externo da Administração Pública.

Em se tratando de um estudo interpretativo-sistematizador do Direito Financeiro e do Controle Externo, voltado especialmente para CONCURSOS PÚBLICOS e para a disciplina básica de Direito Financeiro de CURSOS DE DIREITO, o leitor não encontrará, como já dissemos, um aprofundamento crítico sobre as questões abordadas. No entanto, valendo-nos de nossa experiência acadêmica e profissional, das lições de prestigiados doutrinadores, de uma extensa pesquisa na Jurisprudência do Supremo Tribunal Federal – STF – e, ainda, baseados em provas de concursos públicos para diversos cargos da Administração Pública, procuramos abordar o tema de forma precisa e didática, destacando os aspectos mais importantes. Além disso, disponibilizamos 200 questões selecionadas e comentadas de provas de concursos públicos.

Uma palavra final de encorajamento e de incentivo, tanto para aqueles que estão iniciando uma jornada em busca da realização profissional, como para os que almejam apenas uma posição mais segura, uma vez que já exercem alguma atividade, pública ou privada:

> "É muito melhor arriscar coisas grandiosas, alcançando triunfo e glória, mesmo expondo-se à derrota, do que formar fila com os pobres de espírito que nem gozam muito, nem sofrem muito, porque vivem numa penumbra cinzenta e não conhecem vitória nem derrota." (Theodore Roosevelt)

*O Autor*

# Nota à 10ª Edição

O Direito não é estático, ele está em constante mutação. Essa transformação ocorre especialmente por meio de inovações formais no ordenamento jurídico e pelo surgimento de novas interpretações jurisprudenciais, tanto de órgãos administrativos, quanto, e principalmente, do Poder Judiciário.

Com o Direito Financeiro não é diferente. A cada ano, e vem sendo assim desde a promulgação da Constituição de 1988, surgem novas Emendas Constitucionais, Lei Complementares e Ordinárias, Decretos, Portarias e novas Jurisprudências.

Esta 10ª edição traz importantes alterações, notadamente em relação àsa inovações legislativas. Tratamos das seguintes Emendas Constitucionais: **Emenda nº 100/2019**, que trata do *Orçamento Impositivo*; **Emenda 95/2016**, que instituiu o *Novo Regime Fiscal* (NRF), estabelecendo um novo "teto de gastos" para o Governo Federal; **Emenda nº 93/2016**, que prorrogou a DRU (*Desvinculação de Receitas da União*) e instituiu as desvinculações de receitas nos âmbitos dos Estados, DF e Municípios; e **Emenda nº 99/2017**, que criou o *Regime Especial de Pagamento de Precatórios*. Destaque também para a **Lei Complementar nº 164/2018**, que alterou a Lei de Responsabilidade Fiscal (LRF) para estabelecer regramentos excepcionais em relação à aplicação das chamadas "*sanções institucionais*" aos Municípios. Ainda, merecemmerece realce as novas regras sobre a classificação das *Receitas Orçamentárias*, segundo a sua natureza, trazidas por novas Portarias do Governo Federal, notadamente por meio da **Portaria Interministerial STN/SOF nº 101/2018**.

Registre-se, por fim, que, neste ano de 2019, tramitam, no Congresso Nacional, muitos projetos de lei e propostas de emendas constitucionais que tratam de temas relacionados ao Direito Financeiro, especialmente sobre orçamento público e responsabilidade fiscal. O leitor deve ficar atento às inovações legislativas e acompanhar no *site* da Editora as nossas atualizações.

Mãos e cérebros à obra!

*Valdecir Pascoal*
*Junho de 2019.*

# Palavras da Coordenação da Série Provas & Concursos

O processo de aprendizado demanda, antes de tudo, boa vontade do discípulo. Imprescindível, portanto, que o candidato se dispa de todo preconceito negativo sobre o tema e desmistifique quaisquer aversões, contemporizando suas necessidades com o tempo disponível para tal empreitada. Todo esse processo pode ser facilitado por uma orientação pedagógica de bom nível. E é precisamente aí que surge como facilitador o Professor Valdecir Fernandes Pascoal, brindando o leitor com um instrumento que reúne essas qualidades.

A obra, dividida em duas partes, permite uma compreensão precisa dos meandros do Direito Financeiro e do Controle Externo, graças à sua narrativa leve e concisa, permeada de exemplos e questões oportunas, cujo objetivo é auxiliar candidatos e, ao mesmo tempo, ser um norte para os operadores do Direito.

Em razão da acentuada e justa importância que os editais de concurso público têm dado ao Direito Financeiro, o selo Método, da Editora Forense, vem contribuir para o êxito de seus leitores ao disponibilizar mais este livro da Série Provas & Concursos.

*Sylvio Motta*

# Sumário

**Parte 1**
**Direito Financeiro**

**Capítulo 1 – Atividade Financeira do Estado – AFE** .................................................. 3

    **1.1.** Conceito .................................................................................................... 3
    **1.2.** Características da AFE ............................................................................. 4
    **1.3.** A AFE e a Lei de Responsabilidade Fiscal – LRF ................................... 5
        **1.3.1.** Alcance da LRF ............................................................................ 7
        **1.3.2.** Sanções Institucionais e a Lei Complementar nº 164/2018 ............... 8
    **1.4.** *Accountability* ........................................................................................... 9

**Capítulo 2 – Direito Financeiro** ............................................................................... 11

    **2.1.** Conceito .................................................................................................... 11
    **2.2.** Direito Financeiro, Ciência das Finanças e Direito Tributário .................. 11
    **2.3.** Competência Legislativa .......................................................................... 12

**Capítulo 3 – O Orçamento Público** ........................................................................ 17

    **3.1.** Origem, Conceitos e Aspectos ................................................................. 17
    **3.2.** Natureza Jurídica do Orçamento (Emenda nº 100) ................................. 18
        **3.2.1.** Orçamento Impositivo das emendas parlamentares ........................ 22
    **3.3.** Orçamentos: Programa, de Desempenho e Base Zero ............................ 24
    **3.4.** Orçamento Participativo ........................................................................... 26
    **3.5.** Princípios Orçamentários ......................................................................... 27
        **3.5.1.** O princípio da transparência (ou publicidade) ................................ 35
        **3.5.2.** A Transparência e a Lei de Responsabilidade Fiscal – LRF ............ 35

| | | |
|---|---|---|
| 3.5.3. | O Relatório Resumido e o Relatório de Gestão (Quadro-Resumo) | 38 |
| 3.5.4. | A Transparência e a Lei de Acesso à Informação Pública – Lei Federal nº 12.527/2011 | 40 |
| 3.6. | O Ciclo Orçamentário e o Exercício Financeiro | 41 |
| 3.7. | Leis Orçamentárias | 42 |
| 3.7.1. | Plano Plurianual – PPA | 43 |
| 3.7.2. | Lei de Diretrizes Orçamentárias – LDO | 45 |
| 3.7.2.1. | A LDO e a Lei de Responsabilidade Fiscal – LRF | 46 |
| 3.7.2.2. | Os novos anexos da LDO exigidos pela LRF | 47 |
| 3.7.3. | Lei Orçamentária Anual – LOA | 48 |
| 3.7.3.1. | A LOA e a Lei de Responsabilidade Fiscal – LRF | 51 |
| 3.8. | Processo Legislativo Orçamentário | 51 |
| 3.8.1. | Iniciativa e apreciação | 51 |
| 3.8.2. | Não envio da Lei Orçamentária | 56 |
| 3.8.3. | Rejeição das Leis Orçamentárias | 56 |
| 3.8.4. | Não devolução da Lei Orçamentária | 57 |
| 3.8.5. | Controle concentrado da constitucionalidade das leis orçamentárias | 57 |
| 3.9. | Créditos Adicionais | 58 |
| 3.10. | Dotação dos Poderes e Órgãos | 62 |
| 3.11. | Vedações Orçamentárias Constitucionais | 63 |
| 3.12. | Desvinculação de Receitas – DRU, DRE, DRDF E DRM (Emenda Constitucional nº 93) | 65 |

**Capítulo 4 – Despesa Pública** .......................................................................... **69**

| | | |
|---|---|---|
| 4.1. | Conceito | 69 |
| 4.2. | Principais Classificações da Despesa Pública | 69 |
| 4.3. | Estágios da Despesa Pública | 82 |
| 4.4. | Adiantamentos | 86 |
| 4.5. | O Regime Contábil da Despesa Orçamentária, os Restos a Pagar, as Despesas de Exercícios Anteriores, os Precatórios e as Anulações de Despesas | 86 |
| 4.6. | A Despesa Pública e a Lei de Responsabilidade Fiscal – LRF | 92 |
| 4.6.1. | Limitação de empenho (art. 9º) | 92 |
| 4.6.2. | Geração da despesa (arts. 15 e 16) | 94 |
| 4.6.3. | Despesa obrigatória de caráter continuado (art. 17) | 94 |
| 4.6.4. | Despesas com pessoal (arts. 18-23) | 95 |
| 4.6.4.1. | Conceito de despesa com pessoal | 95 |
| 4.6.4.2. | Limites para as despesas de pessoal | 96 |
| 4.6.5. | Despesas nulas | 100 |
| 4.6.6. | Transferências voluntárias | 100 |
| 4.6.7. | Contrair obrigação em fim de mandato | 101 |
| 4.6.8. | Despesas de competência de outro ente | 102 |
| 4.6.9. | Destinação de recursos públicos para o setor privado | 102 |
| 4.6.10. | Despesas com a Seguridade Social | 103 |

| | | |
|---|---|---|
| 4.7. | Novo Regime Fiscal: Emenda Constitucional nº 95 – Teto de Gastos............ | 103 |
| | 4.7.1. Objetivo e contexto econômico-fiscal ................................. | 103 |
| | 4.7.2. Vigência do Novo Regime Fiscal (NRF) ................................ | 104 |
| | 4.7.3. Alcance do NRF ......................................................... | 104 |
| | 4.7.4. Novos limites individualizados........................................ | 104 |
| | 4.7.5. Saúde e educação...................................................... | 105 |
| | 4.7.6. Descumprimento e sanções ............................................. | 105 |

## Capítulo 5 – Receita Pública ............................................................................. 109

| | | |
|---|---|---|
| 5.1. | Conceito ........................................................................... | 109 |
| 5.2. | Principais Classificações da Receita Pública................................. | 110 |
| 5.3. | Estágios da Receita............................................................. | 121 |
| 5.4. | Dívida Ativa ..................................................................... | 122 |
| 5.5. | Repartição de Receitas – Transferências Constitucionais................... | 123 |
| 5.6. | A Receita Pública e a Lei de Responsabilidade Fiscal – LRF ................ | 128 |
| | 5.6.1. Receita corrente líquida – RCL........................................ | 128 |
| | 5.6.2. Instituição, previsão, arrecadação e renúncia de receitas......... | 130 |

## Capítulo 6 – Crédito Público ............................................................................ 135

| | | |
|---|---|---|
| 6.1. | Conceito e Natureza Jurídica .................................................. | 135 |
| 6.2. | Classificação dos Empréstimos ................................................ | 136 |
| 6.3. | Dívida Pública................................................................... | 136 |
| | 6.3.1. Competências do Congresso Nacional e do Senado Federal........ | 136 |
| | 6.3.2. A dívida pública na Lei nº 4.320/1964 ................................ | 137 |
| | 6.3.3. A dívida pública na Lei de Responsabilidade Fiscal – LRF.......... | 138 |
| |     6.3.3.1. Novas definições da dívida pública ......................... | 138 |
| |     6.3.3.2. Limites para o endividamento público ..................... | 138 |
| |     6.3.3.3. Extrapolação do limite da dívida consolidada, recondução e sanções (art. 31) ........................................................ | 140 |
| |     6.3.3.4. As vedações em matéria de endividamento público (arts. 34 a 37)...................................................................... | 140 |
| |     6.3.3.5. AROs – Operações de crédito por antecipação da receita (art. 38).................................................................. | 141 |

## Parte 2
## Controle Externo

**Capítulo 7 – Sistemas de Controle Externo**................................................. 145

**Capítulo 8 – Regras Constitucionais sobre o Controle Externo**.................... 149

| | | |
|---|---|---|
| 8.1. | O Modelo de Controle Externo no Brasil..................................... | 149 |

| | | |
|---|---|---|
| 8.2. | Tribunais de Contas | 153 |
| 8.2.1. | Natureza jurídica dos Tribunais de Contas | 153 |
| 8.2.2. | Natureza jurídica das decisões do Tribunal de Contas | 156 |
| 8.2.3. | Eficácia das decisões do Tribunal de Contas | 159 |
| 8.2.4. | Alcance da fiscalização contábil, financeira, orçamentária, operacional e patrimonial | 160 |
| 8.2.5. | O Tribunal de Contas e o princípio do *devido processo legal* | 167 |
| 8.2.6. | O Tribunal de Contas e o Controle de Constitucionalidade | 172 |
| 8.2.7. | Competências constitucionais dos Tribunais de Contas | 174 |
| 8.2.7.1. | Parecer prévio (art. 71, I, c/c arts. 31, §§ 1º e 2º, e 75 da CF) | 174 |
| 8.2.7.2. | Julgamento de contas (art. 71, II, c/c art. 75 da CF) | 177 |
| 8.2.7.3. | Controle de atos de pessoal (art. 71, III, c/c art. 75 da CF) | 182 |
| 8.2.7.4. | Competência corretiva (art. 71, IX e X e §§ 1º e 2º, c/c art. 75 da CF) | 184 |
| 8.2.7.5. | Auditorias e inspeções (art. 71, IV, VII, c/c art. 75 da CF) | 186 |
| 8.2.7.6. | Apreciar contas nacionais de empresas supranacionais e recursos públicos transferidos voluntariamente (art. 71, V, VI, c/c art. 75 da CF) | 187 |
| 8.2.7.7. | Fixar o coeficiente dos fundos de participação (art. 161, parágrafo único, da CF) | 188 |
| 8.2.7.8. | Dever de representação (art. 71, XI, c/c art. 75 da CF) | 189 |
| 8.2.7.9. | Aplicação de sanções aos gestores (art. 71, VIII, c/c art. 75 da CF) | 190 |
| 8.2.7.10. | Auxílio à comissão permanente do Poder Legislativo (art. 72 c/c art. 75 da CF) | 191 |
| 8.2.8. | Competências infraconstitucionais | 192 |
| 8.2.8.1. | O TC e a Lei de Responsabilidade Fiscal – LRF | 193 |
| 8.2.8.2. | O TC e a Lei de Crimes Fiscais (Lei Federal nº 10.028/2000) | 194 |
| 8.2.8.3. | O TC e a Lei nº 8.666/1993 | 195 |
| 8.2.8.4. | O TC e as Leis do Fundeb e Fundef | 196 |
| 8.2.8.5. | O TC e a Lei nº 4.320/1964 | 196 |
| 8.2.8.6. | Competência regulamentadora | 197 |
| 8.2.8.7. | O TC e a Lei Ficha Limpa (Lei Complementar nº 135/2010) | 197 |
| 8.2.9. | O controle social e o Tribunal de Contas (Denúncias) | 200 |
| 8.2.10. | Relação Tribunal de Contas – Controle Interno | 201 |
| 8.2.11. | Composição dos Tribunais de Contas | 202 |

## Questões

| | | |
|---|---|---|
| **Capítulo 9 – Questões de Concursos** | | **211** |
| 9.1. | Questões Comentadas (01 a 200) (Período 2008-2012) | 211 |
| 9.2. | Gabaritos e Comentários | 277 |
| **Referências Bibliográficas** | | **357** |

# Parte 1
# DIREITO FINANCEIRO

# Capítulo 1

# Atividade Financeira do Estado – AFE

## 1.1. Conceito

O Estado, visando à satisfação do BEM COMUM, exerce uma atividade financeira. Antes, porém, de conceituar "Atividade Financeira do Estado", há que se ter a noção de **"necessidades públicas"**. Para Régis Fernandes de Oliveira e Estevão Horvath *tudo aquilo que incumbe ao Estado prestar, em decorrência de uma decisão política, inserida em norma jurídica, é necessidade pública.*[1] A ATIVIDADE FINANCEIRA DO ESTADO, para Alberto Deodato, *é a procura de meios para satisfazer às necessidades públicas.*[2] Aliomar Baleeiro, por sua vez, fazendo a relação entre a Atividade Financeira do Estado e as necessidades públicas, assevera que *a AFE consiste em obter, criar, gerir e despender o dinheiro indispensável às necessidades, cuja satisfação o Estado assumiu ou cometeu a outras pessoas de direito público.*[3]

Em resumo: é tarefa do Estado a realização do bem comum que se concretiza por meio do atendimento das necessidades públicas, como por exemplo: segurança, educação, saúde, previdência, justiça, defesa nacional, emprego, diplomacia, alimentação, habitação, transporte, lazer, etc. (ver arts. 3º, 21, 23, 25 e 30 da CF/1988). Para realização dos seus objetivos fundamentais, definidos especialmente em sua Lei Maior, o Estado precisa obter fontes de

---

[1] Régis Fernandes de Oliveira e Estevão Horvath. *Manual de Direito Financeiro.* 3. ed., São Paulo: Revista dos Tribunais, 1999, p. 15.
[2] Alberto Deodato. *Manual de Ciência das Finanças.* 11. ed., São Paulo: Saraiva, 1968, p. 1.
[3] Aliomar Baleeiro. *Uma Introdução à Ciência das Finanças.* 15. ed., Rio de Janeiro: Forense, 1998, p. 4.

recursos (extraindo-os da própria sociedade – *tributos e contribuições* – recorrendo a empréstimos, alienando seu patrimônio, cobrando pela prestação de serviços etc.), planejar a aplicação destes recursos por meio do orçamento público e efetivamente realizar o gasto público.

### 1.2. Características da AFE

a) Similar à atividade financeira do indivíduo, com uma diferença: a Atividade Financeira do Estado é um poder-dever, é obrigatória, haja vista que o Estado não pode subsistir sem o atendimento das necessidades públicas.

b) Conceito **dinâmico** – influenciado por aspectos políticos e ideológicos de cada época. O que seriam as "necessidades públicas"? Como vimos anteriormente, o conceito de necessidades públicas dependerá de uma decisão política, referendada através de **normas jurídicas** (Constituição, Leis...). Assim, dependendo da orientação político-ideológica de quem governa determinado Estado, a Atividade Financeira deste será mais ou menos intensa e englobará mais ou menos setores da vida humana relacionados às necessidades básicas. A AFE, pois, está relacionada ao "papel do Estado" no atendimento das necessidades humanas. Podemos fazer sucintamente o seguinte quadro comparativo:

- **Pensamento Liberal** – Estado mínimo, garantindo apenas as necessidades, como justiça e segurança (influência do pensamento dos economistas clássicos, destacando-se as ideias de *Adam Smith*).

- **Pensamento Socialista** – Estado máximo, garantindo todas as necessidades coletivas; o Estado participando ativamente, inclusive, da atividade econômica (influência do pensamento de *Karl Marx*).

- **Pensamento Social-Democrata** – o Estado participando ativamente do processo produtivo, em fases de recessão ou depressão econômica, visando, sobretudo, a fomentar o emprego e a renda nacional; política denominada "intervencionismo cíclico" (influenciado pelas ideias de *J. M. Keynes*).[4]

---

[4] Ricardo Lobo Torres. *Curso de Direito Financeiro*, Rio de Janeiro: Renovar, 1993, p. 165: *a partir da década de 30 predominou a ideologia keynesiana, que admitia os orçamentos deficitários e o excesso de despesa pública, ao fito de garantir o pleno emprego e a estabilidade econômica. Essa política foi ultrapassada na década de 80 pelo discurso do liberalismo social, que sinalizou no sentido de contenção dos gastos*

## 1.3. A AFE e a Lei de Responsabilidade Fiscal – LRF

Não há como falarmos em Atividade Financeira do Estado brasileiro, hoje, sem adentrarmos em alguns aspectos contidos na LRF.[5] Numa síntese, diríamos que a LRF – que em muitos aspectos apenas regulamenta regras e exigências já presentes na CF/1988 – é resultado, até certo ponto, de uma *visão liberal de Estado*, na medida em que coloca a despesa pública e o crédito público como variáveis dependentes da Receita Pública. A preocupação primeira é a de manter um Estado com equilíbrio orçamentário, ou seja, "gastar, no máximo, aquilo que se arrecada". Para isto, exigem-se daqueles encarregados da gestão pública, nos níveis federal, estadual e municipal, sob pena de responsabilização, AÇÕES PLANEJADAS, RESTRITIVAS E TRANSPARENTES, visando a garantir o equilíbrio entre receitas e despesas, através, sobretudo:

- do aumento da arrecadação de receitas públicas, na medida em que obriga os entes federativos a instituírem e arrecadarem todos os tributos da sua competência, além de restringir a possibilidade de concessão de "renúncias de receitas";
- do controle efetivo do gasto público, com a fixação de limites prudenciais e máximos, sobretudo para os gastos de pessoal, seguridade social e para as *despesas obrigatórias de caráter continuado*, exigindo-se também *mecanismos de compensação* (+ receita e/ou – despesa) em casos de aumento permanente de despesa ou renúncia de receita e, ainda, medidas de correção de desvios e vedações de gastos em fins de mandatos;
- do controle efetivo do endividamento público, inclusive dos "Restos a Pagar" e das "AROs" (Antecipações de Receitas Orçamentárias), com fixação de limites de endividamento e, em caso de extrapolação, de mecanismos de restabelecimento desses limites, de sorte a manter a dívida em níveis prudentes;
- de definições de *metas fiscais* anuais para três exercícios financeiros, conferindo tal atribuição à Lei de Diretrizes Orçamentárias (LDO),

---

   públicos e dos privilégios e do aumento das receitas, para o equilíbrio financeiro do Estado.

[5] A LRF (Lei Complementar nº 101/2000) foi inspirada nas experiências da Nova Zelândia, após a introdução do *Fiscal Responsibility Act*, de 1994; da Comunidade Econômica Europeia, a partir do *Tratado de Maastricht (1992)*; e dos Estados Unidos, cujas normas de disciplina e controle de gastos do governo central levaram à edição do *Budget Enforcement Act (1990)*, aliado ao princípio da *"accountability"*.

que passa a ser uma peça fundamental no planejamento das ações de governo;
- da obrigação de divulgar amplamente, inclusive por meio da Internet, os principais atos relacionados com a gestão dos recursos públicos, a exemplo das leis orçamentárias, das prestações de contas dos gestores e das decisões dos Tribunais de Contas..

> **IMPORTANTE**
>
> 1. Apenas para exemplificar os objetivos da LRF, antes mesmo de comentarmos seus principais dispositivos, ao longo deste trabalho, vale citarmos os "10 MANDAMENTOS da LRF" assinalados pelos economistas do Governo Federal, Edson Ronaldo Nascimento e Ilvo Debus:
>    - I – *Não terás crédito orçamentário com finalidade imprecisa nem dotação ilimitada (Art. 5º, § 4º).*
>    - II – *Não farás investimento que não conste do Plano Plurianual (Art. 5º, § 5º).*
>    - III – *Não criarás nem aumentarás despesa sem que haja recursos para o seu custeio (Art. 17, § 1º).*
>    - IV – *Não deixarás de prever e arrecadar os tributos de tua competência (Art. 11).*
>    - V – *Não aumentarás a despesa com pessoal nos últimos 180 dias do teu mandato (Art. 21, parágrafo único).*
>    - VI – *Não aumentarás a despesa com a seguridade social sem que a sua fonte de custeio esteja assegurada (Art. 24).*
>    - VII – *Não utilizarás recursos recebidos por transferência para finalidade diversa da que foi pactuada (Art. 25, § 2º).*
>    - VIII – *Não assumirás obrigação para com os teus fornecedores, para pagamento a posteriori de bens e serviços (Art. 37, IV).*
>    - IX – *Não realizarás operação de ARO (Antecipação da Receita Orçamentária), sem que tenhas liquidado a anterior (Art. 38, IV, "a").*
>    - X – *Não utilizarás receita proveniente de alienação de bens para o financiamento de despesas correntes (Art. 44).*[6]
>
> 2. Apreciando a Ação Direta de Inconstitucionalidade nº 2.238, o STF suspendeu os seguintes dispositivos da LRF:
>    - a) **§ 3º do art. 9º** – O disposto no § 3º do art. 9º da LRF autorizava o Poder Executivo a limitar os valores financeiros a serem repassados aos outros Poderes e ao Ministério Público, segundo os critérios fixados pela LDO, caso estes não efetuassem a "limitação de empenho" nas situações previstas. O STF entendeu que, em obediência aos princípios da separação e da autonomia dos Poderes, o Poder Executivo não poderá efetuar a limitação de empenho dos outros Poderes e do

---

[6] Os 10 mandamentos estão contidos no trabalho: *"Entendendo a Lei de Responsabilidade Fiscal"*, publicado na Internet: www.federativo.bndes.gov.br. Vale salientar que, além do referido trabalho, esse site contém muitos outros trabalhos que são de grande valia para o entendimento da LRF.

Ministério Público. Ressalte-se, contudo, que continua em vigor a obrigação de os órgãos e Poderes efetuarem, nas hipóteses previstas, a limitação de empenho; o que não pode mais é o Executivo efetuar de ofício essa limitação em relação aos outros Poderes e ao Ministério Público (ver item 4.6.1.).

b) **§ 2º do art. 12** – O STF entendeu que tal dispositivo contraria a Constituição Federal, art. 167, III, pois não estabeleceu textualmente a ressalva prevista na Lei Maior.

c) **Parte final do § 1º e todo o § 2º do art. 23** – O STF entendeu que a expressão "...quanto pela redução dos valores a ele atribuídos" do § 1º, bem como o § 2º, que possibilitava a redução da jornada de trabalho com o consequente decréscimo salarial, são INCONSTITUCIONAIS, pois contrariavam o princípio da "irredutibilidade dos vencimentos".

d) **Arts. 56,** *caput,* **e 57** – estes dispositivos da LRF, como já havíamos antecipado nas últimas edições, conflitavam com o modelo de julgamento de contas de Chefes de Poder Executivo, e demais gestores, delineado na CF nos arts. 71, I, II e 31. O STF, finalmente, posicionou-se sobre a manifesta inconstitucionalidade do *caput* do art. 56 e de todo o art. 57 da LRF, entendendo que as contas dos gestores dos Poderes Legislativo e Judiciário e do Ministério Público devem ser julgadas, à luz do disposto no art. 71, II da CF, pelo Tribunal de Contas competente.

3. A LRF não traz em seu texto qualquer sanção de natureza penal. As sanções penais impostas em razão de descumprimento de certos dispositivos da LRF estão previstas na **LEI FEDERAL nº 10.028/2000** (LCF – Lei nº de Crimes Fiscais) que alterou o Código Penal, o Decreto-Lei nº 201/1967 e outras normas de natureza penal.

4. ASSISTÊNCIA E COOPERAÇÃO DA UNIÃO: A LRF, sabendo da complexidade de suas regras e das dificuldades técnicas para a sua efetiva implementação no âmbito municipal, determinou, em seu art. 64, que "a União prestará assistência técnica e cooperação financeira aos Municípios para a modernização das respectivas administrações tributária, financeira, patrimonial e previdenciária, com vistas ao cumprimento das normas desta Lei Complementar. A assistência técnica consistirá no treinamento e desenvolvimento de recursos humanos e na transferência de tecnologia, bem como no apoio à divulgação dos instrumentos de que trata o art. 48 em meio eletrônico de amplo acesso público. A cooperação financeira compreenderá a doação de bens e valores, o financiamento por intermédio das instituições financeiras federais e o repasse de recursos oriundos de operações externas".

### 1.3.1. Alcance da LRF

É preciso ficar atento ao **ALCANCE da LRF**. Nos termos do art. 1º, §§ 2º e 3º, estão obrigados a observar as regras da LRF:

- União;
- Estados e Distrito Federal; e
- Municípios.

No âmbito de cada ente federado, a LRF alcança: o **Poder Legislativo, incluindo o Tribunal de Contas, o Poder Judiciário, o Ministério Público e no Poder Executivo, a Administração Direta, as Fundações, as Autarquias e as Empresas Estatais Dependentes.**

Observe-se que não é toda a Administração Indireta que está obrigada a cumprir a LRF. Apenas as empresas controladas (Sociedades de Economia Mista e Empresas Públicas), consideradas **DEPENDENTES**. Empresa Estatal Dependente é aquela controlada pelo ente da federação e que, além disso, receba do ente controlador recursos financeiros para pagamento de despesas com pessoal ou de custeio ou de capital, excluídos, no caso de transferências de capital, aqueles provenientes de aumento de participação acionária.

### 1.3.2. Sanções Institucionais e a Lei Complementar nº 164/2018

A LRF prevê em seu texto as chamadas *Sanções Institucionais*. São sanções de natureza político-administrativa que são impostas aos entes federativos (pessoas jurídicas) em caso de descumprimento de determinadas regras estabelecidas na lei, a exemplo das situações de extrapolação dos limites de despesas com pessoal e de endividamento. São elas:

- PROIBIÇÃO DE RECEBER TRANSFERÊNCIAS VOLUNTÁRIAS (que, normalmente, assumem a for de convênios), exceto as destinadas às áreas de *educação, saúde* e *assistência social*, que não podem ser suspensas (ver art. 25, § 3º, da LRF);
- PROIBIÇÃO DE CONTRATAR OPERAÇÕES DE CRÉDITO (empréstimos), exceto os destinados ao refinanciamento do principal da Dívida Mobiliária (dívida decorrente da emissão de títulos públicos) ou para custear programas de demissão voluntária (PDV);
- PROIBIÇÃO DE OBTER GARANTIAS de outro ente.

Já no final do ano de 2018, por meio da **Lei Complementar nº 164/2018**, o legislador alterou o art. 23 da LRF para acrescentar outras exceções às vedações de receber transferências voluntárias e contratar operações de crédito (empréstimos). Tais exceções são aplicadas exclusivamente para **MUNICÍPIOS** que passarem a extrapolar o limite máximo de despesas com pessoal em decorrência de situações especiais de queda acentuada da arrecadação.

A nova lei complementar, contudo, estabelece que apenas algumas situações de queda da arrecadação causarão a excludente da aplicação das referidas sanções institucionais. Para tanto, estabeleceu as seguintes condições:

- Queda de receita real superior a 10% (dez por cento), em comparação ao correspondente quadrimestre do exercício financeiro anterior, devido a:
  I – diminuição das transferências recebidas do Fundo de Participação dos Municípios decorrente de concessão de **isenções** tributárias pela União; e
  II – diminuição das receitas recebidas de **royalties** e participações especiais.

> **IMPORTANTE**
> a) As exceções só se aplicam caso a despesa total com pessoal do município do quadrimestre vigente não ultrapasse o limite percentual previsto no art. 19 da LRF (60% da RCL), considerada, para este cálculo a receita corrente líquida do quadrimestre correspondente do ano anterior atualizada monetariamente;
> b) As novas exceções aplicam-se apenas a Municípios, não alcançando a União, Estados e DF;
> c) A queda do FPM que será considerada diz respeito apenas àquela que decorra de ISENÇÕES concedidas pelo governo federal sobre IPI e IR (Impostos que são base do FPM);
> d) **ATENÇÃO:** o fato de terem sido estabelecidas essas novas situações excepcionais, não exclui o dever dos gestores de cumprir os limites de pessoal da LRF, de estabelecer as medidas corretivas de corte de pessoal nos prazos determinados pela lei, assim como não impede que os Tribunais de Contas e o Poder Judiciário continuem responsabilizando e aplicando as sanções previstas no ordenamento jurídico. Também não impede que o Ministério Público promova ações civis e penais. A rigor, o que a LC nº 164/18 faz é apenas deixar de vedar o recebimento de transferências voluntárias e operações de crédito (sanções institucionais) para o Município que descumprir os limites, e apenas naquelas condições especialíssimas.

### 1.4. Accountability

O conceito de *accountability* surge a partir da segunda metade da década de 1980 nos países de tradição anglo-saxã. Não há uma tradução precisa do termo para a língua portuguesa. Alguns o definem, em relação ao setor público, como sendo o *dever de prestar contas (obrigação de responder por algo)*, outros, como o *dever de transparência,* e outros como o *dever de eficiência* daqueles agentes públicos responsáveis pela execução da Atividade Financeira do Estado. A doutrina faz menção a três tipos de *accountability*. Guillermo O'Donnel fala em *accountability vertical* (aquela concretizada pelas ações de fiscalização exercidas pelo cidadão/sociedade, especialmente por meio do direito ao voto) e *accountability horizontal* (aquela realizada pelos mecanismos institucionais de controle – agências de *accountability* –, a exemplo dos Tribunais de Contas, Ministério Público, Controles Internos e Poder Judiciário).[7] Já Carneiro e Costa enfatizam a *accountability societal*, para eles: "um mecanismo não eleitoral, que emprega ferramentas institucionais e não institucionais (ações legais, participação em instâncias de monitoramento, denúncias na mídia, etc.), que se baseia na ação de múltiplas associações de cidadãos, movimentos ou mídia, objetivando expor erros e falhas do governo, trazer novas questões para a agenda pública ou influenciar decisões políticas a serem implementadas pelos órgãos públicos".[8]

A propósito, no Ordenamento Jurídico Brasileiro, a *accountability* está refletida, por exemplo, na consagração dos princípios republicano, democrático e da garantia das liberdades de expressão e de imprensa (art. 1º, 5º, IX, e 220 da CF), no princípio da prestação de contas (art. 70 da CF), no dever de eficiência e de transparência (art. 37 da CF), na existência de mecanismos de controles técnicos da gestão (*Tribunais de Contas, Ministério Público, Poder Judiciário, Poder Legislativo, Controle Interno, Agências Reguladoras, Ouvidorias etc.*), na existência de mecanismos de controle social, a exemplo do direito ao voto, da ação popular, da denúncia perante os Tribunais de Contas e o Ministério Público, do orçamento participativo etc. (CF, art. 5º, XXXIII, XXXIV, XXXV, LXXIII, art. 14, 31, § 3º, art. 74, § 2º). As regras presentes na LRF também estão em manifesta sintonia com o conceito de *accountability*, haja vista as ênfases dadas ao planejamento, ao controle e à transparência da gestão pública.

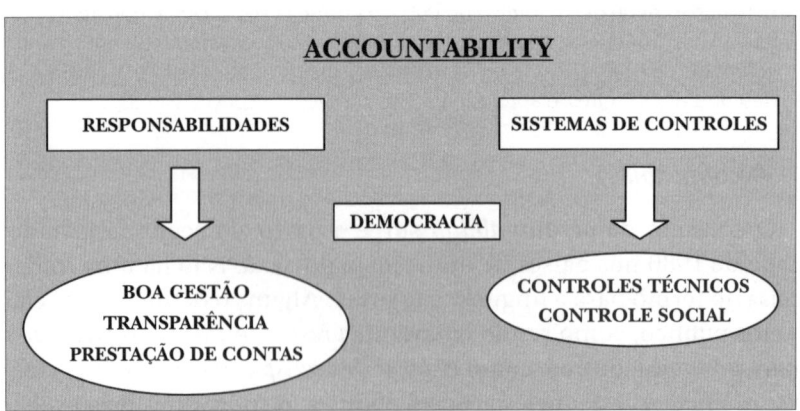

---

[7] O'Donnel, G. (1998) *Accountability horizontal e novas poliarquias*. Lua Nova: Revista de Cultura e Política, São Paulo, Cedec, n. 44.

[8] Carneiro, C. B. L.; Costa, B. L. D. Inovação institucional e accountability: o caso dos conselhos setoriais. In: Congresso Internacional Del CLAD sobre La Reforma Del Estado y de la Administracion Pública, 6, Buenos Aires, Argentina, 2001.

# Capítulo 2

# Direito Financeiro

## 2.1. Conceito

Para Régis Fernandes de Oliveira e Estevão Hovarth, Direito Financeiro é *a disciplina jurídica da atividade financeira do Estado*.[1] Para Kiyoshi Harada, *o ramo do Direito Público que estuda a atividade financeira do Estado sob o ponto de vista jurídico*.[2] Para Ricardo Lobo Torres, *Direito Financeiro é o conjunto de normas e princípios que regulam a atividade financeira, incumbindo-lhe disciplinar a constituição e a gestão da fazenda pública, estabelecendo as regras e os procedimentos para a obtenção da receita pública e a realização dos gastos necessários à consecução dos objetivos do Estado*.[3] O Direito Financeiro abrange, portanto, o estudo do orçamento público, da receita pública, da despesa pública e do crédito público.

## 2.2. Direito Financeiro, Ciência das Finanças e Direito Tributário

A AFE é objeto tanto do Direito Financeiro como da Ciência das Finanças. Todavia, enquanto o Direito Financeiro estuda apenas os *fenômenos financeiros* positivados (regrados por norma jurídica: Constituição, Leis, Decretos...), a Ciência das Finanças estuda esses fenômenos sob os seus mais diversos aspectos: implicações econômicas, sociológicas, psicológicas etc. A Ciência das Finanças é, pois, uma ciência especulativa; estuda o fenômeno financeiro independentemente de haver regulamentação legal. O Direito

---

[1] Ob. cit., p. 20.
[2] Kiyoshi Harada. *Direito Financeiro e Tributário*. 6. ed., São Paulo: Atlas, 2000, p. 44.
[3] Ob. cit., p. 15.

Financeiro, como vimos, por ser o conjunto de normas jurídicas que disciplinam a atividade financeira do Estado, é, portanto, uma ciência jurídica.

Também não se pode confundir Direito Financeiro com Direito Tributário. Durante muito tempo, as receitas públicas originárias (exploração do patrimônio) e derivadas (tributos) figuraram como objeto do Direito Financeiro ao lado da despesa pública, do orçamento e do crédito público. Contudo, dada a autonomia (decorrente de método e princípios específicos) alcançada pelas normas jurídicas que regulam a obtenção das receitas derivadas (tributos), estas passaram, para fins didáticos, a fazer parte de um ramo específico denominado Direito Tributário. Portanto, para muitos autores, o objeto do Direito Financeiro, hoje, seria formado apenas pelas receitas originárias, pelas despesas, pelo orçamento e pelo crédito público. Essa autonomia foi consagrada no atual ordenamento jurídico brasileiro, a partir do disposto no art. 24, I, da CF/1988, o qual estatui que compete à União, aos Estados e ao Distrito Federal legislarem concorrentemente sobre DIREITO FINANCEIRO e DIREITO TRIBUTÁRIO.

## 2.3. Competência Legislativa

Como vimos anteriormente, à luz do disposto no art. 24, I e §§ 1º, 2º, 3º e 4º, da CF/1988, compete à **União**, aos **Estados** e ao **Distrito Federal** legislarem CONCORRENTEMENTE sobre Direito Financeiro. Observe que a Lei Maior não conferiu, nesse dispositivo, competência aos Municípios para legislarem sobre Direito Financeiro. Em se tratando de legislação concorrente, estatui a CF que a União limitar-se-á a estabelecer as **normas gerais** (§ 1º). Essa competência da União não exclui a competência SUPLEMENTAR dos Estados e do Distrito Federal para legislarem sobre Direito Financeiro (§ 2º). Assim, podem os Estados e o Distrito Federal estabelecer normas específicas sobre Direito Financeiro, respeitadas as normas gerais da União. Se não existirem normas gerais estatuídas pela União, os Estados e o Distrito Federal exercerão a competência legislativa plena (§ 3º). Nesta última hipótese, a superveniência de lei federal, tratando das normas gerais, **suspenderá a eficácia** da lei estadual ou distrital, no que lhe for contrária (§ 4º). Ressalte-se que, em tal situação, o dispositivo da lei estadual ou distrital não será revogado, ficando apenas com eficácia suspensa. Assim, diante de alteração da lei federal que elimine o conflito, o dispositivo da lei estadual ou distrital voltará a ter eficácia.

Nos termos do disposto no art. 165, § 9º, da CF/1988, caberá a uma LEI COMPLEMENTAR:

(a) dispor sobre o exercício financeiro, a vigência, os prazos, a elaboração e a organização do Plano Plurianual, da Lei de Diretrizes

Orçamentárias, da Lei Orçamentária Anual; (b) estabelecer normas de gestão financeira e patrimonial da Administração Direta e Indireta, bem como condições para a instituição e o funcionamento de fundos e (c) dispor sobre critérios para a execução equitativa, além de procedimentos que serão adotados quando houver impedimentos legais e técnicos, cumprimento de restos a pagar e limitação das programações de caráter obrigatório para a realização das despesas decorrentes das emendas parlamentares (Senadores e Deputados) individuais e de bancada ao orçamento federal.

Uma lei complementar tratando de todas essas matérias – normas gerais de Direito Financeiro – ainda não foi aprovada. No entanto, a **LEI FEDERAL nº 4.320/1964**, embora editada sob a vigência da CF/1946, trata de algumas dessas questões e foi recepcionada, em sua maior parte, pela atual CF/1988. Essa lei, originariamente uma lei ordinária, ganhou *status* **de lei complementar** (similar ao que ocorreu com o CTN – Código Tributário Nacional) e só poderá ser alterada por meio de outra lei complementar. A Lei nº 4.320/1964 é, pois, materialmente, uma lei complementar. Essa lei tem abrangência nacional, aplicando-se à União, aos Estados, ao Distrito Federal e aos Municípios. Outra norma que regulamenta parcialmente o dispositivo constitucional mencionado é a já referida LRF – Lei Complementar nº 101/2000, que também é obrigatória para todos os entes federativos. Todavia, ainda existem questões pertinentes ao art. 165, § 9º, que não foram regulamentadas.

---

**IMPORTANTE**

1. Os parágrafos do art. 24 da CF não fazem menção ao **Distrito Federal**. Todavia, interpretando o disposto no *caput* do referido artigo com o disposto no art. 32, § 1º, da CF ("ao Distrito Federal são atribuídas as competências legislativas reservadas aos Estados e Municípios"), há que se concluir no sentido de que o Distrito Federal possui, em termos de legislação concorrente, as mesmas competências dos Estados. A omissão no art. 24 deve-se à imprecisa técnica legislativa.

2. Ressalte-se também que a CF/1988, em seu **art. 24**, não coloca os Municípios como detentores da competência para legislar concorrentemente sobre Direito Financeiro. **MAS, ATENÇÃO!** De acordo com a opinião de alguns doutrinadores, a exemplo de J. Teixeira Machado Jr. e de Heraldo da Costa Reis,[4] com a qual concordamos, os Municípios, amparados pelo disposto no art. 30, II, da CF ("compete aos Municípios suplementar a legislação federal e estadual, no que couber"), podem legislar sobre questões de Direito Financeiro. A própria competência do Executivo e do Legislativo municipal para elaborar e aprovar, respectivamente, as leis orçamentárias reforça essa opinião. Ocorre, porém, que, em provas objetivas de concursos, os gabaritos oficiais sempre assinalam como verdadeiro o item em que a competência CONCORRENTE para legislar sobre DF é apenas da União, dos Estados e do DF.

3. Principais dispositivos da Constituição Federal, pertinentes ao Direito Financeiro: CF – Arts.: 24, I, II e §§; 48, II; 49, IX, X, XIII; 51, II; 52, III, *b*; 57, § 2º; 61, II, *b*; 63; 68, III; 84, XXIII; 160; 163 a 169; e 35, § 2º, 76, DO ADCT.
4. Considerando que a maior parte das normas pertinentes ao Direito Financeiro brasileiro encontra-se assinalada no Texto Constitucional ou em leis complementares (Lei nº 4.320/1964 e LRF), espécies normativas que exigem o quórum qualificado para alteração (3/5 e maioria absoluta, respectivamente), pode-se afirmar que a RIGIDEZ é uma das características do nosso sistema legal de finanças públicas.
5. **Lei nº 4.320/1964 X LRF** – a LRF não substitui nem revoga a Lei nº 4.320/1964. Trata-se, com efeito, de duas legislações distintas. A Lei nº 4.320/1964 regulamenta as normas gerais sobre elaboração e controle dos orçamentos e balanços. Por sua vez, a LRF estabelece normas de finanças públicas voltadas para a gestão fiscal. A CF/1988, como vimos, conferiu à Lei nº 4.320/1964 o *status* de lei complementar. No entanto, existindo algum dispositivo conflitante entre as duas normas jurídicas, há que prevalecer a vontade da lei posterior, que é a LRF.
6. **ALCANCE DAS LEIS.**
    - **LRF** – A LRF, em seu art. 2º, estabelece que as suas regras são aplicadas ao **Poder Legislativo, incluindo Tribunais de Contas, ao Poder Judiciário, ao Ministério Público e ao Poder Executivo, à Administração Direta, autarquias, fundações públicas, fundos e empresas estatais dependentes.**
    - **Lei nº 4.320/1964** – Sempre dissemos que a Lei nº 4.320/1964 era aplicada ao Poder Legislativo, incluindo Tribunais de Contas, Poder Judiciário, Ministério Público e ao Poder Executivo, à Administração Direta, às autarquias e às fundações públicas. Até o advento da LRF, este era o alcance da Lei nº 4.320. Todavia, com as inovações trazidas pela LRF, bem como pela **PORTARIA MF-STN nº 589/2001**, em seu **art. 4º**, conclui-se que as **empresas estatais dependentes**, que passaram a ser incluídas obrigatoriamente na LOA, devem seguir a maior parte dos dispositivos da Lei nº 4.320, especialmente no que diz respeito à contabilização de suas receitas e despesas para fins de consolidação das contas públicas nacionais.
7. **LEI DE FINANÇAS E BANCO CENTRAL.** Não esquecer o disposto nos arts. 163 e 164 da CF, que estabelecem, respectivamente:

    **Art. 163. Lei complementar** disporá sobre I – finanças públicas; II – dívida pública externa e interna, incluída a das autarquias, fundações e demais entidades controladas pelo Poder Público; III – concessão de garantias pelas entidades públicas; IV – emissão e resgate de títulos da dívida pública; V – fiscalização financeira da Administração Pública Direta e Indireta; VI – operações de câmbio realizadas por órgãos e entidades da União, dos Estados, do Distrito Federal e dos Municípios; VII – compatibilização das funções das instituições oficiais de crédito da União, resguardadas as características e condições operacionais plenas das voltadas ao desenvolvimento regional.

    **Art. 164.** A competência da União para emitir moeda será exercida exclusivamente pelo Banco Central. § 1º É vedado ao Banco Central conceder, direta ou indiretamente, empréstimos ao Tesouro Nacional e a qualquer órgão ou entidade que não seja instituição financeira. § 2º O Banco Central poderá comprar e vender títulos de emissão do Tesouro Nacional, com o objetivo de regular a oferta de moeda ou a taxa de juros. § 3º As disponibilidades de caixa da União serão depositadas no Banco Central; as dos Estados, do Distrito Federal, dos Municípios e dos órgãos ou entidades do Poder Público e das empresas por ele controladas, em instituições financeiras oficiais, ressalvados os casos previstos em lei.

# Capítulo 3

# O Orçamento Público

## 3.1. Origem, Conceitos e Aspectos

• **Origem**

A origem dos orçamentos públicos está relacionada ao desenvolvimento da democracia, opondo-se ao Estado antigo, em que o monarca se considerava soberano e detentor do patrimônio originário da coletividade. Vejamos alguns exemplos históricos sobre o surgimento do orçamento, enquanto autorização dada pelo povo para que os gestores pudessem, em seu nome, despender os recursos públicos.

INGLATERRA (1215) – Governo de João "Sem-Terra" – O povo se posiciona contra a cobrança arbitrária de impostos. A "Carta Magna" outorgada passou a exigir a autorização do Parlamento para a instituição de gravames (tributos). Portanto, origem política e democrática.

EUA (1765) – Os colonos do Estado da Virgínia – precursor da Independência americana – instituíram a Assembleia Nacional, que estabeleceu a necessidade de autorização do Parlamento para a criação de impostos.

FRANÇA (1789) – Revolução Francesa (Nova Constituição) – Declaração de Direitos (1798 – efetivação do orçamento).

BRASIL – Conflito Metrópole-Colônia. Insatisfação com a cobrança de tributos. Revoltas, como a Inconfidência Mineira (Tiradentes). Prevista pela primeira vez na Constituição de 1824, só em 1830 surgiu a primeira lei orçamentária.

• **Conceitos**

Conceito clássico de orçamento – uma peça que contempla apenas a previsão das receitas e a fixação das despesas para um determinado período.

Documento eminentemente contábil e financeiro, pois não se preocupava com o planejamento governamental nem com as efetivas necessidades da população. Era um orçamento estático. Tratava-se de um mero inventário dos "meios" com os quais a Administração realizaria suas tarefas, daí a denominação "lei de meios" para o orçamento tradicional.

Conceito moderno – *Lei que contempla a previsão de receitas e despesas, **programando** a vida econômica e financeira do Estado, por um certo período.*[1] Ou: *ato pelo qual o Poder Legislativo autoriza o Poder Executivo, por um certo período e, em pormenor, às despesas destinadas ao funcionamento dos serviços públicos e outros fins adotadas pela política econômica do País, assim como a arrecadação das receitas criadas em lei.*[2] O moderno orçamento caracteriza-se, pois, por ser um **instrumento de planejamento**. É um instrumento dinâmico, que leva em conta aspectos do passado, a realidade presente e as projeções para o futuro.

- **Aspectos do orçamento público**

Político – o Poder Legislativo, integrado pelos representantes do POVO, autoriza o gasto público, na medida em que aprecia e vota a lei orçamentária, levando em conta as necessidades coletivas.

Econômico – instrumento de atuação do Estado no domínio econômico por meio de aumento e diminuição dos gastos públicos. Lembrar que o valor da Renda Nacional (Y) é diretamente proporcional ao consumo das famílias (C), aos investimentos privados (I) e ao gasto do setor público (G): $Y = C + I + G \Leftrightarrow \downarrow \uparrow G \Rightarrow \downarrow \uparrow Y$. Instrumentos importantes para essa atuação econômica do Estado são: o endividamento público e o aumento (ou diminuição) da carga tributária.

Regulador – orçamento como instrumento de justiça distributiva, financiando serviços públicos para os cidadãos mais necessitados à conta, sobretudo, das receitas oriundas daqueles que detêm maior renda.

Técnico – relacionado à obrigatoriedade de observância da técnica orçamentária, sobretudo em relação à classificação clara, metódica e racional da receita e da despesa.

## 3.2. Natureza Jurídica do Orçamento (Emenda nº 100)

A natureza jurídica do orçamento é um tema que, não é de hoje, suscita divergências no campo doutrinário. Para Léon Duguit, o orçamento

---

[1] Régis Fernandes de Oliveira e Estevão Hovarth. Ob. cit., p. 70.
[2] Aliomar Baleeiro. Ob. cit., p. 411.

é, em relação às despesas, um mero ato administrativo, e, em relação à arrecadação dos tributos, uma lei em sentido material. Para chegar a essa conclusão, Duguit analisou ordenamentos jurídicos em que a autorização para cobrança de tributos se dá por meio da lei orçamentária, o que não é o caso do Brasil. Para Gaston Jèze, o orçamento é, substancialmente, um ato administrativo, especificamente, um **ato-condição**, pois, segundo afirma, os tributos são criados por leis próprias (atos-regra) e as despesas derivam de outras normas legais ou convencionais (atos-regra), sendo o orçamento o **implemento de uma condição** para a cobrança e para o gasto. Para o jurista e economista alemão Hoennel, o orçamento é LEI, na medida em que se origina de um órgão legiferante. Esta tese sofreu críticas porque classificava as normas jurídicas segundo a origem, não segundo o conteúdo jurídico.[3]

Antes da aprovação da **Emenda Constitucional nº 100/2019**, a posição que nos parecia a mais adequada ao ordenamento jurídico brasileiro, em que a arrecadação de receitas e a realização de despesas, no mais das vezes, decorrem de atos-regra (leis, contratos, convênios etc.), sendo, até então, o orçamento um pré-requisito para a realização da despesa, era a que considerava o orçamento como uma lei formal (e não material), que apenas prevê as receitas públicas e autoriza os gastos, sem criar direitos subjetivos e sem modificar as leis tributárias e financeiras. O orçamento, portanto, sob esse aspecto, seria apenas autorizativo, uma condição para a realização da despesa pública.

É forçoso reconhecer, no entanto, que, com a aprovação da **Emenda nº 100**, o orçamento público ganhou uma nova estatura jurídica. Vejamos. Ao focarmos apenas na natureza impositiva das emendas parlamentares individuais e de bancadas à Lei Orçamentária Anual (discutidas no item seguinte 3.2.1.), por se tratar de uma fração minoritária das despesas públicas, não seria razoável já concluir que o orçamento deixaria de ser, em regra, autorizativo para se transformar em uma peça de natureza impositiva.

Nada obstante, a nova Emenda nº 100 trouxe uma mudança substancial em relação ao orçamento público, capaz de alterar a própria essência da sua natureza. Vejamos o que estabelece o novo **§ 10 do artigo 165 da CF**:

> "**A administração tem o dever de executar as programações orçamentárias, adotando os meios e as medidas necessários, com o propósito de garantir a efetiva entrega de bens e serviços à sociedade**".

Tal norma foi inserida na parte do texto constitucional (art. 165) que trata do orçamento público, alcançando, notadamente, a relevante parcela atinente a

---

[3] Cf. Aliomar Baleeiro, Ob. cit., p. 440/443.

**despesas primárias discricionárias** (investimentos novos, por exemplo), e não apenas em relação às despesas derivadas de emendas parlamentares. A partir desse novo regramento, pode-se dizer que a natureza do orçamento público no Brasil passa a ser, em regra, **IMPOSITIVA**. Doravante, como a Constituição consagra expressamente o dever de executar as referidas despesas federais, os gestores encarregados de tal execução devem envidar todos os esforços e meios necessários para cumpri-lo.

Ressalte-se, porém, que essa nova natureza impositiva do orçamento não é absoluta. Ela é relativa e pode ser mitigada em determinadas situações. Isso quer dizer que existirão contextos em que os gestores, mesmo que tenham tomado todas as atitudes e feito todos os esforços para execução plena das despesas primárias ditas discricionárias, não possam realizá-las. Decerto que numa interpretação sistemática e teleológica do novo regramento, o governante não está obrigado a executar as referidas despesas quando a sua realização puder comprometer metas e limites fiscais de despesas (por exemplo, não será possível começar uma obra nova quando esse gasto puder resultar em extrapolação da meta fiscal de resultado primário ou quando for ultrapassar o teto de gastos da EC 95). Com efeito, as hipóteses de contingenciamento estatuídas no art. 9º da LRF continuam vigentes. Igualmente, o gestor não estará obrigado a gastar quando houver impedimento de ordem técnica e legal ou quando o cancelamento de despesas for necessário para servir de fonte para créditos adicionais. O fato é que, sob o regramento anterior à Emenda nº 100, o governante poderia simplesmente deixar de executar despesas discricionárias sem a necessidade de motivar esse "não gasto". A partir de agora essa decisão de "não gastar" exige a devida motivação.

Sobre essa nova natureza impositiva do orçamento federal, vale transcrever trecho do relatório aprovado pela Comissão Especial de Mérito da Câmara dos Deputados, de autoria do Deputado Carlos Henrique Gaguin:

> "A nova abordagem do papel do orçamento público implica o compromisso de devolução à sociedade de bens e serviços, em contrapartida à tributação, cabendo sua aplicação plena às programações que integram programas temáticos ou finalísticos. (...) O interesse público e do próprio Legislativo está na execução de todas as políticas públicas veiculadas pelo orçamento aprovado. **O regime do orçamento impositivo ora adotado no Brasil é considerado moderado e flexível** se comparado, por exemplo, com aquele praticado nos Estados Unidos. Naquele país, todas as despesas orçamentárias são de execução obrigatória, sendo que o descumprimento do orçamento exige pronunciamento formal e prévio do Congresso Nacional" (Parecer da PEC 34/2019 – Câmara).

Vale ressaltar que todo esse debate acerca da natureza do orçamento, se autorizativo ou impositivo, na verdade, alcança apenas uma fração do orçamento, especificamente as chamadas despesas primárias discricionárias. Isso porque as demais despesas fixadas no orçamento, em razão de terem sido criadas por força de lei ou contratos anteriores (remuneração dos servidores, por exemplo), são, de fato, naturalmente, obrigatórias. Portanto, considerando que a maior parte das despesas orçamentárias é, necessariamente, de execução obrigatória, por força de leis ou contratos; considerando que doravante até as despesas, antes discricionárias (facultativas), serão, em regra, impositivas; considerando, ademais, as vinculações constitucionais dos gastos com educação e saúde, conclui-se que o orçamento brasileiro fica definitivamente caracterizado por sua **rigidez**. Restará ao governante pouca margem para flexibilização.

Haverá consequências importantes a partir desse novo regramento para o orçamento público. Expectativas positivas: a) o planejamento orçamentário ganhará em efetividade, na medida em que os Poderes e os órgãos da Administração deverão estimar as receitas e fixar as despesas com mais precisão e prudência; b) o orçamento público ganhará maior credibilidade, deixando de ser visto por muitos como uma "peça de ficção". Riscos e desafios: caso os governantes não assumam uma postura mais responsável e continuem a superdimensionar as receitas e as despesas na LOA, considerando a sua nova natureza impositiva, serão grandes as chances de acontecerem crises institucionais e judicialização do orçamento.

Destaque-se, ainda, que, se os agentes públicos responsáveis pela elaboração e a execução do orçamento não observarem esses novos regramentos constitucionais, se sujeitarão às sanções e penalidades impostas pelos Tribunais de Contas, na apreciação de suas contas, e ao julgamento pelos Poderes Legislativo (nos crimes de responsabilidade) e Judiciário (nos demais crimes e nas ações de improbidade).

Cumpre-nos assinalar, por fim, alguns atributos singulares da Lei Orçamentária. O ordenamento jurídico brasileiro trata o orçamento público como **LEI** (ver arts. 165 e 84, XXIII, da CF/1988). Trata-se, contudo, de uma LEI:

- **TEMPORÁRIA** (vigência limitada);
- **ESPECIAL** (de conteúdo determinado e processo legislativo peculiar);
- **LEI ORDINÁRIA** (aprovada por maioria simples).

### IMPORTANTE

1. As Leis Orçamentárias, previstas na CF, art. 165, I, II e III (PPA, LDO e LOA), são LEIS ORDINÁRIAS, aprovadas por maioria simples, e temporárias (com vigências limitadas);
2. A lei a que se refere o art. 165, § 9º, da CF, que deverá dispor, entre outras coisas, sobre os prazos, a elaboração e a organização do PPA, da LDO e da LOA, critérios para execução equitativa e os procedimentos para os casos de impedimentos técnicos

> para execução de despesas objeto de emendas parlamentares individuais, é uma LEI COMPLEMENTAR, aprovada por maioria absoluta, e não possui vigência limitada.
>
> **NÃO CONFUNDIR!**
>
> 3. ATENÇÃO! O leitor deve ficar atento para outras importantes inovações que serão introduzidas neste tema do orçamento impositivo por novas propostas de Emendas que tramitam no Legislativo.
> 4. As despesas primárias discricionárias compreendem as despesas não financeiras que não decorram de leis ou contratos anteriores. Logo não integram o seu conceito, por exemplo, as despesas com remunerações de servidores já fixadas em leis ou contratos, os juros e amortizações de dívidas contratadas e os investimentos já contratados. O principal exemplo de despesa primária discricionária: obra pública ainda não contratada.

### 3.2.1. Orçamento Impositivo das Emendas Parlamentares

A primeira inflexão constitucional com o objetivo de conferir impositividade à parcela das despesas públicas contidas na Lei Orçamentária aconteceu por meio da aprovação da Emenda Constitucional 86, no ano de 2015. Tratamos da **Emenda 86** já na 9ª edição deste livro. A impositividade, ou seja, a obrigatoriedade de aplicar os recursos alcançou as despesas oriundas das chamadas *emendas individuais* apresentadas por Deputados e Senadores. Recentemente, por meio de nova Emenda Constitucional, a **Emenda 100/2019**, houve, como vimos, outra substancial inflexão no que respeita à obrigatoriedade da execução do orçamento. Nessa nova inflexão, além das despesas primárias discricionárias, as despesas decorrentes de *emendas de bancada* estadual e distrital (coletivas) ganharam regras especiais de impositividade. Foram equiparadas às emendas individuais.

Seguem as principais inovações das Emendas Constitucionais 86 e 100, que, entre outros, alteraram os arts. 165, 166 e 198 da Constituição:

a) **1,2% da Receita Corrente Líquida** (RCL) da proposta orçamentária apresentada pelo Poder Executivo será o limite destinado às Emendas Individuais dos Parlamentares na Lei Orçamentária Anual;

b) Metade deste percentual será destinado a despesas com AÇÕES E SERVIÇOS PÚBLICOS DE SAÚDE, reforçando a já existente vinculação constitucional de receitas para saúde, em mais uma exceção ao princípio da não afetação da receita;

c) Esses valores serão computados para fins do cálculo do limite constitucional de despesas com ações e serviços públicos de saúde, nos termos do artigo 198 da CF;

d) Esses valores não poderão financiar despesas com pessoal e encargos;

e) Estabelece que é **obrigatória a execução** das programações orçamentárias derivadas das *emendas individuais* dos parlamentares e de *bancadas* estaduais e distritais nos percentuais, respectivos, de **1,2% (individuais) e 1% (bancadas) da RCL realizada no exercício anterior**, conforme os critérios de execução equitativa da programação definidos em **lei complementar** (CF, art. 165, § 9º). Conceitua como equitativa a execução que atenda de forma igualitária e impessoal, independentemente da autoria. Permite, ademais, que os valores de restos a pagar sejam computados, para fins de cálculo do cumprimento dos respectivos percentuais da RCL;

**ATENÇÃO: em relação às emendas de bancadas, a EC 100 estabeleceu uma transição. Em 2020, o percentual de aplicação será de 0,8%, e, em 2021, de 1% da RCL. A partir de 2021, até o último ano de vigência do Novo Regime Fiscal (EC 95), os valores despendidos no exercício anterior serão reajustados pela inflação, nos termos do artigo 107, § 1º, II, do ADCT da CF.**

f) A execução orçamentária das referidas despesas só deixará de ser obrigatória nos casos dos impedimentos de ordem técnica e legal previstos em lei complementar;

g) Estatui mais uma atribuição para a lei complementar prevista no artigo 165, § 9º, da CF, acrescentando o inciso III, determinando que caberá, ainda, à referida lei complementar "dispor sobre critérios para execução equitativa, além de procedimentos que serão adotados quando houver impedimentos legais e técnicos, cumprimento de restos a pagar e limitação das programações de caráter obrigatório, para a realização do disposto nos §§ 11 e 12 do art. 166";

h) Define como transferência obrigatória (e não voluntária, como no passado) da União o repasse de verbas oriundas das emendas parlamentares individuais e de bancadas a Estados, DF e Municípios, vedando o seu bloqueio em razão de inadimplência do ente federativo beneficiado, além de excluir seus valores do conceito de RCL, para fins do cálculo dos limites da despesa com pessoal dos referidos entes recebedores;

i) Permite a redução (contingenciamento) dos valores destinados às emendas na mesma proporção da reestimativa da receita ou das despesas discricionárias que possam vir a comprometer os resultados fiscais assinalados na LDO;

j) A nova Emenda 100 cria uma nova atribuição para a LDO: estabelecer o cronograma para análise e verificação de eventuais impedimentos das programações e demais procedimentos necessários à viabilização da execução dos respectivos montantes;

k) Obriga, ainda, que as bancadas, no caso de programações de investimentos, obras e empreendimentos com vigência superior a um exercício financeiro, ou cuja execução já tenha sido iniciada, reapresente a emenda, a cada exercício, até a sua conclusão. Pretendeu, assim, evitar a paralisação de obras e investimentos e a descontinuidade das políticas públicas.

> **IMPORTANTE**
>
> 1. A RCL utilizada como limite para os valores fixados para emendas individuais é o montante planejado na proposta de orçamento em discussão. No entanto, a execução obrigatória de 1,2% terá por base a RCL efetivamente arrecadada no exercício anterior;
> 2. Embora os novos regramentos estabeleçam que é a lei complementar que definirá os procedimentos derivados das situações de "impedimentos legais ou técnicos", apenas a título de referência, de acordo com regramentos infralegais do Poder Executivo de anos anteriores, seriam caracterizados como impedimento, por exemplo: erros de classificação orçamentária, incompatibilidade do valor apresentado com o objeto, indefinição quanto ao beneficiário, falta de apresentação do plano de trabalho e inobservância dos requisitos previstos na LRF e LDO.

## 3.3. Orçamentos: Programa, de Desempenho e Base Zero

A palavra **programa** revela uma característica, uma qualidade do orçamento moderno. O **orçamento-programa** é instrumento de planejamento que permite identificar os programas, os projetos e as atividades que o Governo pretende realizar, além de estabelecer os objetivos, as metas, os custos e os resultados esperados e oferecer maior transparência dos gastos públicos. Ressalte-se, porém, que, durante a evolução do orçamento clássico (tradicional) para o orçamento-programa (orçamento moderno), houve o chamado ORÇAMENTO DE DESEMPENHO (ou por realizações). No **orçamento de desempenho**, procura-se saber as coisas que o governo FAZ e não as coisas que o governo COMPRA. A ênfase é dada aos resultados. Todavia, não se podia ainda falar em orçamento-programa, pois não havia qualquer vinculação do orçamento com o planejamento governamental. Partiu-se, então, para uma técnica mais elaborada, que foi o orçamento-programa.

A elaboração de um orçamento-programa envolve algumas etapas: planejamento (definição de objetivos e metas); programação (atividades necessárias à consecução dos objetivos); projeto (estimação dos recursos de trabalho necessários); orçamentação (estimação dos custos e dos recursos necessários) e avaliação dos programas. Para James Giacomoni,[4] o orçamento-programa é aquele que enfatiza:

---

[4] James Giacomoni. *Orçamento Público*. 4. ed., São Paulo: Atlas, 1992, p. 139.

1) os **objetivos e propósitos** perseguidos pela instituição e para cuja consecução são utilizados os recursos orçamentários;
2) os **programas**, isto é, os instrumentos de integração dos esforços governamentais, no sentido de concretização dos objetivos;
3) os **custos** dos programas medidos pela identificação dos **meios** ou insumos (pessoal, material, equipamentos, serviços etc.) necessários à obtenção dos resultados. Tal análise pode, inclusive, projetar os custos para mais de um exercício financeiro; e
4) **medidas de desempenho**, com a finalidade de medir as realizações (produto final), os esforços despendidos na execução dos programas e a **responsabilidade** pela execução.

Se observarmos as disposições constitucionais atinentes às leis orçamentárias, especialmente o art. 165, §§ 1º, 2º, 4º e 7º, constataremos que o planejamento e a programação, com o estabelecimento de metas, objetivos e estimativas de receitas consistentes são exigências que as autoridades responsáveis deverão cumprir. Vale ressaltar, ainda, que as normas orçamentárias contidas na **Lei de Responsabilidade Fiscal (LRF)**, como veremos adiante, ratificam a necessidade de planejamento, programação, definição de metas, que são premissas do orçamento-programa.

> **IMPORTANTE**
>
> 1. **ORÇAMENTO *BASE ZERO* OU *POR ESTRATÉGIA*** – constitui uma técnica para a elaboração do orçamento-programa, tendo como principais características:
>    - um reexame crítico dos dispêndios de cada área governamental. Nessa técnica, não há compromisso (direitos adquiridos) com o montante dos dispêndios ou com o nível de atividade do exercício anterior. Ao contrário do orçamento tradicional, que já parte de uma determinada base orçamentária, acrescentando apenas uma projeção da inflação, o **orçamento base zero**, como o próprio nome indica, exige que o administrador, **a cada novo exercício**, justifique detalhadamente os recursos solicitados;
>    - a criação de alternativas para facilitar a escala de prioridades a serem consideradas para o próximo exercício financeiro.
> 2. A Secretaria do Tesouro Nacional (STN) disponibiliza no seu site da Internet (www.stn.fazenda.gov) um GLOSSÁRIO com diversas palavras relacionadas à gestão pública. Vejamos os conceitos de orçamento-programa e orçamento base zero contidos no referido glossário:
>    - ORÇAMENTO-PROGRAMA: Originalmente, sistema de planejamento, programação e orçamentação, introduzido nos EUA, no final da década de 1950, sob a denominação PPBS (*Planning Programing Budgeting System*). Principais características: integração planejamento-orçamento, quantificação de objetivos e fixação de metas, relações insumo-produto, alternativas programáticas, acompanhamento físico-financeiro, avaliação de resultados e gerência por objetivos;

> • ORÇAMENTO BASE ZERO: Abordagem orçamentária desenvolvida no EUA, pela Texas Instruments Inc., durante o ano de 1969. Foi adotado pelo Estado da Geórgia (gov. Jimmy Carter). Principais características: análise, revisão e avaliação de todas as despesas propostas e não apenas das solicitações que ultrapassam o nível de gasto já existente; todos os programas devem ser justificados cada vez que se inicia um novo ciclo orçamentário.

### 3.4. Orçamento Participativo

O que se convencionou chamar de "orçamento participativo" caracteriza-se por uma participação direta e efetiva das comunidades na elaboração da proposta orçamentária do Governo. Por uma decisão de Governo, inspirada nos princípios democráticos e no postulado da cidadania participativa, a própria sociedade civil, por meio de conselhos, associações etc., é ouvida (e não olvidada, como costuma acontecer) quando da definição das metas e dos programas prioritários. Objetiva-se, com isto, atender às efetivas necessidades da população que, muitas vezes, não se sente representada pelos parlamentares eleitos. É, sem dúvida, um avanço com vistas a democratizar a gestão pública e atender ao verdadeiro interesse social. No Brasil, sobretudo nas regiões Sul e Sudeste, existem experiências vitoriosas em matéria de participação popular na elaboração e fiscalização do orçamento.

Diga-se, contudo, que, à luz da CF/1988, a iniciativa formal das leis orçamentárias é privativa do Chefe do Poder Executivo, de sorte que este não está obrigado legalmente a seguir as sugestões colhidas da população. Portanto, se um Estado ou Município aprovar uma determinada lei, exigindo que o Chefe do Executivo obedeça rigorosamente aos termos da proposta originária, objeto de consulta popular, esta lei será inconstitucional.

Régis Fernandes de Oliveira e Estevão Hovarth fazem os seguintes comentários sobre o orçamento participativo: *a iniciativa poderia ser assim resumida:*

a) busca decisão descentralizada;
b) cria conselhos populares, o que enseja a produção de opinião pública independente;
c) faz que o cidadão desloque seu centro de atenção para questões locais;
d) gera a consciência da participação do cidadão;
e) dá nascimento a dois focos de poder democrático: um, pelo voto; outro, pelas instituições diretas de participação.[5]

---

[5] Ob. cit., p. 91.

> **IMPORTANTE**
>
> 1. Conquanto não haja o dever constitucional de seguir, a rigor, os termos das sugestões da população, por meio do orçamento participativo, a **Lei de Responsabilidade Fiscal** trouxe um grande avanço, em matéria de democratização da gestão pública, ao consignar, em seu art. 48, § 1º, I, II e III (com novas redações das LCs nº 31/2009 e nº 56/2016):
>    I – incentivo à participação popular e realização de audiências públicas, durante os processos de elaboração e discussão dos planos, lei de diretrizes orçamentárias e orçamentos;
>    II – liberação ao pleno conhecimento e acompanhamento da sociedade, em tempo real, de informações pormenorizadas sobre a execução orçamentária e financeira, em meios eletrônicos de acesso público;
>    III – adoção de sistema integrado de administração financeira e controle, que atenda a padrão mínimo de qualidade estabelecido pelo Poder Executivo da União e ao disposto no art. 48-A.
>    Atenção sobre o inciso I: o Governo poderá até não levar em conta as sugestões da população, mas tem a OBRIGAÇÃO de ouvi-la.
> 2. Em relação ao Município, há um comando específico na CF/1988 que ampara a participação da sociedade civil na elaboração dos orçamentos, enquanto instrumentos de planejamento da gestão municipal: é o inciso XII do art. 29, que estabelece, como preceito a ser seguido pelos Municípios, *a cooperação das associações representativas no planejamento municipal*.
> 3. O orçamento participativo no âmbito dos Municípios também passa a ser uma imposição do ESTATUTO DA CIDADE (Lei Federal nº 10.257/2001). Depois de assinalar que as leis orçamentárias (PPA, LDO e LOA) e a gestão orçamentária participativa são instrumentos fundamentais da política urbana, o referido Estatuto, em seu art. 44, estabelece que, no âmbito municipal, tal gestão "incluirá a realização de debates, audiências e consultas públicas sobre as propostas do Plano Plurianual, da Lei de Diretrizes Orçamentárias e do orçamento anual, como condição obrigatória para sua aprovação pela Câmara Municipal".

### 3.5. Princípios Orçamentários

Princípios, no dizer de Miguel Reale, *são enunciações normativas de valor genérico que condicionam e orientam a compreensão do ordenamento jurídico, quer para a aplicação e interpretação, quer para a elaboração de novas normas*.[6] Os princípios que norteiam a elaboração, a execução, a avaliação e o controle dos orçamentos públicos estão explícitos ou implicitamente previstos no ordenamento jurídico nacional. Vejamos os principais:[7]

---

[6] Miguel Reale. *Lições Preliminares de Direito*. São Paulo: Saraiva, 1987, p. 300.
[7] Para aprofundar o estudo acerca dos princípios orçamentários, ver: Ricardo Lobo Torres. *Tratado de Direito Constitucional Financeiro e Tributário*, 2. ed., Rio de Janeiro: Renovar, 2000, p. 109-278.

- **Legalidade**. CF, art. 5º, II – *Ninguém será obrigado a fazer ou deixar de fazer alguma coisa senão em virtude de lei*. O art. 37, em seu *caput*, assinala o princípio da legalidade no âmbito da Administração Pública. Corolário do princípio da legalidade, tem-se o princípio da **indisponibilidade das receitas públicas**. Os bens, o patrimônio público pertencem à coletividade, de sorte que a ninguém é dado o direito de utilizá-los livremente. A lei orçamentária e a lei que instituir créditos suplementares e especiais, aprovados pelo legislativo, são os instrumentos legais que autorizam a aplicação dos recursos públicos. Não pode haver despesa pública sem a autorização legislativa prévia. Os incisos I e II do art. 167 da CF consubstanciam o princípio da legalidade ao estabelecerem, respectivamente, que são vedados: *o início de programas ou projetos não incluídos na Lei Orçamentária Anual*, bem como *a realização de despesas ou a assunção de obrigações diretas que excedam os créditos orçamentários ou adicionais*.

Outra vertente do princípio da legalidade é que a aplicação dos recursos orçamentários deverá ocorrer em respeito às demais normas jurídicas que regulam a gestão governamental (ex.: para a realização de uma despesa pública, faz-se necessário observar não só a lei orçamentária, mas a lei de licitações públicas, a LRF etc.).

(**Exceção**: Art. 167, § 3º da CF/1988 – Abertura de **Créditos Extraordinários em situações imprevisíveis e urgentes** por meio de Medida Provisória (União) e Decreto (Estados, DF e Municípios).)

> **IMPORTANTE**
>
> Embora a autorização orçamentária seja o principal requisito para a realização dos dispêndios públicos, o fato de determinada despesa estar prevista na Lei Orçamentária não obriga o governante a efetivá-la, a realizá-la. O orçamento é uma **autorização formal** e um instrumento de planejamento, cabendo ao governante, diante de situações imprevistas ou excepcionais, sobretudo quando se depara com escassez de recursos públicos, dar prioridade a determinadas despesas. Com efeito, a lei orçamentária constitui um pré-requisito para a realização das despesas públicas, mas ninguém poderá exigir, a qualquer custo, a efetivação de determinada despesa. Ressaltem-se, contudo, aquelas despesas previstas no orçamento, mas que são devidas pelo Poder Público em razão de norma constitucional, legal ou contratual. São chamadas, por Aliomar Baleeiro,[9] de *despesas fixas*. Estas podem ser exigidas administrativa ou judicialmente.
>
> Exemplo: remuneração de servidores públicos e obrigações da dívida pública. O mesmo não ocorrerá no caso de uma autorização contida no orçamento para o Poder Executivo transferir recursos públicos para uma entidade privada. Essa norma não cria um direito subjetivo em favor da instituição, pois está na alçada da discricionariedade da Administração.
>
> **ATENÇÃO:** A EMENDA CONSTITUCIONAL nº 86 de 2015 estatuiu, como regra, a impositividade das despesas decorrentes de emendas parlamentares individuais, que só deixarão de ser executadas em razão de impedimentos de ordem legal ou técnica (ver item 3.2.1.).

- **Universalidade** – o orçamento deve conter TODAS as receitas e TODAS as despesas da Administração. Este princípio está positivado na CF/1988, art. 165, § 5º, quando o legislador estatuiu a abrangência da lei orçamentária: orçamento fiscal de todos os Poderes, órgãos ou fundos; orçamento de investimentos das empresas estatais; orçamento da seguridade social de todos os Poderes, órgãos ou fundos, bem como nos arts. 3º e 4º da Lei nº 4.320/1964.[9]

(**Exceções: 1ª**) – Súmula nº 66 do STF: "*É legítima a cobrança do tributo se houver sido criado após o orçamento, mas antes do início do respectivo exercício financeiro.*" Nesse caso, ainda que o orçamento não tenha previsto determinado tributo, este poderá ser normalmente arrecadado se cumprida a legislação tributária. Com esse entendimento firmado pelo STF, concluímos que no Brasil não vigora o princípio da "anualidade tributária" (não confundir com "anualidade orçamentária"), em que o Tributo para ser cobrado, além de atender às regras da legislação tributária, deveria, a cada ano, estar previsto no orçamento, sob pena de não poder ser exigido. A propósito, vale dizer que o disposto no art. 51, segunda parte, da Lei nº 4.320/1964 ("... nenhum será cobrado em cada exercício sem prévia autorização orçamentária...") não foi recepcionado pela Constituição Federal de 1988. **2ª**) As receitas e despesas **operacionais** (correntes) das *empresas públicas* e *sociedades de economia mista* consideradas "**estatais independentes**"; **3ª**) – As receitas **extraorçamentárias** (não possuem natureza orçamentária) assinaladas no parágrafo único do art. 3º da Lei nº 4.320/1964. São elas: *a) ARO – Operações de crédito por antecipação de receita; b) as emissões de papel-moeda;* e *c) outras entradas compensatórias no ativo e no passivo financeiro, tais como: cauções, depósitos, consignações.*

- **Orçamento Bruto** – o princípio do orçamento-bruto, que alguns autores assinalam como inserido no princípio da universalidade, está expresso no art. 6º da Lei nº 4.320/1964: *todas as receitas e despesas constarão da Lei Orçamentária pelos seus TOTAIS, vedadas quaisquer deduções.* Isso quer dizer

---

[8] Ob. cit., p. 441.

[9] Art. 2º *A Lei do Orçamento conterá a discriminação da receita e da despesa, de forma a evidenciar a política econômica financeira e o programa de trabalho do Governo, obedecidos os princípios de* **unidade**, **universalidade** *e* **anualidade**.

Art. 3º A Lei de Orçamentos compreenderá **todas** as receitas, inclusive as de operações de crédito autorizadas em lei.

Parágrafo único. Não se consideram para os fins deste artigo as operações de crédito por antecipação da receita, as emissões de papel-moeda e outras entradas compensatórias, no ativo e no passivo financeiros.

Art. 4º A Lei de Orçamento compreenderá **todas** as despesas próprias dos órgãos do Governo e da administração centralizada, ou que, por intermédio deles, se devam realizar, observado o disposto no art. 2º.

que a União, por exemplo, que arrecada o Imposto de Renda e o IPI, deve colocar a sua estimativa integral no seu orçamento (lado das receitas), e a parte que constitucionalmente se destina a Estados e Municípios (FPE e FPM) deve constar integralmente no orçamento (lado das despesas). Não poderá, pois, a União colocar no seu orçamento apenas o valor líquido do IR e IPI.

• **Unidade** – o princípio da unidade orçamentária também está consignado na Lei nº 4.320/1964, art. 2º. Classicamente, esse princípio reflete a necessidade de a Administração ter apenas um único orçamento. Se levarmos em conta apenas o conteúdo da LOA, que é integrado pelo orçamento fiscal, de investimentos das estatais e da seguridade social, ainda se pode conceber esse princípio como a necessidade de o orçamento anual ser integrado pela "**totalidade**" dos suborçamentos, integrando um "**documento único**". Trata-se, com efeito, de um princípio orçamentário concebido em um contexto anterior à Constituição Federal de 1988, como, aliás, ocorre com boa parte dos princípios orçamentários clássicos. Todavia, com as novas disposições trazidas pela CF/1988, o princípio da unidade poderá também ser entendido numa outra concepção. A rigor, considerando a previsão das três leis orçamentárias (PPA, LDO e LOA – art. 165) e dos três suborçamentos (OF, OI e OSS) que formam a Lei Orçamentária Anual (§ 5º), confeccionadas em diferentes documentos legais, o princípio da unidade orçamentária, diante desse novo panorama constitucional, também pode ser entendido como a necessidade de haver **harmonia (compatibilidade)** entre a LOA, a LDO e o PPA (ver arts. 165, I, II e III, §§ 2º, 7º, 166, §§ 3º, I, e 4º, da CF).

• **Anualidade** – o princípio da anualidade ou da periodicidade também está consignado no art. 2º da Lei nº 4.320/1964. Está relacionado diretamente à LOA e consiste na necessidade de um novo orçamento a cada período de 12 (doze) meses. No Brasil, por uma determinação legal (art. 34 da Lei nº 4.320/1964), esse período coincide com o ano civil, ou seja, vai de 1º de janeiro a 31 de dezembro. Mas nada obsta que essa lei seja alterada, estatuindo outro interregno para o período de 12 (doze) meses. Como se vê, a anualidade está relacionada a um período de 12 (doze) meses, mas não, necessariamente, com o ano civil.

(**Exceção:** os **Créditos Especiais e Extraordinários** com vigência plurianual. São os créditos reabertos e incorporados, via decreto, ao orçamento do exercício seguinte, nos termos do art. 167, § 2º, da CF: "Os créditos especiais e extraordinários terão vigência no exercício financeiro em que foram autorizados, **salvo se o ato de autorização for promulgado nos últimos quatro meses daquele exercício, caso em que, reabertos nos limites de seus saldos, serão incorporados ao orçamento do exercício financeiro subsequente.**" Exemplo: 1) Créditos (dotações) assinaladas na LOA e créditos suplementares: vigência sempre dentro do exercício; 2) Créditos especiais e extraordinários, cujo ato de autorização tenha sido promulgado até 31 de agosto: vigência dentro do próprio exercício de autorização; 3) Saldo dos créditos especiais e extraordinários, cujo ato de autorização tenha sido promulgado entre 1º de setembro e 31 de dezembro: vigência até o fim do exercício seguinte ao da autorização.)

- **Precedência** – a aprovação do orçamento deve ocorrer antes do exercício financeiro a que se refere. A CF/1988, especificamente no art. 35, § 2º, do ADCT, determina que as leis orçamentárias sejam encaminhadas, votadas e aprovadas num determinado exercício financeiro para vigorarem no exercício seguinte (ou nos exercícios seguintes, no caso do PPA). Uma prática muito comum que ocorre no Brasil, sobretudo no âmbito da União, é a aprovação da LOA no mesmo ano de sua vigência, ou seja, no mesmo exercício financeiro em que deverá ser cumprido. Esse fato implica manifesta afronta ao princípio da precedência e também ao princípio da anualidade. (**Exceção:** os **créditos adicionais** que são autorizados e abertos **durante** o exercício financeiro.)

- **Exclusividade** – o princípio da exclusividade está previsto na CF/1988, art. 165, § 8º. O Orçamento não conterá dispositivo estranho à previsão da receita e à fixação da despesa. Isso quer dizer que a lei orçamentária não poderá tratar de assuntos que não digam respeito a receitas e despesas públicas. Por exemplo, o orçamento não poderá criar cargos públicos, criar tributos, aumentar alíquotas de impostos ou fixar a remuneração de servidores. Todos esses fatos deverão ser objeto de leis específicas. Em tempos idos, especialmente na Primeira República, o orçamento no Brasil não respeitava o princípio da exclusividade, o que levou Rui Barbosa a classificá-los como verdadeiros "orçamentos rabilongos".

(**Exceção:** o próprio dispositivo constitucional estabelece as únicas exceções, quais sejam: a <u>autorização</u> na própria lei orçamentária para abertura de <u>créditos suplementares</u> (limitada) e a autorização para a contratação de <u>operações de crédito, ainda que por antecipação de receita</u> – ARO). A Lei nº 4.320/1964 também trata desse princípio e das exceções no seu art. 7º, I e II.[10])

- **Especificação** – também chamado de princípio da **especialização** ou **discriminação**. Previsto no art. 5º da Lei nº 4.320/1964, quando estatui que o orçamento não consignará dotações globais para atender às despesas, e também no art. 5º, § 4º, da LRF, ao estabelecer que é vedado consignar na lei orçamentária crédito com finalidade imprecisa ou com dotação ilimitada. No art. 15 da Lei nº 4.320/64, a lei

---

[10] Art. 7º A Lei de Orçamento poderá conter autorização ao Executivo para:

I – Abrir créditos suplementares até determinada importância obedecidas as disposições do art. 43.

II – Realizar, em qualquer mês do exercício financeiro, operações de crédito por antecipação da receita, para atender a insuficiências de caixa. (*Obs.: a LRF, art. 38, altera, em parte, esse dispositivo, pois exige que tais operações só se realizem a partir de 10 de janeiro de cada ano e obriga a sua quitação total até 10 de dezembro do mesmo exercício. Veda, também, a contratação de ARO no último ano de mandato do Chefe do Executivo*).

estabelece que a discriminação das despesas far-se-á, no mínimo, por elementos, entendendo-se elementos como o desdobramento da despesa com pessoal, material, serviços, obras etc. Pode-se dizer também que a exigência de especificar, na LOA, as receitas e as despesas, segundo a categoria econômica, as fontes, as funções e os programas, é uma consequência do princípio da especificação.

(**Exceção: Reserva de Contingência** – dotação global, genérica, colocada na Lei Orçamentária, destinada a atender passivos contingentes e outras despesas imprevistas; outra exceção são os **programas especiais de trabalho**, nos termos do art. 20, parágrafo único, da Lei nº 4.320/1964.)

- **Não afetação da receita** – o princípio da não afetação ou da não vinculação da receita significa que o legislador não poderá vincular receitas públicas a determinadas despesas, órgãos ou fundos. No Brasil, este princípio está previsto apenas em relação às receitas de **impostos**. Estabelece a CF/1988, art. 167, IV e § 4º, com a nova redação da **EC nº 42**, que é **vedada**: *a vinculação de receita de impostos a órgão, fundo ou despesa, ressalvadas a repartição do produto da arrecadação dos impostos a que se referem os arts. 158 e 159, a destinação de recursos para as ações e serviços públicos de saúde e para manutenção e desenvolvimento do ensino e para realização de atividades da administração tributária, como determinado, respectivamente, pelos arts. 198, § 2º, e 212, e a prestação de garantias às operações de crédito por antecipação de receita, previstas no art. 165, § 8º, bem como o disposto no § 4º deste artigo.*

> **IMPORTANTE**
>
> I – Resumindo: No ordenamento jurídico brasileiro, a proibição de vinculação está restrita à receita de **impostos;** logo, pode haver vinculação de **taxa, contribuição de melhoria, contribuições sociais e empréstimos compulsórios**.
>
> **Exceções:** são hipóteses previstas na própria CF, permitindo a vinculação de impostos, a seguir arroladas.
>
> - **Transferências tributárias constitucionais** (impostos). Os arts. 157 a 159 da CF determinam que a União repasse obrigatoriamente para os Estados (DF) e os Municípios percentuais de seus impostos, bem como que o Estado-membro repasse, obrigatoriamente, para os Municípios, percentuais da arrecadação dos impostos de sua competência. Por exemplo: a União deverá repassar 21,5% do IR e IPI, obrigatoriamente, para os Estados (FPE). Trata-se, pois, de uma despesa de transferência da União; despesa que está vinculada a impostos, sendo, portanto, uma exceção ao princípio (sobre esses repasses, ver item 5.5, adiante).
> - Aplicação de percentuais da receita de impostos (União, 18%; Estados e Municípios, 25%) na **manutenção e no desenvolvimento do ensino. ATENÇÃO:** ver Capítulo

---

[11] Contragarantia é a garantia que o Estado ou o Município são obrigados a oferecer à União quando esta concede uma garantia para uma entidade internacional (Banco Mundial, por exemplo) referente a um empréstimo tomado por Estado ou Município.

4, item 4.7, onde tratamos do Novo Regime Fiscal (NRF) trazido pela EC nº 95, que criou regras especiais transitórias para as despesas com saúde e educação.
- Aplicação de percentuais da receita de impostos nas **ações** e nos **serviços públicos de saúde** (EC nº 29 e EC nº 86 – art. 198, § 2º, da CF).
- Prestação de **garantias** às operações de crédito por antecipação de receita (ARO). Nesse caso, se o ente federativo quiser contratar uma ARO (ver art. 38 da LRF), poderá oferecer em garantia percentuais de seus impostos futuros.
- Vinculação de impostos estaduais e municipais para prestação de **garantia** ou **contragarantia**[12] à União, assim como para **pagamento de débitos** para com esta (a União).
- Vinculação de impostos a FUNDOS ESPECIAIS criados por meio de **Emenda à Constituição Federal** (Ex.: *Fundo de Combate e Erradicação da Pobreza* – EC nº 31 e art. 80 do ADCT da CF de 1988). Decerto que um Fundo Especial pode ser criado por lei ordinária. Mas, nesse caso, não poderia haver qualquer vinculação de receita de impostos, sob pena de afronta ao disposto no art. 167, IV, da CF. Para evitar tal afronta, o Governo Federal tem utilizado o artifício jurídico da criação de Fundos por meio de emenda à Constituição Federal. Desse modo, foge do afrontamento ao princípio da não afetação (já que passa a ser uma exceção constitucional) e garante efetividade à implementação do Fundo, haja vista o grau de certeza da arrecadação das receitas tributárias, especificamente dos impostos.

II – **DESVINCULAÇÃO DE RECEITAS DA UNIÃO, ESTADOS (DF) E MUNICÍPIOS: DRU, DRE, DRDF e DRM.** Para aprofundar esse tema, que está relacionado ao princípio orçamentário da *"não vinculação (afetação) da receita"*, ver o item 3.12 ao final deste Capítulo 3.

- **Proibição do estorno de verbas** – este princípio está assinalado na CF/1988, artigo 167, VI, VIII e XI. São vedados a <u>transposição</u> (destinação de recursos de um órgão para outro), o <u>remanejamento</u> (realocações de verbas orçamentárias no âmbito dos programas de trabalho, dentro do mesmo órgão) ou a <u>transferência</u> (realocações de dotações entre as categorias econômicas de despesas, dentro do mesmo órgão ou programa de trabalho) de recursos de uma categoria de programação para outra ou de um órgão para outro, **sem prévia autorização legislativa**, bem como a utilização, **sem autorização legislativa**, dos recursos do orçamento fiscal e da seguridade social para suprir necessidade ou cobrir déficit de empresas, fundações ou fundos.[12] Antes, o Chefe do Executivo tinha o poder de unilateralmente remanejar e transpor dotações. Hoje, isso só é possível mediante autorização legislativa. Para isso, o Chefe do Executivo pode se valer dos créditos adicionais. EXCEÇÃO: Por meio da **Emenda Constitucional nº 85, de 2015**, a CF estabeleceu uma exceção expressa à vedação descrita no artigo 167, VI, quando a transposição, o remanejamento ou a transferência de

---

[12] Para aprofundar os conceitos de remanejamentos, transposições e transferências, consultar: Furtado, J. R. Caldas. *Direito Financeiro*. 3. ed. Belo Horizonte: Fórum. 2012, p. 178 a 180.

uma categoria de programação para outra estiverem relacionadas às "atividades de ciência, tecnologia e inovação, com o objetivo de viabilizar os resultados de projetos restritos a essas funções, mediante ato do Poder Executivo, sem a necessidade de prévia autorização legislativa". **Atenção!** Estatui a CF, art. 167, XI, que é terminantemente VEDADA a utilização dos recursos provenientes das contribuições sociais de que trata o art. 195, I, a, e II (do empregador e do empregado), para a realização de despesas distintas do pagamento de benefícios do regime geral de previdência social de que trata o art. 201. Nesse caso, a vedação não comporta exceção, ou seja, nenhuma lei, ordinária ou complementar, poderia autorizar o uso desses recursos para outro fim.

- **Equilíbrio** – o princípio do equilíbrio pode ser visto em duas vertentes. A primeira está relacionada ao **aspecto contábil**. Nesse caso, independentemente da origem das receitas (se próprias ou decorrentes de endividamento), o orçamento deve ser aprovado com igualdade entre receitas e despesas (R = D).[13]

A outra vertente é a **econômica**. Os economistas clássicos defendiam um orçamento equilibrado também sob o aspecto econômico. Para eles, só haveria equilíbrio orçamentário caso as despesas públicas fossem financiadas exclusivamente com receitas próprias, excluindo-se as chamadas receitas creditícias (operações de crédito geradoras de dívidas). Em virtude da crise do liberalismo, a partir de 1929, houve uma relativização desse princípio sob o seu aspecto econômico. O Estado passa a intervir no domínio econômico. Permite-se, em certas conjunturas, um orçamento deficitário ou desequilibrado em que o gasto público, também financiado por operações de crédito, será um instrumento de combate à recessão e à depressão econômica.

- **Programação** – O orçamento deve relacionar os programas de trabalho do Governo enfatizando as metas e os objetivos a serem alcançados. Inerentemente ao princípio da programação, temos que os *planos e programas nacionais, regionais e setoriais* previstos na Constituição serão elaborados em consonância com o Plano Plurianual. Por sua vez, a Portaria MPOG nº 42/1999 estabelece que o "programa" é o módulo integrador entre o PPA e a LOA.

---

[13] Embora o **equilíbrio contábil** do orçamento seja considerado um relevante princípio pelos doutrinadores, é preciso dizer que a Constituição de 1988, ao estabelecer em seu art. 166, § 8º: *os recursos que, em decorrência de veto, emenda ou rejeição do projeto de Lei Orçamentária Anual, ficarem sem despesas correspondentes poderão ser utilizados, conforme o caso, mediante créditos especiais ou suplementares, com prévia e específica autorização legislativa*, prevê, excepcionalmente, que, após a tramitação legislativa, o orçamento possa ser promulgado e publicado com desequilíbrio (R > D), em razão de emendas, vetos ou rejeição da LOA.

## 3.5.1. O princípio da transparência (ou publicidade)

Os cidadãos, os verdadeiros proprietários dos recursos orçamentários, devem tomar conhecimento de todas as etapas que antecedem e sucedem a aplicação desses recursos. A transparência é um princípio decorrente do *princípio republicano*. Daí por que as leis orçamentárias devem ser publicadas e divulgadas de forma clara (**princípio da clareza**) e precisa (**princípio da exatidão**), possibilitando assim o denominado controle social da Administração Pública.

O art. 165, § 3º, da CF/1988 está em sintonia com o princípio da transparência orçamentária, na medida em que determina que *o Poder Executivo publicará, até trinta dias após o encerramento de cada bimestre, relatório resumido da execução orçamentária (RREO)* (grifo nosso). Outras normas constitucionais reforçam a necessidade de transparência da aplicação dos recursos públicos, quais sejam: art. 5º, incisos XXXIII e XXXIV (direito à informação dos órgãos públicos), LXXIII (ação popular), art. 31, § 3º (contas municipais disponíveis para consulta popular) e art. 74, § 2º (denúncia dos cidadãos perante o Tribunal de Contas).

## 3.5.2. A Transparência e a Lei de Responsabilidade Fiscal – LRF

Vimos no Capítulo 1 – item 1.3 – que um dos pilares da Lei de Responsabilidade Fiscal, em sintonia com o princípio *republicano*, e o seu derivado princípio da *publicidade*, foi o reforço das responsabilidades dos gestores públicos em relação à transparência da gestão pública, incluída nessas medidas a exigência de maior transparência nos orçamentos públicos. Nos tópicos a seguir, destacaremos as principais medidas no campo da transparência, estatuídos a partir do art. 48 da LRF. Eis a íntegra dos arts. 48, 48-A, 49, 73-A e 73-B, já com as inovações trazidas pelas **LEIS COMPLEMENTARES Nº 131/2009 e 156/2016**, que vieram reforçar, ainda mais, as exigências de transparência da gestão:

> Art. 48. São instrumentos de transparência da gestão fiscal, aos quais será dada ampla divulgação, inclusive em meios eletrônicos de acesso público: os planos, orçamentos e leis de diretrizes orçamentárias; as prestações de contas e o respectivo parecer prévio; o Relatório Resumido da Execução Orçamentária e o Relatório de Gestão Fiscal; e as versões simplificadas desses documentos.
>
> § 1º A transparência será assegurada também mediante:
>
> I – incentivo à participação popular e realização de audiências públicas, durante os processos de elaboração e discussão dos planos, lei de diretrizes orçamentárias e orçamentos;
>
> II – liberação ao pleno conhecimento e acompanhamento da sociedade, em tempo real, de informações pormenorizadas sobre a execução orçamentária e financeira, em meios eletrônicos de acesso público; e

III - adoção de sistema integrado de administração financeira e controle, que atenda a padrão mínimo de qualidade estabelecido pelo Poder Executivo da União e ao disposto no art. 48-A.

§ 2º A União, os Estados, o Distrito Federal e os Municípios disponibilizarão suas informações e dados contábeis, orçamentários e fiscais conforme periodicidade, formato e sistema estabelecidos pelo órgão central de contabilidade da União, os quais deverão ser divulgados em meio eletrônico de amplo acesso público.

§ 3º Os Estados, o Distrito Federal e os Municípios encaminharão ao Ministério da Fazenda, nos termos e na periodicidade a serem definidos em instrução específica deste órgão, as informações necessárias para a constituição do registro eletrônico centralizado e atualizado das dívidas públicas interna e externa, de que trata o § 4º do art. 32.

§ 4º A inobservância do disposto nos §§ 2º e 3º ensejará as penalidades previstas no § 2º do art. 51.

§ 5º Nos casos de envio conforme disposto no § 2º, para todos os efeitos, a União, os Estados, o Distrito Federal e os Municípios cumprem o dever de ampla divulgação a que se refere o *caput*.

§ 6º Todos os Poderes e órgãos referidos no art. 20, incluídos autarquias, fundações públicas, empresas estatais dependentes e fundos, do ente da Federação devem utilizar sistemas únicos de execução orçamentária e financeira, mantidos e gerenciados pelo Poder Executivo, resguardada a autonomia.

Art. 48-A. Para os fins a que se refere o inciso II do parágrafo único do art. 48, os entes da Federação disponibilizarão a qualquer pessoa física ou jurídica o acesso a informações referentes a:

I - quanto à despesa: todos os atos praticados pelas unidades gestoras no decorrer da execução da despesa, no momento de sua realização, com a disponibilização mínima dos dados referentes ao número do correspondente processo, ao bem fornecido ou ao serviço prestado, à pessoa física ou jurídica beneficiária do pagamento e, quando for o caso, ao procedimento licitatório realizado;

II - quanto à receita: o lançamento e o recebimento de toda a receita das unidades gestoras, inclusive referente a recursos extraordinários.

Art. 49. As contas apresentadas pelo Chefe do Poder Executivo ficarão disponíveis, durante todo o exercício, no respectivo Poder Legislativo e no órgão técnico responsável pela sua elaboração, para consulta e apreciação pelos cidadãos e instituições da sociedade.

Parágrafo único. A prestação de contas da União conterá demonstrativos do Tesouro Nacional e das agências financeiras oficiais de fomento, incluído o Banco Nacional de Desenvolvimento Econômico e Social, especificando os empréstimos e financiamentos concedidos com recursos oriundos dos orçamentos fiscal e da seguridade social e, no caso das agências financeiras, avaliação circunstanciada do impacto fiscal de suas atividades no exercício.

Art. 73-A. Qualquer cidadão, partido político, associação ou sindicato é parte legítima para denunciar ao respectivo Tribunal de Contas e ao órgão competente do Ministério Público o descumprimento das prescrições estabelecidas nesta Lei Complementar.

Dos comandos legais supracitados, vale destacar:

1 – Os **instrumentos de transparência** da gestão fiscal, como as *Leis Orçamentárias*, o *Relatório Resumido da Execução Orçamentária*, o *Relatório de Gestão Fiscal*, a *Prestação de Contas* e o *Parecer Prévio*, deverão ser amplamente divulgados, inclusive por meio de meios eletrônicos de acesso público (Internet, por exemplo). Acontece que não basta a simples divulgação ampla e pela Internet, a lei exige que sejam divulgados, também amplamente e pela Internet, as *"Versões Simplificadas"* desses mesmos instrumentos. Por *versões simplificadas* deve-se entender uma apresentação mais concisa, em linguagem simples, menos tecnicista, desses instrumentos, visando atingir o cidadão médio que não conhece em pormenor os tecnicismos inerentes à ciência das finanças públicas. Com isso procura-se cumprir um dos principais objetivos da transparência da gestão fiscal, que é informar à população e propiciar formas efetivas de controle social;

2 – As *Leis Complementares nº 131/2009 e 156/2016* trouxeram um grande reforço à transparência da gestão fiscal. Passaram a exigir que dados pormenorizados referentes à execução orçamentária e financeira de receitas e despesas públicas sejam disponibilizados em tempo real, ou seja, no instante em que são realizados, **para toda a sociedade**. Na prática, informações antes disponibilizadas, por exemplo, no Siafi – *Sistema Integrado de Administração Financeira do Governo Federal* (que, com a nova lei, passa a ser referência e padrão para implantação de sistemas semelhantes nos âmbitos estaduais e municipais) –, apenas para alguns agentes públicos federais, passarão a ser consultadas e acessadas pelo público em geral, já que o referido sistema e os seus similares implantados em Estados e Municípios estarão ao alcance de qualquer cidadão que disponha de meios eletrônicos de acesso público, como a Internet. Com a implantação desses verdadeiros "Portais de Transparência" ganham o bom gestor e o controle social na medida em que a sociedade passará a ter informações mais detalhadas e precisas sobre o andamento da administração pública;

3 – **Consolidação das Contas Públicas Nacionais**: Ainda em sintonia com o princípio da transparência, a LRF tratou da consolidação das contas públicas nacionais quando estabeleceu, em seu **art. 51**, que o Poder Executivo da União promoverá, até o dia 30 de junho, a consolidação, nacional e por esfera de governo, das contas dos entes da Federação relativas ao exercício anterior, e a sua divulgação, inclusive por meio eletrônico de acesso público. Os Estados e os Municípios encaminharão suas contas ao Poder Executivo da União nos seguintes prazos: I – Municípios, com cópia para o Poder Executivo do respectivo Estado, até 30 de abril; e II – Estados, até 31 de maio. O descumprimento dos prazos previstos neste artigo impedirá, até que a situação seja regularizada, que o ente da Federação receba transferências voluntárias e contrate operações de crédito, exceto as destinadas ao refinanciamento do principal atualizado da dívida mobiliária.

No tópico a seguir, um quadro comparativo de dois importantes instrumentos de transparência da gestão fiscal: o RREO – Relatório Resumido da Execução Financeira – e o RGF – Relatório de Gestão Fiscal.

### 3.5.3. O Relatório Resumido e o Relatório de Gestão (Quadro-Resumo)

| Relatório Resumido da Execução Orçamentária – (RREO) | Relatório de Gestão Fiscal – (RGF) |
|---|---|
| – Previsão Constitucional – art. 165, § 3º da CF/1988 e regulamentado pela LRF nos **arts. 52 e 53**.<br>– **Competência** para a elaboração e publicação é do **Poder Executivo**, mas o relatório englobará TODOS OS PODERES do ente da Federação, inclusive o MINISTÉRIO PÚBLICO e o TRIBUNAL DE CONTAS.<br>– **Prazo:** deverá ser publicado ATÉ **30 dias após o encerramento de cada bimestre**.<br>– **Sanção**: a não publicação do RREO no prazo estipulado acarretará duas sanções institucionais ao ente Federal, até que a situação seja regularizada: 1) ficará impedido de receber transferências voluntárias, exceto as destinadas para educação, saúde e assistência social; e de 2) contratar operações de crédito, exceto as destinadas ao refinanciamento do principal da dívida mobiliária. | – O RGF é uma novidade da LRF. Está regulamentado nos arts. 54 e 55 da LRF.<br>– Cada Poder, o Ministério Público e o Tribunal de Contas terão que emitir o seu próprio **RGF;** será, pois,<br>EMITIDO por todos os titulares dos Poderes e órgãos da administração (Executivo, Legislativo, Judiciário, Tribunal de Contas e Ministério Público) e<br>ASSINADO:<br>1) pelo Chefe do Poder Executivo (RGF do Executivo);<br>2) pelo Presidente e demais membros da Mesa Diretora dos órgãos do Poder Legislativo (RGF do Poder Legislativo);<br>3) pelo Presidente do Tribunal e demais membros do conselho de administração dos Tribunais Judiciários (RGF do Poder Judiciário);<br>4) pelo Chefe do Ministério Público (RGF do Ministério Público); |

– **Conteúdo do RREO**:

I – balanço orçamentário;

II – demonstrativos da execução das receitas, por categoria econômica e fonte e da execução das despesas por categoria econômica, por grupo de natureza, por função e subfunção (sobre essas classificações, ver itens sobre Despesa e Receita, adiante);

III – demonstrativo relativo à apuração da receita corrente líquida, sua evolução, assim como a previsão de seu desempenho até o final do exercício; demonstrativos relativos às receitas e despesas previdenciárias; demonstrativo dos resultados nominal e primário, das despesas com juros e dos Restos a Pagar, detalhando, por Poder e por órgão, ressaltando os valores inscritos, os pagamentos realizados e o montante a pagar.

IV – Quando for o caso, serão apresentadas justificativas:

a) da limitação de empenho;
b) da frustração de receitas, especificando as medidas de combate à sonegação e à evasão fiscal, adotadas e a adotar, e as ações de fiscalização e cobrança.

V – demonstrativos **do último bimestre (apenas no último bimestre)**:

a) demonstração do atendimento do disposto no art. 167, III, da CF;
b) das projeções atuariais dos regimes de previdência dos servidores públicos;
c) da variação patrimonial, evidenciando a alienação de ativos e a aplicação dos recursos dela decorrentes.

**ATENÇÃO**: todos os entes da Federação – União, Estados, DF e Municípios, estão obrigados a publicarem o seu RREO no prazo de até 30 (trinta) dias após o encerramento de cada bimestre. No entanto, aos Municípios com menos de 50 mil habitantes, nos termos do art. 63, II, "c" da LRF, é facultada a publicação dos dados referentes ao **item III** acima (apenas este item) no prazo de até 30 (trinta) dias após o encerramento do SEMESTRE.

5) pela autoridade responsável pela administração financeira e pelo Controle Interno (RGF de todos os Poderes);

6) por outras definidas por ato próprio de cada Poder ou órgão (MP e TC).

– **Prazo**: deverá ser publicado até 30 (trinta) dias após o encerramento de cada QUADRIMESTRE.

– **Sanção pelo descumprimento do prazo** = sanção pelo descumprimento do RREO – ver quadro ao lado.

– **Conteúdo do RGF**:

I – Comparativos com os limites da LRF, dos seguintes montantes:

- despesa total com pessoal, distinguindo-se a com inativos e pensionistas (RGF de todos os Poderes, MP e TC);
- dívidas consolidada e mobiliária, concessão de garantias, operações de crédito, inclusive ARO (dados que devem aparecer apenas no RGF do Executivo).

II – Se ultrapassado qualquer dos limites, o RGF deverá conter a indicação das medidas corretivas adotadas ou a adotar para restabelecimento do limite legal.

III – NO ÚLTIMO QUADRIMESTRE, o RGF deverá conter:

- valor em caixa em 31/12;
- valor das despesas empenhadas, liquidadas e não pagas até 31/12 ("restos a pagar" processados);
- valor das despesas empenhadas, não liquidadas e não pagas em 31/12 (**restos a pagar** não processados);
- valor das despesas não inscritas em "restos a pagar" por falta de disponibilidade de caixa e cujos empenhos foram cancelados;
- um demonstrativo de que as AROs (operações de crédito por antecipação de receita orçamentária) foram tomadas após 10 de janeiro e quitadas integralmente até 10 de dezembro e, em se tratando de último ano de mandato, um demonstrativo de que não foram realizadas AROs.

**ATENÇÃO**: nos Municípios com população inferior a 50 mil habitantes, o RGF (COMPLETO) poderá ser publicado no prazo de até 30 (trinta) dias após o encerramento do SEMESTRE (LRF, art. 63, II, "b").

A STN – Secretaria do Tesouro Nacional editou a **PORTARIA Nº 637**, de 18/10/2012, com o objetivo de padronizar, nos três níveis da Federação, a elaboração e divulgação dos referidos Relatórios (mais detalhes, consultar: http://www.tesouro.fazenda.gov.br/legislacao/leg_contabilidade.asp).

### 3.5.4. A Transparência e a Lei de Acesso à Informação Pública – Lei Federal nº 12.527/2011

A Constituição Federal de 1988 assegurou, em seu art. 5º, XXXIII: "todos têm direito a receber dos órgãos públicos informações de seu interesse particular, ou de interesse coletivo ou geral, que serão prestadas no prazo da lei, sob pena de responsabilidade, ressalvadas aquelas cujo sigilo seja imprescindível à segurança da sociedade e do Estado". Por sua vez, o seu art. 37, § 3º, II, assegurou que uma lei disciplinaria as formas de participação do usuário na administração pública direta e indireta, regulando, especialmente, o acesso dos usuários a registros administrativos e a informações sobre atos de governo, observado o disposto no art. 5º, X e XXXIII, da CF.

A lei regulamentando o direito ao acesso à informação só veio a ser aprovada em novembro de 2011 e só passou a produzir efeitos a partir 16 de maio de 2012. Com ela, qualquer cidadão poderá solicitar ao Estado dados de interesse coletivo, exceto os confidenciais, sem apresentar justificativas. A resposta deverá ser dada, se possível, imediatamente ou em 20 dias, prorrogáveis por mais dez. Se o acesso for negado, o órgão terá que apresentar uma motivação por escrito e o cidadão pode entrar com um recurso. A lei enfatiza, portanto, sob uma vertente, o conceito de "transparência passiva", que consiste na divulgação ou fornecimento de informações e documentos sob demanda, ou seja, em atendimento a pedidos de informações e documentos específicos solicitados por qualquer pessoa, visando à efetivação do seu direito fundamental de acesso à informação.

Por outro lado, a lei também consagra o conceito de "transparência ativa", que consiste no dever de a administração divulgar informações de interesse coletivo ou geral, independentemente de requerimento do cidadão, por meio eletrônico de acesso público (internet), de forma voluntária e proativa. É nessa perspectiva que a lei reforça a obrigação de o gestor público informar na internet dados sobre a administração do patrimônio público, a exemplo do montante dos repasses ou transferências de recursos financeiros, as despesas, as licitações, os contratos administrativos, além de dados sobre obras públicas, prestações de contas e os resultados dos programas, ações e projetos, com suas respectivas metas e indicadores. A informação deve ser apresentada da forma mais objetiva possível, e os dados, traduzidos em linguagem clara.

Conclui-se, portanto, que, a partir da aprovação dessa importante lei, o segredo e o sigilo passam a ser a exceção. Além de objetivar sedimentar a cultura da transparência na gestão pública, a lei busca incentivar e tornar mais efetivo o controle social da gestão.

**ALCANCE**: A lei alcança órgãos públicos dos três poderes nas esferas federal, estadual, distrital e municipal, incluindo Tribunais de Contas e Ministério Público. A lei, no que couber, alcança também as entidades privadas sem fins lucrativos que recebam, para realização de ações de interesse público, recursos públicos diretamente do orçamento ou mediante subvenções sociais, contrato de gestão, termo de parceria, convênios, acordo, ajustes ou outros instrumentos congêneres. Contudo, a publicidade a que estão submetidas essas entidades privadas refere-se apenas à parcela dos recursos públicos recebidos e à sua destinação, sem prejuízo das prestações de contas a que estejam legalmente obrigadas.

### 3.6. O Ciclo Orçamentário e o Exercício Financeiro

O ciclo orçamentário é o período em que se processam as atividades peculiares do processo orçamentário, quais sejam:

ELABORAÇÃO ⇒ APRECIAÇÃO E VOTAÇÃO ⇒ EXECUÇÃO ⇒ CONTROLE

• **ELABORAÇÃO** – diz respeito aos estudos preliminares em que são estabelecidas as metas e as prioridades, a definição de programas, de obras e das estimativas das receitas, incluindo-se, ainda, nesta fase, as discussões com a população e com entidades representativas (orçamento participativo). Vale ressaltar que os Poderes Legislativo e Judiciário, o Ministério Público, o Tribunal de Contas e as Defensorias Públicas elaboram **propostas parciais** em relação às suas despesas, as quais deverão ser encaminhadas ao Poder Executivo, a quem compete constitucionalmente o envio da proposta consolidada do orçamento para o Poder Legislativo.

• **APRECIAÇÃO E VOTAÇÃO** – seguindo o curso do processo legislativo, caberá ao Poder Legislativo apreciar os termos da proposta enviada pelo Executivo, podendo, segundo certos critérios, emendá-la e, em situações extremas, rejeitá-la. Ressalte-se, porém, que, ainda que já votado o orçamento e mesmo se tendo iniciada a sua execução, o processo legislativo poderá novamente ser desencadeado em virtude de projeto de lei destinado a solicitar autorizações para a abertura de créditos adicionais.

• **EXECUÇÃO** – encerrado o processo legislativo com a publicação da lei orçamentária, nos termos do disposto na LRF, art. 8º, o Poder Executivo terá até 30 (trinta) dias para estabelecer, mediante Decreto, a **programação financeira e o cronograma de execução mensal de desembolso**. Feito isso, os administradores começarão a executar ou a realizar o orçamento. Nessa fase, são efetivados a arrecadação da receita e o processamento da despesa pública. A *programação* e o *cronograma* objetivam: a) assegurar às unidades orçamentárias, em tempo útil, a soma de recursos necessários e suficientes à melhor execução do seu programa anual de trabalho; b) manter, durante o exercício, na medida do possível, o equilíbrio entre a receita arrecadada e a despesa realizada, de modo a reduzir ao mínimo eventuais insuficiências de tesouraria.

• **CONTROLE** – depois de executada a despesa, caberá aos órgãos de controle, especialmente os órgãos incumbidos do Controle Externo (Poder Legislativo e Tribunais de Contas), apreciar e julgar se a aplicação dos recursos públicos deu-se nos termos previstos nas leis orçamentárias e nas demais espécies normativas que vinculam a gestão de recursos públicos. Ressalte-se que, para efeitos didáticos, colocamos a atividade de controle como a última fase do ciclo orçamentário. Contudo, há que se salientar que o controle do orçamento poderá acontecer concomitantemente à execução orçamentária. Realizada a despesa, os órgãos de controle poderão, a qualquer tempo, proceder a auditorias e inspeções, sem prejuízo da apreciação final das contas.[14]

> **IMPORTANTE**
>
> Não confundir **ciclo orçamentário** com **exercício financeiro**. O exercício financeiro no Brasil, nos termos do art. 34 da Lei nº 4.320/1964, *coincidirá com o ano civil*: 1º de JANEIRO a 31 de DEZEMBRO. Portanto, o exercício financeiro está inserido no ciclo orçamentário e diz respeito ao período da execução do orçamento. **CICLO ORÇAMENTÁRIO > EXERCÍCIO FINANCEIRO.**

### 3.7. Leis Orçamentárias

A CF/1988, em seu art. 165, prevê três leis orçamentárias:

**PPA** – Plano Plurianual.
**LDO** – Lei de Diretrizes Orçamentárias.
**LOA** – Lei Orçamentária Anual.

A LOA, por sua vez, nos termos do art. 165, § 5º, compreenderá:

**OF** – Orçamento Fiscal.
**OI** – Orçamento de Investimentos.
**OSS** – Orçamento da Seguridade Social.

---

[14] Sobre o **Controle Externo** da Administração Pública, aprofundaremos o estudo na Parte II deste Trabalho.

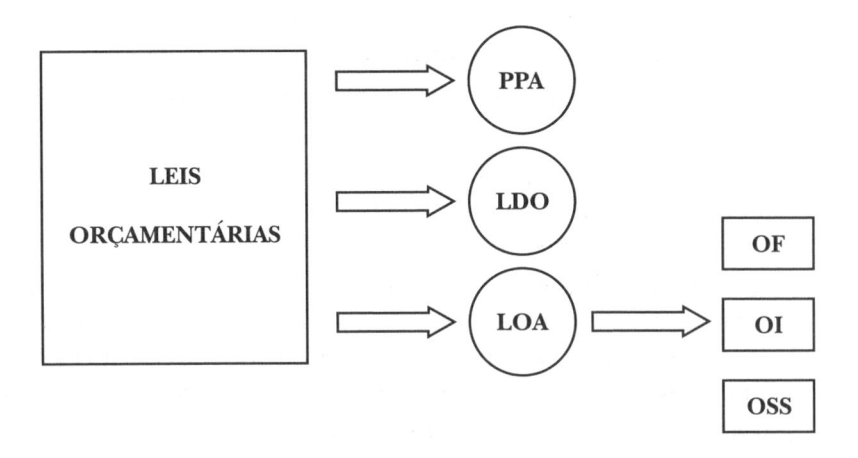

```
                        ┌─────┐
                   ──▶  │ PPA │
┌──────────────┐        └─────┘
│    LEIS      │        ┌─────┐
│ ORÇAMENTÁRIAS│   ──▶  │ LDO │      ┌────┐
│              │        └─────┘      │ OF │
│              │        ┌─────┐      ├────┤
│              │   ──▶  │ LOA │ ──▶  │ OI │
└──────────────┘        └─────┘      ├────┤
                                     │ OSS│
                                     └────┘
```

> **IMPORTANTE**
> 1. Embora a CF, ao longo dos arts. 167 a 169, quando trata "dos orçamentos", faça menção apenas à União, é preciso não esquecer que todas essas regras pertinentes ao orçamento devem ser obrigatoriamente seguidas pelos Estados (DF) e Municípios. Cabe, pois, às Constituições Estaduais e Leis Orgânicas Municipais adaptarem as regras assinaladas no texto da Lei Maior às suas respectivas estruturas administrativas.
> 2. Importa destacar, também, que <u>não existe</u> um orçamento nacional, consolidado, para todos os entes da Federação (União, Estados, Distrito Federal e Municípios). Cada ente da Federação tem o dever de elaborar suas próprias leis orçamentárias.

Vejamos o objetivo e as características de cada um desses orçamentos à luz da legislação, especialmente da Constituição Federal (arts. 165 a 169 da CF/1988).

### 3.7.1. Plano Plurianual – PPA

- Instrumento de planejamento governamental pelo prazo de 4 (quatro) anos.
- **Vigência**: União, Estados, Distrito Federal e Municípios: **4 (quatro) anos**. Começa a produzir efeitos a partir do <u>segundo exercício financeiro do mandato do Chefe do Executivo até o final do primeiro exercício do mandato subsequente</u>. Veja que a vigência não coincide com o mandato do Chefe do Poder Executivo. Procura-se, com isso, evitar a descontinuidade dos programas governamentais.
- **Conteúdo Principal**: fixa, de forma **regionalizada**, as **diretrizes**, os **objetivos** e as **metas** do Governo para:

- as **despesas de capital** (ex.: construção de escolas e hospitais);
- **as despesas correntes derivadas das despesas de capital** (ex.: contratação de pessoal necessário ao funcionamento das escolas e hospitais);
- os **programas de duração continuada** (despesas vinculadas a programas com duração superior a um exercício financeiro – como o "programa de bolsa-escola", por exemplo).

- Quando da elaboração do PPA, a Administração e o legislador deverão planejar a aplicação de recursos públicos de modo a atenuar a enorme desigualdade entre as regiões brasileiras (no caso do PPA da União) ou entre as sub-regiões existentes nos Estados e Municípios (caso do PPA dos Estados e Municípios).

---

- *Diretrizes* – orientações gerais ou princípios que nortearão a captação e o gasto público com vistas a alcançar os objetivos (ex.: combater a pobreza e promover a cidadania).
- *Objetivos* – discriminação dos custos e dos resultados que se quer alcançar com a execução de ações governamentais (ex.: elevar o nível educacional da população, especialmente combatendo o analfabetismo).
- *Metas* – quantificação, física ou financeira, dos objetivos (ex.: construção de 3.000 salas de aula em todo o País ou investir, no período de quatro anos, R$ 100 milhões na construção de salas de aula).

---

- O PPA orienta as demais leis orçamentárias, na medida em que servirá de guia e de parâmetro para a elaboração da *LDO*, da *LOA* e dos demais *planos e programas nacionais, regionais e setoriais*.
- O projeto de lei dispondo sobre o PPA é de iniciativa privativa e **vinculada** do Chefe do Poder Executivo (Presidente da República, Governadores e Prefeitos – ver art. 84, XXIII, c/c 165 e 166, § 3º, da CF/1988).
- PRAZO PARA ENVIO DA PROPOSTA DO **PPA** AO LEGISLATIVO:
  - **UNIÃO**: enviar o projeto de PPA ao Congresso Nacional até quatro meses antes do encerramento do exercício financeiro, 31 DE AGOSTO, do primeiro ano do mandato do Presidente, e o Congresso deverá devolver para sanção Presidencial até o encerramento da sessão legislativa (CF, art. 35, § 2º, I, do ADCT da CF). Nos termos do disposto no art. 57 da CF, **com a nova redação dada pela EC nº 50**, a *sessão legislativa* encerra-se em **22 de DEZEMBRO**.
  - **ESTADOS E MUNICÍPIOS**: os prazos devem estar assinalados nas respectivas Constituições Estaduais e Leis Orgânicas.

## DURAÇÃO DO PPA x MANDADO

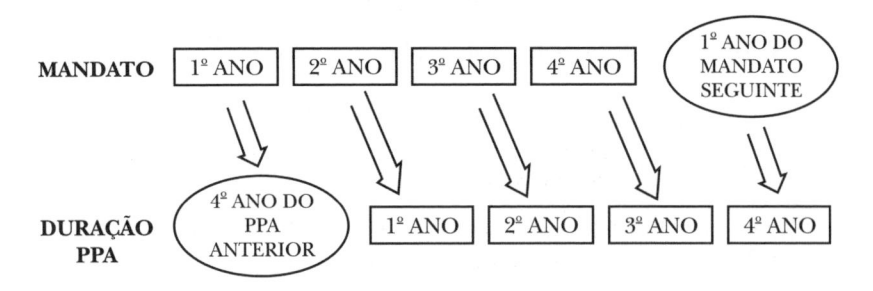

MANDATO: 1º ANO | 2º ANO | 3º ANO | 4º ANO | 1º ANO DO MANDATO SEGUINTE

DURAÇÃO PPA: 4º ANO DO PPA ANTERIOR | 1º ANO | 2º ANO | 3º ANO | 4º ANO

### 3.7.2. Lei de Diretrizes Orçamentárias – LDO

- Instrumento de planejamento de curto prazo.
- Deve ser elaborado em harmonia com o PPA e orientará a elaboração da LOA.
- Estabelece as **metas** e **prioridades** da Administração, incluindo as despesas de capital, para o **exercício subsequente**.
- Disporá sobre as alterações na legislação tributária. Essa atribuição da LDO está relacionada ao fato de que as receitas tributárias são a principal fonte de financiamento dos gastos públicos, daí a necessidade de haver uma previsão adequada em relação tanto aos acréscimos quanto aos decréscimos (ex.: previsão de novos tributos, diminuições ou aumento de alíquotas etc.).
- Fixará a política de aplicação das agências financeiras oficiais de fomento (políticas prioritárias para o Banco do Brasil, BNDES, Caixa Econômica, Banco do Nordeste e demais agências fomentadoras do desenvolvimento).
- Autorizará a concessão de qualquer vantagem ou aumento de remuneração de servidores, a criação de cargos, empregos, funções ou alteração na estrutura de carreira, bem como a admissão e contratação de pessoal a qualquer título na administração. Exceção: as empresas públicas e as sociedades de economia mista, nos termos do disposto no art. 169, § 1º, da CF, não precisam dessa autorização da LDO.
- PRAZOS PARA ENVIO DA LDO:
  - **UNIÃO**: O Presidente deve enviar ao Congresso Nacional a proposta da LDO até **15 DE ABRIL** (oito meses e meio antes do encerramento do exercício financeiro), e o Congresso devolverá para sanção presidencial até o fim do **1º período da sessão legislativa** (CF, art. 35, § 2º, II, do ADCT).
  - **ESTADOS E MUNICÍPIOS:** os prazos devem estar assinalados nas respectivas Constituições Estaduais e Leis Orgânicas.

> **IMPORTANTE**
>
> 1. **ART. 57, § 2º, DA CF/1988** – "A sessão legislativa não será interrompida sem a aprovação do projeto de LDO." Em tese, a teor do *caput* do art. 57 da CF, a LDO deverá estar aprovada até **17 DE JULHO. Trata-se de um novo prazo previsto pela EC nº 50**. Se isso não acontecer, a sessão legislativa prorrogar-se-á automaticamente até a aprovação da LDO;
> 2. Mesmo que alguns autores falem em vigência anual da LDO, isso, a rigor, não é correto. Valendo-nos do conceito jurídico de vigência, há que se concluir que a LDO vigora por mais de um ano. Normalmente é aprovada em meados do exercício financeiro, orientando a elaboração da LOA no segundo semestre e continuando em vigor até o final do exercício financeiro subsequente. Diga-se, contudo, que, embora a vigência formal seja maior que um ano, a LDO traça as metas e as prioridades da Administração apenas para o exercício subsequente.

### 3.7.2.1. A LDO e a Lei de Responsabilidade Fiscal – LRF

A LRF trouxe uma série de inovações em relação à LDO. Aumenta o seu conteúdo e a transforma no principal instrumento de planejamento para uma administração orçamentária equilibrada. Além das atribuições assinaladas no texto da CF, a LDO deverá, ainda, nos termos do **Art. 4º da LRF**:

a) dispor sobre o equilíbrio entre receitas e despesas;

b) aprovar normas para o controle de custos e a avaliação dos resultados dos programas financiados pelo orçamento;

c) disciplinar as transferências de recursos a entidades públicas e privadas (ver art. 26 da LRF);

d) definir o resultado primário a ser obtido com vistas à redução do montante da dívida e das despesas com juros;

e) estabelecer critérios e formas de limitação de empenho, caso ocorram os seguintes fatos: 1º – arrecadação da receita inferior à estimada, de modo a comprometer as metas de resultado primário e nominal;[15] 2º – necessidade de se reconduzir a dívida aos limites estabelecidos;

f) fixar, em percentual da Receita Corrente Líquida, o montante da *Reserva de Contingência*.

---

[15] **Resultado Primário** é a diferença entre as receitas e as despesas NÃO financeiras. Exemplo de receitas financeiras: aplicações financeiras, operações de crédito e alienação de ativos; despesas financeiras: encargos da dívida e amortizações. É um indicador da "autossuficiência" de recursos públicos para a cobertura das despesas. Por outro lado, demonstra o quanto o ente público depende de recursos de terceiros para a cobertura das despesas. Supondo que o Anexo de Metas da LDO tenha estipulado um Resultado Primário de 10 e que, ao longo do exercício financeiro, o Governo constate que não está conseguindo alcançá-lo, de nada adiantará obter empréstimos ou vender bens ou, mesmo, deixar de pagar a dívida. Para alcançar o Resultado Primário, deverá ou obter mais receitas não financeiras (ex.: tributos) e/ou cortar despesas não financeiras (ex.: pessoal).

### 3.7.2.2. Os novos anexos da LDO exigidos pela LRF

A **principal inovação da LRF**, em matéria de LDO, foi a previsão de **ANEXOS**, que necessariamente deverão integrar a LDO. Dois deles – o anexo de metas fiscais e o anexo de riscos fiscais – são exigidos para todos os entes federativos (União, Estados, DF e Municípios) e um anexo específico para a União. A **STN** – Secretaria do Tesouro Nacional editou a **PORTARIA Nº 637**, de 18/10/2012, com o objetivo de padronizar, nos três níveis da federação, a **elaboração e divulgação dos referidos Anexos (mais detalhes, consultar:** http://www.tesouro.fazenda.gov.br/legislacao/leg_contabilidade.asp).

Vejamos os aspectos principais delineados na LRF:

| Anexo de Metas Fiscais | Anexo de Riscos Fiscais | Anexo Específico para a União |
|---|---|---|
| A exigência do anexo de metas fiscais, em parte, transforma a LDO num instrumento de **planejamento trienal**, na medida em que esse anexo precisará conter: | Trata-se de um anexo da LDO, em que serão avaliados os passivos contingentes e outros riscos capazes de afetar as contas públicas, informando as providências a serem tomadas, caso se concretizem. | Além dos dois anexos mencionados ao lado, a União (Governo Federal) estará obrigada a elaborar um ANEXO ESPECÍFICO que deverá conter: |
| • metas para **receitas, despesas, resultados nominal e primário e montante da dívida** para o exercício a que se refere e para os dois exercícios seguintes;<br>• demonstrativo das metas anuais, instruído com memória de metodologia de cálculo que justifique os resultados pretendidos, comparando-os com as fixadas para os três exercícios anteriores e evidenciando a consistência delas com as premissas e os objetivos da política econômica nacional; | Esse anexo deverá conter, por exemplo, um estudo sobre a possibilidade de o Governo vir a sofrer decisão desfavorável da justiça em processo referente à remuneração de servidores públicos, a contratos com empresas privadas etc. Diz respeito, pois, às despesas potenciais e a outros riscos.<br><br>O anexo de riscos fiscais será de grande valia para o cálculo da **reserva de contingência**.<br><br>– Reserva de Contingência:<br>• % da RCL ⇒ LDO<br>• R$ ⇒ LOA | • os objetivos das políticas monetária, creditícia e cambial;<br>• os parâmetros e as projeções para seus principais agregados e variáveis, e ainda as metas de inflação, para o exercício subsequente (por exemplo: projeção do PIB, da taxa de juros, taxa de câmbio, taxa de inflação etc.). |

---

**Resultado Nominal** é a diferença entre as receitas e as despesas públicas, incluindo despesas e receitas financeiras, os efeitos da inflação (correção monetária) e da variação cambial. Equivale ao aumento da dívida pública líquida (Δ DPL).

| | | |
|---|---|---|
| • a evolução do patrimônio líquido nos últimos três exercícios, destacando a origem e a aplicação de recursos com a alienação de ativos; <br> • a avaliação do cumprimento das metas do ano anterior e o demonstrativo da estimativa e compensação da renúncia de receita e da margem de expansão das despesas obrigatórias de caráter continuado; <br> • a avaliação financeira e atuarial de todos os fundos e programas estatais de natureza atuarial. | | |

### 3.7.3. Lei Orçamentária Anual – LOA

- A LOA deverá estar compatível com o PPA e com a LDO.
- A respectiva lei corresponde, na verdade, a três suborçamentos (CF, art. 165, § 5º):

a) **orçamento fiscal** de toda a Administração Pública, Direta e Indireta (todos os Poderes, Ministério Público, Tribunal de Contas, Órgãos, Autarquias, Fundações Públicas, Empresas Públicas e Sociedades de Economia Mista), englobando a despesa e a receita de toda a Administração Pública para um exercício financeiro, **menos** os investimentos de empresas estatais e as receitas e despesas relativas à seguridade social;

b) **orçamento de investimentos** das empresas em que o Poder Público, direta ou indiretamente, detenha a **maioria do capital social com direito a voto (empresas públicas e sociedades de economia mista)**;

c) **orçamento da seguridade social (saúde, previdência e assistência social)**, que abrangerá todas as entidades e órgãos a ela vinculados, da Administração Direta ou Indireta, bem como os fundos e fundações instituídos e mantidos pelo Poder Público. A razão da desvinculação dessas ações do orçamento fiscal para um suborçamento específico da seguridade social é a garantia de que esses recursos não serão desviados para qualquer fim, como aconteceu durante muitos anos no Brasil, gerando o déficit na previdência pública. Visa, pois, a conferir transparência à gestão da seguridade social.

> **IMPORTANTE**
>
> Embora a CF/1988, nos dispositivos que definem a abrangência do **OF – Orçamento Fiscal** (CF, art. 165, § 5º, I), estabeleça que este compreenderá as receitas e despesas dos Poderes e entidades da administração direta e **indireta**, o fato é que existe uma práxis, referendada pelas diversas Leis de Diretrizes Orçamentárias, como é o caso da LDO federal, determinando que, em relação às empresas públicas (EP) e sociedades de economia mista (SEM), apenas as receitas e despesas das estatais consideradas **dependentes** (aquelas que para seu funcionamento dependem da transferência de recursos do Tesouro) devam estar relacionadas no OF. Sendo assim, o OF não contempla as receitas e despesas **operacionais** (correntes) das empresas estatais consideradas **independentes**. No entanto, em relação às empresas estatais **independentes**, as despesas com **investimentos (com as respectivas fontes de financiamento)** devem estar assinaladas na LOA, especificamente no **Orçamento de Investimento (OI)**. Quanto aos investimentos das estatais dependentes, vez que já relacionadas integralmente no OF, fica dispensada a sua especificação no orçamento de investimento.

- O orçamento <u>fiscal</u> e o orçamento de <u>investimentos</u>, compatibilizados com PPA, têm o objetivo de **reduzir as desigualdades entre as regiões, segundo critério populacional**.
- O Governo só poderá iniciar qualquer programa ou projeto se houver autorização específica na Lei Orçamentária.
- Como vimos, a LOA, além de estimar as receitas e fixar as despesas, poderá conter autorização para abertura de **créditos suplementares** e para contratação **de operações de crédito, ainda que por antecipação de receita** (ARO).
- <u>Conteúdo principal da LOA exigido pela CF, pela Lei nº 4.320/1964 e pela LRF:</u>
    - **Constituição Federal** (art. 165, § 6º): – Deverá acompanhar a LOA um **demonstrativo**, regionalizado, sobre os efeitos da concessão de *anistia, isenção, remissões, subsídios* e benefícios de natureza financeira, tributária e creditícia;
    - **Lei nº 4.320/1964** (arts. 2º e 22) – esses dispositivos estabelecem quais os documentos, demonstrativos, anexos que deverão integrar a <u>proposta orçamentária</u> enviada anualmente pelo Executivo ao Legislativo. Inicialmente, no *caput* do art. 2º, a lei estatui que a *Lei do Orçamento conterá a discriminação da receita e despesa de forma a evidenciar a política econômica financeira e o programa de trabalho do Governo, obedecidos os princípios à unidade, universalidade e anualidade.* Vejamos os principais itens:

– Comporão a *proposta orçamentária*:

a) **mensagem do Chefe do Executivo**, que conterá: exposição circunstanciada da situação econômico-financeira, documentada com demonstração da dívida fundada e flutuante, saldos de créditos especiais, restos a pagar e outros compromissos financeiros exigíveis; exposição e justificação da política econômica e financeira do Governo; justificação de receita e despesa, particularmente no tocante ao orçamento de capital (receitas e despesas de capital);

b) **projeto de Lei de Orçamento**, que, por sua vez, será **integrado** por:

1) sumário geral da receita por fontes e da despesa por funções de Governo;

2) quadro demonstrativo de receita e despesa, segundo as Categorias Econômicas;

3) quadro discriminativo da receita por fontes e respectiva legislação;

4) quadro das dotações por órgãos do Governo e da Administração.[16] **Acompanharão**, ainda, a Lei de Orçamento nos termos da Lei nº 4.320/1964:

1) quadro demonstrativo da receita e dos planos de aplicação dos fundos especiais;

2) quadro demonstrativo do programa anual de trabalho do Governo, em termos de realização de obras e de prestação de serviços;

c) **tabelas explicativas**, das quais, além das estimativas de receita e despesa, constarão, em colunas distintas e para fins de comparação: a) a receita arrecadada nos três últimos exercícios anteriores àquele em que se elaborou a proposta; b) a receita prevista para o exercício em que se elabora a proposta; c) a receita prevista para o exercício a que se refere a proposta; d) a despesa realizada no exercício imediatamente anterior; e) a despesa fixada para o exercício em que se elabora a proposta; e f) a despesa prevista para o exercício a que se refere a proposta.

– PRAZOS PARA ENVIO DA PROPOSTA AO LEGISLATIVO – a LOA é de **iniciativa privativa e vinculada** ao Chefe do Executivo, devendo ser enviada ao Poder Legislativo nos seguintes prazos:

• **UNIÃO**: enviar o projeto de LOA ao Congresso Nacional até quatro meses antes do encerramento de cada exercício financei-

---

[16] Sobre essas classificações, ver pontos sobre Despesa e Receita.

ro, 31 DE AGOSTO, e o Congresso deverá devolver para sanção presidencial até o encerramento da *sessão legislativa* (CF, art. 35, § 2º, I, do ADCT da CF). Nos termos do disposto no art. 57 da CF, **com a nova redação dada pela EC nº 50**, a *sessão legislativa* encerra-se em **22 de DEZEMBRO**.

- **ESTADOS E MUNICÍPIOS**: os prazos devem estar assinalados nas respectivas Constituições Estaduais e Leis Orgânicas.

### 3.7.3.1. *A LOA e a Lei de Responsabilidade Fiscal – LRF*

A **Lei de Responsabilidade Fiscal – LRF**, em seu art. 5º, também introduz mudanças no conteúdo da LOA, que deverá conter:

a) um demonstrativo da **compatibilidade da programação do orçamento** com as metas da LDO previstas no respectivo **Anexo de Metas Fiscais**;

b) o demonstrativo previsto no art. 165, § 6º, da CF/1988, devidamente acompanhado das **medidas de compensação** a renúncias de receitas e ao aumento de despesas obrigatórias de caráter continuado;

c) **reserva de contingência**, cuja forma de utilização e montante, definido com base na **RCL**, deverão estar assinalados na LDO. Destina-se ao pagamento de **passivos contingentes**, além de outros riscos fiscais imprevistos. Essa reserva, decorrente do princípio contábil da prudência, destina-se a cobrir as despesas já assinaladas no anexo de riscos fiscais, bem como outras imprevistas, decorrentes de calamidade pública, por exemplo. Como vimos, essa uma é dotação global e consiste numa exceção ao princípio da especificação;

d) todas as despesas relativas à dívida pública, mobiliária ou contratual e respectivas receitas, sendo o **refinanciamento da dívida (e suas receitas) demonstrado de forma separada**, tanto na LOA como nas leis de créditos adicionais. Observação: a atualização monetária do principal da dívida mobiliária refinanciada não poderá superar a variação do índice de preços previsto na Lei de Diretrizes Orçamentárias, ou em legislação específica.

## 3.8. Processo Legislativo Orçamentário

### 3.8.1. Iniciativa e apreciação

- **Iniciativa** – já vimos que a CF/1988, em seus arts. 84, XXIII, 61, § 1º, II, "b", 85, II e VI, e 166, § 6º, confere ao Chefe do Poder Executivo a iniciativa das leis que envolvam matéria orçamentária. Trata-se de uma **iniciativa privativa e indelegável**, pois, conforme o art. 84, parágrafo único, da CF, essa atribuição não poderá ser objeto de delegação. A omissão do Chefe do Executivo constituirá crime de responsabilidade, conforme a legislação: Lei nº 1.079/1950 – Presidente e Governador, e Decreto-Lei nº 201/1967 – Prefeito.

Embora a iniciativa formal da Lei Orçamentária Anual (LOA) seja do Chefe do Poder Executivo, em relação às despesas anuais dos demais Poderes, do Ministério Público, do Tribunal de Contas e Defensoria Pública, o Executivo, antes do prazo para envio da lei orçamentária ao Poder Legislativo, receberá dos citados órgãos e Poderes as suas "**propostas orçamentárias parciais**". A CF, nos arts. 99 e 127, estabeleceu alguns regramentos pertinentes às propostas orçamentárias parciais do Poder Judiciário e do Ministério Público. Segundo essas regras: **a)** as "propostas parciais" do Judiciário e do Ministério Público obedecerão aos limites estipulados conjuntamente com os demais Poderes na Lei de Diretrizes Orçamentárias (LDO); **b)** se as "propostas parciais" não forem encaminhadas dentro do prazo estabelecido na LDO, o Poder Executivo considerará, para fins de consolidação da proposta orçamentária anual, os valores aprovados na lei orçamentária vigente, ajustados de acordo com os limites estipulados na LDO; e **c)** Se as propostas orçamentárias parciais forem encaminhadas em desacordo com os limites estipulados, o Poder Executivo procederá aos ajustes necessários para fins de consolidação da proposta orçamentária anual.

- **Apreciação** – trata-se de um processo legislativo especial, pois a CF estabelece, em regra, uma apreciação conjunta da matéria, restrições à proposição de emendas dos parlamentares, restrições em relação à possibilidade de rejeição das leis e, ainda, institui um limite temporal para a concretização da deliberação. A apreciação e a votação dos projetos referentes às leis orçamentárias e às leis referentes a créditos adicionais (suplementares e especiais), nos termos dos arts. 48, II, e 166 da CF, cabem ao Poder Legislativo (União: Congresso Nacional; Estados: Assembleias Legislativas; e Municípios: Câmara de Vereadores). Vale ressaltar que, nos termos do art. 68, § 1º, III, da CF, a apreciação das leis orçamentárias pelo Poder Legislativo também é indelegável, uma vez que essa matéria não poderá ser objeto de lei delegada.

Na **União**, a apreciação dos referidos projetos de leis orçamentárias, bem como dos projetos relativos aos créditos adicionais (suplementares e especiais), será feita CONJUNTAMENTE pelas duas Casas do Congresso Nacional (Câmara e Senado). Essa apreciação obedecerá às regras do REGIMENTO COMUM (Regimento do Congresso Nacional – Resolução nº 1, de 1970-CN). Ressalte-se que, embora a sessão de apreciação das leis orçamentárias (discussão e votação) seja CONJUNTA, a **apuração dos votos** dar-se-á **separadamente**. Nos termos do art. 43 do citado Regimento, *nas deliberações, os votos da Câmara dos Deputados e do Senado Federal serão sempre computados separadamente,* e o voto contrário de uma das Casas, ou seja, a não obtenção de maioria simples, em pelo menos uma das Casas, importará na rejeição da matéria.

O procedimento acima, como vimos, aplica-se à tramitação dos projetos de lei pertinentes ao PPA, LDO, LOA e Créditos Suplementares e Especiais. No atinente aos **Créditos Extraordinários**, nos termos do art. 167, § 3º, da CF c/c os novos delineamentos da **EMENDA CONSTITUCIONAL nº 32/2001**,[17] a tramitação é diferente, haja vista que o instrumento formal que concretiza a abertura dos referidos créditos é a **Medida Provisória**. Pois bem, a EC nº 32 inova ao exigir:

1) que a medida provisória seja encaminhada inicialmente à Comissão Mista de Deputados e Senadores (CF, art. 62, § 9º);

2) que a deliberação se proceda **separada e subsequencialmente, em cada uma das Casas do Congresso Nacional** (CF, art. 62, §§ 5º e 9º);

3) que, antes da deliberação, em cada uma das Casas, a medida provisória submeta-se a um exame acerca da sua constitucionalidade, que deverá ser processada no âmbito das respectivas comissões de Constituição e Justiça (CCJ).

- **Emendas** – As emendas devem ser apresentadas à **Comissão Mista Permanente** de Deputados e Senadores. Essa Comissão emitirá um parecer sobre as emendas, que deverão ser apreciadas finalmente pelo **Plenário** das duas Casas do Congresso (conjuntamente). A Comissão Mista, nos termos do art. 51 do Regimento Comum, também ficará incumbida da **redação final** do projeto de lei.

**IMPORTANTE**

1. As emendas apresentadas pelos Parlamentares ao Projeto de **Lei Orçamentária Anual** ou aos projetos de leis referentes a **créditos adicionais** deverão obedecer a dois principais requisitos:

---

[17] A Emenda Constitucional nº 32, além de outros avanços, no campo da restauração das atribuições constitucionais do Poder Legislativo, **veda** a edição de Medidas Provisórias sobre matérias relativas a PPA, LDO, LOA e Créditos Adicionais, ressalvando a edição de MP para a abertura de créditos adicionais extraordinários (CF, art. 62, § 1º, I, "d" c/c 167, § 3º).

1º – deverão estar compatíveis com o PPA e com a LDO; e

2º – terão de indicar os recursos necessários, admitidos APENAS os provenientes de **anulação de outras despesas (dotações), excluídas** as despesas que incidam sobre *pessoal e seus encargos, serviço da dívida* e *transferências tributárias constitucionais* (ex.: FPE e FPM).

2. As emendas também podem estar relacionadas:
   a) à correção de erros e omissões – o art. 12, § 1º, da LRF estatui a possibilidade de os Parlamentares apresentarem emendas ao projeto da LOA, reestimando a receita, caso comprovado erro ou omissão de ordem técnica e legal;
   b) a dispositivos do texto do Projeto de Lei (são as chamadas emendas de redação, que visam a dar maior clareza e precisão ao texto da lei).

3. A Constituição Federal, a partir da EC nº 86 de 2015, passou a tratar das emendas parlamentares individuais, imputando-lhes, em princípio, caráter impositivo (ver mais detalhes no item 3.2.1).

- **Mensagem Retificadora do Executivo** – no transcurso da apreciação, o Poder Executivo poderá encaminhar **mensagem retificadora da proposta** ao Congresso Nacional, propondo alterações nos projetos referentes à PPA, LDO e LOA, ou nos projetos de lei de créditos adicionais. Mas, **ATENÇÃO**: a mensagem só poderá ser encaminhada enquanto não iniciada a votação, **na Comissão Mista, da parte que se pretende alterar**.

- **Aplicação do Processo Legislativo Comum** – obedecidas essas regras especiais, as leis orçamentárias serão apreciadas à luz das demais normas do processo legislativo (art. 66 da CF – sanção, promulgação, veto, informação das razões do veto etc.).

### IMPORTANTE

1. **COMISSÃO MISTA PERMANENTE – CMP** → além de receber e emitir parecer sobre as emendas dos parlamentares aos projetos de leis orçamentárias **e de créditos adicionais**, à CMP caberá também acompanhar e fiscalizar a execução orçamentária, emitir parecer sobre as contas do Presidente da República (ver ponto sobre controle externo, adiante) e sobre os planos e programas nacionais, regionais e setoriais. Ressalte-se, também, o disposto no art. 72 da CF, que confere à CMP a competência para solicitar à autoridade governamental responsável esclarecimentos acerca de indícios de realização de despesas não autorizadas. Omitindo-se a autoridade, a Comissão solicitará o pronunciamento conclusivo do Tribunal de Contas.

2. Tanto nos Estados (DF) como nos Municípios existe, na estrutura dos respectivos Poderes Legislativos, uma Comissão Permanente com idênticas atribuições da CMP. Não se trata, pois, de uma comissão mista, haja vista serem esses Poderes, Estaduais e Municipais, unicamerais.

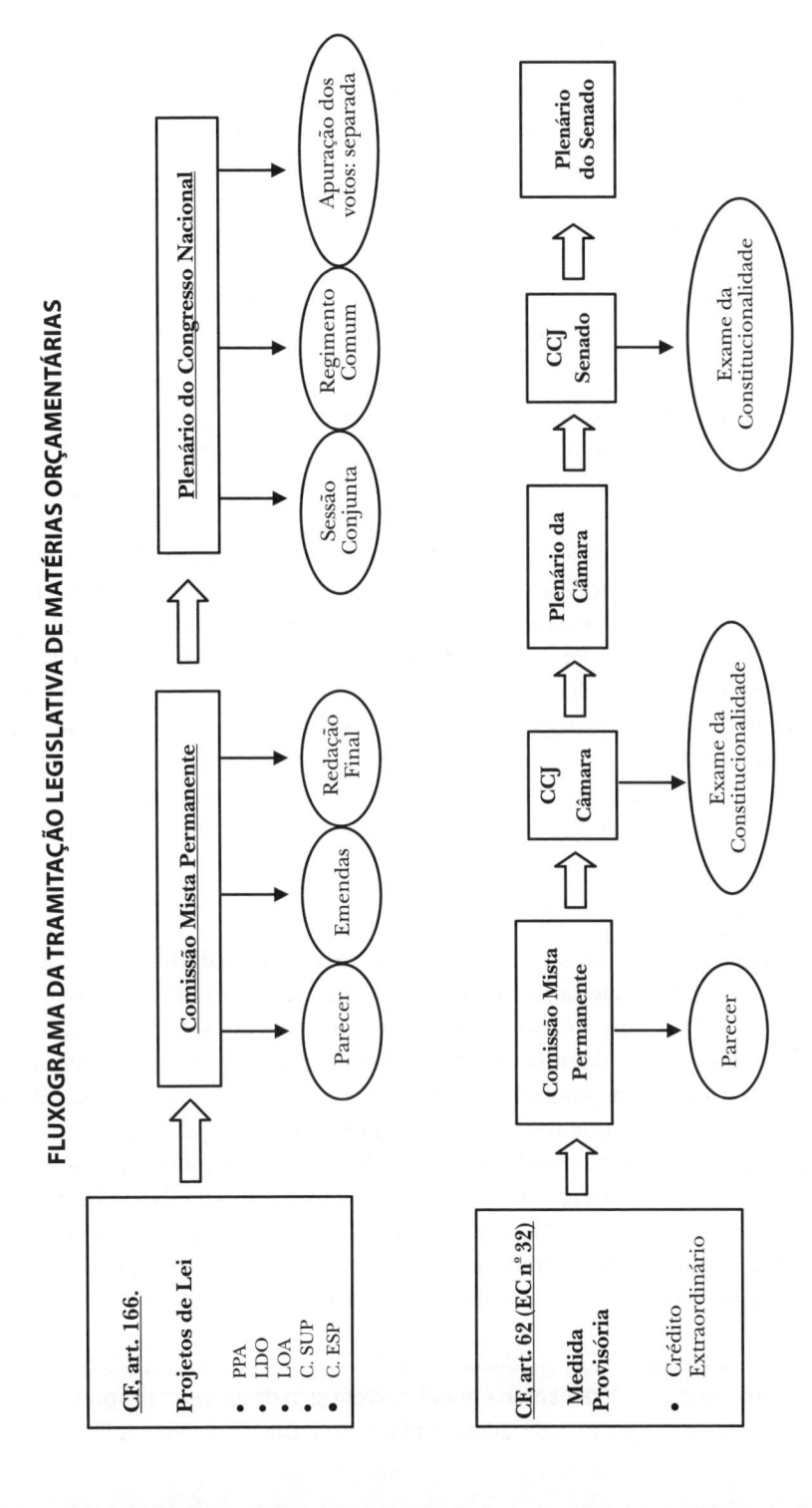

## FLUXOGRAMA DA TRAMITAÇÃO LEGISLATIVA DE MATÉRIAS ORÇAMENTÁRIAS

**CF, art. 166.**

**Projetos de Lei**
- PPA
- LDO
- LOA
- C. SUP
- C. ESP

⇒ **Comissão Mista Permanente** → Parecer / Emendas / Redação Final

⇒ **Plenário do Congresso Nacional** → Sessão Conjunta / Regimento Comum / Apuração dos votos: separada

**CF, art. 62 (EC n° 32)**

**Medida Provisória**
- Crédito Extraordinário

⇒ **Comissão Mista Permanente** → Parecer

⇒ **CCJ Câmara** → Exame da Constitucionalidade

⇒ **Plenário da Câmara**

⇒ **CCJ Senado** → Exame da Constitucionalidade

⇒ **Plenário do Senado**

### 3.8.2. Não envio da Lei Orçamentária

Como já vimos, a omissão do Chefe do Executivo caracteriza crime de responsabilidade. De fato, tal omissão acarretará uma situação de enorme gravidade, na medida em que a execução das despesas depende da autorização orçamentária. A CF/1988 não tratou especificamente dessa hipótese fática. Há, contudo, um regramento presente no art. 32 da Lei nº 4.320/1964, que estabelece:

> Se não receber a proposta orçamentária no prazo fixado nas Constituições ou nas Leis Orgânicas dos Municípios, o Poder Legislativo considerará como proposta a Lei de Orçamento vigente.

Tal dispositivo vai de encontro às premissas lógicas do planejamento orçamentário. Cada orçamento é editado num determinado contexto, de sorte que diversos programas se exaurem em determinado exercício, tornando-se sem sentido a sua prorrogação para um exercício subsequente. O dispositivo da Lei nº 4.320/1964 está em sintonia como o conceito de orçamento tradicional, estático, aquele orçamento que se limita a prever receitas e fixar despesas, sem atentar para as conjunturas nem para o planejamento. Há que se dizer, também, que a lei orçamentária é, por imperativo constitucional, uma lei temporária. Mesmo diante de todas essas considerações, tendo-se em conta que a CF não dá as diretrizes para resolver esse imbróglio e considerando que é preciso que a despesa esteja autorizada de alguma forma, só resta a alternativa do disposto na Lei nº 4.320/1964, com vistas a conferir uma espécie de prorrogação (ou revalidação) aos dispositivos da lei orçamentária anterior.

### 3.8.3. Rejeição das Leis Orçamentárias

Há quase um consenso na doutrina acerca da **impossibilidade** jurídica de o Poder Legislativo **rejeitar** o **PPA** e a **LDO**. Primeiro, porque a CF não previu essa possibilidade, uma vez que estabeleceu, no art. 35 do ADCT, que ambas as leis devem ser devolvidas ao Poder Executivo PARA SANÇÃO. Se o legislador mencionou apenas a possibilidade de sanção, fica afastada a possibilidade de rejeição, uma vez que não cabe sancionar o que foi rejeitado. O segundo argumento toma por base o disposto no art. 57, § 2º, segundo o qual *a sessão legislativa não será interrompida sem a **aprovação** da LDO*. Não obstante, o mesmo raciocínio – no sentido de impossibilidade de rejeição – não pode ser empregado em relação ao projeto de LOA. É que, nesse caso, a própria CF/1988 previu tal possibilidade ao assinalar, em seu art. 166, § 8º, que:

> § 8º Os recursos que, em decorrência de veto, emenda ou rejeição do projeto de Lei Orçamentária Anual, ficarem sem despesas correspondentes poderão ser utilizados, conforme o caso, mediante créditos

especiais ou suplementares, com prévia e específica autorização legislativa (destaques nossos).

Assim, diante da rejeição da LOA pelo Legislativo, certamente em razão de graves distorções e incongruências na proposta do Executivo, impossíveis de saneamento pela via das emendas ao projeto, a CF determina que a aplicação de recursos públicos seja realizada por meio de créditos **suplementares** (no caso de rejeição parcial) ou **especiais** (rejeição parcial ou total), com a devida autorização legislativa. Esse dispositivo também deixa inconteste a possibilidade de haver VETO (parcial ou total) por parte do Executivo. Esses vetos podem atingir as alterações efetuadas pelo Legislativo, via emendas, ou até mesmo dispositivos atinentes à mensagem original do Governo.

### 3.8.4. Não devolução da Lei Orçamentária

Trata-se de uma situação não regulada pelo ordenamento jurídico atual. O Ordenamento Jurídico anterior, art. 66 da CF/1967-1969, estatuía que, caso o Legislativo não devolvesse a proposta orçamentária no prazo legal, o Executivo promulgaria o seu projeto como lei. A CF/1988 silencia a esse respeito, não havendo também qualquer previsão na Lei nº 4.320/1964. Acontecimentos dessa natureza, tal qual o que ocorre com o não envio das propostas pelo Executivo, além de caracterizar manifesta afronta aos regramentos disciplinadores do orçamento, revela evidente afronta aos princípios de SEPARAÇÃO e **HARMONIA** entre os Poderes Públicos, além de contrariar os princípios da legalidade, da anualidade e da precedência.

Na falta de uma regra permanente que regule essa situação excepcional, tanto na União como em alguns Estados, a **LDO** vem tratando dessa questão, na medida em que estabelece que o Poder Executivo fica autorizado a gastar determinada proporção (X/12) da proposta que ainda está tramitando. A propósito, a LRF pretendeu regular definitivamente essa questão, mas o Governo Federal, alegando afronta ao interesse público, decidiu vetar o art. 6º que tratava da questão.

### 3.8.5. Controle concentrado da constitucionalidade das leis orçamentárias

O Supremo Tribunal Federal (STF), até o ano de 2003, posicionava-se pela impossibilidade do controle em abstrato (concentrado) da constitucionalidade das leis orçamentárias. Alegava só ser possível exercer o referido controle, por meio da ação direta de inconstitucionalidade (ADI), contra ato dotado de abstração, generalidade e impessoalidade, atributos que, segundo ele, não se encontravam nas leis orçamentárias, porquanto constituírem atos de natureza concreta destituídos de carga de abstração (ADIs 1640, 2057, 2100 e 2484).

No entanto, esse posicionamento começou a ser alterado no ano de 2003, quando o STF, por meio da ADI 2925, examinando uma questão referente à desvinculação da CIDE, contida na LOA federal daquele ano, concluiu que, ainda que prevista numa lei orçamentária, aquela regra específica era dotada de abstração, generalidade e densidade normativa capazes de ensejar o controle concentrado.

A partir de **2008**, uma nova postura, ainda mais flexível do que a adotada em 2003, foi assumida pelo **STF**, por meio das **ADIs 4048** (rel. Min. Gilmar Mendes) **e 4049** (rel. Min. Carlos Ayres Britto), quando, em sede de cautelar, passou a admitir, por maioria, a incidência do controle concentrado (em abstrato) da constitucionalidade sobre as leis de natureza orçamentária. Concluiu o STF, na ocasião em que analisava a presença de requisitos constitucionais – art. 167, § 3º da CF – para a abertura de créditos adicionais extraordinários, nos seguintes termos:

> STF – ADI – 4048:
>
> "II – CONTROLE ABSTRATO DE CONSTITUCIONALIDADE DE NORMAS ORÇAMENTÁRIAS. REVISÃO DE JURISPRUDÊNCIA. O Supremo Tribunal Federal deve exercer sua função precípua de fiscalização da constitucionalidade das leis e dos atos normativos quando houver um tema ou uma controvérsia constitucional suscitada em abstrato, independente do caráter geral ou específico, concreto ou abstrato de seu objeto. Possibilidade de submissão das normas orçamentárias ao controle abstrato de constitucionalidade.";
>
> STF – ADI – 4049:
>
> "1. A lei não precisa de densidade normativa para se expor ao controle abstrato de constitucionalidade, devido a que se trata de ato de aplicação primária da Constituição. Para esse tipo de controle, exige-se densidade normativa apenas para o ato de natureza infralegal. Precedente: ADI 4.048-MC."

### 3.9. Créditos Adicionais

Os créditos adicionais destinam-se à realização de despesas não previstas ou insuficientemente previstas na Lei Orçamentária, em razão de **erros de planejamento ou fatos imprevistos**, bem como para utilização dos recursos que ficaram sem despesas correspondentes em caso de veto, emenda ou rejeição da LOA. A iniciativa das leis referentes a créditos adicionais é privativa do Chefe do Executivo, que deverá, obrigatoriamente, **justificar** as razões das novas adições ao orçamento. Embora existam dispositivos da Lei nº 4.320/1964 (arts. 40 a 46) que tratam dos créditos adicionais, a CF/1988, ao longo dos arts. 165, § 8º; 166, caput e § 8º; 167, II, III, V, VII; 167, §§ 2º e 3º, regulamentou os créditos adicionais. Vejamos as espécies e as principais características desses créditos:

## RESUMO DOS CRÉDITOS ADICIONAIS

| Tipos | Finalidade | Autorização Legislativa | Abertura e Incorporação | Vigência | Prorrogação | Indicar Fonte (Recursos) |
|---|---|---|---|---|---|---|
| **Suplementares** | Reforçar despesas já previstas no orçamento. | Necessidade de autorização legislativa; autorização na própria LOA ou em lei específica. | Decreto (Executivo): incorporam-se ao orçamento adicionando-se à dotação orçamentária a que se destinou reforçar. | No exercício em que foi aberto (até 31/12). | Improrrogável. | SIM |
| **Especiais** | Atender a despesas não previstas no orçamento. | Necessidade de autorização em lei específica. | Decreto (Executivo): incorporam-se ao orçamento, mas conservam sua especificidade, demonstrando-se a conta dos mesmos, separadamente. | No exercício em que foi aberto (até 31/12). | Só para o exercício seguinte quando o ato de autorização tiver sido PROMULGADO nos últimos 4 (quatro) meses do exercício. Nesse caso, os saldos são incorporados, por decreto, ao orçamento seguinte (créditos com vigência plurianual). | SIM |
| **Extraordinários** | Atender a despesas imprevisíveis e urgentes (ex.: guerra, comoção interna calamidade). | Independe. | Na União, a abertura se dá por meio de Medida Provisória; nos Estados, DF e Municípios, a abertura se dá por Decreto do Executivo ou por Medida Provisória, se houver previsão na Constituição do Estado ou na Lei Orgânica do Município. Se a abertura ocorrer por meio de Decreto, este deverá ser enviado imediatamente ao Legislativo. Incorporam-se ao orçamento, mas conservam sua especificidade, demonstrando-se a conta dos mesmos, separadamente. | No exercício em que foi aberto (até 31/12). | Só para o exercício seguinte quando o ato de abertura (MP ou Decreto) tiver sido editado nos últimos 4 (quatro) meses do exercício. Nesse caso, os saldos são incorporados, por decreto, ao orçamento seguinte (créditos com vigência plurianual). | NÃO |

> **IMPORTANTE**
>
> A CF, em seu art. 167, V, veda *a abertura de crédito suplementar ou especial sem prévia autorização legislativa ou sem indicação dos recursos correspondentes*. A Lei nº 4.320/1964 estabelece os recursos que servirão para abertura dos créditos suplementares e especiais, desde que não estejam comprometidos (art. 43, § 1º). São eles:
>
> 1. **Superávit financeiro** apurado em balanço patrimonial do exercício anterior. Superávit financeiro é a diferença positiva entre o **ativo financeiro** e o **passivo financeiro**, conjugando-se, ainda, os saldos dos créditos adicionais transferidos e as operações de crédito a eles vinculadas e não arrecadadas no exercício. São os recursos financeiros disponíveis que sobraram do exercício anterior e que estão demonstrados no balanço patrimonial do ano anterior. Veja a equação do superávit financeiro: SF = AF − PF − CAR + OCV, onde:
>
>    **AF = ATIVO FINANCEIRO** – Valor das disponibilidades (dinheiro) apurado no Balanço Patrimonial do exercício financeiro anterior.
>
>    **PF = PASSIVO FINANCEIRO** – Valor das obrigações de curto prazo que não foram pagas no exercício anterior; apurado também no Balanço Patrimonial do exercício anterior.
>
>    **CAR** – Encontrados os valores do AF e do PF, é necessário verificar se, no exercício, foram reabertos créditos **especiais ou extraordinários** (trata-se de créditos que foram autorizados e abertos inicialmente no ano anterior, nos últimos 4 (quatro) meses, e que, em 31/12 do ano anterior, possuíam SALDO – valores não gastos. A CF, em seu art. 167, § 2º, permite a reabertura do referido saldo no exercício seguinte). Caso tenham sido reabertos esses créditos (CAR), os seus montantes deverão ser subtraídos para fins de apuração do superávit financeiro. Isso porque parte dos recursos que constam do AF está "comprometida" com essa autorização que passou para o outro exercício.
>
>    **OCV** – Caso tenha existido a reabertura desses créditos, é preciso verificar se eles tiveram como fonte no ano anterior "operações de crédito" (empréstimos). Se tiverem sido financiados com "operações de crédito", é necessário verificar se todas as parcelas do empréstimo foram arrecadadas no ano anterior ou se ainda resta parcela do empréstimo a ser recebida no ano seguinte. Caso exista parcela a receber no ano seguinte (OCV), o seu montante deverá ser acrescido ao cálculo do SF.
>
>    Para melhor compreensão, ver fluxograma adiante.
>
> 2. **Excesso de arrecadação**: excesso de arrecadação é o saldo positivo das diferenças acumuladas mês a mês entre a **arrecadação prevista e a realizada**, considerando-se, ainda, a **tendência do exercício**. Para o fim de apurar os recursos utilizáveis, provenientes de excesso de arrecadação, **deduzir-se-á a importância dos créditos extraordinários abertos no exercício**.
>
> 3. **Anulação parcial ou total de dotações** orçamentárias **ou** de créditos adicionais, autorizados em Lei. Nessa fonte, inclui-se a **Reserva de Contingência**, que também é uma dotação orçamentária.
>
> 4. **Operações de crédito** autorizadas, em forma que, juridicamente, possibilite ao Poder Executivo realizá-las. Nesse caso, não basta a indicação de que as novas despesas serão financiadas por operações de créditos. É necessário que o Executivo demonstre a viabilidade jurídica e financeira para a realização do empréstimo (ex.: demonstrar que a operação de crédito está cumprindo os requisitos estabelecidos pela Resoluções do Senado Federal).
>
> 5. **Recursos do art. 166, § 8º, da CF** – são os recursos que ficaram sem despesas correspondentes em razão de veto, emenda ou rejeição da LOA.

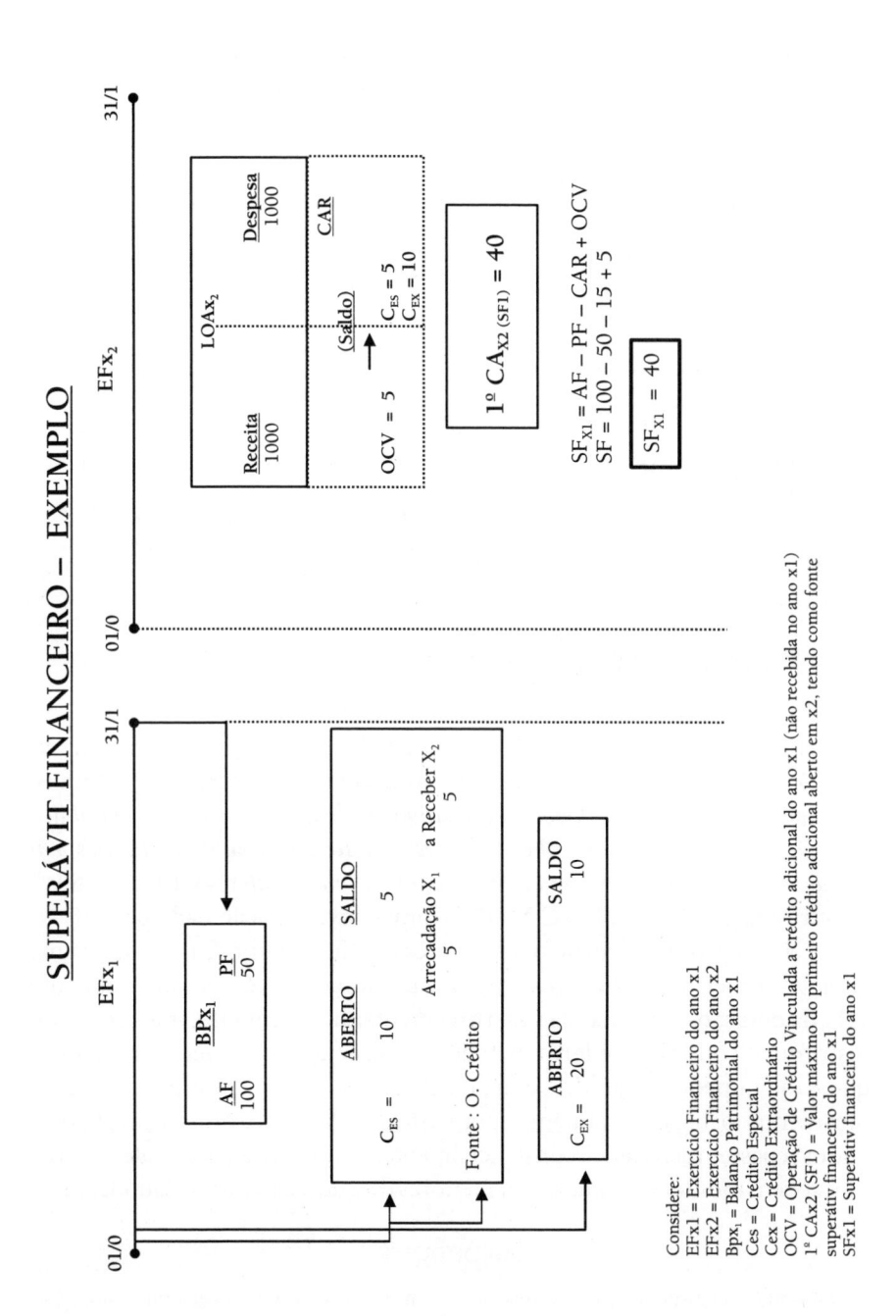

Capítulo 3 • O Orçamento Público | 61

## SUPERÁVIT FINANCEIRO – EXEMPLO

$EF_{x_1}$ — 31/1 ..... 01/0 — $EF_{x_2}$ — 31/1

$BP_{x_1}$

| AF | PF |
|---|---|
| 100 | 50 |

**ABERTO** — **SALDO**

$C_{ES}$ = 10    5

Arrecadação $X_1$    a Receber $X_2$
5          5

Fonte : O. Crédito

**ABERTO** — **SALDO**

$C_{EX}$ = 20    10

$LOA_{x_2}$

| Receita | Despesa |
|---|---|
| 1000 | 1000 |

CAR

OCV = 5    (Saldo)    $C_{ES}$ = 5
                                     $C_{EX}$ = 10

$1º\ CA_{X2\,(SF1)} = 40$

$SF_{X1} = AF - PF - CAR + OCV$
$SF = 100 - 50 - 15 + 5$

$SF_{X1} = 40$

Considere:
EFx1 = Exercício Financeiro do ano x1
EFx2 = Exercício Financeiro do ano x2
Bpx₁ = Balanço Patrimonial do ano x1
Ces = Crédito Especial
Cex = Crédito Extraordinário
OCV = Operação de Crédito Vinculada a crédito adicional do ano x1 (não recebida no ano x1)
1º CAx2 (SF1) = Valor máximo do primeiro crédito adicional aberto em x2, tendo como fonte superávit financeiro do ano x1
SFx1 = Superávit financeiro do ano x1

## ATENÇÃO – NÃO CONFUNDIR

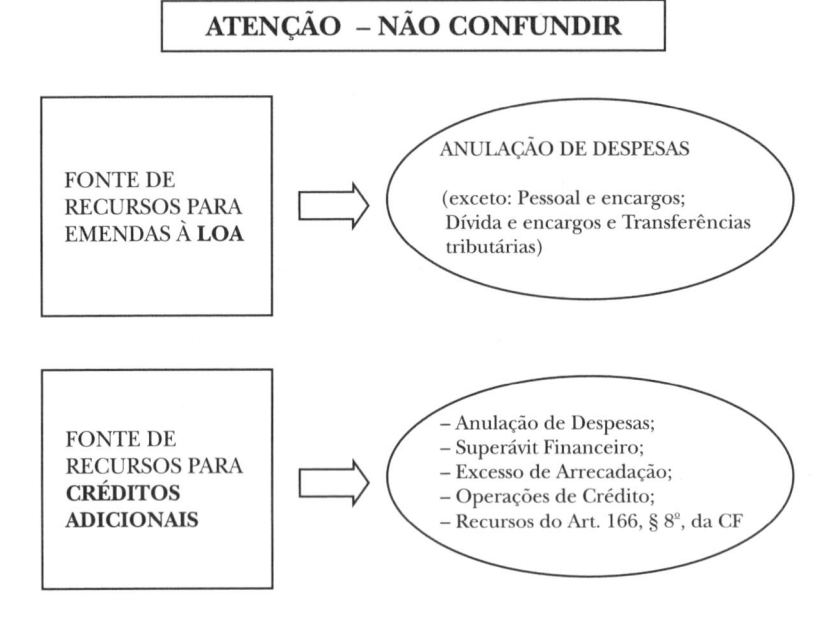

**FONTE DE RECURSOS PARA EMENDAS À LOA** ⇒ ANULAÇÃO DE DESPESAS (exceto: Pessoal e encargos; Dívida e encargos e Transferências tributárias)

**FONTE DE RECURSOS PARA CRÉDITOS ADICIONAIS** ⇒
– Anulação de Despesas;
– Superávit Financeiro;
– Excesso de Arrecadação;
– Operações de Crédito;
– Recursos do Art. 166, § 8º, da CF

## 3.10. Dotação dos Poderes e Órgãos

Com o objetivo de resguardar a autonomia dos Poderes e órgãos públicos, a CF/1988, em seu art. 168, determina que "*Os recursos correspondentes às dotações orçamentárias, compreendidos os créditos suplementares e especiais, destinados aos órgãos dos Poderes Legislativo e Judiciário, do Ministério Público e da Defensoria Pública, ser-lhes-ão entregues **até o dia 20 de cada mês**, em duodécimos, na forma da lei complementar a que se refere o art. 165, § 9º*". (**Nova redação dada pela EC Nº 45**). Com a nova redação dada pela EC Nº 45, a Lei Maior voltou a mencionar a expressão "duodécimos". Trata-se de uma garantia conferida aos Poderes e órgãos autônomos de receber mensalmente 1/12 da dotação global fixada na lei orçamentária. No entanto, trata-se de um instrumento que não confere flexibilidade à execução orçamentária, de sorte que nada impede, na prática, à luz da eficiência e do melhor planejamento orçamentário, havendo anuência por Parte dos Poderes e órgãos envolvidos, que os repasses mensais, circunstancialmente, atendendo a outros fatores, possam ser em montantes maiores ou menores do que o cartesiano "duodécimo".

> **IMPORTANTE**
>
> A Emenda Constitucional nº 25, que acrescentou ao Texto Constitucional o art. 29-A, instituiu um LIMITE ANUAL para os recursos repassados pelo Poder Executivo do Município para a Câmara de Vereadores. A Emenda Constitucional nº 58/09 alterou os

percentuais originários. A partir de 2010, os recursos repassados durante o exercício financeiro, excluídos os destinados ao pagamento de inativos da Câmara, não poderão ultrapassar os seguintes percentuais da Receita Tributária *(IPTU, ISS, ITBI, Contribuições de Melhoria, Taxas, IRRF – salários/remuneração/proventos)* e das Transferências previstas no § 5º do art. 153 e nos arts. 158 e 159 da CF *(Cota IOF-Ouro, Cota-ITR, Cota-IPVA, Cota-ICMS, Cota-IPI/EXP e FPM)*, apurados no ano anterior:

- 7% para Municípios com população de até 100 mil habitantes;
- 6% para Municípios com população entre 100 mil e 300 mil habitantes;
- 5% para Municípios com população entre 300 mil e 1,5 mil habitantes;
- 4,5% para Municípios com população entre 500 mil e 1,3 milhões de habitantes;
- 4% para Municípios com população entre 3 milhões e 1,8 milhões de habitantes;
- 3,5% para Municípios com população acima de 8 milhões e um habitantes.

## 3.11. Vedações Orçamentárias Constitucionais

Ao longo do seu art. 167, a CF/1988 assinala diversos comportamentos que são manifestamente vedados. O texto legal trata de limites às atuações do governante, algumas delas, como já vimos, alçadas à condição de verdadeiros princípios orçamentários. São vedados:

1) o início de programas ou projetos não incluídos na Lei Orçamentária Anual, bem como a realização de despesas ou a assunção de obrigações diretas que excedam os créditos orçamentários ou adicionais (ver item sobre o princípio da legalidade);

2) a realização de **operações de créditos** que excedam o montante das **despesas de capital**, ressalvadas as autorizadas mediante créditos suplementares ou especiais com finalidade precisa, aprovados pelo Poder Legislativo por **maioria absoluta.** Com essa vedação, o legislador estabelece um limite para a realização de operações de crédito. Estas não podem superar o valor das despesas de capital fixadas no orçamento. A contratação de operações de crédito em montante superior ao referido limite só poderá acontecer com a anuência do Poder Legislativo, por meio do quórum qualificado da maioria absoluta;

3) a vinculação de receita de **impostos** a órgão, fundo ou despesa, **ressalvadas** a repartição do produto da arrecadação dos impostos a que se referem os arts. 158 e 159, a destinação de recursos para as ações e serviços públicos de **saúde** e para manutenção e desenvolvimento do **ensino**, como determinado, respectivamente, pelos arts. 198, § 2º, e 212, e a prestação de **garantias** às operações de crédito por antecipação de receita, previstas no art. 165, § 8º, bem como o

disposto no § 4º deste artigo (nova redação dada pela EC nº 29 – ver item sobre o princípio da não afetação da receita e item 3.12. sobre desvinculações);

4) a abertura de crédito suplementar ou especial sem prévia autorização legislativa e sem indicação dos recursos correspondentes (ver item sobre "créditos adicionais");

5) a transposição, o remanejamento ou a transferência de recursos de uma categoria de programação para outra ou de um órgão para outro, sem prévia autorização legislativa (CF, art. 167, VI), bem como a utilização, sem autorização legislativa específica, de recursos do orçamento fiscal e da seguridade social para suprir necessidade ou cobrir déficit de empresas, fundações e fundos, inclusive dos mencionados no art. 165, § 5º (CF, art. 167, VIII ). **Exceção** para CIÊNCIA, TECNOLOGIA E INOVAÇÃO: Por meio da **Emenda Constitucional nº 85, de 2015**, a CF estabeleceu uma exceção expressa à vedação descrita no art. 167, VI, quando a transposição, o remanejamento ou a transferência de uma categoria de programação para outra estiverem relacionadas às "atividades de ciência, tecnologia e inovação, com o objetivo de viabilizar os resultados de projetos restritos a essas funções, mediante ato do Poder Executivo, sem a necessidade de prévia autorização legislativa". (Ver item sobre o princípio orçamentário do **estorno de verbas**).

6) a concessão ou a utilização de créditos ilimitados. Essa regra expressa a necessidade de o orçamento ser quantificado. As autorizações de despesas, consubstanciadas por meio dos créditos orçamentários ou dotações orçamentárias, não poderão ser ilimitadas, devendo estar limitadas monetariamente;

7) a instituição de fundos de qualquer natureza, sem prévia autorização legislativa. Constituem-se, os Fundos, em um ente meramente contábil para o qual são alocados recursos visando à realização de determinados objetivos ou serviços (como, por exemplo, o caso do Fundef). Importa lembrar:

   a) que os fundos especiais constituem exceção ao princípio da unidade de tesouraria;

   b) que a instituição de um Fundo exige a edição de LEI ORDINÁRIA, mas, nos termos do art. 165, § 9º, II, da CF, as condições para a instituição e o funcionamento dos Fundos devem ser regulamentadas por meio de LEI COMPLEMENTAR (ver arts. 71 a 74 da Lei nº 4.320/1964);

8) a transferência voluntária de recursos e a concessão de empréstimos, inclusive por antecipação de receita, pelos Governos Federal e Estaduais e suas instituições financeiras, para pagamento de despesas com pessoal ativo, inativo e pensionista, dos Estados, do Distrito Federal e dos Municípios (INCLUÍDO PELA EC nº 19 – ver art. 35 da LRF);
9) a utilização dos recursos provenientes das contribuições sociais de que trata o art. 195, I, "a", e II, para a realização de despesas distintas do pagamento de benefícios do regime geral de previdência social de que trata o art. 201 (INCLUÍDO PELA EC nº 20):

Ainda nos termos do art. 167 da CF:

– É permitida a vinculação de receitas próprias geradas pelos impostos a que se referem os arts. 155 e 156, e dos recursos de que tratam os arts. 157, 158, 159, I, "a" e "b", e II, para prestação de garantia ou contragarantia à União e para pagamentos de débitos para com esta (INCLUÍDO PELA EC nº 03).

## 3.12. Desvinculação de Receitas – DRU, DRE, DRDF E DRM (Emenda Constitucional nº 93)

Vimos anteriormente, quando tratamos dos princípios orçamentários (item 3.5.), que a CF consagrou o princípio da *não vinculação (afetação) da receita* (impostos), mas estabeleceu uma imensa lista de exceções. Hipóteses em que a vinculação é obrigatória, o que, na prática, acaba transformando o orçamento público brasileiro num instrumento de planejamento mitigado, porquanto marcado por um enorme grau de rigidez. Em outras palavras: considerando o alto grau de vinculações orçamentárias, o gestor dispõe de uma margem muito estreita de discricionariedade para aplicação das receitas de impostos, haja vista que essas fontes, como vimos, estão previamente "carimbadas" pela própria norma constitucional. Com o objetivo de livrar-se, temporária e parcialmente, das vinculações constitucionais obrigatórias, a partir do ano 2000, foram aprovadas, inicialmente no âmbito da União, Emendas Constitucionais sucessivas desvinculando de determinadas despesas percentuais das receitas de impostos e de algumas contribuições.

A EC nº 27 desvinculou tais receitas entre os anos 2000 e 2007; a EC nº 42 prorrogou os efeitos da EC nº 27 até 2007. Em dezembro de 2007, por meio da EC nº 56, a DRU (Desvinculação de Receitas da União) foi prorrogada até 31 de dezembro de 2011. Em 2009, por meio da Emenda Constitucional nº 59, houve a alteração do percentual da DRU referente à área da educação, para os anos de 2009 e 2010, e previu-se a sua extinção a partir do ano de 2011. Em

**2011** foi aprovada nova **Emenda Constitucional (EC nº 68/2011)**, que, mais uma vez, prorrogou os efeitos da DRU até o ano de 2015. Em setembro de 2016, por meio da **EC nº 93/2016**, houve mudanças mais significativas: nova alteração do percentual de desvinculação, do seu alcance e prorrogação dos seus efeitos até o final do ano de 2023. Além disso, as novas regras passaram a alcançar também os orçamentos dos Estados, do DF e dos Municípios. Eis o resumo dos novos regramentos trazidos pela EC nº 93:

I – **Para União**: são desvinculados de órgão, fundo ou despesa, até 31 de dezembro de 2023, **30%** (trinta por cento) da arrecadação da União relativa às **contribuições** sociais (sem prejuízo do pagamento das despesas do Regime Geral da Previdência Social), às **contribuições de intervenção no domínio econômico** e às **taxas**, já instituídas ou que vierem a ser criadas até a referida data (art. 76 do ADCT da CF);

II – **Para Estados e DF**: são desvinculados de órgão, fundo ou despesa, até 31 de dezembro de 2023, **30%** (trinta por cento) das receitas dos Estados e do Distrito Federal, relativas a **impostos, taxas e multas**, já instituídos ou que vierem a ser criados até a referida data, seus **adicionais** e respectivos **acréscimos legais, e outras receitas correntes** (art. 76-A do ADCT da CF).

Excetuam-se da desvinculação de que trata o item II acima:

a) recursos destinados ao financiamento das ações e serviços públicos de **saúde** e à manutenção e desenvolvimento do **ensino** de que tratam, respectivamente, os incisos II e III do § 2º do art. 198 e o art. 212 da Constituição Federal;

b) receitas que pertencem aos Municípios decorrentes de transferências previstas na Constituição Federal;

c) receitas de contribuições previdenciárias e de assistência à saúde dos servidores;

d) demais transferências obrigatórias e voluntárias entre entes da Federação com destinação especificada em lei;

e) fundos instituídos pelo Poder Judiciário, pelos Tribunais de Contas, pelo Ministério Público, pelas Defensorias Públicas e pelas Procuradorias-Gerais dos Estados e do Distrito Federal.

III – **Para Municípios**: são desvinculados de órgão, fundo ou despesa, até 31 de dezembro de 2023, **30%** (trinta por cento) das receitas dos Municípios relativas a **impostos, taxas e multas**, já instituídos ou que vierem a ser criados até a referida data, seus **adicionais** e respectivos **acréscimos legais, e outras receitas correntes** (art. 76-B do ADCT da CF).

Excetuam-se da desvinculação de que trata o item III acima:

a) recursos destinados ao financiamento das ações e serviços públicos de saúde e à manutenção e desenvolvimento do ensino de que tratam, respectivamente, os incisos II e III do § 2º do art. 198 e o art. 212 da Constituição Federal;
b) receitas de contribuições previdenciárias e de assistência à saúde dos servidores;
c) transferências obrigatórias e voluntárias entre entes da Federação com destinação especificada em lei;
d) fundos instituídos pelo Tribunal de Contas do Município.

**IMPORTANTE**

a) Foi a EC nº 93 quem, pela primeira vez, tratou de desvinculações de receitas nos âmbitos dos Estados (DRE), DF (DRDF) e Municípios (DRM);
b) A desvinculação no âmbito da União passa a ser restrita a contribuições (*sociais e de intervenção no domínio econômico*) e taxas. Não atingem, portanto, as demais receitas tributárias, e exemplo de impostos, nem as multas;
c) A DRU, a DRE, a DRDF e a DRM não afetam as tradicionais vinculações de impostos e transferências tributárias a despesas em educação e saúde;
d) No âmbito dos Estados, DF e Municípios, as desvinculações alcançam impostos, taxas, multas, seus adicionais, acréscimos legais e outras receitas correntes.

**ATENÇÃO! Embora as novas regras da Emenda nº 93 tenham vigência até o final de 2023, há que se ter máxima atenção para possíveis novas alterações da Constituição Federal. É que avança no meio político e doutrinário o debate sobre o fim das vinculações orçamentárias obrigatórias. Fique atento para novas mudanças constitucionais neste tema.**

# Capítulo 4

# Despesa Pública

## 4.1. Conceito

Corresponde aos desembolsos efetuados pelo Estado para fazer face às suas diversas responsabilidades junto à sociedade. Para Aliomar Baleeiro, despesa pública *é a aplicação de certa quantia em dinheiro, por parte da autoridade ou agente público competente, dentro de uma autorização legislativa, para execução de fim a cargo do governo.*[1] Para Lino Martins da Silva, as despesas públicas são os *desembolsos efetuados pelo Estado no atendimento dos serviços e encargos assumidos no interesse geral da comunidade, nos termos da Constituição, das leis, ou em decorrência de contratos ou outros instrumentos.*[2]

## 4.2. Principais Classificações da Despesa Pública

Antes de tudo, a despesa pública pode ser classificada em dois grandes grupos.

- **Orçamentária** – é a despesa que decorre da lei orçamentária e dos créditos adicionais. Deve obedecer a todas as regras pertinentes ao processamento da despesa, tais como: licitação (regra para aquisição de produtos e serviços), empenho, liquidação etc.
- **Extraorçamentária** – corresponde às despesas que não vêm consignadas na lei do orçamento ou em créditos adicionais e compre-

---

[1] Ob. cit., p. 73.
[2] Lino Martins da Silva. *Contabilidade Governamental.* 2. ed. São Paulo: Atlas, 1991, p. 98.

ende diversas saídas de numerário resultantes do levantamento de depósitos, cauções, pagamento de restos a pagar, consignações, resgate de operações de crédito por antecipação de receita (ARO), bem como todos os outros valores que se apresentem de forma transitória. São valores que anteriormente ingressaram nos cofres públicos a título de receitas extraorçamentárias. A sua efetivação se dá de uma forma muito menos burocrática do que as despesas orçamentárias.

**ATENÇÃO**: o pagamento do principal (amortização) da ARO é uma despesa extraorçamentária, mas o pagamento dos JUROS da ARO é uma despesa orçamentária.

Vejamos as principais classificações:

**1ª Quanto à competência do ente federal:**
- **Federal** – despesas de competência do Governo Federal.
- **Estadual** (Distrital) – despesas de competência dos Estados (do Distrito Federal).
- **Municipal** – despesas de competência dos Municípios.

**2ª Quanto à regularidade:**
- **Ordinárias** – despesas que ocorrem constantemente (ex.: pessoal, material de consumo, etc.).
- **Extraordinárias** – despesas que ocorrem esporadicamente (ex.: decorrentes de calamidade, guerras etc.).

**3ª Segundo a Categoria Econômica (Classificação da Lei nº 4.320/1964):**

A Lei nº 4.320/1964 classifica as despesas orçamentárias nas seguintes **categorias econômicas**: DESPESAS CORRENTES e DESPESAS DE CAPITAL. Essa classificação, segundo a categoria econômica, possibilita analisar o impacto dos gastos públicos na economia, especialmente na formação do capital bruto do País.

1. **DESPESAS CORRENTES**: são os gastos de natureza operacional que se destinam à manutenção e ao funcionamento dos serviços públicos, quer esses serviços sejam realizados pela Administração Pública (o que é regra) ou transferidos para outras pessoas físicas ou jurídicas. As despesas correntes, em regra, não trazem como contrapartida acréscimos ao patrimônio público. As despesas correntes, por sua vez,

se dividem em duas **subcategorias** econômicas: despesas de custeio e transferências correntes.

**1.1. Despesas de Custeio** são as dotações para manutenção de serviços anteriormente criados, inclusive as destinadas a atender a obras de conservação e adaptação de bens imóveis (ex.: pagamento de pessoal e encargos, material de consumo, serviços de terceiros, obras de conservação e adaptação de bens imóveis etc.).

**1.2. Transferências Correntes** são as dotações para despesas, às quais não corresponda contraprestação direta em bens ou serviços, inclusive para contribuições e subvenções destinadas a atender à manutenção de outras entidades de direito público ou privado (ex.: pagamento de inativos e pensionistas, salário-família, juros da dívida pública, subvenções etc.).

---

**IMPORTANTE**

**SUBVENÇÕES** são as transferências destinadas a cobrir despesas de custeio das entidades beneficiadas, distinguindo-se como:

→ Subvenções Sociais – as que se destinam a instituições públicas ou privadas de caráter assistencial, educacional ou cultural, sem finalidade lucrativa.

→ Subvenções Econômicas – as que se destinam a empresas públicas ou privadas de caráter industrial, comercial, agrícola ou pastoril.[3]

---

[3] Lei nº 4.320/1964

Art. 16. Fundamentalmente e nos limites das possibilidades financeiras a concessão de subvenções sociais visará à prestação de serviços essenciais de assistência social, médica e educacional, sempre que a suplementação de recursos de origem privada aplicados a esses objetivos revelar-se mais econômica.

Parágrafo único. O valor das subvenções, sempre que possível, será calculado com base em unidades de serviços efetivamente prestados ou postos à disposição dos interessados, obedecidos os padrões mínimos de eficiência previamente fixados.

Art. 17. Somente à instituição cujas condições de funcionamento forem julgadas satisfatórias pelos órgãos oficiais de fiscalização serão concedidas subvenções.

II) Das Subvenções Econômicas

Art. 18. A cobertura dos déficits de manutenção das empresas públicas, de natureza autárquica ou não, far-se-á mediante subvenções econômicas expressamente incluídas nas despesas correntes do orçamento da União, do Estado, do Município ou do Distrito Federal.

Parágrafo único. Consideram-se, igualmente, como subvenções econômicas:

a) as dotações destinadas a cobrir a diferença entre os preços de mercado e os preços de revenda, pelo Governo, de gêneros alimentícios ou outros materiais;

2. **DESPESAS DE CAPITAL**: são os gastos realizados pela Administração Pública em investimentos, inversões financeiras e transferências de capital. Tais despesas implicam, em regra, acréscimo do patrimônio público.

2.1. **Investimentos**: são as dotações para o planejamento e a execução de obras, inclusive as destinadas à aquisição de imóveis considerados necessários à realização destas últimas, bem como para os programas especiais de trabalho, aquisição de instalações, equipamentos, material permanente e constituição ou aumento do capital de empresas **que não sejam de caráter comercial ou financeiro** (ex.: construção de um hospital, aquisição de uma casa já em utilização para posterior demolição e construção de uma estrada, elevadores, ar condicionado, aeronaves, veículos, criação ou aumento de capital de uma empresa agrícola ou industrial etc.).

2.2. **Inversões Financeiras**: são as dotações destinadas à aquisição de imóveis ou de bens de capital **já em utilização**; à aquisição de títulos representativos do capital de empresas ou entidades de qualquer espécie, **já constituídas**, quando a operação não importe aumento do capital, e ainda à constituição ou aumento do capital de entidades ou empresas que visem a objetivos comerciais ou financeiros (ex.: compra de um imóvel, já em uso, para servir de sede de um órgão público, compra a um particular de ações de empresas, criação de um banco estatal, concessão de empréstimos etc.).

2.3. **Transferências de Capital**: são as dotações para investimentos ou inversões financeiras que outras pessoas de direito público ou privado devam realizar, independentemente de contraprestação direta em bens ou serviços, constituindo essas transferências **Auxílios** (derivados da LOA) ou **Contribuições** (derivados de lei especial anterior), bem como as dotações para **amortização da dívida pública** (ex.: auxílios para obras e pagamento do principal da dívida pública etc.).

---

b) as dotações destinadas ao pagamento de bonificações a produtores de determinados gêneros ou materiais.

Art. 19. *A Lei de Orçamento não consignará ajuda financeira, a qualquer título, a empresa de fins lucrativos, salvo quando se tratar de subvenções cuja concessão tenha sido expressamente autorizada em lei especial.*

Conforme assinala o art. 13 da citada lei, a especificação das despesas na lei orçamentária será feita **por elementos**, em cada **unidade administrativa** ou órgão de Governo.[4]

> **ATENÇÃO**
>
> A **Portaria Interministerial nº 163/2001** determina, em seu art. 6º, que "Na lei orçamentária, a discriminação da despesa, quanto à sua natureza, far-se-á, no mínimo, por categoria econômica, grupo de despesa e modalidade de aplicação". Trata-se de determinação que afronta os arts. 13 e 15 da Lei nº 4.320/1964.

4ª **Segundo a Natureza da Despesa:**

Trata-se de uma importante e moderna classificação da despesa orçamentária regulamentada por uma portaria conjunta da Secretaria do Tesouro Nacional (STN) e Secretaria do Orçamento Federal (SOF), **PORTARIA INTERMINISTERIAL STN-SOF 163**, editada, pela primeira vez, no ano de 2001 para produzir efeitos a partir do exercício financeiro de 2002. A referida portaria interministerial vem sendo alterada, nos últimos anos, por diversas portarias específicas, editadas pelas mesmas autoridades. A mais nova alteração foi promovida pela **PORTARIA CONJUNTA (STN-SOF) Nº 01, de 13 de julho de 2012**, que introduziu alterações para serem observadas obrigatoriamente a partir do exercício financeiro de **2013** (alguns pontos tiveram sua aplicação facultada já para o exercício de 2012)[5].

Eis alguns aspectos que merecem destaque:
- **Alcance da Portaria nº 163/2001 (abrangência nacional):**
  - União;

---

[4] Art. 14. Constitui **unidade orçamentária** *o agrupamento de serviços subordinados ao mesmo órgão ou repartição a que serão consignadas dotações próprias.*

Parágrafo único. Em casos excepcionais, serão consignadas dotações a unidades administrativas subordinadas ao mesmo órgão.

Art. 15. Na Lei de Orçamento a discriminação da despesa far-se-á no mínimo por elementos.

§ 1º Entende-se por elementos o desdobramento da despesa com pessoal, material, serviços, obras e outros meios de que se serve a administração pública para consecução dos seus fins.

§ 2º Para efeito de classificação da despesa, considera-se material permanente o de duração superior a dois anos.

[5] Para acompanhar as alterações nas Portarias relacionadas à classificação da despesa e da receita pública, consultar o site da Secretaria do Tesouro Nacional (STN): <http://www.tesouro.fazenda.gov.br/legislacao/leg_contabilidade.asp>.

- Estados e Distrito Federal; e
- Municípios.

– **Objetivo**: estabelecer critérios uniformes de classificação para União, Estados, DF e Municípios com vistas à **consolidação das contas públicas nacionais**, que é uma exigência da LRF, art. 51. Estabelece a LRF que *o Poder Executivo da União promoverá, até o dia 30 de junho, a consolidação, nacional e por esfera de Governo, das contas dos entes da Federação relativas ao exercício anterior, e a sua divulgação, inclusive por meio eletrônico de acesso público*. Essa classificação é utilizada, também, na especificação da despesa pública nas **leis orçamentárias e no relatório resumido da execução orçamentária** (RREO).

– Para classificar as despesas segundo a sua natureza é preciso identificar:

I ⇒ Categoria Econômica

II ⇒ Grupo de Natureza de Despesas

III ⇒ Elemento de Despesa

**ATENÇÃO**: a natureza da despesa será complementada pela "**Informação Gerencial**" denominada **MODALIDADE DE APLICAÇÃO**.

– **Conceitos**
  - Categorias Econômicas – Despesas de Correntes e Despesas de Capital – ver classificação segundo a categoria econômica.
  - Grupos de Natureza de Despesa – corresponde à agregação de elementos de despesa que apresentam as mesmas características quanto ao objeto de gasto.
  - Modalidades de Aplicação – é a informação gerencial que tem por finalidade indicar se os recursos são aplicados diretamente por órgãos ou entidades no âmbito da mesma esfera de Governo ou por outro ente da Federação e suas respectivas entidades, e objetiva, precipuamente, possibilitar a eliminação da dupla contagem dos recursos transferidos ou descentralizados.
  - Elementos de Despesa – tem por finalidade identificar os objetos de gasto, tais como vencimentos e vantagens fixas, juros, diárias, material de consumo, serviços de terceiros prestados sob qualquer forma, subvenções sociais, obras e instalações, equipamentos e material permanente, auxílios, amortização e outros de que a Administração Pública se serve para a consecução de seus fins.

– **Formação do código da natureza da despesa**

Para essa identificação, deve ser utilizado o conjunto de tabelas adiante em que a cada título é associado um número. A agregação desses números, num total de **seis dígitos**, na sequência a seguir indicada, constituirá o código referente à classificação da despesa quanto à sua natureza:

> **"c.g.mm.ee.dd"**, onde:
> 1º Nível – "c" – indica a **categoria econômica da despesa**
> 2º Nível – "g" – indica o **grupo de natureza de despesa**
> 3º Nível – "mm" – indica a **modalidade de aplicação**
> 4º Nível – indica o **elemento de despesa**
> 5º Nível "dd" – indica o **desdobramento** do elemento de despesa

**ATENÇÃO**: A classificação da **RESERVA DE CONTINGÊNCIA**, quanto à natureza da despesa orçamentária, será identificada com o código "**9.9.99.99**" e, quando relacionada ao Regime Próprio de Previdência dos Servidores (RPPS), com o código "**9.7.99.99**". A Reserva de Contingência destina-se a atender passivos contingentes e outros riscos e eventos fiscais imprevistos, incluindo a abertura de créditos adicionais.

**A – <u>CATEGORIAS ECONÔMICAS</u>**

    3 – Despesas Correntes

    4 – Despesas de Capital

**B – <u>GRUPOS DE NATUREZA DE DESPESA</u>**

    1 – Pessoal e Encargos Sociais

    2 – Juros e Encargos da Dívida

    3 – Outras Despesas Correntes

    4 – Investimentos

    5 – Inversões Financeiras

    6 – Amortização da Dívida

    9 – Reservas de Contingência e RPPS

**C – <u>MODALIDADE DE APLICAÇÃO</u>**

    20 – Transferências à União

    22 – Execução Orçamentária delegada à União

    30 – Transferências a Estados e ao Distrito Federal

    31 – Transferências a Estados e ao Distrito Federal – Fundo a Fundo

32 – Execução Orçamentária Delegada a Estados e ao Distrito Federal

35 – Transferências Fundo a Fundo aos Estados e ao Distrito Federal à conta de recursos de que tratam os §§ 1º e 2º do art. 24 da Lei Complementar nº 141, de 2012

36 – Transferências Fundo a Fundo aos Estados e ao Distrito Federal à conta de recursos de que trata o art. 25 da Lei Complementar nº 141, de 2012

40 – Transferências a Municípios

41 – Transferências a Municípios – Fundo a Fundo

42 – Execução Orçamentária Delegada a Municípios

45 – Transferências Fundo a Fundo aos Municípios à conta de recursos de que tratam os §§ 1º e 2º do art. 24 da Lei Complementar nº 141, de 2012

46 – Transferências Fundo a Fundo aos Municípios à conta de recursos de que trata o art. 25 da Lei Complementar no 141, de 2012

50 – Transferências a Instituições Privadas sem Fins Lucrativos

60 – Transferências a Instituições Privadas com Fins Lucrativos

70 – Transferências a Instituições Multigovernamentais

71 – Transferências a Consórcios Públicos mediante contrato de rateio

72 – Execução Orçamentária Delegada a Consórcios Públicos

73 – Transferências a Consórcios Públicos mediante contrato de rateio à conta de recursos de que tratam os §§ 1º e 2º do art. 24 da Lei Complementar nº 141, de 2012

74 – Transferências a Consórcios Públicos mediante contrato de rateio à conta de recursos de que trata o art. 25 da Lei Complementar nº 141, de 2012

75 – Transferências a Instituições Multigovernamentais à conta de recursos de que tratam os §§ 1º e 2º do art. 24 da Lei Complementar nº 141, de 2012

76 – Transferências a Instituições Multigovernamentais à conta de recursos de que trata o art. 25 da Lei Complementar nº 141, de 2012

80 – Transferência ao Exterior

90 – Aplicação Direta

91 – Aplicação Direta decorrente de operação entre Órgãos, Fundos e Entidades integrantes dos orçamentos fiscal e da seguridade social

93 – Aplicação Direta decorrente de operação de Órgão, Fundos e Entidades integrantes dos orçamentos fiscal e da seguridade social com Consórcio Público do qual o Ente participe

94 – Aplicação Direta decorrente de operação de Órgão, Fundos e Entidades integrantes dos orçamentos fiscal e da seguridade social com Consórcio Público do qual o Ente NÃO participe

95 – Aplicação Direta à conta de recursos de que tratam os §§ 1º e 2º do art. 24 da Lei Complementar nº 141, de 2012

96 – Aplicação Direta à conta de recursos de que trata o art. 25 da Lei Complementar nº 141, de 2012

99 – A Definir

## D – ELEMENTOS DE DESPESA

A Portaria traz uma série de elementos de despesas. Vejamos alguns **exemplos**:

01 – Aposentadorias, Reserva Remunerada e Reformas

04 – Contratação por Tempo Determinado

13 – Obrigações Patronais

14 – Diárias – Civil

21 – Juros sobre a Dívida por Contrato

22 – Outros Encargos sobre a Dívida por Contrato

30 – Material de Consumo

33 – Passagens e Despesas com Locomoção

34 – Outras Despesas de Pessoal decorrentes de Contratos de Terceirização[6]

37 – Locação de Mão de Obra

43 – Subvenções Sociais

51 – Obras e Instalações

52 – Equipamentos e Material Permanente

61 – Aquisição de Imóveis

65 – Constituição ou Aumento de Capital de Empresas

---

[6] Esse elemento de despesa é uma decorrência do disposto no art. 18, § 1º, da LRF, que assinala: *"os valores de contratos de terceirização de mão de obra que se referem à substituição de servidores e empregados públicos serão contabilizados como 'outras despesas de pessoal'"*.

66 - Concessão de Empréstimos e Financiamentos
71 - Principal da Dívida Contratual Resgatado
91 - Sentenças Judiciais
92 - Despesas de Exercícios Anteriores
93 - Indenizações e Restituições
99 - A classificar

- **Exemplos completos**:
  - pagamento direto de inativos: 3.1.90.01;
  - compra direta de material de consumo: 3.3.90.30;
  - concessão de subvenções sociais a entidade privada sem fim lucrativo: 3.3.50.43;
  - realização de uma obra pública: 4.4.90.51;
  - aquisição de imóvel já em utilização: 4.5.90.61.

**5ª Classificação Funcional-Programática:**

Trata-se, na verdade, de duas classificações independentes: a funcional e a programática. Ambas são exigidas pela Lei nº 4.320/1964, em sintonia com o princípio do orçamento-programa, e deverão ser efetuadas quando da elaboração da lei orçamentária. A classificação funcional também é uma exigência da LRF, especificamente, quando da elaboração do **relatório resumido da execução orçamentária** (RREO). Diga-se também que a classificação funcional e programática representou um grande avanço na técnica de apresentação do orçamento, pois permitiu a vinculação das dotações a objetivos do Governo, que, por sua vez, são viabilizados pelos programas de Governo. Esse enfoque possibilita uma visão sobre "o que o Governo FAZ", bastante diferente do enfoque tradicional que visualizava apenas "o que o Governo COMPRAVA".

- **Alcance da Portaria MPOG nº 42/1999**: regulamenta a classificação funcional e a programática, devendo suas regras ser cumpridas pela **União, Estados e Distrito Federal (desde ano de 2000) e Municípios (a partir de 2002)**.
- **CLASSIFICAÇÃO FUNCIONAL** – é composta de um rol de FUNÇÕES e SUBFUNÇÕES, prefixadas, as quais servirão de agregador dos gastos públicos por área de ação governamental. As funções (em número de 28) e subfunções (em número de 109) são padronizadas (idênticas) para União, Estados, DF e Municípios, objetivando, assim,

facilitar a consolidação das contas públicas nacionais. A referida Portaria estabelece o conceito e relaciona, em anexo, todas as funções e subfunções.

- **Conceitos:**
  - **Função**: representa o maior nível de agregação das diversas áreas da despesa que competem ao Setor Público. Entre elas, existe a função <u>Encargos Especiais</u>, que engloba despesas não associadas a um bem ou serviço gerado no processo produtivo, tais como dívida, ressarcimento, indenização, entre outros.
  - **Subfunção**: representa uma partição da função, agregando um determinado subconjunto de despesas do setor público, cabendo ressaltar **que as subfunções poderão ser combinadas com funções diferentes daquelas a que estejam vinculadas.**

Exemplos de funções e de subfunções:

| Funções | Subfunções |
|---|---|
| 01 – LEGISLATIVA | 031 – Ação Legislativa<br>032 – Controle Externo |
| 19 – CIÊNCIA E TECNOLOGIA | 571 – Desenvolvimento Científico<br>572 – Desenvolvimento Tecnológico e Engenharia<br>573 – Difusão do Conhecimento Científico/Tecnológico |
| 20 – AGRICULTURA | 601 – Promoção da Produção Vegetal<br>605 – Abastecimento<br>606 – Extensão Rural<br>607 – Irrigação |
| 28 – ENCARGOS ESPECIAIS | 841 – Refinanciamento da Dívida Interna<br>842 – Refinanciamento da Dívida Externa<br>843 – Serviço da Dívida Interna<br>844 – Serviço da Dívida Externa<br>845 – Transferências<br>846 – Outros Encargos Especiais |

A Portaria nº 42/1999, visando a dar flexibilidade à classificação, permite que as subfunções possam ser combinadas com funções diferentes daquelas a que estejam vinculadas. Por exemplo: uma atividade de pesquisa do Ministério da Agricultura, Pecuária e Abastecimento deve ser classificada na subfunção "Desenvolvimento Científico" e na função "Agricultura" (e não na função: "Ciência e Tecnologia").

- **CLASSIFICAÇÃO PROGRAMÁTICA** – a especificação da despesa pública, segundo os programas governamentais, visa a demonstrar os objetivos da ação governamental para resolver as necessidades coletivas.

  Nos termos da Portaria nº 42/1999, cada ente da Federação (União, Estados, DF e Municípios), deverá, por ato próprio, elaborar a sua própria estrutura de programas, **respeitados os conceitos estabelecidos na Portaria**.

Os instrumentos de programação são os **projetos** e as **atividades**; mas a Portaria assinala, como elemento classificador de alguns dispêndios especiais, as chamadas **operações especiais**. Vejamos os conceitos:

- **Programa**: instrumento de organização da ação governamental para a concretização dos objetivos pretendidos, sendo mensurado por indicadores estabelecidos no Plano Plurianual. O programa consiste, pois, no **módulo integrador** do PPA com a LOA (ex.: erradicação do analfabetismo).

- **Projetos:** são instrumentos de programação para alcançar os objetivos de um programa, envolvendo um conjunto de operações, limitadas no tempo, das quais resulta um produto que concorre para a expansão ou o aperfeiçoamento da ação do governo (ex.: construção de 1.000 escolas).

- **Atividades**: são instrumentos de programação para alcançar os objetivos de um programa, envolvendo um conjunto de operações que se realizam de modo contínuo e permanente, das quais resulta um produto necessário à manutenção da ação do governo (ex.: treinamento de professores).

- **Operações Especiais**: representam ações que **não** contribuem para a manutenção das ações de governo, das quais **não** resulta um produto e **não** geram contraprestação direta sob a forma de bens e serviços. Representa um detalhamento da função "Encargos Especiais" (ex.: ressarcimentos, transferências, serviços da dívida, restituições, pagamento de inativos etc.).

> **IMPORTANTE**
>
> O art. 8º da PORTARIA INTERMINISTERIAL Nº 163/2001 estabelece que a **dotação global** denominada RESERVA DE CONTINGÊNCIA, a ser utilizada como fonte para abertura de créditos adicionais e para o atendimento do disposto no art. 5º, III, da LRF, será identificada nos orçamentos de todas as esferas de Governo (União, Estados/DF e Municípios) pelo código "99.999.9999.xxxx.xxxx", no que se refere às classificações por FUNÇÃO, SUBFUNÇÃO e PROGRAMÁTICA, em que o "X" representa a codificação da ação e o respectivo detalhamento e quanto à classificação segundo a NATUREZA DA DESPESA será identificada pelo código "9.9.99.99.99".

**6ª Quanto à Afetação Patrimonial:**

- **Despesas Efetivas** – contribuem para o decréscimo do saldo patrimonial (balanço patrimonial). Representam fatos contábeis modificativos diminutivos. Exemplos: todas as Despesas Correntes (**exceto** material de consumo para estoque) e as seguintes Despesas de Capital: auxílios e contribuições de capital e investimentos em bens de uso comum do povo.

- **Despesas por Mutações Patrimoniais** – não diminuem o saldo patrimonial, pois são simples saídas ou alterações compensatórias. Representam fatos contábeis permutativos. Exemplos: todas as Despesas de Capital (**exceto** auxílios e contribuições de capital e investimentos em bens de uso comum do povo) e a Despesa Corrente com material de consumo para estoque.

**7ª Classificação Institucional:**

Nessa classificação, as despesas são demonstradas por ÓRGÃOS e UNIDADES ORÇAMENTÁRIAS. Na esfera federal, são exemplos de **Órgãos**: *Câmara dos Deputados, Senado Federal, TCU, STF, Presidência da República, Ministério da Economia.* Exemplos de **Unidades Orçamentárias**: *Gabinete da Presidência, Banco Central do Brasil, Inmetro, INSS, Anatel.* Esclareça-se, contudo, que um órgão ou uma unidade orçamentária pode não corresponder a uma estrutura administrativa própria, como é o caso *das "Transferências a Estados/DF e Municípios"; dos "Encargos Financeiros da União", da "Reserva de Contingência"* etc.

> **IMPORTANTE – CONCEITOS**
>
> - **UNIDADE GESTORA** – É a Unidade Orçamentária ou Administrativa investida do poder de gerir e movimentar recursos orçamentários ou financeiros, próprios ou decorrentes de descentralização.

- **UNIDADE ORÇAMENTÁRIA** – Nos termos do art. 14 da Lei nº 4.320/1964, constitui unidade orçamentária o agrupamento de serviços subordinados ao mesmo órgão ou repartição a que serão consignadas na **lei orçamentária** dotações próprias.
- **UNIDADE ADMINISTRATIVA** – Segmento da administração direta ao qual a Lei Orçamentária **não** consigna dotações e que depende de DESTAQUE (descentralização externa, em sentido horizontal, de créditos orçamentários ou adicionais entre órgãos diferentes ou entre unidades orçamentárias de órgãos diferentes) ou PROVISÕES (descentralização interna, em sentido vertical, entre unidades orçamentárias do mesmo órgão) para executar seus programas de trabalho. Ressalte-se que os *destaques* e *provisões* tratam de autorizações orçamentárias. No caso do destaque, a contrapartida do lado financeiro é o REPASSE; no caso da provisão, a contrapartida do lado financeiro é o SUB-REPASSE.

## 4.3. Estágios da Despesa Pública

Existe todo um procedimento legal para a realização da despesa pública. Antes de tudo, é necessário que as despesas estejam devidamente autorizadas na Lei Orçamentária Anual, ressalvadas as despesas extraorçamentárias, obviamente. Depois, em relação à contratação de obras, serviços e outras compras, cabe à autoridade administrativa, em obediência ao disposto no art. 37, XXI, da CF/1988 e Lei nº 8.666/1993, realizar o devido PROCEDIMENTO LICITATÓRIO, que poderá culminar com a realização de uma das modalidades de licitação ou com a dispensa ou inexigibilidade desta. (Obs.: Deixaremos de adentrar nos aspectos referentes às licitações públicas, uma vez que esse tema é objeto de estudo do Direito Administrativo.)

Cumpridas essas duas etapas, a Lei nº 4.320/1964, art. 58 em diante, estabelece outras regras pertinentes ao processamento da despesa. São os denominados estágios da despesa:

> 1º Estágio: **EMPENHO**
> 2º Estágio: **LIQUIDAÇÃO**
> 3º Estágio: **PAGAMENTO**

Pode-se dizer, então, que, não obstante, formalmente, a Lei nº 4.320/1964 fazer menção aos três citados estágios, o processamento da despesa, **de fato** (segundo a realidade), deverá obedecer, em regra, às seguintes etapas: previsão orçamentária, realização de procedimento licitatório *(nas hipóteses legais)*, empenho, liquidação e pagamento. Vejamos as principais regras pertinentes aos estágios:

## 1º ESTÁGIO – EMPENHO DA DESPESA

As principais regras pertinentes ao empenho estão consignadas nos arts. 58 a 61 da Lei nº 4.320/1964. Nos termos da referida lei, *o empenho de despesa é ato emanado de autoridade competente*[7] *que cria para o Estado obrigação de pagamento, pendente ou não de implemento de condição*. Em outras palavras, o empenho é o ato que oficialmente **reserva** (destaca) um determinado montante de uma dotação orçamentária para fazer frente a uma despesa específica. Vale esclarecer, contudo, que a expressão *que cria para o Estado obrigação de pagamento* não pode ser interpretada no sentido de que, havendo empenho, em qualquer hipótese, o Estado haverá de pagar a importância devida. Com efeito, a expressão deve ser entendida como uma garantia que o credor tem de, em cumprindo os termos do pacto firmado com a Administração, receber aquela importância que já estava reservada para ele. Assim, mesmo diante de uma despesa empenhada, se o credor não cumprir com a contraprestação devida, decerto que não haverá qualquer obrigação de pagamento pelo Estado. Para dirimir qualquer dúvida, temos o disposto no art. 62 da referida lei, que estabelece: *o pagamento da despesa só será efetuado quando ordenado após sua regular liquidação*.

O montante de determinado empenho não poderá exceder o limite dos créditos orçamentários. Se o empenho é um ato que destaca recursos $x$ de uma dotação $y$, é óbvio que $y$ é maior ou igual a $x$, porém nunca menor. A lei também veda a realização de **despesa sem prévio empenho**, ou seja, em qualquer situação o empenho haverá de ser prévio. A importância do empenho está no fato de que o Governo terá à sua disposição dados sobre os compromissos já assumidos e o montante das dotações ainda não utilizadas. Trata-se, pois, de um instrumento de programação e controle da despesa. O documento que concretiza o empenho é a chamada **nota de empenho**, que deverá conter uma série de informações, como: o nome do credor, a dotação

---

[7] Sobre a autoridade responsável (ou ordenador de despesas), vejamos o que dispõe o Decreto-Lei nº 200:

Art. 80. Os órgãos de contabilidade inscreverão como responsável todo ordenador de despesas, o qual só poderá ser exonerado de sua responsabilidade após julgadas regulares suas contas pelo Tribunal de Contas.

§ 1º Ordenador de despesas é toda e qualquer autoridade de cujos atos resultem emissão de empenho, autorização de pagamento, suprimento ou dispêndio de recursos da União ou pela qual esta responda.

§ 2º O Ordenador de despesas, salvo conivência, não é responsável por prejuízos causados à Fazenda Nacional decorrentes de atos praticados por agente subordinado que exorbitar as ordens recebidas.

orçamentária, o tipo de empenho, o valor empenhado e o saldo da dotação, a especificação da despesa, assinatura da autoridade pública etc.

> **IMPORTANTE**
> 1. O **empenho** sempre será prévio. Porém, em alguns casos, PREVISTOS EM LEI, poderá ser dispensada a emissão da **nota de empenho, porém jamais o empenho** (a lei poderá dispensar a emissão da nota de empenho das despesas oriundas de determinação constitucional ou legal, por exemplo). Nesse caso, o empenho (reserva da dotação) poderá ser efetuado por qualquer outro meio eficaz, como, por exemplo, num "livro de controle de dotações".
> 2. FIM DE MANDATO DE PREFEITO: a Lei nº 4.320/64 veda aos Municípios empenhar, no último mês do mandato do Prefeito, mais do que o duodécimo da despesa prevista no orçamento vigente, bem como assumir, por qualquer forma, compromissos financeiros para execução depois do término do mandato do Prefeito, ressalvando apenas as situações de comprovada calamidade pública.

TIPOS DE EMPENHO: **ordinário, estimativa e global**.

a) **Ordinário** – o empenho ordinário é aquele utilizado para despesas normais que não apresentem nenhuma característica especial. A quase totalidade dos gastos é processada através desse tipo de empenho. São despesas de **valores definidos**, que devem ser pagos numa **única prestação**.

b) **Estimativa** – é utilizado quando não se pode determinar com exatidão o montante da despesa, como, por exemplo, conta de água, de luz e de telefone, alguns adiantamentos a servidores etc. Assim, devemos fazer uma estimativa de quanto será gasto ao longo do exercício financeiro. Nesse tipo de empenho, utiliza-se um documento chamado **nota de subempenho**, que é o registro do valor efetivo a ser deduzido da importância total empenhada por estimativa. Se a estimativa for menor que o valor exato, faz-se o empenho complementar da diferença; se for maior, anula-se a parte referente à diferença, revertendo-se o saldo à dotação originária.

c) **Global** – é utilizado para casos de despesas contratuais e outras, sujeitas a parcelamento. Nesse caso, deve ser emitido o empenho global, deduzindo-se os valores correspondentes nas respectivas quotas mensais, trimestrais, semestrais etc., as quais podem ser controladas também através de notas de subempenho. O objetivo desse tipo de empenho é o de evitar o excesso de burocracia decorrente do empenhamento mensal de cada parcela do contrato. A diferença do empenho global e do empenho ordinário está apenas no histórico, ou seja, na especificação da despesa, que, no global, deverá estar expresso que se trata do valor total do contrato a ser pago em x parcelas (ex.: despesas com a remuneração de servidores, contratos de obras, aluguéis etc.). Vale ressaltar que, num caso de contrato cuja duração ultrapasse o exercício financeiro, o empenho global ficará restrito aos créditos orçamentários referentes a um único exercício financeiro. Assim, a cada ano faz-se um empenho global referente ao valor contratual previsto para o respectivo exercício.

## 2º ESTÁGIO – LIQUIDAÇÃO

A liquidação é o segundo estágio da despesa e, nos termos do art. 63 da Lei nº 4.320/1964, *consiste na verificação do direito adquirido pelo credor, tendo por base os títulos e documentos comprobatórios do respectivo crédito.* O objetivo da liquidação é de <u>apurar o implemento de condição</u>, ou seja, se o credor cumpriu ou não a sua parte, verificando:

- a origem e o objeto do que se deve pagar;
- a importância exata a pagar;
- a quem se deve pagar a importância, para extinguir a obrigação.

A liquidação da despesa por fornecimentos feitos ou serviços prestados terá por base:

- o contrato, ajuste ou acordo respectivo;
- a nota de empenho;
- os comprovantes de entrega do material ou da prestação de serviço.

Na verificação do implemento de condição, ou seja, da realização fática do objeto do contrato pelo credor, a Administração pode se valer – e em alguns casos terá que se valer, a exemplo de obras públicas – de uma verificação *in loco* a fim de checar se de fato o serviço ou a obra foram realizados. Com efeito, se o credor apresenta os documentos e títulos formais exigidos pela lei, decreto que tal apresentação consistirá numa presunção *juris tantum* de que o contrato foi cumprido pelo credor. Nada obstante, essa presunção poderá ser descaracterizada com a verificação *in loco*.

## 3º ESTÁGIO – PAGAMENTO

É o ato pelo qual o Estado faz a entrega do numerário correspondente, recebendo a devida quitação. Vimos que o pagamento da despesa só será efetuado quando ordenado após sua regular liquidação. A **ordem de paga-**

**mento** é o despacho exarado por autoridade competente, determinando que a despesa seja paga. A ordem de pagamento só poderá ser consignada em documentos processados pelos serviços de contabilidade do órgão. O pagamento da despesa será efetuado por **tesouraria ou pagadoria, regularmente instituídos, por estabelecimentos bancários credenciados e, em casos excepcionais, por meio de** <u>adiantamento</u> (ver arts. 64 e 65 da Lei nº 4.320).

### 4.4. Adiantamentos

O regime de adiantamento (também chamado de suprimento individual ou suprimento de fundos), previsto no art. 68 da Lei nº 4.320/1964, corresponde a despesas expressamente **definidas em lei** e consiste na entrega de numerário a servidor, **sempre precedida de empenho na dotação própria**, para o fim de realizar **despesas que não possam se subordinar ao processo normal de aplicação**. A lei que especificar as despesas deverá também regulamentar os prazos para prestação de contas e as penalidades para o caso de descumprimento. Destinam-se, no mais das vezes, à realização de despesas urgentes; às realizadas em lugares distantes; às despesas miúdas de pronto pagamento nas repartições públicas etc.

Nos termos do art. 69 da referida lei, não se fará adiantamento a servidor:

a) em alcance (que não comprovou o último suprimento recebido ou a sua prestação de contas foi impugnada);

b) responsável por dois adiantamentos.

### 4.5. O Regime Contábil da Despesa Orçamentária, os Restos a Pagar, as Despesas de Exercícios Anteriores, os Precatórios e as Anulações de Despesas

– Regime Contábil da Despesa

O art. 35 da Lei nº 4.320/1964 estatui que *pertencem ao exercício financeiro as despesas nele legalmente empenhadas* (ver também o art. 50, II, da LRF, que ratifica o regime de competência). Nesses termos, resta claro que o regime contábil adotado para a <u>despesa</u> pública no Brasil é o <u>REGIME DE COMPETÊNCIA, também chamado de "competência orçamentária"</u>. O registro da despesa orçamentária é realizado a partir do EMPENHO. Isso quer dizer que, se a despesa foi empenhada em determinado exercício financeiro, ainda que venha a ser paga no exercício posterior, pertencerá ao primeiro exercício (o do empenhamento). Na verdade, o que pretendeu o legislador foi não onerar o novo exercício financeiro com despesas programadas com base em recursos do orçamento passado.

O **exercício financeiro**, como já vimos, nos termos do art. 34 da Lei nº 4.320/1964, *coincidirá com o ano civil*, ou seja, iniciará em 1º de janeiro e terminará em 31 de dezembro. Coincide, pois, com a execução do orçamento.

**– Restos a Pagar**

Tendo sido adotado o regime de competência e fixados os limites do exercício financeiro, a lei cuidou em estabelecer alguns procedimentos técnico-contábeis para o encerramento do exercício financeiro. Instituiu os chamados restos a pagar (conhecidos também como resíduos passivos). *Restos a Pagar*, conforme estatui o art. 36 da referida lei, consiste nas *despesas empenhadas mas não pagas até o dia 31 de dezembro, distinguindo-se as processadas das não processadas.*

Como se vê, a lei estabeleceu duas categorias de restos a pagar:

- **Restos a Pagar Processados** – despesas empenhadas e liquidadas, mas não pagas até 31/12. Nesse caso, já foram cumpridos integralmente os dois primeiros estágios da despesa, restando apenas o efetivo pagamento.

- **Restos a Pagar Não Processados** – despesas empenhadas, mas não liquidadas nem pagas até 31/12. Nesse caso, só foi cumprido integralmente o primeiro estágio: empenho.

Na verdade, essa distinção em processados e não processados serve para orientar a Administração em relação à programação dos recursos necessários para o pagamento dessa obrigação no próximo exercício. Obviamente que será dada prioridade à disponibilidade de recursos para o pagamento dos restos a pagar processados, vez que, em relação a estes, já está configurado o direito do credor.

---

**IMPORTANTE**

1. A inscrição de valores em restos a pagar terá validade até 31 de dezembro do ano subsequente (essa é uma determinação não prevista expressamente na Lei nº 4.320/1964, mas adotada por todos os Estados e Municípios por meio de legislação suplementar). Findo esse prazo, os saldos remanescentes serão automaticamente cancelados, permanecendo em vigor, no entanto, o direito do credor, que só **prescreverá após 5 (cinco) anos do dia da inscrição.**

2. **Situação Especial** – o parágrafo único do art. 36 da Lei nº 4.320/1964 estabelece que *os empenhos que correm à conta de créditos com vigência plurianual, que não*

> tenham sido liquidados, só serão computados como restos a pagar no último ano de vigência do crédito. Vejamos o seguinte exemplo:
> a – valor empenhado no exercício X1 à conta de créditos (especiais ou extraordinários), com vigência plurianual (art. 167, § 2º, da CF) = 150;
> b – valor das despesas liquidadas em relação aos mesmos créditos = 100;
> c – valor pago = 50;
> d – valor inscrito em restos a pagar em 31/12 de X1 = 50.
> Resumindo: em relação às despesas que correm à conta de créditos com vigência plurianual, só serão inscritas em restos a pagar, em 31/12, as despesas liquidadas e não pagas.
> 3. Embora a Lei nº 4.320/1964 faça menção sempre a <u>restos a pagar</u> processados e não processados, estabelecendo apenas a exceção anteriormente referida, diversas normas federais e estaduais, notadamente decretos, vêm estabelecendo certos **requisitos e limitações** para a inscrição de despesas em <u>restos a pagar não processados</u>, como, por exemplo, determinando que só serão inscritas em restos a pagar as despesas empenhadas e não liquidadas que correspondam a compromissos assumidos em virtude de lei, contrato, convênios em andamento etc. Não preenchendo esses requisitos, o empenho será cancelado em 31/12.

### – Despesas de Exercícios Anteriores

Também com o objetivo de atender ao regime de competência, a Lei nº 4.320/1964, em seu art. 37, assinalou a possibilidade de que em exercícios financeiros ulteriores pudessem ser pagas <u>despesas pertencentes a exercícios anteriores ou já encerrados</u>, despesas estas que não tinham sido inscritas em restos a pagar ou que os restos a pagar já haviam sido cancelados. Ressalte-se, porém, que, diferentemente do pagamento de <u>restos a pagar</u>, que é uma operação extraorçamentária, o pagamento de despesas de exercícios anteriores é uma operação orçamentária. Estabelece a referida lei que as *despesas de exercícios encerrados, para as quais o orçamento respectivo consignava crédito próprio, com saldo suficiente para atendê-las, que não se tenham processado na época própria, bem como os Restos a Pagar com prescrição interrompida e os compromissos reconhecidos após o encerramento do exercício correspondente poderão ser pagos à conta de dotação específica consignada no orçamento, discriminada por elementos, obedecida, sempre que possível, a ordem cronológica.*

Diante dessa conceituação, três situações poderão ensejar o pagamento à conta de <u>despesas de exercícios anteriores</u>.

1) As despesas de exercícios encerrados, para as quais o orçamento respectivo consignava crédito próprio, com saldo suficiente para atendê-las, que não se tenham processado na época própria. Esse

não processamento pode decorrer de anulação ou insubsistência do empenho ou por simples erro da Administração, por exemplo, tendo, contudo, o credor demonstrado ulteriormente, por qualquer meio idôneo, haver cumprido a sua obrigação. Também se enquadram no caso despesas urgentíssimas, que não puderam aguardar os trâmites administrativos para a realização do empenho.

2) Os <u>restos a pagar</u> com prescrição interrompida. Vimos que, após um ano, os restos a pagar são cancelados, de sorte que aqueles recursos destinados ao seu pagamento passam a ser considerados <u>outras receitas</u> (correntes ou de capital). Vimos também que o direito do credor perante a Administração só prescreve em 5 (cinco) anos. Assim, pode ocorrer uma situação em que, mesmo diante de cancelamento de restos a pagar (os não processados, vez que nos processados o credor já havia demonstrado o seu direito), ao final do exercício subsequente à sua inscrição, o credor venha a demonstrar o seu direito. Nesse caso, deve a Administração fazer o pagamento com base no elemento <u>despesas de exercícios anteriores</u>.

3) Os compromissos reconhecidos após o encerramento do exercício financeiro. Nesse caso, a autoridade administrativa reconhece a despesa, ainda que não houvesse no orçamento anterior dotação própria ou não tenha esta deixado saldo. Esse pagamento decorre de obrigação legal. Como exemplo, a promoção de servidor com data retroativa.

**– Precatórios**

Durante o processamento da despesa pública podem ocorrer situações em que o poder público não reconhece uma dívida perante terceiros (servidores públicos, contratados, particulares...). Aquele que se sentir credor da administração, esgotada ou não a sua pretensão no âmbito administrativo, pode ingressar com a devida ação no Poder Judiciário.

Em caso de êxito contra a Administração existirá todo um procedimento especial para se efetuar a execução contra a fazenda pública. A sistemática prevista na Constituição Federal, em seu art. 100, recebe o nome de *precatórios*. Trata-se de um dos temas fiscais e federativos mais complexos, prova disso é que, periodicamente, a partir de 2000, seus regramentos vêm sofrendo alterações por meio de emendas constitucionais, sendo as mais recentes as Emendas nº 94/2016 e 99/2017. A seguir, seguem os principais regramentos constitucionais sobre precatórios relacionados ao Direito Financeiro, especialmente aqueles que tratam da necessidade de previsão, nos respectivos orçamentos, dos valores que serão pagos aos credores:

- Os pagamentos devidos pelas Fazendas Públicas Federal, Estadual, Distrital e Municipal, em virtude de sentença judiciária, far-se-ão exclusivamente na ordem cronológica de apresentação dos precatórios e à conta dos créditos respectivos, proibida a designação de casos ou de pessoas nas dotações orçamentárias e nos créditos adicionais abertos para este fim;
- É obrigatória a inclusão, no orçamento das entidades de direito público, de verba necessária ao pagamento de seus débitos, oriundos de sentenças transitadas em julgado, constantes de precatórios judiciários apresentados até 1º de julho, fazendo-se o pagamento até o final do exercício seguinte, quando terão seus valores atualizados monetariamente;
- As dotações orçamentárias e os créditos abertos serão consignados diretamente ao Poder Judiciário, cabendo ao Presidente do Tribunal que proferir a decisão exequenda determinar o pagamento integral e autorizar, a requerimento do credor e exclusivamente para os casos de preterimento de seu direito de precedência ou de não alocação orçamentária do valor necessário à satisfação do seu débito, o sequestro da quantia respectiva.
- Sem prejuízo do disposto neste art. 100 da CF, lei complementar poderá estabelecer regime especial para pagamento de crédito de precatórios de Estados, Distrito Federal e Municípios, dispondo sobre vinculações à receita corrente líquida e forma e prazo de liquidação.
- A União, os Estados, o Distrito Federal e os Municípios aferirão mensalmente, em base anual, o comprometimento de suas respectivas receitas correntes líquidas com o pagamento de precatórios e obrigações de pequeno valor.
- Entende-se como receita corrente líquida, para os fins de que trata o item anterior, o somatório das receitas tributárias, patrimoniais, industriais, agropecuárias, de contribuições e de serviços, de transferências correntes e outras receitas correntes, incluindo as oriundas do § 1º do art. 20 da Constituição Federal, verificado no período compreendido pelo segundo mês imediatamente anterior ao de referência e os 11 meses precedentes, excluídas as duplicidades, e deduzidas:

    I – na União, as parcelas entregues aos Estados, ao Distrito Federal e aos Municípios por determinação constitucional;

    II – nos Estados, as parcelas entregues aos Municípios por determinação constitucional;

III – na União, nos Estados, no Distrito Federal e nos Municípios, a contribuição dos servidores para custeio de seu sistema de previdência e assistência social e as receitas provenientes da compensação financeira referida no § 9º do art. 201 da Constituição Federal.

- Caso o montante total de débitos decorrentes de condenações judiciais em precatórios e obrigações de pequeno valor, em período de 12 (doze) meses, ultrapasse a média do comprometimento percentual da receita corrente líquida nos 5 (cinco) anos imediatamente anteriores, a parcela que exceder esse percentual poderá ser financiada, excetuada dos limites de endividamento de que tratam os incisos VI e VII do art. 52 da Constituição Federal e de quaisquer outros limites de endividamento previstos, não se aplicando a esse financiamento a vedação de vinculação de receita prevista no inciso IV do art. 167 da Constituição Federal.
- Caso haja precatório com valor superior a 15% (quinze por cento) do montante dos precatórios apresentados nos termos do § 5º deste artigo, 15% (quinze por cento) do valor deste precatório serão pagos até o final do exercício seguinte e o restante em parcelas iguais nos cinco exercícios subsequentes, acrescidas de juros de mora e correção monetária, ou mediante acordos diretos, perante Juízos Auxiliares de Conciliação de Precatórios, com redução máxima de 40% (quarenta por cento) do valor do crédito atualizado, desde que em relação ao crédito não penda recurso ou defesa judicial e que sejam observados os requisitos definidos na regulamentação editada pelo ente federado.
- **Regime Especial (EC nº 99/2017)**: no final do ano de 2017, por meio da EC nº 99, foram aprovados novos regramentos transitórios para a quitação de precatórios em atraso por parte de Estados, DF e Municípios. Vale uma leitura no inteiro teor da Emenda, cuja síntese estabelece: "os Estados, o Distrito Federal e os Municípios que, em 25 de março de 2015, se encontravam em mora no pagamento de seus precatórios quitarão, até 31 de dezembro de 2024, seus débitos vencidos e os que vencerão dentro desse período, atualizados pelo Índice Nacional de Preços ao Consumidor Amplo Especial (IPCA-E), ou por outro índice que venha a substituí-lo, depositando mensalmente em conta especial do Tribunal de Justiça local, sob única e exclusiva administração deste, 1/12 (um doze avos) do valor calculado percentualmente sobre suas receitas correntes líquidas apuradas no segundo mês anterior ao mês de pagamento, em percentual suficiente para a quitação de seus débitos e, ainda que variável, nunca inferior, em cada exercício, ao percentual praticado na data da entrada em vigor

do regime especial a que se refere este artigo, em conformidade com plano de pagamento a ser anualmente apresentado ao Tribunal de Justiça local".

### – Anulação de Despesas Orçamentárias

Nos termos do art. 38 da Lei nº 4.320/64: "Reverta à dotação a importância de despesa anulada no exercício: quando a anulação ocorrer após o encerramento deste considerar-se-á receita do ano em que se efetivar."

Em resumo:

- se a anulação ocorrer no exercício em que foi realizado o empenho, é feito o estorno, revertendo o montante anulado ao saldo da dotação orçamentária correspondente;
- já se a anulação ocorrer após o exercício financeiro em que fora empenhado e pago, o montante restituído será considerado receita orçamentária do exercício em que ocorrera a restituição.

## 4.6. A Despesa Pública e a Lei de Responsabilidade Fiscal – LRF

A LRF, no seu desígnio de estabelecer uma gestão administrativa comprometida com o equilíbrio orçamentário, sobretudo em razão do desequilíbrio nas contas públicas ocorrido na última década, estabeleceu uma série de medidas com vistas a fomentar o crescimento da receita e a controlar o montante da despesa pública. Sobre as regras referentes ao incremento da receita pública, especialmente relacionadas à efetiva cobrança dos tributos e às restrições na concessão de renúncias fiscais, trataremos no capítulo referente às receitas públicas. Vejamos agora as principais medidas contidas na LRF, em relação às despesas públicas. Essas medidas dizem respeito às situações ensejadoras de limitação de empenho de despesa, à geração de novas despesas, às despesas obrigatórias de caráter continuado, à fixação de limites para as despesas de pessoal, despesas nulas, transferências voluntárias, despesas de competência de outro ente e inscrições em restos a pagar.

### 4.6.1. Limitação de empenho (art. 9º)

A limitação de empenho está prevista nos arts. 9º e 31, § 1º, II, da LRF. Iniciada a execução do orçamento, o administrador público deverá ficar atento à arrecadação das receitas públicas e às metas fiscais previstas na LDO (anexo de metas fiscais, especialmente as metas para o resultado primário e nominal). Se verificado, <u>ao final de um bimestre</u>, que a realização da receita poderá não comportar o cumprimento das metas de **resultado primário ou**

**nominal** estabelecidas no Anexo de Metas Fiscais, os **Poderes e o Ministério Público** promoverão, **por atos próprios** e nos montantes necessários, **nos trinta dias subsequentes,** limitação de empenho e movimentação financeira, **segundo os critérios fixados pela Lei de Diretrizes Orçamentárias** (LDO). Retomado o crescimento das receitas, ainda que parcial, a recomposição das dotações cujos empenhos foram limitados dar-se-á de forma proporcional às reduções efetivadas. A limitação do empenho também será obrigatória para que o ente obtenha o resultado primário necessário à recondução da dívida consolidada aos limites legais.

A LRF, contudo, ressalva algumas despesas que não poderão sofrer limitação de empenho. São as despesas:

A) que constituam obrigações constitucionais e legais do ente federativo, como, por exemplo, a aplicação do percentual constitucional de impostos na manutenção e desenvolvimento do ensino (art. 212 da CF/1988);

B) destinadas ao pagamento do serviço da dívida;

C) ressalvadas pela **LDO**.

No prazo de noventa dias após o encerramento de cada semestre, o Banco Central do Brasil apresentará, em reunião conjunta das comissões temáticas pertinentes do Congresso Nacional, **avaliação do cumprimento dos objetivos e metas** das políticas monetária, creditícia e cambial, evidenciando o impacto e o custo fiscal de suas operações e os resultados demonstrados nos balanços.

---

**IMPORTANTE**

1. Vimos anteriormente que tal limitação deverá ser efetuada por qualquer Poder, incluindo o Tribunal de Contas, e pelo Ministério Público. **ATENÇÃO:** o disposto no § 3º do art. 9º da LRF, que autorizava o Poder Executivo a limitar os valores financeiros segundo os critérios fixados pela LDO, encontra-se, desde 22/02/2001, com seus efeitos **SUSPENSOS**, em virtude de medida liminar concedida pelo STF nos autos da ADIN nº 2.238. O **STF** entendeu que, em obediência aos princípios da separação e da autonomia dos Poderes, o Poder Executivo não poderá efetuar a limitação de empenho dos outros Poderes e do Ministério Público. Ressalte-se, contudo, que continua em vigor a obrigação de os órgãos e os Poderes efetuarem, nas hipóteses previstas, a limitação de empenho. O que não pode mais é o Executivo efetuar de ofício essa limitação em relação aos outros Poderes e ao Ministério Público.

2. Ressalte-se também que, nos termos do disposto no art. 65 da LRF, em casos de calamidade pública reconhecidos pelo Congresso Nacional, em relação à **União**, e pela Assembleia Legislativa, em relação a **Estados e Municípios**, bem como em

> caso de estado de sítio ou estado de defesa, serão **DISPENSADOS** o atingimento dos resultados fiscais e a limitação de empenho.

### 4.6.2. Geração da despesa (arts. 15 e 16)

Esses dispositivos alteram o processamento para determinadas despesas. Antes de entrarem em vigor as novas regras da LRF, se o Governo, NO CURSO DO EXERCÍCIO, desejasse contratar ou expandir SERVIÇOS, OBRAS ou FORNECIMENTO DE BENS, deveria avaliar a disponibilidade de recursos, solicitar ao Poder Legislativo a autorização para abertura de **créditos adicionais**, proceder à realização do processo licitatório e, por fim, empenhar a despesa. Diante do novo regramento, tratando-se de criação, expansão e aperfeiçoamento da ação governamental que implique AUMENTO DE DESPESA, antes da licitação e do empenho, deverá haver:

- uma estimativa do impacto orçamentário-financeiro no exercício financeiro em que deva entrar em vigor o aumento e nos dois subsequentes; trata-se, pois, de uma estimativa TRIENAL;
- uma DECLARAÇÃO DO ORDENADOR DE DESPESAS de que o aumento tem adequação orçamentária e financeira com o PPA, a LDO e a LOA.

A LRF considera adequada com a Lei Orçamentária Anual, a despesa objeto de dotação específica e suficiente, ou que esteja abrangida por crédito genérico, de forma que somadas todas as despesas da mesma espécie, realizadas e a realizar, previstas no programa de trabalho, não sejam ultrapassados os limites estabelecidos para o exercício. E compatível com o Plano Plurianual e a Lei de Diretrizes Orçamentárias, a despesa que se conforme com as diretrizes, objetivos, prioridades e metas previstos nesses instrumentos e não infrinja qualquer de suas disposições.

Urge destacar que tais exigências também condicionam a realização de despesas com **desapropriações** de imóveis urbanos. Nos termos da LRF, a não observância dessas regras tornará o gasto NÃO AUTORIZADO, IRREGULAR E LESIVO ao patrimônio público. A lei também delega à LDO o poder de disciplinar quais as despesas de pequeno valor que não se subordinarão a tais exigências.

### 4.6.3. Despesa obrigatória de caráter continuado (art. 17)

Também nesse dispositivo a LRF inova em relação ao processamento de certas despesas. A LRF conceitua a despesa obrigatória de caráter continuado como sendo:

- uma despesa corrente – destinada, pois, à manutenção dos serviços existentes;
- derivada de lei, medida provisória ou ato administrativo normativo;
- uma despesa que se prolongue por, no mínimo, 2 (dois) anos. Essa despesa poderá ser nova ou ser uma prorrogação de uma anterior criada por prazo determinado.

**EXEMPLOS**: provimento de cargos públicos, aumentos salariais para o funcionalismo, implantação do programa bolsa-escola, criação de Territórios Federais na Região Amazônica, prorrogação, por meio de lei, de um fundo criado por prazo determinado.

O que a Administração precisa fazer para realizar tais despesas?

1) Instruir os atos que criarem ou aumentarem as referidas despesas com uma estimativa do impacto orçamentário-financeiro no exercício financeiro em que deva entrar em vigor o aumento e nos dois subsequentes; trata-se, também, de uma estimativa TRIENAL.
2) Demonstrar a origem dos recursos para seu custeio.
3) Demonstrar que a despesa criada ou aumentada não afetará as metas de resultados fiscais previstas no anexo de metas fiscais da LDO.
4) Estabelecer um plano de **COMPENSAÇÃO**, mediante um <u>aumento permanente de receita</u> (elevação de alíquotas, ampliação da base de cálculo, majoração ou criação de tributo ou contribuição) ou <u>pela redução permanente de despesa</u>.
5) Demonstrar a compatibilidade da despesa com as demais normas do PPA e da LDO.

---

**IMPORTANTE**

**EXCEÇÕES**: NÃO PRECISAM SUBMETER-SE A ESSAS EXIGÊNCIAS AS DESPESAS:
1) destinadas ao pagamento de **serviço da dívida**;
2) destinadas ao **reajustamento GERAL** de remuneração de pessoal de que trata **o inciso X do art. 37** da CF.

---

#### 4.6.4. Despesas com pessoal (arts. 18-23)

#### 4.6.4.1. *Conceito de despesa com pessoal*

Nesses dispositivos, a LRF, regulamentando o art. 169 da Constituição Federal, define e estabelece limites para os gastos com pessoal. São consideradas despesas com pessoal:

- os vencimentos e os salários dos ativos, os proventos dos inativos e pensionistas, gratificações, horas extras e vantagens pessoais de qualquer natureza, excetuando-se as verbas de caráter indenizatório (diárias, ajuda de custo etc.);
- os encargos sociais que a Administração seja levada a atender pela sua condição de empregadora;
- os subsídios dos agentes políticos;
- o montante despendido com terceirização de mão de obra que se refira à substituição de servidores e empregados públicos.

### 4.6.4.2. Limites para as despesas de pessoal

De acordo com o que estabelece o art. 19 da LRF, a despesa total com pessoal, em cada período de apuração e em cada ente da Federação, **não poderá exceder** os seguintes percentuais de **Receita Corrente Líquida (RCL)**:[8]

> - União: 50% da RCL federal
> - Estados: 60% da RCL estadual
> - Municípios: 60% da RCL municipal

**Atenção**: não entrarão no cômputo desses limites as despesas:

- de indenização por demissão de servidores ou empregados;
- relativas a incentivos à demissão voluntária (programas de demissão voluntária – PDVs);
- decorrentes de decisão judicial e da competência de período anterior ao da apuração a que se refere o § 2º do art. 18 da LRF;[9]
- **com inativos, ainda que por intermédio de fundo específico, custeadas por recursos provenientes**:
  - da arrecadação de contribuições dos segurados;
  - da compensação financeira de que trata o § 9º do art. 201 da Constituição (compensação recíproca dos diversos regimes de previdência);

---

[8] Ver conceito de Receita Corrente Líquida no capítulo "Receita Pública".
[9] "§ 2º A despesa total com pessoal será apurada somando-se a realizada no mês em referência com as dos onze imediatamente anteriores, adotando-se o regime de competência."

- das demais receitas diretamente arrecadadas por fundo vinculado a tal finalidade, inclusive o produto da alienação de bens, direitos e ativos, bem como seu superávit financeiro.

De acordo com o art. 20 da LRF,[10] a repartição dos limites globais do art. 19 não poderá exceder os seguintes percentuais, conforme quadro a seguir:

| Na Esfera Federal | |
|---|---|
| **Poder/Órgão** | **Percentual** |
| Legislativo, incluído o Tribunal de Contas da União | 2,5% |
| Judiciário | 6% |
| Executivo | 40,9%* |
| Ministério Público da União | 0,6% |
| **Limite Total p/União** | **50%** |
| Na Esfera Estadual | |
| **Poder/Órgão** | **Percentual** |
| Legislativo, incluído o Tribunal de Contas do Estado | 3%** |
| Judiciário | 6% |
| Executivo | 49% |
| Ministério Público dos Estados | 2% |
| **Limite Total p/Estados** | **60%** |
| Na Esfera Municipal | |
| **Poder/Órgão** | **Percentual** |
| Legislativo, incluído o Tribunal de Contas do Município, quando houver | 6%*** |
| Executivo | 54% |
| **Limite Total p/Municípios** | **60%** |

---

[10] O STF, por meio da ADIN nº 2.238, declarou, por 6 votos a 5, em caráter liminar, a constitucionalidade do art. 20 da LRF, que estipula os limites percentuais para despesas de pessoal em cada órgão e Poderes da União, dos Estados, do DF e dos Municípios. A alegação era de que esse dispositivo violaria o princípio constitucional da autonomia administrativa desses órgãos e Poderes.

> **IMPORTANTE**
>
> Observações sobre o quadro anterior:
> (*) Destacando-se 3% para as despesas com pessoal dos Estados do Amapá, Roraima e do Distrito Federal (incisos XIII e XIV do art. 21 da CF e art. 31 da EC nº 19).
> (**) **Nos Estados onde houver, além do TCE, um Tribunal de Contas dos Municípios, o limite do Poder Legislativo passa para 3,4%, e o do Poder Executivo diminui para 48,6%.**
> (***) Em relação ao Poder Legislativo Municipal, é preciso não esquecer dos outros limites fixados pela CF/1988, especialmente pela **EC nº 25/2000 ("Emenda Amim")**. Por meio da referida Emenda, foi incluído no Texto Constitucional o art. 29-A, que, além de estabelecer um limite anual para os gastos totais da Câmara Municipal (ver item anterior sobre "Dotação dos Poderes e Órgãos"), estatui, em seu § 1º, que:
> A Câmara Municipal não gastará mais de 70% de sua receita com folha de pagamento, incluído o gasto com o subsídio de seus Vereadores.
>
> Assim, temos, de um lado,
> – a **Emenda Constitucional nº 25**, definindo um LIMITE ANUAL para as despesas com a FOLHA DE PAGAMENTO, com base na SOMA DAS RECEITAS TRIBUTÁRIAS E NAS TRANSFERÊNCIAS CONSTITUCIONAIS REALIZADAS NO EXERCÍCIO ANTERIOR (≠ RCL), e, de outro,
> – a **Lei de Responsabilidade Fiscal** definindo um limite para a DESPESA TOTAL COM PESSOAL com base na RECEITA CORRENTE LÍQUIDA, apurado a partir das receitas e despesas realizadas nos ÚLTIMOS DOZE MESES.

– **Prazo para aferição dos limites** – os Poderes e órgãos têm a obrigação de verificar os limites das despesas de pessoal ao final de cada QUADRIMESTRE. Mas, **ATENÇÃO**: Municípios com menos de 50 mil habitantes poderão OPTAR (é uma faculdade) por aferir esses limites apenas ao final de cada SEMESTRE (art. 63 da LRF).

– Limite "*prudencial*" (art. 22, parágrafo único) – caso a despesa **ultrapasse 95% do limite**, ficam automaticamente **vedadas** todas e quaisquer medidas que acarretem aumento de despesa, tais como: concessão de vantagem, aumento ou reajuste de remuneração *(salvo os determinados por lei, contrato, decisão judicial e a revisão geral anual* – inciso X do art. 37 da CF*)*; criação de cargo, emprego ou função; alteração de estrutura de carreira; pagamento de hora extra, provimento de cargo (ressalvados os casos de aposentadoria, falecimento de servidores das áreas de educação, saúde e segurança).

– **Ultrapassado o limite da despesa** – caberá ao respectivo Poder ou órgão, **no prazo de dois quadrimestres**, eliminar o percentual excedente, sendo pelo menos 1/3 no primeiro quadrimestre. Para o cumprimento dessas disposições, o governante terá de adotar as medidas previstas nos §§ 3º e 4º do art. 169 da CF/1988, quais sejam:

**1ª medida**: redução, em pelo menos 20%, das despesas com cargos em comissão e funções de confiança, que poderá ser alcançada com a extinção de cargos e funções;

**2ª medida**: exoneração dos servidores não estáveis;

Se essas medidas adotadas não forem suficientes para assegurar o cumprimento dos limites da despesa, o governante deverá decidir por:

**3ª medida** – exoneração de servidores estáveis.

– **Sanções Institucionais** – esgotado o prazo para a redução da despesa, **sem sucesso**, estarão suspensas as transferências voluntárias ao ente (ressalvadas as destinadas à saúde, à educação e à assistência social), que fica impedido, ainda, de contratar operações de crédito (ressalvada as destinadas ao refinanciamento da dívida mobiliária e as destinadas à redução de despesas com pessoal – PDVs) e de receber qualquer **garantia** de outro ente.

**Atenção: Em relação às vedações de receber transferências voluntárias e contratar novas operações de crédito, ficam excetuadas também as situações fáticas descritas na LC nº 164/2018. Ver item 1.3.2, Capítulo 1.**

---

**IMPORTANTE**

1. O STF, em sessão realizada no dia 09/05/2002, suspendeu, em caráter liminar (ADIN nº 2.238), os efeitos da parte final do § 1º e de todo § 2º do art. 23 da LRF, que assinalavam como medidas corretivas a diminuição da remuneração dos cargos em comissão e a diminuição da jornada de trabalho. O STF entendeu que os dispositivos feriam o princípio da irredutibilidade dos vencimentos.

2. Em caso de **calamidade pública** – reconhecida pelo Congresso Nacional, em relação à União, e pela Assembleia Legislativa, em relação a Estados e Municípios –, **estado de sítio** e **estado de defesa**, o prazo de dois quadrimestres estatuído para recomposição das despesas de pessoal será SUSPENSO. Em caso de crescimento econômico negativo ou inferior a 1% nos 4 (quatro) últimos trimestres, o referido prazo de dois quadrimestres será DUPLICADO (art. 65 da LRF).

3. Nos termos do art. 59, §§ 1º e 2º, da LRF, caberá ao **Tribunal de Contas** de cada ente da Federação verificar os cálculos dos limites da despesa com pessoal dos Poderes e órgãos, bem como ALERTAR esses entes quando o seu gasto com pessoal atingir 90% do limite legal. ATENÇÃO: não confundir esse limite de 90% (alerta) com o limite prudencial de 95%, assinalado no parágrafo único do art. 22 da LRF. O atingimento do limite-alerta (90%) não acarreta qualquer sanção ou vedação, diferentemente do limite prudencial (95%), que exige medidas restritivas como vimos anteriormente (sobre essa competência dos Tribunais de Contas, ver item 8.3.7.1, adiante).

---

**LIMITE-ALERTA (90%) ≠ LIMITE PRUDENCIAL (95%)**

### 4.6.5. Despesas nulas

A LRF, em seu art. 21, estabelece algumas hipóteses de nulidade de atos que impliquem aumento da despesa de pessoal. Será nulo o ato que aumentar despesa de pessoal:

- expedido nos **180 dias** anteriores ao final do <u>mandato</u> dos titulares dos Poderes, do Ministério Público e do Tribunal de Contas;
- que não atender às exigências assinaladas nos arts. 16 e 17, pertinentes à geração de despesas e a despesas obrigatórias de caráter continuado (ver itens anteriormente);
- vinculando ou equiparando remuneração de pessoal do serviço público (art. 37, XIII, da CF);
- sem que haja dotação orçamentária suficiente ou sem que haja autorização específica na LDO (ver art. 169 da CF);
- que não atender ao limite legal de comprometimento aplicado às despesas com pessoal INATIVO (**12% da RCL – Lei nº 9.717/1998**).[11]

### 4.6.6. Transferências voluntárias

A LRF, no seu art. 25, define <u>Transferências Voluntárias</u> como a entrega de recursos <u>correntes ou de capital</u> **a outro ente da Federação**, a título de <u>cooperação, auxílio ou assistência financeira</u>, que <u>não</u> decorra de determinação constitucional, legal ou os destinados ao Sistema Único de Saúde. Nesse caso, o FPM e o FPE, ou seja, as transferências constitucionais decorrentes da repartição das receitas tributárias, não são considerados transferências voluntárias.

A lei condiciona a realização de transferência voluntária. Esta só deverá ser realizada quando:

1 – existir dotação orçamentária específica;

2 – observar o disposto no inciso X do art. 167 da Constituição, ou seja, não for destinada ao pagamento de pessoal ativo, inativo e de pensionistas do Estado, do Distrito Federal e do Município;

3 – houver comprovação, por parte do beneficiário, de:

---

[11] Em relação às despesas com a seguridade social, além do limite assinalado na citada lei, o Art. 24 da LRF estabelece que nenhum benefício ou serviço relativo à seguridade social poderá ser criado, majorado ou estendido sem a indicação da fonte de custeio total, nos termos do § 5º do art. 195 da Constituição, atendidas ainda as exigências do seu artigo 17, que trata das despesas obrigatórias de caráter continuado.

a) que se acha em dia quanto ao pagamento de tributos, empréstimos e financiamentos devidos ao ente transferidor, bem como quanto à <u>prestação de contas de recursos anteriormente dele recebidos</u>;
b) cumprimento dos limites constitucionais relativos à educação e à saúde;
c) observância dos limites das dívidas consolidada e mobiliária, de operações de crédito, inclusive por antecipação de receita, de inscrição em Restos a Pagar e de despesa total com pessoal;
d) previsão orçamentária de **contrapartida**.

A LRF veda expressamente a utilização de recursos transferidos em finalidade diversa da pactuada.

Cabe-nos assinalar que a LRF, em diversas partes, estabelece como sanção institucional a proibição para se conceder transferências voluntárias para o ente que descumprir alguns dispositivos da LRF. O § 3º do art. 25, porém, impede que essas sanções ocorram quando as transferências voluntárias tiverem por objeto ações nas áreas de **saúde, educação e** <u>assistência social</u>.

Por meio da **Lei Complementar nº 164/2018**, o Legislador estabeleceu outras situações em que, mesmo descumprindo a LRF, no caso, o limite das despesas com pessoal, o ente federativo (Município) não ficará impedido de receber transferências voluntárias de qualquer natureza. Para aprofundar, **ver item 1.3.2, Capítulo 1.**

### 4.6.7. Contrair obrigação em fim de mandato

O art. 42 da LRF impede que os titulares dos Poderes e órgãos, **nos últimos dois quadrimestres do seu mandato**, contraiam obrigação de despesa que não possa ser cumprida integralmente dentro dele, ou que tenham parcelas a serem pagas no exercício seguinte sem que haja suficiente disponibilidade de caixa para esse efeito. Na determinação da disponibilidade de caixa, serão considerados os encargos e as despesas compromissadas a pagar até o final do exercício. Com esse dispositivo, a LRF visa a impedir uma prática muito comum que ocorre no Brasil. Governantes irresponsáveis, sobretudo em final de mandato, efetuavam despesas sem cobertura de recursos, deixando para o seu sucessor a responsabilidade de conseguir recursos para pagá-las. A lei, portanto, visa desonerar a gestão futura de encargos anteriores. A propósito de vedações em fins de mandato, a própria Lei nº 4.320/64, em seu art. 59, prevê restrições severas para realização de despesas e assunção de compromissos no último mês de mandato de Prefeitos (ver item 4.3. deste Capítulo).

### 4.6.8. Despesas de competência de outro ente

A LRF, no seu art. 62, regulamenta uma situação que é muito comum sobretudo nos pequenos e médios Municípios do País. Trata-se daquelas despesas que, por lei, seriam da competência privativa da União ou do Estado, mas que, devido a interesses públicos comuns, passam a ser custeadas pela municipalidade ou, mesmo, por ambos. Ocorre que essa prática era feita, muitas vezes, sem qualquer planejamento ou sem qualquer norma autorizativa ou motivadora da exceção. São exemplos dessas despesas: gastos com a construção de um prédio para funcionar o Fórum ou a Delegacia de Polícia no Município. A partir de agora, os Municípios só contribuirão para o custeio de despesas de competência de outros entes da Federação se houver:

1º – autorização na LDO e na LOA;

2º – convênio, acordo, ajuste ou congênere, conforme sua legislação.

### 4.6.9. Destinação de recursos públicos para o setor privado

Ao longo dos arts. 26 e 28, a LRF estabelece uma série de requisitos para a transferência de recursos do setor público para o setor privado. Referem-se aos recursos destinados a cobrir **necessidades de pessoas físicas** (por exemplo: **doações a pessoas carentes**) ou **déficits de pessoas jurídicas** (por exemplo: **subvenções sociais ou econômicas, concessão de empréstimos, financiamentos e refinanciamentos, participação em constituição ou aumento de capital de entidades**). Em relação à cobertura de déficits de pessoas jurídicas, as restrições impostas nesses artigos alcançam tanto <u>entidades privadas</u> como toda a <u>Administração Pública Indireta</u> (autarquias, fundações públicas, empresas públicas e sociedades de economia mista), ressalvando-se apenas a transferência de recursos para instituições financeiras, no exercício de suas atribuições, e o Banco Central do Brasil. Vejamos quais são os requisitos.

1º  A destinação dos recursos deverá ser precedida de **autorização EM LEI ESPECÍFICA**.

2º  Atender a outras **condições previstas na LDO** (ver art. 4º, I, *f*, da LRF).

3º  A destinação deverá estar prevista em **dotações da LOA** (Lei Orçamentária Anual) ou em **Créditos Adicionais**.

---

**IMPORTANTE**

A LRF, em seu art. 28, estatui que, SALVO MEDIANTE LEI ESPECÍFICA, não poderá haver destinação de recursos públicos, inclusive operações de crédito, para socorrer instituições do Sistema Financeiro Nacional, ainda que mediante a concessão de empréstimos ou financiamentos para mudança de controle acionário. Nesse caso, um novo Proer (ajuda a bancos privados em anos passados) não mais poderá ser efetivado pela vontade unilateral do Executivo. Caso queira realizar um programa similar, deverá ele buscar autorização do Legislativo por meio de lei específica. Mas, **ATENÇÃO!** A vedação acima mencionada não impede o Banco Central de conceder às instituições financeiras operações de redesconto e de empréstimos de prazo inferior a 360 (trezentos e sessenta) dias.

### 4.6.10. Despesas com a Seguridade Social

Estatui a LRF, em seu art. 24, que nenhum benefício ou serviço relativo à seguridade social poderá ser criado, majorado ou estendido sem a indicação da fonte de custeio total, nos termos do § 5º do art. 195 da Constituição, atendidas, ainda, as exigências do art. 17 da lei, referentes a despesas obrigatórias de caráter continuado, com destaque para as medidas de compensação – aumento permanente da receita ou diminuição permanente da despesa – com vistas a assegurar o equilíbrio das contas públicas e o cumprimento das metas fiscais.

No entanto, a própria LRF dispensa as medidas de compensação quando o aumento da despesa decorrer: I – da concessão de benefício a quem satisfaça as condições de habilitação prevista na legislação pertinente; II – da expansão quantitativa do atendimento e dos serviços prestados; III – do reajustamento de valor do benefício ou serviço, a fim de preservar o seu valor real.

A LRF prevê ainda que essas exigências em relação a despesas com seguridade social são estendidas a benefício ou serviço de saúde, previdência e assistência social, inclusive os destinados aos servidores públicos e militares, ativos e inativos, e aos pensionistas.

## 4.7. Novo Regime Fiscal: Emenda Constitucional nº 95 – Teto de Gastos

### 4.7.1. Objetivo e contexto econômico-fiscal

A partir de 2014, o Brasil passou a viver um novo ciclo de crise fiscal e econômica, marcado pelo desequilíbrio das contas públicas e retração da economia. Após um longo período de crescimento econômico e resultados primários positivos, esses indicadores, a partir de 2014, passam a acumular déficits primários e PIBs negativos, exigindo do governo medidas com vistas a conter a expansão real das despesas primárias (gastos com pessoal, custeio, investimentos, ressalvadas as despesas financeiras, a exemplo de juros e a amortizações da dívida). A principal medida foi estabelecer um novo teto de gastos primários para o Governo Federal. É nesse contexto de crise que é aprovada a **Emenda Constitucional nº 95**, conhecida como "Emenda do Teto", e que institui o **Novo Regime Fiscal (NRF)**. Em resumo, o objetivo principal da EC nº 95 é evitar que as despesas primárias do governo federal cresçam mais do que a inflação.

### 4.7.2. Vigência do Novo Regime Fiscal (NRF)

A EC nº 95 prevê o prazo 20 (vinte) anos para o NRF, de 2017 a 2036. Sendo norma transitória, a Emenda acrescenta nove artigos ao ADCT (arts. 106 a 114). Embora fixe o prazo de 20 anos, a Emenda prevê a possibilidade de alterações em suas regras-limites, a partir do décimo ano de sua vigência, por meio de **Projeto de Lei Complementar** de iniciativa do Presidente da República. Registre-se que essa possibilidade de alteração do NRF, a partir de 10 anos, fica limitada a apenas uma mudança em cada mandato presidencial. **ATENÇÃO**: Havendo uma alteração no NRF depois dos dez anos, por meio de lei complementar, não se poderá alegar inconstitucionalidade, haja vista que foi a própria Emenda que previu essa possibilidade de alteração de regras constitucionais por meio de lei complementar.

### 4.7.3. Alcance do NRF

As novas regras e limites impostos pela EC nº 95 alcançam **apenas o Governo Federal**, especificamente os Orçamentos Fiscal e da Seguridade Social, portanto não alcança as despesas realizadas no chamado "Orçamento de Investimentos" das Estatais autônomas. Ela abrange todos os Poderes (Executivo, Legislativo, Judiciário) e órgãos constitucionais autônomos (Ministério Público da União, Tribunal de Contas da União de Contas e Defensoria Pública da União). **ATENÇÃO**: a Emenda nº 95 não alcança os Estados, o DF e os Municípios. Lembrando que os órgãos do Poder Judiciário do DF e dos Territórios são atingidos pela EC nº 95 em razão de estarem inseridos no Poder Judiciário Federal.

### 4.7.4. Novos limites individualizados

A EC nº 95 estabelece limites individualizados para as despesas primárias de cada Poder e Órgão alcançado pela norma. Foi estatuída uma regra particular para o exercício financeiro de 2017 e uma regra geral para os demais exercícios. Também foram estabelecidas regras específicas para as despesas com saúde e educação.

Para o exercício de 2017, as despesas primárias (individuais) de cada Poder ou Órgão não poderão ultrapassar o valor de suas despesas primárias do exercício financeiro de 2016, incluindo seus restos a pagar, acrescidos de 7,2%, que seria a expectativa de inflação para o ano de 2017.

Para os exercícios posteriores (2018 em diante), o limite equivalerá ao valor do limite referente ao exercício imediatamente anterior, corrigido pela variação do Índice Nacional de Preços ao Consumidor Amplo – IPCA, publicado pelo Instituto Brasileiro de Geografia e Estatística, ou de outro índice que vier a substituí-lo, para o período de doze meses encerrado em junho do exercício anterior a que se refere a lei orçamentária.

**Exceções.** Não estão inseridas na base de cálculo e nos limites estabelecidos na EC nº 95: as transferências constitucionais a Estados, municípios e Distrito Federal, a exemplo do FPE e do FPM, os créditos adicionais extraordinários, as complementações ao Fundeb, as despesas da Justiça Eleitoral com as eleições e as despesas de capitalização de estatais não dependentes.

### 4.7.5. Saúde e educação

Em relação às despesas primárias com saúde e educação, a EC nº 95 estabeleceu uma exceção para o ano de 2017. Para essas duas áreas de despesas, para o exercício financeiro de 2017, não houve mudanças quanto às vinculações constitucionais. A União pode expandir seus gastos com a observância dos limites mínimos constitucionais em relação à receita (18% - educação, e 15% - saúde). A partir de 2018, até o prazo final do NRF, também as despesas primárias em saúde e educação passaram a observar os limites gerais de expansão fixados para as demais áreas, sem a vinculação tradicional a percentuais de arrecadação.

### 4.7.6. Descumprimento e sanções

O Poder ou Órgão que descumprir o limite, até o final do exercício financeiro de retorno ao respectivo limite, estará impedido de realizar:

    I – concessão, a qualquer título, de vantagem, aumento, reajuste ou adequação de remuneração de membros de Poder ou de órgão, de servidores e empregados públicos e militares, exceto dos derivados de sentença judicial transitada em julgado ou de determinação legal decorrente de atos anteriores à entrada em vigor desta Emenda Constitucional;

    II – criação de cargo, emprego ou função que implique aumento de despesa;

III – alteração de estrutura de carreira que implique aumento de despesa;

IV – admissão ou contratação de pessoal, a qualquer título, ressalvadas as reposições de cargos de chefia e de direção que não acarretem aumento de despesa e aquelas decorrentes de vacâncias de cargos efetivos ou vitalícios;

V – realização de concurso público, exceto para as reposições de vacâncias previstas no inciso IV;

VI – criação ou majoração de auxílios, vantagens, bônus, abonos, verbas de representação ou benefícios de qualquer natureza em favor de membros de Poder, do Ministério Público ou da Defensoria Pública e de servidores e empregados públicos e militares;

VII – criação de despesa obrigatória; e

VIII – adoção de medida que implique reajuste de despesa obrigatória acima da variação da inflação, observada a preservação do poder aquisitivo referida no inciso IV do *caput* do art. 7º da Constituição Federal.

Adicionalmente, no caso de descumprimento do limite pelo **Poder Executivo**, ficam vedados:

a) a criação ou expansão de programas e linhas de financiamento, bem como a remissão, renegociação ou refinanciamento de dívidas que impliquem ampliação das despesas com subsídios e subvenções; e

b) a concessão ou a ampliação de incentivo ou benefício de natureza tributária.

### IMPORTANTE

1º – Além dos novos limites e regramentos estatuídos pela EC nº 95, continua sendo obrigatório o respeito aos limites e metas de despesas estabelecidos pela LRF e outras normas jurídicas. **Não há conflito entre a EC nº 95 e a LRF**;

2º – As despesas primárias decorrentes do cumprimento do chamado orçamento impositivo das emendas individuais dos parlamentares, nas situações do art. 166, §§ 9º e 11, devem igualmente observar as regras e limites do NRF;

3º – LDO – Respeitado o somatório dos limites individualizados do Poder Judiciário, do Poder Legislativo, incluindo TCU, e do Ministério Público, a Lei de Diretrizes Orçamentárias poderá dispor sobre a compensação entre os limites individualizados desses órgãos e poderes;

4º – Os novos limites fixados para as despesas primárias devem ser observados não só no decorrer do exercício financeiro, mas também quando da elaboração e aprovação da Lei Orçamentária Anual, sendo também vedada a abertura de créditos adicionais suplementares e especiais que amplie o montante total autorizado com base nos limites.

# Capítulo 5

# Receita Pública

## 5.1. Conceito

O Estado, para fazer face às suas obrigações, necessita de recursos que podem ser obtidos junto à coletividade ou por meio do endividamento público. O conjunto desses recursos é que nós chamamos de **receita pública**. É através dela que o Estado poderá atender às demandas diversas da sociedade, como saúde, educação e segurança.

O Professor Aliomar Baleeiro possui um conceito mais restrito de receita pública. Para ele, *Receita Pública é a entrada que, integrando-se no patrimônio público sem quaisquer reservas, condições ou correspondências no passivo, vem acrescer o seu vulto, como elemento novo e positivo.*[1] Ressalte-se, contudo, que o ordenamento jurídico brasileiro, especialmente o art. 11 da Lei nº 4.320/1964 e as regras pertinentes à escrituração dos fatos contábeis, não segue a conceituação limitada proposta por Aliomar Baleeiro, pois assinala como receitas públicas também recursos que têm contrapartida no passivo, como, por exemplo, as operações de crédito, geradoras do endividamento público.

Essa conceituação mais ampla da receita pública, concebida pela lei, alinha-se ao que a doutrina denomina **ingressos públicos**. Os ingressos públicos, em seu sentido amplo, englobam toda a quantia recebida pela administração pública, incluindo os valores recebidos que serão incorporados definitivamente ao seu patrimônio, a exemplo dos impostos, assim como

---

[1] Ob. cit., p. 126.

aquelas entradas transitórias que deverão ser devolvidas posteriormente a quem de direito, a exemplo das operações de crédito.

## 5.2. Principais Classificações da Receita Pública

As receitas públicas podem ser classificadas:

**1ª Quanto ao Sentido:**

- **amplo (*lato*)** – é toda entrada ou ingresso de recursos que, a qualquer título, adentra os cofres públicos, independentemente de haver contrapartida no passivo. Como exemplo, fianças, cauções, antecipações de receitas orçamentárias (ARO), operações de crédito, receitas tributárias, patrimoniais, empréstimos compulsórios etc.;
- **restrito (*stricto*)** – é toda entrada ou ingresso de recursos que se incorporam ao patrimônio público sem compromisso de devolução posterior. Por exemplo: receita tributária, patrimonial, de serviços, alienação de bens etc.

**2ª Quanto à Competência do Ente da Federação:**

- Federal – são as receitas pertencentes ao Governo Federal.
- Estadual (Distrital) – são as receitas pertencentes aos Governos dos Estados e do Distrito Federal.
- Municipal – são as receitas pertencentes aos Municípios.

**3ª Quanto à Regularidade:**

- **ordinárias** – aquelas arrecadadas regularmente em cada período financeiro. Ex.: impostos;
- **extraordinárias** – decorrentes de situações excepcionais, como calamidade pública, guerras, doações etc. Ex.: empréstimo compulsório.

**4ª Quanto à Previsão Orçamentária:**

- **orçamentária** – É a receita que decorre da Lei Orçamentária. A categoria econômica e as suas fontes estão assinaladas no art. 11 da Lei nº 4.320/1964. Exemplos: receita tributária, de contribuições, patrimonial, operações de crédito (exceto ARO), alienação de bens etc. **ATENÇÃO**: Nos termos do art. 57 da Lei nº 4.320/1964, excetuando as receitas extraorçamentárias, serão classificadas como "receita orçamentária", sob as rubricas próprias, todas as receitas arrecadadas, inclusive as provenientes de operações de crédito, ainda que não previstas no orçamento. Exemplo: a omissão da previsão de determinado imposto na Lei Orçamentária, em razão de erro, não ensejará a sua classificação como extraorçamentária. Na verdade, para definir uma receita como orçamentária o relevante é saber se a sua natureza é orçamentária. Nesse caso, a receita desse imposto não previsto no orçamento deverá ser registrada como "orçamentária", o que poderá, eventualmente, gerar um "excesso de arrecadação".

- **extraorçamentária** – compreende os ingressos financeiros ou créditos de terceiros que não integram o orçamento público e que constituirão compromissos exigíveis do ente, como simples depositário ou como agente passivo da obrigação, cujo pagamento independe de autorização legislativa. São as receitas assinaladas no parágrafo único do art. 3º da Lei nº 4.320/1964, a exemplo: *ARO – operações de crédito por antecipação de receita, cauções, depósitos para garantia de instâncias, consignações em folha de pagamento.*

**5ª Segundo a Categoria Econômica (Classificação da Lei nº 4.320/1964 – art. 11):**

A Lei nº 4.320/1964 classifica as receitas públicas nas seguintes **categorias econômicas: RECEITAS CORRENTES e RECEITAS DE CAPITAL**.

- **Receitas Correntes** – são as receitas tributárias, de contribuições, patrimoniais, de origem agropecuária e industrial, de serviços e outras, e ainda as provenientes de recursos financeiros recebidos de outras pessoas de Direito Público ou Privado, quando destinadas a atender a despesas classificáveis em Despesas Correntes.

- **Receitas de Capital** – são as provenientes da realização de recursos financeiros oriundos de constituição de dívidas; da conversão, em espécie, de bens e direitos; de recursos recebidos de outras pessoas de Direito Público ou Privado, destinados a atender a despesas classificáveis em Despesas de Capital e, ainda, o **Superávit do Orçamento Corrente**.

---

**IMPORTANTE**

O **Superávit do Orçamento Corrente**, nos termos do art. 11, § 3º, da Lei nº 4.320, é o resultado do balanceamento dos totais das receitas e despesas correntes, apurado na demonstração a que se refere o Anexo nº 1 da referida lei; é considerado receita de capital, mas NÃO CONSTITUI ITEM DA RECEITA ORÇAMENTÁRIA. Esse regramento permite que

> o orçamento corrente financie o orçamento de capital. O fato de não constituir item da receita orçamentária se dá para evitar a dupla contagem, vez que já fora considerado no orçamento corrente. Exemplo:
> 
> | | | | |
> |---|---|---|---|
> | Receita Corrente = | 100 | Despesa Corrente = | 50 |
> | Receita de Capital = | 100 | Despesa de Capital = | 150 |
> | **Total** | **200** | | **200** |
> 
> **SUPERÁVIT DO ORÇAMENTO CORRENTE = 50**

Vejamos o desdobramento dessa classificação, por **fontes**:

## RECEITAS CORRENTES

- **Receita Tributária** – é aquela oriunda da competência de tributar conferida constitucionalmente a cada esfera estatal. Compreende os seguintes tributos: **impostos, taxas e contribuições de melhoria**.
- **Receita de Contribuição** – resulta das contribuições sociais e econômicas. Exemplos de **Contribuições Sociais**: *Contribuição para o Financiamento da Seguridade Social (Cofins), Contribuição do Salário--Educação, Contribuição dos Empregados e dos Empregadores para a Seguridade Social (INSS), PIS/Pasep*. Exemplos de **Contribuições Econômicas**: *Programa de Integração Nacional (PIN), Programa de Redistribuição de Terras e de Estímulo à Agroindústria do Norte e do Nordeste (Proterra), Adicional Sobre Tarifas de Passagens Aéreas Domésticas, Adicional de Tarifa Portuária.*
- **Receita Patrimonial** – resulta da exploração do patrimônio público. Exemplos: aluguéis, arrendamentos, foros, laudêmios, juros de aplicação financeira e dividendos etc.
- **Receita Agropecuária** – resulta das atividades ou explorações agropecuárias, envolvendo a produção vegetal e animal e seus derivados.
- **Receita Industrial** – resulta das atividades industriais do ente, assim consideradas aquelas definidas pelo IBGE, tais como: indústrias de extração mineral e construção.
- **Receita de Serviços** – decorre das atividades de prestação de serviços de comércio, transporte, comunicação, hospitalares, portuárias, juros de empréstimos concedidos etc.
- **Transferências Correntes** – recursos recebidos de outras pessoas de Direito Público ou Privado, independentemente da contraprestação direta de bens e serviços, destinados a atender a despesas correntes. Exemplos: FPE e FPM recebidos pelos Estados e Municípios, respec-

tivamente. Podem ocorrer em nível intragovernamental, intergovernamental e, ainda, decorrer de transferências de instituições privadas e de pessoas.

- **Outras receitas correntes** – recursos recebidos em razão da cobrança de **juros de mora**, do recebimento da **dívida ativa** (tributária e não tributária), **multas** em geral, **restituições**, a exemplo das restituições de saldos de convênios, **alienação de bens apreendidos, produtos de depósitos abandonados de dinheiro ou objetos de valor**, e **indenizações**, como por exemplo, a *indenização paga a Estados e Municípios pela exploração de recursos minerais, de petróleo, xisto betuminoso, gás e pela produção de energia elétrica, nos termos do art. 20, § 1º, da CF.*

## RECEITAS DE CAPITAL

- **Operações de Crédito** – recursos advindos da colocação de títulos públicos ou de empréstimos públicos ou privados, internos ou externos, destinados a cobrir desequilíbrios orçamentários. Classificam-se também como operações de crédito os **empréstimos compulsórios**.
- **Alienação de Bens** – recursos provenientes da venda de bens móveis ou imóveis. Exemplos: alienação de um prédio público, privatizações, venda de ações e outros títulos.
- **Amortização de Empréstimos** – receitas obtidas quando o Estado recebe o valor do principal dos empréstimos concedidos por ele a entidades públicas ou privadas.
- **Transferências de Capital** – recursos recebidos de outras pessoas de Direito Público ou Privado, independentemente da contraprestação direta de bens e serviços, destinados a atender despesas de capital. Exemplo: recursos recebidos por um Estado, decorrentes de convênio com a União para construção de escolas.
- **Outras Receitas de Capital** – receitas de capital não incluídas nas fontes anteriores, a exemplo da *integralização do capital social de empresas estatais*.

### IMPORTANTE

1. A partir de **2002**, todos os entes da Federação (União, Estados, DF e Municípios) estão obrigados a adotar uma mesma classificação orçamentária para a Receita. Tal obrigação e tal uniformização, necessárias para facilitar a consolidação das contas públicas nacionais, estão contidas na PORTARIA INTERMINISTERIAL Nº 163/2001, que, em seu Anexo 1, especifica a Receita *nas* **categorias econômicas, fontes, subfontes, rubricas, alíneas e subalíneas (dependendo do tipo da receita pode**

*não haver subalíneas)*, facultando, no entanto, a cada ente, o **desdobramento** da especificação para atendimento das respectivas peculiaridades (para acompanhar as alterações da referida Portaria, consultar: <www.stn.fazenda.gov.br>). Exemplos:

| CÓDIGO | ESPECIFICAÇÃO | DESDOBRAMENTO |
|---|---|---|
| 1000.00.00 | Receita Corrente | Categoria Econômica |
| 1100.00.00 | Receita Tributária | Fonte |
| 1110.00.00 | Impostos | Subfonte |
| 1111.00.00 | Impostos sobre o Comércio Exterior | Rubrica |
| 1111.01.00 | Imposto sobre a Importação | Alínea |
| 1700.00.00 | Transferências Correntes | Fonte |
| 1720.00.00 | Transferências Intergovernamentais | Subfonte |
| 1721.00.00 | Transferências da União | Rubrica |
| 1721.01.00 | Participação na Receita da União | Alínea |
| 1721.01.01 | Cota-Parte do FPE e FPDF | Subalínea |

2. Embora grande parte da doutrina e da jurisprudência possua o entendimento de que, à luz da CF/1988, as receitas de **contribuições sociais** e os **empréstimos compulsórios** têm natureza tributária, para efeito de classificação orçamentária deverão ser observadas as disposições da Lei nº 4.320/1964, que classifica as contribuições sociais como receitas correntes (receita de contribuições) e os empréstimos compulsórios como receitas de capital (operações de crédito).

3. Os valores recebidos pelo ente, decorrentes da cobrança da dívida ativa tributária ou não tributária, devem ser classificados como outras receitas correntes. Exemplos:

   a) recebimento de um imposto no prazo legal = receita tributária;
   b) recebimento de um imposto através da cobrança da dívida ativa = outras receitas correntes.

4. **A LRF**, em seu art. 44, quando trata das regras de proteção do patrimônio público, estatui: *"É vedada a aplicação da receita de capital derivada da alienação de bens e direitos que integram o patrimônio público para o financiamento de despesa corrente, salvo se destinada por lei aos regimes de previdência social, geral e próprio dos servidores públicos."*

Capítulo 5 • Receita Pública | 115

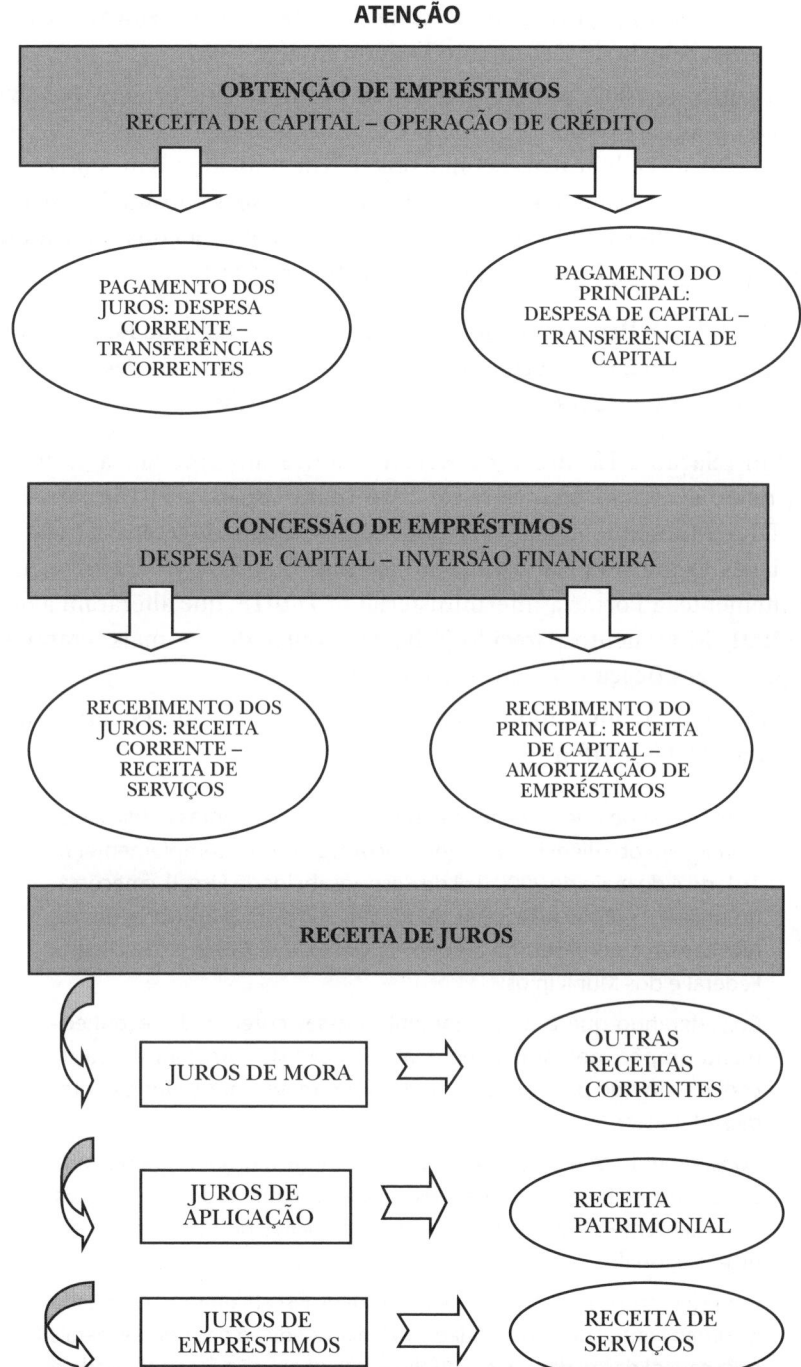

**ATENÇÃO**

**OBTENÇÃO DE EMPRÉSTIMOS**
RECEITA DE CAPITAL – OPERAÇÃO DE CRÉDITO

- PAGAMENTO DOS JUROS: DESPESA CORRENTE – TRANSFERÊNCIAS CORRENTES
- PAGAMENTO DO PRINCIPAL: DESPESA DE CAPITAL – TRANSFERÊNCIA DE CAPITAL

**CONCESSÃO DE EMPRÉSTIMOS**
DESPESA DE CAPITAL – INVERSÃO FINANCEIRA

- RECEBIMENTO DOS JUROS: RECEITA CORRENTE – RECEITA DE SERVIÇOS
- RECEBIMENTO DO PRINCIPAL: RECEITA DE CAPITAL – AMORTIZAÇÃO DE EMPRÉSTIMOS

**RECEITA DE JUROS**

- JUROS DE MORA ⇒ OUTRAS RECEITAS CORRENTES
- JUROS DE APLICAÇÃO ⇒ RECEITA PATRIMONIAL
- JUROS DE EMPRÉSTIMOS ⇒ RECEITA DE SERVIÇOS

**6ª Segundo a Natureza da Receita – Portarias do Tesouro Nacional (STN) e Secretaria de Orçamento Federal (SOF):**

A partir de **2002**, por meio da **Portaria Interministerial nº 163/2001** (alterada, pontual e posteriormente, por diversas outras portarias), o Governo Federal passou a editar regras com o objetivo de implantar o mesmo padrão de classificação orçamentária para a Receita e a Despesa no âmbito de todos os entes federativos. O propósito final é o de facilitar a **consolidação das contas públicas nacionais**, exigência da LRF (art. 51).

ATENÇÃO: Para acompanhar as alterações da referida Portaria, bem como a edição de outras portarias e normas congêneres, consultar periodicamente o site: <www.stn.fazenda.gov.br>.

Em relação à **Natureza da Receita**, houve uma mudança estrutural a partir do exercício financeiro de **2016** (para União) e **2018** (para Estados, DF e Municípios). As principais normas que trouxeram as referidas inovações foram a Portaria Interministerial STN/SOF nº 5/2015 e, mais recentemente, a Portaria Interministerial nº **1/2018**, que alteraram a de nº 163/2001. Movimento parecido já havia acontecido, há mais tempo, em relação à classificação da natureza da despesa.

Merece destaque a motivação assinalada no texto da **Portaria Interministerial STN/SOF nº 1/2018:**

> "Considerando que, para fins de consolidação das Contas Públicas Nacionais, em obediência ao disposto no art. 51 da Lei Complementar nº 101, de 4 de maio de 2000 (Lei de Responsabilidade Fiscal), é necessário utilizar critérios uniformes de reconhecimento e apropriação das receitas orçamentárias no âmbito da União, dos Estados, do Distrito Federal e dos Municípios;
> 
> Considerando que o aprimoramento desses critérios de reconhecimento impõe, necessariamente, a utilização de estrutura lógica de codificação que possibilite o seu desdobramento por todos os entes da Federação;
> 
> Considerando que a adoção de estrutura lógica organizada de códigos de receita trará incontestáveis benefícios sobre todos os aspectos, especialmente para o levantamento e a análise de informações em nível nacional;
> 
> Considerando que a Lei de Responsabilidade Fiscal determina que cabe ao órgão central de contabilidade da União a edição das normas gerais para consolidação das contas públicas, enquanto não for implantado o Conselho de Gestão Fiscal, previsto no art. 67 da referida Lei".

Nos termos da referida Portaria, a classificação da receita segundo a sua natureza passa a levar em conta um código de **8 (oito) dígitos** numéricos denominado **Código de Natureza de Receita Orçamentária** e possui a seguinte estrutura:

"**a.b.c.d.dd.d.e**",

onde:

"**a**" corresponde à **Categoria Econômica** da receita;
"**b**" corresponde à **Origem** da receita;
"**c**" corresponde à **Espécie** da receita;
"**d**" corresponde a dígitos para **desdobramentos** que permitam identificar peculiaridades ou necessidades gerenciais de cada natureza de receita;
"**e**" o **Tipo** da Receita, sendo:

"0", quando se tratar de natureza de receita não valorizável ou agregadora;

"1", a ser utilizado para registrar a arrecadação Principal da receita;

"2", a ser utilizado para registrar a arrecadação de Multas e Juros de Mora da respectiva receita;

"3", a ser utilizado para registrar a arrecadação da Dívida Ativa da respectiva receita;

"4", a ser utilizado para registrar a arrecadação de Multas e Juros de Mora da Dívida Ativa da respectiva receita;

"5", a ser utilizado para registrar a arrecadação das Multas da respectiva receita quando a legislação pertinente diferenciar a destinação das Multas da destinação dos Juros de Mora, situação na qual não poderá ser efetuado registro de arrecadação no Tipo "2 – Multas e Juros de Mora";

"6", a ser utilizado para registrar a arrecadação dos Juros de Mora da respectiva receita, quando a legislação pertinente diferenciar a destinação das Multas da destinação dos Juros de Mora, situação na qual não poderá ser efetuado registro de arrecadação no Tipo "2 – Multas e Juros de Mora";

"7", a ser utilizado para registrar a arrecadação das Multas da Dívida Ativa da respectiva receita, quando a legislação pertinente diferenciar a destinação das Multas da Dívida Ativa da destinação dos Juros de Mora da Dívida Ativa, situação na qual não poderá ser efetuado registro de arrecadação no Tipo "4 – Multas e Juros de Mora da Dívida Ativa";

"8", a ser utilizado para registrar a arrecadação dos Juros da Dívida Ativa da respectiva receita, quando a legislação pertinente diferenciar a destinação das Multas da Dívida Ativa da destinação dos Juros de Mora da Dívida Ativa, situação na qual não poderá ser efetuado registro de arrecadação no Tipo "4 – Multas e Juros de Mora da Dívida Ativa";

"9", a ser utilizado para registrar arrecadações referentes a desdobramentos que poderão ser criados, caso a caso, pela Secretaria de Orçamento Federal do Ministério do Planejamento, Desenvolvimento e Gestão – SOF/MP, mediante Portaria específica.

**IMPORTANTE**

1) Havendo necessidade de desdobramento específico para atendimento das peculiaridades de Estados e Municípios, a Secretaria do Tesouro Nacional – STN fará o detalhamento, o qual obrigatoriamente deverá utilizar o número 8 no quarto dígito da codificação, respeitando a estrutura dos 3 primeiros dígitos conforme Anexo I desta Portaria, e ficando o quinto, sexto e sétimo dígitos para atendimento das peculiaridades ou necessidades gerenciais dos entes.

2) Essa nova estrutura de classificação das receitas segundo a sua natureza passou a ser obrigatória para a União desde o exercício financeiro de 2016. Para os demais antes da federação, a partir de 2018. No entanto, estabelece a Portaria Interministerial 01/2018 que Estados, DF e Municípios, excepcionalmente, podem adotá-la apenas a partir do exercício financeiro de 2020, desde que seja efetuada a conversão dos dados para a classificação vigente com vistas ao envio das informações das contas do ente ao Poder Executivo da União referentes ao exercício de 2019.

3) Exemplo: Imposto sobre a Propriedade Territorial e Urbana – IPTU (1.1.1.8.01.1.1)
   **Categoria Econômica:** 1 Receita Corrente
   **Origem:** 1 Impostos, Taxas e Contribuições de Melhoria
   **Espécie:** 1 Impostos
   **Desdobramento:** 8 Impostos de Estados/DF e Municípios
   **Desdobramento:** 1 Impostos sobre o Patrimônio
   **Desdobramento:** 1 IPTU
   **Tipo:** 1 Principal

7ª **Quanto à Afetação Patrimonial:**

- **Receitas efetivas** – são aquelas que contribuem para o aumento do saldo patrimonial. Inserem-se no conceito de **fatos contábeis modificativos aumentativos**. Exemplos: todas as receitas correntes (exceto o recebimento da dívida ativa) e a receita de capital decorrente do recebimento de transferências de capital.

- **Receitas por mutações patrimoniais** – são aquelas que nada acrescem ao patrimônio público, pois são simples entradas ou saídas compensatórias. Inserem-se nos conceitos **de fatos contábeis permutativos**. São exemplos: todas as receitas de capital (exceto as transferências de capital) e ainda a receita corrente resultante do recebimento da dívida ativa.

**8ª Quanto à Coercitividade:**

- **Originárias** (ou **de Economia Privada** ou **de Direito Privado**) – são aquelas oriundas da exploração do patrimônio do Estado. Trata-se de uma receita voluntária, espontânea e volitiva. O Estado participa da atividade econômica na exploração de atividades privadas, através da cobrança de **PREÇO** ou **TARIFA**. Consiste o preço, pois, na contraprestação paga pelos serviços prestados pelo Estado ou decorrente da exploração do seu patrimônio, inclusive através de alienação de bens públicos. A doutrina classifica os preços em:
  a) **preço quase privado** (são os preços cobrados pelo Estado com fins de lucro, equiparando-se a um particular);
  b) **preço público** (são os preços cobrados pelo Estado em decorrência da prestação serviços que visam a cobrir o custo total dos serviços);
  c) **preço político** (preços fixados pelo Estado abaixo do custo dos serviços – normalmente destinados à contrapartida de serviços essenciais de cunho social). Caracterizam-se pela BILATERALIDADE, uma vez que o Estado não utiliza o seu poder de vale. Exemplos: aluguéis, bilhetes de ônibus, recursos decorrentes da venda de prédio público etc.
- **Derivadas** (ou **de Economia Pública** ou **de Direito Público**) – as receitas derivadas são aquelas obtidas pelo Estado através do seu poder de autoridade (*jus imperii*), sendo, pois, captadas coercitivamente dos particulares. Embora as reparações de guerra, os confiscos e o perdimento de bens sejam exemplos de receitas derivadas, no atual ordenamento jurídico brasileiro, os principais exemplos são as MULTAS e os TRIBUTOS. O TRIBUTO, nos termos do art. 3º do CTN, *é toda prestação pecuniária compulsória, em moeda ou cujo valor nela se possa exprimir, que não constitua sanção de ato ilícito, instituída em lei e cobrada mediante atividade administrativa plenamente vinculada.*

Os Tributos, ainda segundo a referida lei, podem ser de três espécies: ***imposto, taxa*** e ***contribuição de melhoria***. IMPOSTO é o tributo cuja obrigação tem por fato gerador uma situação independente de qualquer atividade estatal específica relativa ao contribuinte; TAXA é um tributo que tem como fato gerador o exercício regular do poder de polícia ou a utilização efetiva ou potencial de serviço público específico ou divisível, prestado ao contribuinte ou posto à sua disposição; CONTRIBUIÇÃO DE MELHORIA é um tributo cobrado em razão da valorização do imóvel de propriedade dos sujeitos passivos, decorrentes de obras públicas realizadas na zona da situação do imóvel.

Boa parte da doutrina, sobretudo amparada pelas novas disposições estatuídas pela CF/1988 e no art. 15 do CTN, também coloca as CONTRIBUIÇÕES SOCIAIS (CF, art. 149) e os EMPRÉSTIMOS COMPULSÓRIOS (CF, art. 148) como espécies de tributos.[2]

| Tarifa ou Preço | Taxa |
| --- | --- |
| Não é receita tributária | É espécie de tributo |
| Receita Originária | Receita Derivada |
| Ato de vontade bilateral, independe de lei | Instituída e majorada por LEI |
| Dotada de voluntariedade | Independe da vontade, é coercitiva |
| Não se submete ao princípio da anterioridade | Obediência à anterioridade |
| Natureza contratual | Natureza legal-tributária |
| A cobrança só ocorre com o uso do serviço | O serviço à disposição autoriza a cobrança |
| Ex.: *Receita de um aluguel de imóvel público* | Ex.: *Taxa de fiscalização e controle ambiental* |

---

[2] *Art. 148. A União, mediante **lei complementar**, poderá instituir empréstimos compulsórios:*

*I – para atender a despesas extraordinárias, decorrentes de calamidade pública, de guerra externa ou sua iminência;*

*II – no caso de investimento público de caráter urgente e de relevante interesse nacional, observado o disposto no art. 150, III, "b".*

*Parágrafo único. A aplicação dos recursos provenientes de empréstimo compulsório será vinculada à despesa que fundamentou sua instituição.*

Obs.: Entendendo que o **empréstimo compulsório** possui natureza tributária, temos, por exemplo: Geraldo Ataliba, Paulo de Barros Carvalho, Roque Carraza, Sacha Calmon Navarro.

## 5.3. Estágios da Receita

- PREVISÃO
- LANÇAMENTO
- ARRECADAÇÃO
- RECOLHIMENTO

**1º Previsão:** corresponde à estimativa da receita a ser arrecadada pelo Estado. É uma estimativa que o Governo faz com o objetivo de planejar melhor os seus gastos. Nos termos do art. 12 da LRF, as *previsões de receita observarão as normas técnicas e legais, considerarão os efeitos das alterações na legislação, da variação do índice de preços, do crescimento econômico ou de qualquer outro fator relevante e serão acompanhadas de demonstrativos de evolução nos últimos três anos, da projeção para os dois seguintes àquele a que se referirem, e da metodologia de cálculo e premissas utilizadas.* Embora a doutrina trate a previsão como um estágio da receita, cabe ressaltar que, no Brasil, não vigora o princípio da anualidade tributária, de modo que, para a cobrança de um tributo, por exemplo, não existe a obrigatoriedade da sua previsão na lei orçamentária, bastando o respeito às regras de natureza tributária (ver princípio da universalidade orçamentária).

**2º Lançamento:** o lançamento é definido pelo art. 53 da Lei nº 4.320/64 como "o ato da repartição competente, que verifica a procedência do crédito fiscal e a pessoa que lhe é devedora e inscreve o débito desta". Para o art. 142 do CTN, lançamento é o procedimento administrativo que verifica a ocorrência do fato gerador da obrigação correspondente, determina a matéria tributável, calcula o montante do tributo devido, identifica o sujeito passivo e, sendo o caso, propõe a aplicação da penalidade cabível. Observa-se que, segundo o disposto nos arts. 142 a 150 do CTN, a etapa de lançamento situa-se no contexto de constituição do crédito tributário, ou seja, aplica-se a impostos, taxas e contribuições de melhoria. No entanto, nos termos do art. 52 da Lei nº 4.320/1964, são objeto de lançamento as rendas com vencimento determinado em lei, regulamento ou contrato.

**3º Arrecadação:** é a fase na qual o Estado recebe dos contribuintes, através das repartições fiscais, de agentes ou da rede bancária, os valores que lhe são devidos, quer sejam multas, tributos ou qualquer outro crédito. É com base nos dados da receita efetivamente arrecadada que se processam os registros e demonstrativos contábeis.

**4º Recolhimento:** é a entrega, pelos agentes arrecadadores (repartições fiscais, agentes, rede bancária), dos recursos arrecadados à CONTA ÚNICA do Tesouro Público. A propósito, tal recolhimento à conta única do ente é uma exigência do princípio da **Unidade de Caixa** (ou **Unidade de Tesouraria**), que está assinalado no art. 56 da Lei nº 4.320/1964: *o recolhimento de todas as receitas far-se-á em estrita observância ao princípio de unidade de tesouraria, vedada qualquer fragmentação para a criação de caixas especiais.*

> **IMPORTANTE**
> 1. Nem todos os estágios aqui assinalados ocorrem para todos os tipos de receitas orçamentárias. Exemplo: o caso da arrecadação de receitas orçamentárias que não foram previstas no orçamento, não tendo, naturalmente, passado pela etapa da previsão. Da mesma forma, algumas receitas orçamentárias não passam pelo estágio do lançamento, como é o caso de uma doação em espécie recebida pelos entes públicos.
> 2. **Regime Contábil da Receita** – Nos termos do art. 35 da Lei nº 4.320/1964, pertencem ao exercício financeiro AS RECEITAS NELE LEGALMENTE ARRECADADAS. O art. 39 ratifica essa regra ao assinalar que *os créditos da Fazenda Pública, de natureza tributária ou não tributária, serão escriturados como receita do exercício em que forem arrecadados, nas respectivas rubricas orçamentárias.* Assim, conclui-se que o legislador adotou o regime contábil de **CAIXA** para a receita pública. Temos, portanto, um regime contábil misto no Brasil: Caixa, para a receita; e Competência, para a despesa. Mas, **ATENÇÃO**: em relação à receita, existe uma **EXCEÇÃO**. Pelo teor do art. 38 da Lei nº 4.320/1964, a baixa ou o cancelamento de restos a pagar deverá ser contabilizado como receita orçamentária. Nesse caso, o valor deverá ser escriturado como receita do exercício, embora não haja qualquer entrada de recursos nos cofres públicos. Trata-se, pois, de uma receita meramente escritural ou formal.

### 5.4. Dívida Ativa

O art. 39 da Lei nº 4.320/1964 trata da dívida ativa. Diz respeito aos **créditos** da Fazenda Pública, de natureza TRIBUTÁRIA e NÃO TRIBUTÁRIA, exigíveis em virtude do transcurso do prazo para pagamento. Apesar da denominação, a dívida ativa é o oposto da dívida pública. Trata-se de um crédito, de um direito do Estado a ser cobrado executivamente. Conforme disposto no art. 784, IX, do CPC/2015, a **certidão da dívida ativa** da Fazenda Pública da União, dos Estados, do Distrito Federal e dos Municípios, correspondente aos créditos inscritos na forma da lei, constitui **título executivo extrajudicial**. A dívida ativa, regularmente inscrita, goza da presunção de certeza e liquidez, em caráter relativo. Trata-se, pois, de uma presunção *juris tantum* (admite prova em contrário). No âmbito federal, compete à Procuradoria da Fazenda Nacional apurar e inscrever a dívida ativa da União; nos demais entes federativos, às respectivas Procuradorias.

- **Dívida Ativa Tributária** – é o crédito da Fazenda Pública proveniente de obrigação legal relativa a tributos e respectivos adicionais, atualizações monetárias, encargos e multas tributárias.

- **Dívida Ativa Não Tributária** – é constituída pelos demais créditos da Fazenda Pública, tais como os provenientes de empréstimos compulsórios, contribuições estabelecidas em lei, multas de qualquer origem ou natureza, exceto as tributárias, foros, laudêmios, aluguéis ou taxas de ocupação, custas processuais, preços de serviços prestados por estabelecimentos públicos, indenizações, reposições, restituições, alcances dos responsáveis definitivamente julgados, bem assim os créditos decorrentes de obrigações em moeda estrangeira, de sub--rogação de hipoteca, fiança, aval ou outra garantia, de contratos em geral ou de outras obrigações legais.

### 5.5. Repartição de Receitas – Transferências Constitucionais

Antes de falarmos das transferências constitucionais tributárias, é preciso assinalar que, nos termos dos arts. 153 a 156 da CF, a União, os Estados/DF e os Municípios poderão instituir impostos sobre:

| União | Estados/DF | Municípios |
|---|---|---|
| IR – a renda e proventos de qualquer natureza | ICMS – operações relativas à circulação de mercadorias... | IPTU – propriedade predial territorial urbana |
| IPI – produtos industrializados... | ITCD – transmissão *causa mortis* e doação... | ITBI – transmissão *inter vivos* de bens imóveis... |
| II – a importação de produtos estrangeiros... | IPVA – a propriedade de veículos automotores | ISS – serviços de qualquer natureza... |
| IE – a exportação de produtos...<br>IOF – operações de crédito, câmbio e seguro...<br>ITR – a propriedade territorial rural<br>**Grandes Fortunas...**<br>**Extraordinário** em caso de guerra – CF, art. 154, II<br>**Competência residual** – CF, art. 154, I | **Obs.:** pertence aos Estados e DF o produto da arrecadação do IR incidente na fonte sobre os rendimentos pagos, a qualquer título, por eles, suas autarquias e pelas fundações que instituírem e mantiverem | **Obs.:** pertence aos Municípios o produto da arrecadação do IR incidente na fonte sobre os rendimentos pagos, a qualquer título, por eles, suas autarquias e pelas fundações que instituírem e mantiverem |

As transferências constitucionais são parcelas de recursos arrecadados pelos Governos Federal e Estadual, mas que, obrigatoriamente, devem ser transferidas para Estados, Distrito Federal e Municípios. No Brasil, assumem duas formas:

**1ª) DIRETA** – é a participação direta na arrecadação de um imposto. A CF estabelece que, do produto da arrecadação de determinado imposto, parte dele pertence e deverá ser repassada (transferida obrigatoriamente) para outro ente. Exemplos: a) do ITR arrecadado pela União, 50% deverão ser repassados para o Município onde o imóvel se localiza. **ATENÇÃO**: a **EC nº 42** permite que o Município opte, nos termos da lei, por fiscalizar e cobrar o ITR. Nesse caso, o Município ficará com a totalidade (100%) do total arrecadado (CF, arts. 153, § 4º, III, c/c 158, II); b) do ICMS arrecadado pelo Estado, 25% deverão ser repassados aos Municípios (CF, art. 158, IV);

**2ª) INDIRETA** – é a participação que ocorre quando parcelas de um ou mais impostos são destinados à formação de FUNDOS e, posteriormente, os recursos, segundo critérios estabelecidos previamente em LEI COMPLEMENTAR, são repassados aos beneficiados. O quadro abaixo resume os principais Fundos existentes no País e os recursos que os financiam: O FPE – Fundo de Participação dos Estados; FPM – Fundo de Participação dos Municípios; FNE – Fundo de Desenvolvimento do Nordeste; FNO – Fundo de Desenvolvimento do Norte; FCO – Fundo de Desenvolvimento do Centro-Oeste; e o FPEX – Fundo de Compensação pela Exportação de Produtos Industrializados:

| FUNDO | IR | IPI |
|---|---|---|
| FPE | 21,5% | 21,5% |
| FPM | 24,5% | 24,5% |
| FNE | 1,8% | 1,8% |
| FNO | 0,6% | 0,6% |
| FCO | 0,6% | 0,6% |
| FPEX | – | 10% |

**IMPORTANTE**

1. Os percentuais vistos anteriormente incidem sobre 49% do produto da arrecadação do IR e IPI. A **EC nº 55**, de 2007, já havia majorado o percentual do FPM para 23,5%. Ocorre que por meio da **Emenda Constitucional nº 84, de 2014** (produzindo efeitos financeiros a partir de 2015), este percentual foi aumentado novamente em mais 1%, passando para 24,5%. A referida EC nº 84, contudo, determina que este novo acréscimo de 1% seja repartido paulatinamente, a partir de 2015, numa proporção de 0,5%, no primeiro decêndio do mês de julho de cada ano, até alcançar o percentual completo de 1%.

2. **BLOQUEIO DE TRANSFERÊNCIAS** – Nos termos do disposto no art. 160 da CF, "**é vedada a retenção ou qualquer restrição à entrega e ao emprego dos recursos atribuídos, nesta seção, aos Estados, ao DF e aos Municípios, neles compreendidos adicionais e acréscimos relativos a impostos**". No entanto, o parágrafo único do referido artigo, com a nova redação dada pela EC nº 29/2000, estabelece que: "A vedação prevista neste artigo não impede a União e os Estados de condicionarem a entrega de recursos:
   I – ao pagamento de seus créditos, inclusive de suas autarquias;
   II – ao cumprimento do disposto no art. 198, § 2º, II e III, da CF, que exige a aplicação de percentuais das receitas de impostos estaduais e municipais nas ações e serviços públicos de saúde.
3. Para se calcular os FUNDOS devem ser excluídos dos valores do IR e IPI os incentivos fiscais e as restituições do IR.
4. Nos termos do art. 6º, § 1º, da Lei nº 4.320/1964, "*As cotas de receitas que uma entidade pública deva transferir a outra incluir-se-ão, como despesa, no orçamento da entidade obrigada e, como receita, no orçamento da que as deva receber*". Por exemplo: os recursos transferidos pela União a Estados e Municípios a título do FPE e FPM devem ser incluídos no orçamento da União, na parte da "Despesa" (transferências) e nos orçamentos de Estados e Municípios na parte da "Receita" (transferências).

Com a **Emenda Constitucional nº 53**, de dezembro de 2006, em substituição ao antigo Fundef, foi criado o **Fundeb** (*Fundo de Manutenção e Desenvolvimento da Educação Básica e de Valorização dos Profissionais da Educação*), cujo principal objetivo foi estabelecer um incremento de recursos e uma nova sistemática na distribuição nos gastos com Educação, nas três esferas de Governo: União, Estados-DF e Municípios.

O novo Fundo atenderá não só o Ensino Fundamental [6/7 a 14 anos], mas também a Educação Infantil [0 a 5/6 anos], o Ensino Médio [15 a 17 anos] e a Educação de Jovens e Adultos. O Fundef, que vigorou até o fim de 2006, permitia investimentos apenas no Ensino Fundamental nas modalidades regular e especial, ao passo que o Fundeb proporciona a garantia da Educação Básica a todos os brasileiros, da creche ao final do Ensino Médio, inclusive àqueles que não tiveram acesso à educação em sua infância.

Ressalte-se que o Fundeb, tal qual o antigo Fundef, é um **fundo especial** de natureza contábil formado com recursos provenientes das três esferas de Governo (Federal, Estadual-DF e Municipal). Essa formação tripartite dos recursos que compõem o fundo reveste-o de especificidades que inviabilizam que seja caracterizado como sendo um Fundo Federal, Estadual (DF) ou Municipal. Com efeito, a depender do prisma adotado, pode-se concluir que, a rigor, se trata de um fundo vinculado tanto à esfera **Federal** (a União participa da composição e distribuição dos recursos), à esfera **Estadual-DF** (os Estados e o DF participam da composição, da distribuição, do recebimento e da aplicação final dos recursos), como à esfera **Municipal** (os Municípios participam da composição, do recebimento e da aplicação final dos recursos).

O ordenador de despesas do Fundeb é o mesmo do órgão aplicador dos recursos – Secretaria de Educação ou equivalente (ex.: Secretário Municipal, Secretário de Estado, Diretor); a Lei nº 9.394/1996 – Lei de Diretrizes e Bases da Educação – LDB (art. 69, § 5º) 1 estabelece que o órgão responsável pela educação seja o gestor (administrador) dos recursos da educação. Os recursos do Fundeb devem ser tratados de acordo com esse dispositivo legal. De outra parte, não há obrigatoriedade de formação de uma comissão e licitação própria para celebrar os contratos com recursos do Fundeb. As licitações podem ser processadas pela Comissão de Licitação Permanente ou Especial do órgão aplicador. A prestação de contas do fundo, já que ele não é órgão, deve integrar a prestação de contas anual dos órgãos aplicadores dos recursos.

O Fundeb foi regulamentado pela **Lei Federal nº 11.494, de 20 de junho de 2007**, cujos principais pontos, pertinentes à nossa disciplina, assinalaremos a seguir:

- **ORIGEM DAS RECEITAS DO FUNDEB**

O Fundeb terá **vigência de 14 anos**, a partir do primeiro ano da sua implantação. Os percentuais de contribuição dos Estados, do Distrito Federal e dos Municípios para o Fundeb sobre as **receitas de impostos e transferências** especificadas pela EC nº 53/2006 (ver quadro a seguir), **elevar-se-ão gradualmente, de forma a atingir 20% em três anos** (2007, 2008 e 2009), quando então o Fundeb estará plenamente implantado. Constata-se, também, que, além da elevação do percentual das receitas alocadas ao novo Fundo – que passa de 15% (Fundef) para 20% (Fundeb) –, há um incremento substancial da própria base de cálculo, que passou a incluir outros impostos, a exemplo do ITCMD, do IPVA e do ITR, sem falar no aumento gradativo do complemento da União. Veja resumo abaixo:

| IMPOSTO | Artigo CF | 2007 | 2008 | 2009 |
|---|---|---|---|---|
| ITCMD – Imposto sobre Transmissão *causa mortis* e doação, de quaisquer bens ou direitos (Estadual) | Art. 155, inciso I | 6,66% | 13,33% | 20% |
| ICMS – Imposto sobre Operações Relativas à Circulação de Mercadorias e sobre Prestações de Serviços de Transportes Interestadual e Intermunicipal e de Comunicação (Estado) | Art. 155, inciso II | 16,66% | 18,33% | 20% |

| IMPOSTO | Artigo CF | 2007 | 2008 | 2009 |
|---|---|---|---|---|
| IPVA – Imposto sobre a Propriedade de Veículos Automotores – (Estadual) | Art. 155, inciso III | 6,66% | 13,33% | 20% |
| Competência residual (participação estadual) | Art. 157, inciso II | 6,66% | 13,33% | 20% |
| ITR – Imposto sobre a Propriedade Territorial Rural (participação municipal) | Art. 158, II | 6,66% | 13,33% | 20% |
| IPVA (participação municipal) | Art. 158, III | 6,66% | 13,33% | 20% |
| ICMS (participação municipal) | Art. 158, IV | 16,66% | 18,33% | 20% |
| FPE (Estado) | Art. 159, I, alínea "a" | 16,66% | 18,33% | 20% |
| FPM (Município) | Art. 159, I, alínea "b" | 16,66% | 18,33% | 20% |
| IPIexp (participação estadual) | Art. 159, II | 16,66% | 18,33% | 20% |
| IPIexp (participação municipal) | Art. 159, II c/c L.C. nº 61/1989, art. 5º | 16,66% | 18,33% | 20% |
| ICMS Desoneração de Exportações (LC nº 87/1996) | | 16,66% | 18,33% | 20% |
| Receitas da **dívida ativa tributária** relativa aos impostos elencados neste quadro, bem como juros e multas eventualmente incidentes. ||||||
| Ganhos auferidos em decorrência das **aplicações financeiras** dos saldos da conta do Fundeb. |||||
| **Complementação da União:**<br>I – R$ 2.000.000.000,00 (dois bilhões de reais), em 2007;<br>II – R$ 3.000.000.000,00 (três bilhões de reais), em 2008;<br>III – R$ 4.500.000.000,00 (quatro bilhões e quinhentos milhões de reais), em 2009;<br>IV – 10% do montante resultante da contribuição dos Estados e Municípios, a partir de 2010. |||||

**IMPORTANTE**

Nenhum imposto arrecadado diretamente pelo Município comporá o Fundeb. Todavia, para fins do cumprimento do art. 212 da CF, o Município continua obrigado a aplicar, no mínimo, 25% dos seus próprios impostos (ISS, IPTU, ITBI...) na *manutenção e desenvolvimento do ensino*.

- **PRESTAÇÃO DE CONTAS DO FUNDEB**

Sem prejuízo do controle social a ser exercido pelos Conselhos Estaduais e Municipais do Fundeb, a Lei regulamentadora do Fundeb, ao longo dos **arts. 26 e 27**, trata da prestação de contas e dos mecanismos de controles técnicos do fundo, ao estabelecer:

- A fiscalização e o controle referentes ao cumprimento do disposto no art. 212 da Constituição Federal e do disposto nessa Lei, especialmente em relação à aplicação da totalidade dos recursos dos Fundos, serão exercidos:

I – pelo órgão de controle interno no âmbito da União e pelos órgãos de controle interno no âmbito dos Estados, do Distrito Federal e dos Municípios;

II – pelos Tribunais de Contas dos Estados, do Distrito Federal e dos Municípios, junto aos respectivos entes governamentais sob suas jurisdições;

III – pelo Tribunal de Contas da União, no que tange às atribuições a cargo dos órgãos federais, especialmente em relação à complementação da União.

- Os Estados, o Distrito Federal e os Municípios prestarão contas dos recursos dos Fundos conforme os procedimentos adotados pelos Tribunais de Contas competentes, observada a regulamentação aplicável.
- As prestações de contas serão instruídas com parecer do conselho responsável, que deverá ser apresentado ao Poder Executivo respectivo em até 30 (trinta) dias antes do vencimento do prazo para a apresentação da prestação de contas.

## 5.6. A Receita Pública e a Lei de Responsabilidade Fiscal – LRF

Vimos no capítulo referente à despesa pública que a LRF, no seu desígnio de garantir o equilíbrio orçamentário, lançou mão de inúmeras medidas restritivas e controladoras em relação à expansão dos gastos públicos. Em relação à receita pública, a situação se repete, só que ao inverso. Na busca do equilíbrio orçamentário, a LRF exige o planejamento rigoroso em relação à previsão das receitas públicas, exige que o Governo se valha de toda sua capacidade arrecadadora, restringe ao máximo as possibilidades de renúncias de receitas públicas e, ainda, define como limite para os dispêndios públicos a Receita Corrente Líquida, revelando, nesse ponto, uma preocupação do legislador com a identificação daquelas receitas realmente disponíveis (líquidas), desoneradas de quaisquer vinculações.

### 5.6.1. Receita corrente líquida – RCL

O art. 2º da LRF define Receita Corrente Líquida como *o somatório das receitas tributárias, de contribuições, patrimoniais, industriais, agropecuárias, de serviços, transferências correntes e outras receitas também correntes*, DEDUZIDOS:

- **NA UNIÃO** – os valores transferidos aos Estados e Municípios por determinação constitucional ou legal (FPE, FPM e SUS, por exemplo), e as contribuições mencionadas na alínea "a" do inciso I e no inciso II do art. 195, e no art. 239 da Constituição Federal (Contribuição para seguridade social, PIS e Pasep);

- **NOS ESTADOS** – as parcelas entregues aos Municípios por determinação constitucional (exemplo: 25% do ICMS, 50% do IPVA e 25% do IPI – Exportação);
- **NA UNIÃO, NOS ESTADOS e MUNICÍPIOS** – a contribuição dos servidores para o custeio do seu sistema de previdência e assistência social e as receitas provenientes da compensação financeira citada no § 9º do art. 201 da Constituição[3] (estas últimas dizem respeito às receitas decorrentes da compensação financeira entre os diversos sistemas de previdência).

A LRF ainda manda computar no cálculo da RCL os valores pagos e recebidos em decorrência da Lei Complementar nº 87, de 13 de setembro de 1996 (LEI KANDIR), e do fundo previsto pelo art. 60 do Ato das Disposições Constitucionais Transitórias (Fundeb). Nesse caso, o cômputo deverá levar em conta os SALDOS, de maneira que, se positivo, implicará um aumento no valor da RCL, e, se negativo, um decréscimo. Um detalhe especial para o Distrito Federal e Estados do Amapá e de Roraima, cujas folhas de pagamento de parte desses servidores são pagas pela União. Para o cálculo da RCL, nesses entes não deverão ser computados os recursos recebidos da União para atendimento das despesas de pessoal.

Ademais, quando a LRF faz menção à forma de apuração do valor da RCL – *será apurada somando-se as receitas arrecadadas no mês em referência e nos onze anteriores* –, manda o ente EXCLUIR AS DUPLICIDADES, ou seja, evitar que determinado item da receita seja computado duas vezes, de modo a aumentar artificialmente o seu montante. Por exemplo: poderá haver repasses de receitas dentro do próprio ente federativo – transferências intragovernamentais –, nesse caso, os valores transferidos, por serem recursos já computados, não poderão servir para incrementar o valor total da receita.

---

[3] CF, art. 201, § 9º – *Para efeito de aposentadoria, é assegurada a contagem recíproca do tempo de contribuição na Administração Pública e na atividade privada, rural e urbana, hipótese em que os diversos regimes de previdência social se compensarão financeiramente, segundo critérios estabelecidos em lei*. A Lei nº 9.796/1999 – chamada **Lei Hauly** – regulamenta a referida compensação financeira.

Vejamos um resumo do cálculo da RCL:

**RECEITAS CORRENTES**
(+) Tributárias
(+) Contribuições
(+) Patrimoniais
(+) Agropecuárias
(+) Industriais
(+) Serviços
(+) Transferências
(+) Outras Receitas Correntes
**Subtotal 1**
(−) Transferências Constitucionais ou Legais[4]
(−) Contribuições à Previdência
(−) Compensação Lei Hauly (regimes de previdência)
(−) Somatório dos valores considerados como duplicidade
(−) Cancelamento de "restos a pagar"
**Subtotal 2**
(+ ou −) Saldo Lei Kandir
(+ ou −) Saldo Fundeb
**( = ) Receita Corrente Líquida**

### 5.6.2. Instituição, previsão, arrecadação e renúncia de receitas

A LRF, em seu art. 11, estabelece que constituem requisito essencial da responsabilidade na gestão fiscal a INSTITUIÇÃO, a PREVISÃO e a efetiva ARRECADAÇÃO de TODOS os tributos da competência constitucional do ente da Federação.

Para muitos autores, a LRF revela-se inconstitucional quando exige a instituição de todos os tributos previstos na CF. O entendimento predominante é que a Lei Maior não estabelece tal obrigatoriedade, tendo-se limitado a outorgar essas competências para cada ente federativo, que, à luz de suas circunstâncias, poderiam avaliar a possibilidade de instituir ou não determinado tributo. Suponhamos que determinado Município não tenha instituído o ISS e que, depois de estudo, tenha chegado à conclusão de que os recursos obtidos com a instituição do imposto seriam tão insignificantes que o custo

---

[4] Atenção: não se trata dos valores referentes às receitas de transferências correntes, mas sim dos valores das despesas de transferências correntes (lado da despesa).

da sua implementação – com implantação da máquina arrecadadora e de fiscalização, por exemplo – seria maior do que os recursos auferidos.

Não obstante a razoabilidade do entendimento acima, o fato é que a LRF exige a instituição de todos os tributos. E vai mais além quando estatui, no parágrafo único do art. 11, que, se o ente da Federação assim não proceder em relação a IMPOSTOS, ficará impedido de receber transferências voluntárias de outro ente federativo. Saliente-se que tal sanção institucional não se aplica ao caso de não instituição das demais espécies tributárias (taxas, por exemplo): apenas impostos. Mas, **ATENÇÃO**: tal vedação, nos termos do § 2º do art. 25 da LRF, não alcança as transferências voluntárias destinadas à saúde, à educação e à assistência social.

O art. 14 da LRF trata da RENÚNCIA DE RECEITAS. Sobre renúncia de receitas, assinala Ricardo Lobo Torres que é *importante observar que, para o equilíbrio orçamentário, torna-se necessário não só diminuir a despesa pública como evitar as renúncias de receita. A expressão "renúncia de receita", equivalente a "gasto tributário" (tax expenditure), entrou na linguagem orçamentária americana nas últimas décadas e adquiriu dimensão universal pelos trabalhos de Surrey. Gastos tributários ou renúncia de receitas são os mecanismos financeiros empregados na vertente da receita pública (isenção fiscal, redução de base de cálculo ou de alíquota de imposto, depreciações para efeitos de IR etc.) que produzem os mesmos resultados econômicos da despesa pública (subvenções, subsídios, restituições de impostos etc.).*[5] Vejamos os principais aspectos assinalados na LRF:

- **ATOS QUE CARACTERIZAM RENÚNCIA DE RECEITA (§ 1º)**

Anistia (perdão de multas), remissão (perdão da dívida), subsídio, crédito presumido, concessão de isenção de caráter não geral, alteração de alíquotas ou modificação da base de cálculo **que implique redução discriminada de tributos e contribuições e <u>outros benefícios que correspondam a tratamento diferenciado</u>**. Vê-se, portanto, que o legislador não foi taxativo em relação às hipóteses caracterizadoras de renúncia de receitas, uma vez que assinalou ao final do dispositivo: *e outros benefícios que correspondam a tratamento diferenciado*. O crédito presumido é uma espécie de isenção parcial para impostos sobre consumo que incide sobre fases intermediárias do processo de comercialização e produção. Como exemplo, podemos citar a concessão de isenção para ração animal, que deverá vir acompanhada de um crédito presumido para a avicultura, sob pena de o avicultor ter de suportar todo o ônus tributário da cadeia produtiva.

---

[5] Ob. cit., p. 165.

- **Procedimentos para a concessão de renúncia de receitas**

Estatui o **art. 14** que a **concessão ou ampliação** de incentivo ou benefício de natureza tributária, da qual decorra renúncia de receita, deverá estar **obrigatoriamente**:

1) acompanhada de **estimativa do impacto orçamentário-financeiro** no exercício em que se deva iniciar sua vigência e nos dois seguintes (ver também art. 165, § 6º, da CF);
2) habilitada a atender ao disposto na **Lei de Diretrizes Orçamentárias – LDO** (anexo de metas fiscais).

Estabelece também que tais concessões ou ampliações de incentivos deverão atender a pelo menos uma destas condições (**condições alternativas**):

1) demonstração de que a renúncia foi considerada quando da estimativa da receita da Lei Orçamentária Anual e que **não afetará as metas de resultados fiscais previstas** (inciso I);

OU

2) estar acompanhada de **medidas de compensação** no exercício em que se deva iniciar sua vigência e nos dois exercícios seguintes (inciso II). São consideradas medidas de compensação: elevação de alíquotas, alteração da base de cálculo, majoração ou criação de tributo ou contribuição (inciso II). Observe que a LRF é TAXATIVA quanto a essas medidas. Assim, o administrador, para efeito de compensação, não poderá se valer do combate à sonegação como medida de compensação, pois se trata de um dever do governante tomar todas as medidas que estejam a seu alcance com vistas a cobrar os tributos instituídos e devidos. (Exemplo: A ISENÇÃO DO IPTU NUM BAIRRO POBRE DEVE TER EM CONTRAPARTIDA UMA ELEVAÇÃO DO VALOR VENAL DOS IMÓVEIS DE UM BAIRRO RICO.)

**EXCEÇÕES:**

A) § 1º do art. 153 da CF/1988 – esse dispositivo constitucional faculta ao Poder Executivo Federal alterar alíquotas dos **impostos de importação** (II) e **exportação** (IE), **imposto sobre produtos industrializados** (IPI) e **imposto sobre operações de crédito**, câmbio e seguro, ou relativas a títulos ou valores mobiliários (IOF). A alteração de alíquotas desses impostos, que impliquem diminuição da receita, pode ser efetivada sem a necessidade de observância das regras estatuídas na

LRF; isso se dá devido ao caráter de **EXTRAFISCALIDADE** desses impostos, pois estão relacionados à política industrial e creditícia, não visando simplesmente à arrecadação;

**B) outra exceção é o cancelamento de débito cujo montante seja inferior aos dos respectivos custos da cobrança.**

# Capítulo 6

# Crédito Público

## 6.1. Conceito e Natureza Jurídica

Numa acepção geral, o Crédito Público é a confiança de que goza o Governo para contrair empréstimos de pessoas físicas ou jurídicas, nacionais ou estrangeiras. Noutra acepção, consiste em um dos meios de que se utiliza o Estado visando a obter recursos para cobrir as despesas de sua responsabilidade. Diferencia-se das receitas derivadas (tributos), por exemplo, pois são simples ingressos de recursos em caixa, gerando uma contrapartida no passivo (dívida).

Embora existam autores que tratam o crédito público sob um sentido duplo – tanto relacionado com as operações em que o Estado empresta pecúnia como com aquelas em que toma emprestado –, trataremos aqui dessa segunda acepção, ou seja, entendendo o crédito público como aquele ato pelo qual o Estado se beneficia de uma transferência de liquidez, tendo a obrigação de restituí-lo, posteriormente, acrescido de juros. Trataremos do que se convencionou chamar empréstimo público.

Também em relação à **natureza jurídica** dos empréstimos públicos, a doutrina diverge. Uma minoria entende ser ato de soberania (decorrente do poder de império, de sorte que poderia o Estado modificar unilateralmente os termos do empréstimo); outra minoria entende tratar-se de ato legislativo (não haveria ato arbitrário nem acordo de vontades, pois todas as regras já estariam estatuídas nas leis). Mas, para a maioria da doutrina, a natureza dos empréstimos públicos é CONTRATUAL. Trata-se, pois, de um contrato que objetiva a transferência de certo valor em dinheiro de uma pessoa, física ou jurídica, a uma entidade pública para ser restituído, acrescido de juros, dentro do prazo ajustado.

## 6.2. Classificação dos Empréstimos

### – Empréstimos forçados e voluntários

Os empréstimos forçados ou obrigatórios ocorrem quando o Estado, valendo-se do seu poder de império, intervém na propriedade particular em situações de guerra, calamidade ou grave crise de liquidez da economia. No Brasil, temos a figura dos Empréstimos Compulsórios (CF, art. 148). Para a maioria da doutrina nacional, como vimos, os empréstimos compulsórios são considerados Tributos; para outros, entretanto, consistem em créditos públicos impróprios, na medida em que, não obstante devam ser restituídos pelo erário-credor, não possuem o elemento principal dos empréstimos públicos próprios, que é a VOLUNTARIEDADE.

Os empréstimos voluntários ou próprios são aqueles contraídos sob a égide do princípio da autonomia da vontade.

### – Empréstimos internos e externos

O empréstimo interno é aquele que o Estado obtém no âmbito do seu espaço territorial. São regidos por normas de Direito Público internas; já empréstimos externos são aqueles obtidos junto a instituições estrangeiras, públicas ou privadas. São regidos pelas normas de Direito Internacional Público.

## 6.3. Dívida Pública

A dívida pública é uma decorrência natural dos empréstimos. Significa o conjunto de compromissos, de curto ou longo prazo, assumidos pelo Estado com terceiros, nacionais ou estrangeiros. Compreende os juros e a amortização do capital devido pelo Estado.

### 6.3.1. Competências do Congresso Nacional e do Senado Federal

- **CONGRESSO NACIONAL** – nos termos do art. 48, XIV, da Constituição Federal, compete ao Congresso Nacional DISPOR sobre o montante da DÍVIDA MOBILIÁRIA **FEDERAL**.
- **SENADO FEDERAL** – nos termos do art. 52, incisos V a IX, compete ao Senado Federal:
    a) autorizar operações externas de natureza financeira, de interesse da União, dos Estados, do Distrito Federal, dos Territórios e dos Municípios;

b) fixar, por proposta do Presidente da República, limites globais para o montante **da dívida consolidada da União, dos Estados, do Distrito Federal e dos Municípios**;

c) dispor sobre limites globais e condições para as operações de crédito externo e interno da União, dos Estados, do Distrito Federal e dos Municípios, de suas autarquias e demais entidades controladas pelo Poder Público federal;

d) dispor sobre limites e condições para a concessão de garantia da União em operações de crédito externo e interno;

e) estabelecer limites globais e condições para o montante da dívida mobiliária dos Estados, do Distrito Federal e dos Municípios.

---

**IMPORTANTE**
- DISPOR SOBRE DÍVIDA MOBILIÁRIA FEDERAL ⇒ **CONGRESSO NACIONAL**
- DISPOR SOBRE DÍVIDA MOBILIÁRIA DOS ESTADOS, DF E MUNICÍPIOS ⇒ **SENADO FEDERAL**
- DISPOR SOBRE DÍVIDA CONSOLIDADA DA UNIÃO, ESTADOS, DF E MUNICÍPIOS ⇒ **SENADO FEDERAL**

---

### 6.3.2. A dívida pública na Lei nº 4.320/1964

A referida lei, art. 92, estabelece que a **DÍVIDA FLUTUANTE** compreenderá:

1) os **restos a pagar**, excluídos os serviços da dívida;
2) os **serviços da dívida a pagar** (parcelas de amortização e de juros da dívida fundada);
3) os **depósitos** (consignações ou cauções e garantias recebidas em função de execução de obra pública, por exemplo);
4) os **débitos de tesouraria** (ARO – operações de crédito por antecipação de receita destinadas a cobrir insuficiência de caixa ou tesouraria).

O art. 98 estabelece que a **DÍVIDA FUNDADA** compreende os compromissos de exigibilidade **superior a 12 (doze) meses**, contraídos para atender a desequilíbrio orçamentário ou a financiamento de obras e serviços públicos. Estabelece, ainda, que a dívida fundada será escriturada com individuação e especificações que permitam verificar, a qualquer momento, a posição dos empréstimos, bem como os respectivos serviços de amortização e juros.

### 6.3.3. A dívida pública na Lei de Responsabilidade Fiscal – LRF

A LRF, além de alterar o conceito legal de dívida pública assinalado na Lei nº 4.320/1964, estabeleceu uma série de regras restritivas e controladoras para o endividamento público. Essas regras estão assinaladas ao longo dos arts. 29 a 40. Vejamos as principais regras pertinentes ao endividamento público.

#### 6.3.3.1. Novas definições da dívida pública

I – **dívida pública consolidada ou fundada**: montante total, apurado sem duplicidade, das obrigações financeiras do ente da Federação, assumidas em virtude de leis, contratos, convênios ou tratados e da realização de operações de crédito, para amortização em prazo superior a doze meses, bem como as operações de crédito de prazo inferior a doze meses, cujas receitas tenham constado do orçamento e os precatórios judiciais não pagos durante a execução do orçamento em que houverem sido incluídos;

II – **dívida pública mobiliária**: dívida pública representada por títulos emitidos pela União, inclusive os do Banco Central do Brasil, dos Estados e dos Municípios;

III – **operação de crédito**: compromisso financeiro assumido em razão de mútuo, abertura de crédito, emissão e aceite de título, aquisição financiada de bens, recebimento antecipado de valores provenientes da venda a termo de bens e serviços, arrendamento mercantil e outras operações assemelhadas, inclusive com o uso de derivativos financeiros;

IV – **concessão de garantia**: compromisso de adimplência de obrigação financeira ou contratual assumida por ente da Federação ou entidade a ele vinculada;

V – **refinanciamento da dívida mobiliária**: emissão de títulos para pagamento do principal acrescido da atualização monetária.

#### 6.3.3.2. Limites para o endividamento público

A LRF, em seu art. 30, ratifica a competência do Senado e do Congresso Nacional, a partir da iniciativa do Presidente da República, para fixar os limites globais para as dívidas consolidadas e mobiliárias, respectivamente. Estabelece (destaques nossos):

> Art. 30. **No prazo de noventa dias** após a publicação desta Lei Complementar, **o Presidente da República** submeterá ao:
>
> I – Senado Federal: proposta de **limites** globais para o montante da dívida consolidada da União, de Estados e Municípios, cumprindo o

que estabelece o inciso VI do art. 52 da Constituição, bem como de limites e condições relativos aos incisos VII, VIII e IX do mesmo artigo;

II – <u>Congresso Nacional</u>: projeto de lei que estabeleça limites para o montante da <u>dívida mobiliária federal</u> a que se refere o inciso XIV do art. 48 da Constituição, acompanhado da demonstração de sua adequação aos limites fixados para a dívida consolidada da União, atendido o disposto no inciso I do § 1º deste artigo. (destaques nossos)

Esses limites deverão ser fixados em **percentual da receita corrente líquida** para cada esfera de governo e aplicados igualmente a todos os entes da Federação que a integrem, constituindo, para cada um deles, limites máximos. Isso quer dizer que leis estaduais ou municipais poderão estabelecer limites ainda mais restritivos em relação aos fixados pelo Senado. Estabelece, ainda, que, para fins de verificação do atendimento do limite, a apuração do montante da dívida consolidada será efetuada ao final de cada QUADRIMESTRE.

A LRF, em seu art. 32, reforça o papel do **Ministério da Fazenda** notadamente no que se refere ao controle das **operações de crédito.** Caberá ao Ministério da Fazenda verificar, dentre outras restrições prevista na LRF:

- o cumprimento dos limites e condições relativos à realização de operações de crédito de cada ente da Federação, inclusive das empresas por eles controladas, direta ou indiretamente;
- se o ente interessado formalizou seu pleito fundamentando-o em parecer de seus órgãos técnicos e jurídicos, demonstrando a relação custo-benefício, o interesse econômico e social da operação e o atendimento das seguintes condições;
- a existência de prévia e expressa autorização para a contratação, no texto da lei orçamentária, em créditos adicionais ou lei específica, assim como inclusão no orçamento ou em créditos adicionais dos recursos provenientes da operação, exceto no caso de operações por antecipação de receita;
- a observância dos limites e condições fixados pelo Senado Federal, se há autorização específica do Senado Federal, quando se tratar de operação de crédito externo e se a operação atende aos limites estatuídos na CF, art. 167, III;
- efetuar o registro eletrônico centralizado e atualizado das dívidas públicas interna e externa, sem prejuízo das atribuições do Senado e do Banco Central, garantindo o acesso público às informações, que incluirão: I – encargos e condições de contratação e II – saldos

atualizados e limites relativos às dívidas consolidada e mobiliária, operações de crédito e concessão de garantias.

### 6.3.3.3. Extrapolação do limite da dívida consolidada, recondução e sanções (art. 31)

Se a dívida consolidada de um ente da Federação ultrapassar o respectivo limite ao final de um QUADRIMESTRE, deverá ser a ele reconduzida <u>até o término dos três subsequentes, reduzindo o excedente em pelo menos 25% (vinte e cinco por cento) no primeiro</u>. Todavia, conforme estabelecem os arts. 65 e 66 da LRF, esse prazo será **SUSPENSO**, em caso de calamidade pública, estado de sítio e estado de defesa, e **DUPLICADO**, em caso de crescimento negativo da economia (taxa do PIB < 1%) por período igual ou superior a quatro trimestres.

Tendo o ente extrapolado o limite da dívida consolidada, enquanto perdurar o excesso:

- estará proibido de realizar operação de crédito interna ou externa, <u>inclusive por antecipação de receita</u>, ressalvado o refinanciamento do principal atualizado da dívida mobiliária;
- obterá <u>resultado primário</u> necessário à recondução da dívida ao limite, promovendo, entre outras medidas, **limitação de empenho**, na forma do art. 9º da LRF.

Se, vencido o prazo acima, o ente não tiver conseguido voltar aos limites legais, além das sanções anteriormente mencionadas, enquanto perdurar o excesso, o ente ficará <u>também impedido de receber transferências voluntárias da União ou do Estado</u> (ver EXCEÇÃO no art. 25, § 3º, da LRF).

### 6.3.3.4. As vedações em matéria de endividamento público (arts. 34 a 37)

1 – O Banco Central do Brasil não emitirá títulos da dívida pública a partir de dois anos após a publicação da LRF.

2 – É vedada a realização de operação de crédito entre um ente da Federação, diretamente ou por intermédio de fundo, autarquia, fundação ou empresa estatal dependente, e outro, inclusive suas entidades da administração indireta, ainda que sob a forma de novação, refinanciamento ou postergação de dívida contraída anteriormente. **Excetuam-se** de tal vedação operações entre instituição financeira estatal e outro ente da Federação, inclusive suas entidades da Administração Indireta, que não se destinem a:

- financiar, direta ou indiretamente, despesas correntes;
- refinanciar dívidas não contraídas junto à própria instituição concedente.

Essa vedação, conhecida como **REGRA DE OURO**, está em harmonia com o disposto no art. 167, III, da CF e impede que operações de crédito (receitas de capital) financiem despesas de custeio (despesas correntes) dos entes, como, por exemplo, despesas de pessoal. Com isso, procura-se assegurar que os empréstimos e os financiamentos só financiarão despesas que aumentem o Patrimônio Público. Ressalve-se, contudo, que essa vedação não impede Estados e Municípios de comprar títulos da dívida da União como aplicação de suas disponibilidades.

3 – É proibida a operação de crédito entre uma instituição financeira estatal e o ente da Federação que a controle, na qualidade de beneficiário do empréstimo. Todavia, essa vedação não proíbe a instituição financeira controlada de adquirir, no mercado, títulos da dívida pública para atender investimento de seus clientes, ou títulos da dívida de emissão da União para aplicação de recursos próprios.

4 – É vedada a captação de recursos a título de **antecipação de receita de tributo ou contribuição, cujo fato gerador ainda não tenha ocorrido**, sem prejuízo do disposto no § 7º do art. 150 da Constituição.

5 – É vedado o recebimento antecipado de valores de empresa em que o Poder Público detenha, direta ou indiretamente, a maioria do capital social com direito a voto, salvo lucros e dividendos, na forma da legislação.

6 – É vedada a assunção direta de compromisso, confissão de dívida ou operação assemelhada, com fornecedor de bens, mercadorias ou serviços, mediante emissão, aceite ou aval de título de crédito, não se aplicando essa vedação a empresas estatais dependentes.

7 – É vedada a assunção de obrigação, sem autorização orçamentária, com fornecedores para pagamento *a posteriori* de bens e serviços.

### 6.3.3.5. AROs – Operações de crédito por antecipação da receita (art. 38)

A operação de crédito por antecipação de receita destina-se a atender à insuficiência de caixa durante o exercício financeiro e só será válida se cumprir as seguintes exigências:

- existência de prévia e expressa autorização para a contratação, no texto da lei orçamentária, em créditos adicionais ou lei específica (ver artigo 165, § 8º, da CF);
- observância dos limites e condições fixados pelo Senado Federal;
- atendimento do disposto no inciso III do art. 167 da Constituição, salvo se a operação for liquidada até o dia 10 de dezembro;
- observância das demais restrições estabelecidas na LRF, especialmente as previstas no art. 32 da lei, destacando o papel do Ministério da Fazendo no controle dessas operações;
- realização **somente a partir do décimo dia do início do exercício**;
- liquidação, com juros e outros encargos incidentes, **até o dia 10 de dezembro de cada ano**;
- autorização negada se forem cobrados outros encargos que não a taxa de juros da operação, obrigatoriamente prefixada ou indexada à taxa básica financeira, ou à que vier a esta substituir;
- **proibição** da realização de ARO:

    a) enquanto existir operação anterior da mesma natureza não integralmente resgatada;

    b) no último ano de mandato do Presidente, Governador ou Prefeito Municipal.

Obs.: 1 – Diante da limitação temporal mencionada, o administrador não poderá, por exemplo, realizar ARO com vistas a pagar o 13º salário dos servidores, uma vez que essa realização estará impossibilitada entre os dias 10 de dezembro e 9 de janeiro do ano seguinte;

2 – As operações de crédito por antecipação de receitas realizadas por Estados ou Municípios serão efetuadas mediante abertura de crédito junto à instituição financeira vencedora em processo competitivo eletrônico promovido pelo Banco Central do Brasil. O Banco Central do Brasil manterá sistema de acompanhamento e controle do saldo do crédito aberto e, no caso de inobservância dos limites, aplicará as sanções cabíveis à instituição credora.

# Parte 2

# CONTROLE EXTERNO

# Capítulo 7

# Sistemas de Controle Externo

A necessidade de um órgão de controle dos atos de índole administrativo-financeira surge com o próprio desenvolvimento do Estado, sobretudo no Estado em que os bens administrados pertencem à coletividade, ao povo, como é o caso do Estado republicano. O princípio do controle é, pois, corolário do princípio republicano.

Não obstante todos os mecanismos de controle que possam existir na estrutura de cada Poder e órgãos públicos (controle interno, controle hierárquico, controle supervisional, controle finalístico, autocontrole etc.), faz-se necessário que exista uma instituição autônoma e independente com o objetivo de fiscalizar a atividade financeira do Estado, de fiscalizar a forma como os recursos da coletividade foram e estão sendo aplicados.

Ainda que de forma rudimentar, nas antigas Grécia e Roma já havia algum tipo de controle. Aristóteles vaticinou: *como certas magistraturas têm o manejo dos dinheiros públicos, é forçoso que haja uma outra autoridade para receber e verificar as contas, sem que ela própria seja encarregada de outro mister.*[1] A Declaração dos Direitos do Homem e do Cidadão, de 1789, já continha, no seu art. 15, o seguinte princípio: *a sociedade tem o direito de pedir conta a todo agente público de sua administração.*

O controle externo da Administração Pública nos Estados modernos é exercido por meio de dois sistemas:

**1) TRIBUNAIS (ou Conselhos) DE CONTAS;**

**2) CONTROLADORIAS (ou Auditoria Geral).**

---

[1] ARISTÓTELES. *A Política*. Tradução: Silveira Chaves. São Paulo: Edipro, 1995. p. 211.

**TRIBUNAIS DE CONTAS** – os Tribunais de Contas aparecem nos países de tradição latina.[2] São órgãos colegiados, cujos membros – no mais das vezes, indicados pelo Parlamento e com mandato limitado – possuem as prerrogativas da magistratura judiciária. Na maioria dos países, o Tribunal de Contas é órgão autônomo, de natureza administrativa, que atua junto ao Poder Legislativo. Mas também há países em que o Tribunal de Contas integra o Poder Executivo (sobretudo em países africanos), sendo mais raro ainda encontrá-lo vinculado ao Poder Judiciário (Portugal e Angola).

**CONTROLADORIAS OU AUDITORIA GERAL** – o sistema de Controladorias (ou Auditoria Geral) aparece nos países de tradição britânica.[3] Órgão unipessoal, dirigido por um *Comptroller General* (Controlador ou Auditor-Geral), com mandato limitado. Em alguns países, o Auditor Geral possui as mesmas garantias e prerrogativas da magistratura. Na Inglaterra, o Controlador Geral assessora a comissão de contas públicas da Câmara dos Comuns, exerce auditoria sobre as contas dos departamentos de governo e checa se a aplicação dos recursos se deu corretamente e para suas finalidades. Dispõe de um quadro de auditores, muitos deles atuando permanentemente junto aos órgãos de governo.

Roque Citadini adverte que, *não raro, ocorre a substituição de um modelo pelo outro, por vezes prevalecendo na reestruturação dos Países, ou Controladorias ou Tribunais de Contas. Recentemente, destaca-se a consolidação do modelo de Tribunal na Comunidade Econômica Europeia, certamente por influência dos dois maiores parceiros da unificação: Alemanha e França. Por outro lado, ocorrem, especialmente nos países do sul da América Latina, movimentos em prol da adoção do modelo de Controladorias, nesse caso influenciados pelos norte-americanos, dada a sua monitorização nos programas de estabilização econômica e reforma do Estado, patrocinados pelo Banco Internacional de Reconstrução e Desenvolvimento (BIRD), conhecido como Banco Mundial, e pelo Fundo Monetário Internacional (FMI).*[4]

No início, o controle exercido pelos Tribunais de Contas era meramente formalístico, enfatizando apenas aspectos atinentes à legalidade (sentido es-

---

[2] Adotam o sistema de Tribunais de Contas, entre outros: Alemanha, França, Portugal, Bélgica, Áustria, Itália, Espanha, Comunidade Econômica Europeia, Argélia, Coreia do Sul, Brasil, Grécia, Uruguai, República da China, Argentina (Províncias).

[3] Adotam o sistema de Controladorias, entre outros: Inglaterra, África do Sul, Austrália, Canadá, Estados Unidos, Dinamarca, Índia, Irlanda, Israel, Chile, Irlanda, México, Venezuela, Colômbia, Costa Rica, Argentina (Governo Federal).

[4] Antônio Roque Citadini. *O Controle Externo da Administração Pública*. São Paulo: Max Limonad, 1995. p. 13-14.

trito) dos atos públicos. O sistema de Controladorias, por sua vez, enfatizava, a partir de sofisticadas técnicas de auditoria (*test audit*), aspectos atinentes ao mérito dos atos administrativos: economicidade e resultados de gestão.

Não obstante, o sistema de Tribunais de Contas evoluiu. Roque Citadini assinala que *no sistema de Tribunais de Contas, cuja origem é marcada pelo controle da legalidade, esses novos conceitos de controle, que têm como base as auditorias, trouxeram grandes mudanças em suas formas de atuação. Hoje é praticamente inconcebível uma fiscalização do ato administrativo ater-se apenas ao julgamento de legalidade. Procura-se agora incorporar as novas técnicas de auditoria que permitam a apreciação das contratações e execuções de obras e serviços de modo mais abrangente, superando mera análise formal. Esse caminho vem sendo adotado em várias partes do mundo, como ocorre no Tribunal de Contas da Comunidade Econômica Europeia (que analisa a sadia gestão financeira), Alemanha, França, Portugal e Brasil, que analisam também a boa gestão do ato administrativo tendo, cada órgão, formas próprias de atuação.*[5] Em suma, tanto o sistema de controladorias como o sistema de Tribunal de Contas, modernamente, fiscalizam o gasto público não só pelo aspecto da legalidade, mas também pelos aspectos de mérito (economicidade, eficiência, legitimidade e resultados).

---

[5] Idem, Ob. cit. p. 19.

# Capítulo 8

# Regras Constitucionais sobre o Controle Externo

**CONSTITUIÇÃO FEDERAL** – Arts. 1º, 5º, XXXIV, XXXV, LIV, LV, 31, 33, § 2º, 37, § 2º, 49, X, XIII, 52, III, "b", 70 a 75, 84, XV e XXIV, 95, 96, 130, 161, parágrafo único, 166, 235, III.

## 8.1. O Modelo de Controle Externo no Brasil

No Brasil imperial não existia uma fiscalização externa das contas da Coroa. Havia, sim, a completa irresponsabilidade do Imperador, considerado sagrado e inviolável. Só com a REPÚBLICA é que teve início um movimento que procurava institucionalizar um órgão de controle externo. Em 1890, por iniciativa de Rui Barbosa, então ministro da Fazenda, foi editado o **Decreto nº 966-A**, que criou formalmente o Tribunal de Contas da União.

Na exposição de motivos do Decreto, Rui Barbosa sustentava: *"medida que venho propor-vos é a criação de um Tribunal de Contas, corpo de magistratura intermediária à administração e à legislatura, que, colocado em posição autônoma, com atribuições de revisão e julgamento, cercado de garantias contra quaisquer ameaças, possa exercer as suas funções vitais no organismo constitucional, sem risco de converter-se em instituição de ornato aparentoso e inútil (...) obstando a perpetuação das infrações orçamentárias por um veto oportuno aos atos do Executivo que discrepem da linha rigorosa das leis de finanças"*.

O Decreto não chegou a ser cumprido. Só com a CONSTITUIÇÃO de 1891 – art. 89 – é que o Tribunal de Contas da União passou a cumprir suas atribuições. Paulatinamente, foram sendo criados os Tribunais de Contas dos Estados e alguns Tribunais (ou Conselhos de Contas) Municipais.

A propósito, convém esclarecer que os Tribunais de Contas dos Estados possuem, em regra, jurisdição sobre as contas dos Estados e dos Municípios, exceto naqueles Estados em que existe um Tribunal (ou Conselho) de Contas específico para controlar as contas de determinado Município ou, em alguns casos, de todos os Municípios do Estado. Conquanto o atual ordenamento tenha preservado os Tribunais e Conselhos de Contas Municipais criados até outubro de 1988, o art. 31, § 4º, da Lei Maior, veda a criação de novos Tribunais ou Conselhos de Contas Municipais. Eis o teor da regra constitucional impeditiva: "É vedada a criação de Tribunais, *Conselhos ou órgãos de Contas municipais.*" Mas, **ATENÇÃO: o STF (ADIN nº 154, Rel. Min. Otávio Gallotti, Acórdão publicado no DJU de 11/10/1991, decisão de mérito**) já se posicionou no sentido de que o dispositivo constitucional acima veda apenas que o Município crie, em sua própria estrutura organizacional, um novo TC. Entendeu o STF que os Estados-membros podem criar novos Tribunais com jurisdição sobre as contas municipais. Nesse caso, à luz da interpretação do STF não seria inconstitucional uma Emenda à Constituição de um determinado Estado-membro que instituísse um novo Tribunal Estadual para fiscalizar as contas de seus Municípios, de sorte que o Tribunal de Contas do Estado, nessa situação, ficaria apenas com a jurisdição sobre a gestão estadual. A propósito, nunca é demais lembrar que, em relação à interpretação da Lei Maior, a última palavra é sempre a do STF, mas, ressalvando todos os melhores juízos, ouso criticar esse entendimento do STF por entender que, a rigor, a vedação deveria se estender a todos os tipos de criação de Tribunais Municipais e não apenas àquele criado pelo próprio Município.

As competências do Tribunal de Contas estão assinaladas ao longo dos arts. 70 a 74 da Constituição Federal. Nesses dispositivos, o Texto Constitucional faz menção ao Tribunal de Contas da União, que tem sede no Distrito Federal, e ao controle que ele exerce sobre a Administração Pública Federal.

No entanto, estatui o **ART. 75** da Lei Maior que as normas consignadas nos arts. 70 a 74 se aplicam, no que couber, à organização, composição e FISCALIZAÇÃO dos Tribunais de Contas dos Estados, que serão integrados por 7 (sete) Conselheiros. Trata-se, portanto, das chamadas "normas de reprodução obrigatória", ou seja, de um **modelo jurídico heterônimo, cogente, a ser obrigatoriamente observado pelos ordenamentos jurídicos estadual e municipal**. Especificamente com relação à fiscalização das contas municipais, a Constituição Federal também confere competências aos Tribunais de Contas no seu art. 31, §§ 1º e 2º.

Conclui-se do exposto que as competências dos Tribunais de Contas dos Estados são originárias também da Constituição Federal e são as mesmas conferidas ao Tribunal de Contas da União, mudando-se tão somente a jurisdição, que, no caso dos Tribunais Estaduais, alcança apenas as Administrações Estaduais e/ou Municipais, nos casos em que não haja Tribunal de Contas do Município. Ao constituinte estadual – o constituinte "decorrente" – restou muito pouco. Sem poder acrescer qualquer competência nova, deve se limitar a adequar os dispositivos da Lei Maior à estrutura administrativa do Estado e Municípios. Assim, se determinada Constituição Estadual ou Lei Orgânica de Município estabelecer competências para os Tribunais de Contas que extrapolem o modelo delineado na Constituição Federal, esse dispositivo será inconstitucional. Igualmente, se esses legisladores retirarem dos Tribunais de Contas Estaduais ou Municipais competências que lhes foram conferidas pela Lei Maior, também tal dispositivo será inconstitucional.

Sobre modelo de controle da Administração Pública, estatuído pela Lei Maior de 1988, e a importância do Tribunal de Contas, vale citarmos o posicionamento do ministro do Supremo Tribunal Federal, Celso de Mello:

> A essencialidade dessa Instituição – surgida nos albores da República com o Decreto nº 966-A, de 7/11/1890, editado pelo Governo Provisório sob a inspiração de Rui Barbosa – foi uma vez mais acentuada com a inclusão, no rol dos princípios constitucionais sensíveis, da indeclinabilidade da prestação de contas da Administração Pública, Direta e Indireta (CF, art. 34, VII, "d"). A atuação do Tribunal de Contas, por isso mesmo, assume importância fundamental no campo do controle externo. Como natural decorrência do fortalecimento de sua ação institucional, os Tribunais de Contas tornaram-se instrumentos de inquestionável relevância na defesa dos postulados essenciais que informam a própria organização da Administração Pública e o comportamento de seus agentes, com especial ênfase para os princípios da moralidade administrativa, da impessoalidade e da legalidade. Nesse contexto, o regime de controle externo, institucionalizado pelo ordenamento constitucional, propicia, em função da própria competência fiscalizadora outorgada aos Tribunais de Contas, o exercício, por esses órgãos estatais, de todos os poderes – explícitos ou implícitos – que se revelem inerentes e necessários à plena consecução dos fins que lhes foram cometidos.[1]

---

[1]  STF, SS Nº 1.308-RJ, Relator: Ministro Celso de Mello, *DJU* de 19/10/1998.

> **IMPORTANTE**
>
> 1. Embora o Governo Federal, os Governos Estaduais, o Distrito Federal e os Municípios sejam fiscalizados, em regra, e respectivamente, pelo TCU (Tribunal de Contas da União), TCEs (Tribunais de Contas Estaduais), TCDF (Tribunal de Contas do Distrito Federal) e TCMs (Tribunal de Contas dos Municípios e Tribunal de Contas do Município), é preciso ficar atento para A ORIGEM DOS RECURSOS a ser fiscalizada (se Federal, Estadual, Distrital ou Municipal). Assim:
>
>    **TCU** – fiscaliza a aplicação de recursos federais pelo Governo Federal (regra) e os repassados voluntariamente (convênios, acordos, ajustes) para outro ente federativo ou outras pessoas, físicas ou jurídicas.
>
>    **TCE's** – fiscalizam a aplicação dos recursos estaduais pelo Governo Estadual e os recursos municipais pelos Governos Municipais (regra) e os repassados voluntariamente por estes para outros entes federativos ou outras pessoas, físicas ou jurídicas.
>
>    **TCDF** – fiscaliza a aplicação dos recursos distritais pelo Governo do Distrito Federal (regra) e os repassados voluntariamente para outro ente federativo ou outras pessoas físicas ou jurídicas. **ATENÇÃO**: embora exista o TCDF, é preciso esclarecer que a fiscalização do PODER JUDICIÁRIO E DO MINISTÉRIO PÚBLICO DO DISTRITO FEDERAL E TERRITÓRIOS é da alçada do TCU. Nesse caso, embora os serviços sejam prestados no Distrito Federal, os recursos destinados ao custeio são de origem federal (União), e seus servidores são considerados "servidores federais".
>
>    **TRIBUNAIS DE CONTAS DOS MUNICÍPIOS** – órgão ESTADUAL que fiscaliza a aplicação dos recursos municipais pelo governo de todos os Municípios de um Estado e os repassados voluntariamente pelos Municípios a outro ente federativo ou a outras pessoas físicas ou jurídicas. Essa é situação dos Estados da Bahia, Goiás e Pará, onde existem dois Tribunais de Contas na estrutura administrativa do Estado: o TCE, que fiscaliza a aplicação dos recursos estaduais, e o TCM, que fiscaliza os recursos dos Municípios.
>
>    **TRIBUNAL DE CONTAS DO MUNICÍPIO** – órgão MUNICIPAL que fiscaliza a aplicação de recursos de um único Município, bem como os seus recursos repassados voluntariamente para outros entes federativos ou outras pessoas físicas ou jurídicas. É caso dos Municípios de São Paulo e Rio de Janeiro. Nestes dois Estados, existe um TCE, que fiscaliza os recursos estaduais e de todos os Municípios, exceto os recursos originários desses Municípios, que são fiscalizados pelo TC do respectivo Município.
>
>    **Exemplo**: convênio firmado entre o Ministério da Educação e a Secretaria de Educação do Município de Petrolândia-PE para a construção de salas de aula, implicando um repasse do Governo Federal da ordem de R$ 10.000,00. Embora o Tribunal de Contas de Pernambuco possua jurisdição sobre o Estado e sobre todos os Municípios nele situados, nesse caso, considerando a origem federal dos recursos, a competência para fiscalizar a aplicação desses recursos será do Tribunal de Contas da União.
>
> 2. O art. 71, VI, da Constituição Federal ratifica esse entendimento ao estatuir que compete ao TCU: *fiscalizar a aplicação de quaisquer recursos repassados pela União mediante convênio, acordo, ajuste ou outros instrumentos congêneres, a Estado, a Distrito Federal ou a Município.*

3. Quando o art. 73 da CF assinala que o TCU tem sede no Distrito Federal e jurisdição em todo o território nacional, a expressão todo o território nacional NÃO quer dizer que o TCU fiscalize sempre União, Estados e Municípios. Tal expressão foi utilizada pelo legislador em razão de existirem órgãos e empresas da União (Governo Federal) em todos os Estados e em grande parte dos Municípios brasileiros. Com efeito, vale repetir, o critério decisivo para definir a competência para fiscalizar (jurisdição) será a origem dos recursos.
4. TERRITÓRIOS – os Territórios não possuem órgãos de controle externo próprios. As contas dos Governos dos Territórios, nos termos do disposto no art. 33, § 2º, da CF, são julgadas pelo Congresso Nacional, com parecer prévio do TCU. Portanto, os Territórios são fiscalizados pelo TCU.
5. No entendimento do STF, os Municípios, depois de 1988, não podem criar novos Tribunais de Contas, mas o Estado-membro poderá criar um Tribunal de Contas para fiscalizar as contas municipais.

## 8.2. Tribunais de Contas

### 8.2.1. Natureza jurídica dos Tribunais de Contas

O Tribunal de Contas é um órgão constitucional dotado de autonomia administrativa e financeira, sem qualquer relação de subordinação com os Poderes Executivo, Legislativo e Judiciário. Embora as competências dos Tribunais de Contas estejam constitucionalmente inseridas no Capítulo I do Título IV, dedicado ao Poder Legislativo, esse fato não enseja uma interpretação no sentido de que haja qualquer subordinação administrativa ao Parlamento. O TC é órgão de permeio, agindo ora numa posição de colaboração com o Poder Legislativo, ora no exercício de competências próprias e específicas. A Constituição Federal não deixa dúvidas acerca da autonomia do Tribunal de Contas ao assinalar, em seu art. 71, que o controle externo, a cargo de Congresso Nacional, será exercido **com o auxílio** do Tribunal de Contas da União. O titular do controle externo é o Parlamento, mas a própria CF/1988 delegou a maior parte das atribuições de controle externo ao Tribunal de Contas. A autonomia, concebida como a capacidade de auto-organização e do poder de iniciar o processo legislativo em relação a temas de sua alçada, fica também evidenciada quando a CF estatui, no art. 73, que o TC tem *quadro próprio de pessoal*, combinando-o com o seu **art. 96**. O artigo 96 da CF estatui atribuições atinentes à auto-organização do Poder Judiciário, e o art. 73 estende, no que couber, essas regras ao Tribunal de Contas.

Eduardo Gualazzi afirma que *se pode definir Tribunal de Contas, no Brasil, como o órgão administrativo parajudicial, funcionalmente autônomo, cuja função consiste em exercer, de ofício, o controle externo, fático e jurídico, sobre a execução financeiro-orçamentária, em face dos três Poderes do Estado, sem a definitividade jurisdicional.*[2]

A professora Odete Medauar assinala que *muito comum é menção do Tribunal de Contas como órgão auxiliar do Poder Legislativo, o que acarreta a ideia de subordinação. Confunde-se, desse modo, a função com a natureza do órgão. A Constituição Federal, em artigo algum, utiliza a expressão órgão auxiliar; dispõe que o controle externo do Congresso Nacional será exercido com o auxílio do Tribunal de Contas; a sua função, portanto, é de exercer o controle financeiro e orçamentário da Administração em auxílio ao Poder responsável, em última instância, por essa fiscalização. Tendo em vista que a própria Constituição assegura ao Tribunal de Contas as mesmas garantias de independência do Poder Judiciário, impossível considerá-lo subordinado ao Legislativo ou inserido na estrutura do Legislativo. Se a sua função é de atuar em auxílio ao Legislativo, sua natureza, em razão das próprias normas da Constituição, é a de órgão independente desvinculado da estrutura de qualquer dos três Poderes. Entendimento semelhante é esposado por José Cretella Jr., ao classificar o Tribunal de Contas como órgão administrativo independente, Hely Lopes Meirelles e Alfredo Buzaid.*[3]

Celso Antônio Bandeira de Mello assinala: *tem-se, pois, que, embora o Texto Constitucional nos afirme, no art. 6º, que são Poderes da União, o Legislativo, o Executivo e o Judiciário, o certo é que, paralelamente a esses três conjuntos orgânicos, criou-se outro conjunto orgânico que não se aloja em nenhum dos três Poderes da República. Previu-se um órgão – o Tribunal de Contas – que não está estruturalmente, organicamente, albergado dentro desses três aparelhos em que se divide o exercício do Poder. Como o Texto Constitucional desdenhou designá-lo como Poder, é inútil ou improfícuo perguntarmo-nos se seria ou não um Poder. Basta-nos uma conclusão, a meu ver irrefutável: o Tribunal de Contas, em nosso sistema, é um conjunto orgânico perfeitamente autônomo.*[4]

O Ministro Carlos Ayres Britto pontifica: "*Quando a Constituição diz que o Congresso exercerá o controle externo 'com o auxílio do TCU' (art. 71), tenho como certo que está a falar de 'auxílio' do mesmo modo como a Constituição fala do Ministério Público perante o Judiciário. (...) Uma só função, com dois

---

[2] Eduardo Lobo Botelho Gualazzi. *Regime Jurídico dos Tribunais de Contas*. São Paulo: Revista dos Tribunais, 1992. p. 187.
[3] Odete Medauar. *Controle da Administração Pública*. São Paulo: Ed. Revista dos Tribunais, 1993, p. 142.
[4] Palestra do professor Celso Antônio Bandeira de Mello transcrita no livro: *Controle Externo*, de Róbinson Gonçalves de Castro, Editora Vestcon, 3. ed., p. 23.

*diferenciados órgãos a servi-lo. Sem que se possa falar de superioridade de um perante o outro...*.⁵

Ratificando esse posicionamento doutrinário, o STF, em sessão plenária realizada no dia 26/06/1984, assinalou: "*O Tribunal de Contas não é preposto do Legislativo. A função que exerce recebe diretamente da Constituição Federal, que lhe define as atribuições.*" Vale dizer que esse posicionamento do STF foi firmado ainda quando da vigência do ordenamento jurídico anterior. Esse posicionamento ganha ainda mais consistência se pensarmos que a atual CF fortaleceu substancialmente o papel dos Tribunais de Contas.

> **IMPORTANTE**
>
> 1. Embora este seja o posicionamento da melhor doutrina, lamentavelmente, é forçoso reconhecer que muitos concursos públicos têm considerado como verdadeiros itens que afirmam ser o Tribunal de Contas: 1) órgão do Poder Legislativo; 2) unidade auxiliar do Poder Legislativo; 3) inserido na estrutura do Poder Legislativo etc. Por sua vez, e paradoxalmente, esses mesmos concursos consideram que os Tribunais de Contas NÃO são dependentes nem subordinados ao Poder Legislativo. Vale lembrar que a LRF, ao longo dos seus artigos, trata os Tribunais de Contas como órgãos do Poder Legislativo.
> 2. NÃO HÁ QUALQUER HIERARQUIA, SUBORDINAÇÃO OU VINCULAÇÃO, DE NENHUMA ORDEM, ENTRE O TCU E OS TRIBUNAIS ESTADUAIS OU MUNICIPAIS. Cada um atua no limite de suas jurisdições e competências (é muito comum surgirem em concursos questões levantando a possibilidade de o TCU ter o poder de revisar as decisões do TCE. Marque FALSO). Nada impede, contudo, que, por medida de racionalidade administrativa, haja convênios de cooperação técnica entre esses Tribunais.
> 3. Vale ressaltar que, embora o TC possua competências próprias, que não dependem de apreciação posterior de qualquer dos Poderes, nos termos da Constituição Federal a TITULARIDADE DA FUNÇÃO DE CONTROLE EXTERNO É:
>    • NA UNIÃO – DO CONGRESSO NACIONAL
>    • NOS ESTADOS – DA ASSEMBLEIA LEGISLATIVA
>    • NO DISTRITO FEDERAL – DA CÂMARA LEGISLATIVA
>    • NOS MUNICÍPIOS – DA CÂMARA DE VEREADORES
> 4. A propósito, ainda na seara do Controle Externo, convém citarmos as regras assinaladas nos **arts. 49, V e X, 50 e 58, § 3º, da CF**, que estatuem competências para (1) o <u>Congresso Nacional</u> **sustar os atos normativos** do Poder Executivo que exorbitem do Poder regulamentar ou dos limites de delegação legislativa e fiscalizar e controlar, diretamente ou por qualquer de suas Casas, os atos do Poder Executivo, incluídos os da Administração Indireta; (2) as <u>Mesas da Câmara ou do Senado (ou qualquer de suas comissões</u>) para **convocar Ministros** e outras autoridades para prestarem esclarecimentos; (3) as <u>Mesas da Câmara ou do Senado</u> **solicitarem**

---

⁵ Britto, Carlos Ayres. O Regime Constitucional dos Tribunais de Contas. Artigo publicado na *Revista Diálogo Jurídico*. Ano I, nº 9, dezembro de 2001, Salvador-BA.

> **informações** por escrito a Ministros e outras autoridades, no prazo de 30 dias, sob pena de crime de responsabilidade; e (4) a <u>Câmara dos Deputados e o Senado Federal</u> instalarem, em conjunto ou separadamente, **Comissões Parlamentares de Inquérito** (CPIs), que terão poderes de investigação próprios das autoridades judiciais, além de outros previstos nos regimentos das respectivas Casas, mediante requerimento de um terço de seus membros, para a apuração de fato determinado e por prazo certo, sendo suas conclusões, se for o caso, encaminhadas ao Ministério Público, para que promova a responsabilidade civil ou criminal dos infratores.
> 5. Os Tribunais de Contas NÃO têm PERSONALIDADE JURÍDICA, possuindo, entretanto, CAPACIDADE PROCESSUAL OU POSTULATÓRIA. Assim, os Tribunais de Contas podem estar em juízo, ativa ou passivamente, em seu próprio nome, na defesa de suas competências ou direitos próprios, uma vez que são titulares de direitos subjetivos sujeitos a tutela judicial quando relegados ou contestados.

### 8.2.2. Natureza jurídica das decisões do Tribunal de Contas

Não é de hoje o fervoroso debate doutrinário acerca da natureza jurídica das decisões dos Tribunais de Contas. Possuem natureza judicante ou administrativa? Esclareça-se, de início, que uma decisão judicante não necessariamente é aquela originária do Poder Judiciário. A decisão pode ser judicante (capacidade de dizer definitivamente o direito), mesmo advinda de um órgão administrativo. É o caso, por exemplo, dos países que adotam o chamado <u>contencioso administrativo</u>. Por esse sistema, um órgão administrativo pode ter competência para dar a última palavra sobre determinada questão que envolva a Administração Pública, sem que as partes possam "recorrer" ao Poder Judiciário. No Brasil, os Tribunais de Contas não integram o Poder Judiciário. Mesmo assim, uma parte minoritária da doutrina, tendo à frente Pontes de Miranda e Seabra Fagundes, seguidos hoje, entre outros, por Jorge Ulisses Jacoby Fernandes,[6] defende a força judicante da deliberação do Tribunal de Contas que <u>julga</u> contas dos administradores públicos (art. 71, II, da CF).

Um dos argumentos é que a própria Constituição, ao estabelecer o termo técnico <u>julgar</u>, conferiu parcela jurisdicional ao Tribunal de Contas. Sobre o disposto no art. 5º, XXXV, da Lei Maior, que estatui que *a lei não excluirá da apreciação do Judiciário lesão ou ameaça de direito*, essa corrente minoritária alega que a lei (sentido estrito) é que não pode excluir lesão ou ameaça de direito do exame do Poder Judiciário. A Constituição Federal podia, tanto que o fez no seu próprio texto quando conferiu, excepcionalmente, ao Tribunal de Contas a competência para julgar as contas dos administradores públicos.

---

[6] Jorge Ulisses Jacoby Fernandes. *Tomada de Contas Especial*. Brasília: Brasília Jurídica, 1996. p. 26-31.

Seabra Fagundes vai mais além e afirma que *a força jurisdicional da decisão do Tribunal de Contas não ocorre pelo simples emprego da palavra "julgar", mas sim pelo sentido definitivo da manifestação da Corte, pois se a irregularidade das contas pudesse dar lugar à nova apreciação pelo Judiciário, o seu pronunciamento resultaria em mero e inútil formalismo.*[7] Pontes de Miranda sustenta que *a função de julgar as contas está claríssima no Texto Constitucional. Não havemos de interpretar que o Tribunal de Contas julgue e outro juiz as rejulgue depois. Tratar-se-ia de absurdo* bis in idem.[8]

Não obstante os respeitáveis argumentos, o fato é que a MAIOR PARTE da doutrina e da jurisprudência dos Tribunais Superiores confere **NATUREZA ADMINISTRATIVA** às decisões do Tribunal de Contas. A base da conclusão está em que o ordenamento jurídico brasileiro, a partir da regra insculpida no citado art. 5º, XXXV, da Lei Maior, adotou o sistema de jurisdição una, também chamado de *monopólio da tutela jurisdicional pelo Poder Judiciário*, de sorte que as decisões administrativas dos Tribunais de Contas, enquanto atos administrativos, estão sujeitas ao controle jurisdicional. O entendimento dominante é que não existe no Brasil o chamado <u>contencioso administrativo</u>. Nesse sentido, são os posicionamentos, entre outros, de José Cretella Júnior,[9] José Afonso da Silva,[10] Odete Medauar.[11]

Outro ponto suscitado diz respeito ao caráter vinculatório das deliberações do Tribunal de Contas em relação à Administração Pública. As decisões do Tribunal de Contas obrigam a Administração? Acerca da natureza vinculatória das decisões dos TCs, em face da Administração Pública, vale transcrevermos o posicionamento da professora Maria Sylvia Zanella Di Pietro, em artigo fundamental para o correto entendimento da atuação dos Tribunais de Contas:

> Todos os aspectos do ato que envolvam legalidade podem ser apreciados pelo Poder Judiciário, sob pena de ofensa ao art. 5º, inciso XXXV, da Constituição. E sabe-se que, hoje, o controle exercido pelo Poder Judiciário é muito mais amplo, em virtude da própria ampli-

---

[7] Seabra Fagundes. *O Controle dos Atos Administrativos pelo Poder Judiciário.* 5. ed. 1979. p. 137-139.
[8] Pontes de Miranda. *Comentários à Constituição de 1946.* 2. ed. Rio de Janeiro: Max Limonad, 1953. p. 142.
[9] José Cretella Júnior. *Comentários à Constituição brasileira de 1988.* V. IV, Rio de Janeiro: Forense Universitária, 1991. p. 2.031-2.048.
[10] José Afonso da Silva. *Curso de Direito Constitucional Positivo.* 9. ed. São Paulo: Malheiros, 1992. p. 641.
[11] Odete Medauar. Ob. cit., p. 142.

tude que adquiriu o princípio da legalidade. Este deixou de ser visto em seu aspecto puramente formal, para ser encarado também no seu aspecto material, em que se exige a vinculação da lei aos ideais de justiça, com todos os valores e princípios assegurados implícita ou explicitamente na Constituição, já a partir do preâmbulo. Pode-se afirmar que a decisão do Tribunal de Contas, se não se iguala à decisão jurisdicional, porque está também sujeita ao controle pelo Poder Judiciário, também não se identifica com a função puramente administrativa. Ela se coloca a meio caminho entre uma e outra. Ela tem fundamento constitucional e se sobrepõe à decisão das autoridades administrativas, qualquer que seja o nível em que se insiram na hierarquia da Administração Pública, mesmo no nível máximo da chefia do Poder Executivo.[12]

Ressalte-se, ademais, um trecho do voto do Ministro do STF, Castro Nunes (publicado pela RDA 12/421): *se essa decisão, iniludivelmente administrativa, é suscetível de apreciação judiciária e pode, portanto, vir a juízo e ser anulada pelos Tribunais, não o pode fazer o Tesouro, porque o Tribunal de Contas – órgão posto de permeio entre os Poderes para vigiar a execução das leis de meios, é o fiscal constitucional daqueles que as aplicam, dos que têm poder de despender, isto é, do Poder Executivo – é Tribunal sobranceiro à própria Administração. A Administração não pode invalidar os seus atos.*

> **IMPORTANTE**
> - A natureza jurídica da decisão do Tribunal de Contas é ADMINISTRATIVA.
> - O Tribunal de Contas é um Tribunal ADMINISTRATIVO.
> - Sendo a decisão do TC um ato administrativo, poderá ser objeto de controle por parte do Poder Judiciário.
> - A decisão do TC vincula a Administração Pública, que deverá cumprir as deliberações do TC ou ingressar com os recursos cabíveis no âmbito dos próprios Tribunais de Contas ou ingressar com ações próprias no Judiciário, caso discordem.
> - **JURISPRUDÊNCIA**. O **STJ**, por meio de várias decisões, vem ratificando o caráter vinculante, para a Administração, das decisões emanadas dos TCs. Decisões que estão em plena sintonia com precedentes do **STF**. Abaixo, ementa do Recurso Especial **(RESP) Nº 464.633/SE**; Rel. Min. Felix Ficher: PROCESSUAL CIVIL. RECURSO ESPECIAL. MANDADO DE SEGURANÇA. DECISÃO DO TRIBUNAL DE CONTAS DA UNIÃO. APOSENTADORIA. ILEGALIDADE. REGISTRO. NEGATIVA. AUTORIDADE COATORA. LEGITIMIDADE PASSIVA *AD CAUSAM*.

---

[12] Maria Sylvia Zanella Di Pietro. "Coisa Julgada – Aplicabilidade a Decisões do Tribunal de Contas da União." *Revista do TCU*, v. 27, n. 70, p. 23, out. dez. 1996.

I – "A aposentadoria é ato administrativo sujeito ao controle do Tribunal de Contas, que detém competência constitucional para examinar a legalidade do ato e recusar o registro quando lhe faltar base legal" (RE nº 197.227-1/ES, Pleno, Rel. Ministro ILMAR GALVÃO, DJ de 07/02/1997).

II – O Tribunal de Contas da União é parte legítima para figurar no polo passivo do mandado de segurança, quando a decisão impugnada revestir-se de caráter impositivo. Precedentes do Colendo Supremo Tribunal Federal.

III – A decisão do Tribunal de Contas que, dentro de suas atribuições constitucionais (art. 71, III, da CF), julga ilegal a concessão de aposentadoria, negando-lhe o registro, possui caráter impositivo e vinculante para a Administração.

IV – Não detendo a autoridade federal impetrada poderes para reformar decisão emanada do TCU, não é parte legítima para figurar no polo passivo da ação mandamental que se volta contra aquela decisão. **Recurso não conhecido.**

### 8.2.3. Eficácia das decisões do Tribunal de Contas

Estabelece o art. 71, § 3º, da CF que:

> As decisões do tribunal de contas de que resulte imputação de débito ou multa terão eficácia de título executivo.

Ter a eficácia de título executivo significa que o erário-credor do título, o erário que a partir da decisão do Tribunal de Contas tem o direito de receber determinada quantia proveniente de dano ao erário ou multa aplicada pelo TC, caso o responsável não efetue o ressarcimento no prazo legal, não precisará ingressar no Poder Judiciário com o processo de conhecimento. A decisão condenatória do TC, por ter eficácia de título executivo, poderá ser diretamente executada pela Administração. Para isso, no entanto, faz-se necessário que o TC tenha assegurado ao responsável as garantias do devido processo legal. Ressalte-se, também, que, para completa efetividade, é preciso que a decisão do TC declare expressamente o agente responsável e o valor da condenação. Sem tais requisitos, as decisões não poderão ser consideradas títulos executivos extrajudiciais por não apresentarem as condições de certeza e liquidez.

Diga-se, ainda, que a caracterização de título executivo, um dos grandes avanços do modelo delineado pelo novo ordenamento jurídico de 1988, TORNA DESNECESSÁRIA A INSCRIÇÃO DO DÉBITO NA DÍVIDA ATIVA da Administração. Destaque-se, também, que essa decisão do Tribunal de Contas possui a natureza de título executivo EXTRAJUDICIAL (como, por exemplo, é a própria dívida ativa – ver art. 784, IX, do CPC/15). Não se trata, pois, de título executivo judicial, pois apenas as sentenças prolatadas pelo Poder Judiciário possuem tal natureza. Importa lembrar também que a eficácia de título executivo alcança não só as decisões que determinarem ressarcimento em razão de dano ou prejuízo ao erário, mas também as decisões que aplicarem MULTAS, conforme as hipóteses legais.

Outro ponto de extrema importância é esclarecer sobre caso de decisão que impute débito ou multa a determinado administrador público que venha a falecer antes do recolhimento do valor imputado. Nesse caso, há que prevalecer o disposto no art. 5º, XLV, da CF, que estatui: *nenhuma pena passará da pessoa do condenado, podendo a obrigação de reparar o dano e a decretação do perdimento de bens ser, nos termos da lei, estendidas aos sucessores e contra eles executadas, até o limite do valor do patrimônio transferido.* A propósito, essa responsabilidade dos sucessores, limitada ao valor do patrimônio transferido, está positivada em quase todas as leis orgânicas dos Tribunais de Contas brasileiros.

Acerca da competência para executar as decisões dos Tribunais de Contas, decisões que imputem débito ou multa a determinado gestor de receitas públicas, é forçoso dizer que nem o Tribunal de Contas nem o Ministério Público especial que atua junto ao Tribunal de Contas possuem tal competência. Essa competência será do erário-credor (União, Estados e Municípios) por meio de seus órgãos de defesa jurídica:

> **RECURSOS FEDERAIS**: ADVOCACIA-GERAL DA UNIÃO (CF, art. 131 c/c CPC/15, art. 75, I).
> **RECURSOS ESTADUAIS**: (incluído o Distrito Federal) PROCURADORIAS DOS ESTADOS (e PROCURADORIA DISTRITAL) – (CF, arts. 131/132 c/c CPC/15, art. 75, II).
> **RECURSOS MUNICIPAIS**: Prefeito ou Procurador Municipal (CPC/15, art. 75, III).

Uma última questão diz respeito à IMPRESCRITIBILIDADE, para efeito de cobrança executiva, da decisão do Tribunal de Contas que determine ressarcimento. Tudo isso em virtude do disposto no art. 37, § 5º, que reza: "a lei estabelecerá os prazos de prescrição para ilícitos praticados por qualquer agente, servidor ou não, que causem prejuízos ao erário, RESSALVADAS AS RESPECTIVAS AÇÕES DE RESSARCIMENTO" (destaque nosso).

### 8.2.4. Alcance da fiscalização contábil, financeira, orçamentária, operacional e patrimonial

O título acima está diretamente relacionado ao teor do art. 70 da Constituição Federal, que estatui:

> Art. 70 – A fiscalização contábil, financeira, orçamentária, operacional e patrimonial da união e das entidades da administração direta e indireta, quanto à legalidade, legitimidade, economicidade, aplicação

das subvenções e renúncia de receitas, será exercida pelo Congresso Nacional, mediante controle externo, e pelo sistema de controle interno de cada poder.

Parágrafo único. Prestará contas qualquer pessoa física, ou jurídica, pública ou privada, que utilize, arrecade, guarde, gerencie ou administre dinheiros, bens e valores públicos ou pelos quais a União responda, ou que, em nome desta, assuma obrigações de natureza pecuniária.

Diga-se, de início, que, embora o dispositivo supracitado trate da fiscalização da União, por força do disposto no art. 75 da CF, como já vimos, esse mesmo regramento deverá ser observado pelos Estados e Municípios.

À luz do referido dispositivo, podemos assinalar o alcance da fiscalização sobre a aplicação de recursos públicos. Antes de tudo, é preciso não esquecer que a fiscalização realizada pelos órgãos de controle externo, especialmente pelos Tribunais de Contas, é efetuada sobre a FUNÇÃO ADMINISTRATIVA dos Poderes e órgãos que compõem a Administração Pública. Quando se diz que o TC fiscaliza, por exemplo, o Poder Judiciário, o Legislativo, o Executivo, o Ministério Público e o próprio TC, está-se referindo ao controle sobre a função administrativa exercida por esses órgãos e não sobre a função judicante, legislativa ou fiscalizadora. Não obstante existir a separação de funções, todos os Poderes gozam de autonomia administrativa e todos eles, ainda que não precipuamente (como o Judiciário e o Legislativo), exercem a função administrativa (realizando licitações, contratos, obras, pagando pessoal etc.).

O alcance da fiscalização abrange aspectos objetivos e subjetivos.

## A – ASPECTOS OBJETIVOS

1) **CONTÁBIL** – os recursos públicos devem ser aplicados com a observância dos princípios e técnicas contábeis, especialmente por meio da escrituração, dos balanços e das análises dos resultados, aspecto que, pela própria abrangência e natureza, se interliga com todos os demais aspectos objetivos do controle: o financeiro, o orçamentário, o operacional e o patrimonial.

2) **FINANCEIRO** – relacionado ao fluxo de recursos (ingressos e saídas) geridos pelo administrador, independentemente de serem ou não recursos orçamentários. Insere-se nesse controle, por exemplo, a fixação da programação financeira, do cronograma mensal de desembolso e de limitação de movimentação financeira (LRF, arts. 8º e 9º), a verificação dos limites de despesas com pessoal (LRF, arts. 18

a 23), bem como as vedações de contrair novas despesas em final de mandato, como a prevista no art. 42 da LRF.

3) **ORÇAMENTÁRIO** – relacionado à regularidade da elaboração das leis orçamentárias e suas alterações, por meio dos créditos adicionais, a observância dos princípios e regras orçamentárias, acompanhando a concretização da arrecadação estimada e das despesas fixadas.

4) **OPERACIONAL** – relacionado à verificação do cumprimento de metas, resultados, eficácia e eficiência da gestão dos recursos públicos. Concretiza-se a partir das auditorias operacionais – AOPs –, por meio das quais são apreciados programas, projetos, atividades, sistemas governamentais, órgãos e entidades públicas com o objetivo de avaliar o desempenho de suas ações e o grau de qualidade dos seus resultados.

5) **PATRIMONIAL** – relacionado ao controle e à conservação de bens públicos: catalogação, tombamento, inventários etc. A propósito do controle patrimonial, vale transcrevermos o entendimento de Ricardo Lobo Torres: *mas o conceito de patrimônio público se dilarga no Direito Constitucional moderno e passa a abranger, além dos bens dominiais, os bens de uso do povo* (res communes omnium), *neles incluído o próprio* **MEIO AMBIENTE**, *que de direito difuso se transforma em direito subjetivo público da Administração, agora sujeitos à tutela do Tribunal de Contas competente para fixar o valor do ressarcimento dos prejuízos causados por dolo ou culpa dos responsáveis pela utilização ou guarda daqueles bens.*[13] Dentro desse entendimento, os Tribunais de Contas devem, através das chamadas <u>auditorias ambientais</u>, avaliar, por exemplo, o impacto ambiental decorrente dos contratos de obras públicas e também fiscalizar os resultados dos órgãos e das entidades, públicas ou privadas, que administram recursos públicos destinados à preservação do meio ambiente. Também em relação ao aspecto patrimonial, temos o exame das **PRIVATIZAÇÕES**, ou seja, de alienações do Patrimônio Público, de sorte que caberá aos órgãos de controle avaliar a regularidade da operação.

A análise de todos esses aspectos da gestão pública é realizada levando-se em conta a:[14]

---

[13] Ricardo Lobo Torres. *Tratado de Direito Constitucional Financeiro e Tributário*. Ob. cit., p. 332-333.

[14] Embora o legislador tenha relacionado apenas alguns aspectos relacionados à função administrativa, há que se ressaltar que a fiscalização alcança todos os princípios

a) **LEGALIDADE** – o princípio da legalidade, devidamente consignado no art. 37 da Lei Maior, exige que, nos procedimentos de fiscalização, os órgãos encarregados do controle da coisa pública verifiquem se a aplicação dos recursos públicos ocorreu nos termos do ordenamento jurídico (Constituição, leis, decretos etc.). Sobre essa questão, ver adiante o ponto sobre "O TC e o Controle de Constitucionalidade".

b) **LEGITIMIDADE** – além da obediência às leis, os órgãos de fiscalização da Administração Pública deverão observar se a aplicação dos recursos foi legítima, ou seja, se atendeu ao interesse público e à moralidade administrativa. Considerando a escassez de recursos e a limitação das receitas públicas, é dever dos gestores públicos aplicá-los de maneira razoável, levando em conta as prioridades com vistas ao atendimento das reais necessidades da população, à redução das desigualdades e à promoção do bem comum. Ex.: diante do sucateamento de ambulâncias de um Município, a decisão de um gestor municipal de priorizar a aquisição de um luxuoso veículo de representação, ainda que observados certos preceitos legais, a exemplo da realização de licitação e previsão orçamentária, implica a ilegitimidade da despesa.[15]

c) **ECONOMICIDADE** – além do cumprimento formal das leis, a fiscalização, no atinente à execução das despesas, deverá observar se o gasto público se concretizou da forma menos custosa para a Administração. Deverá observar se os preços dos produtos adquiridos e dos serviços contratados pela Administração estão dentro do preço de mercado. Em caso de aplicação antieconômica dos recursos públicos (preço de aquisição > preço de mercado), aplicação que causa dano (prejuízo) ao erário, independentemente de a Administração ter realizado processo licitatório, cabe aos órgãos de controle identificar a responsabilidade e determinar as medidas para ressarcimento do prejuízo.

d) **APLICAÇÃO DE SUBVENÇÕES** – na verdade, vê-se uma imprecisão do legislador quando assinalou as subvenções nesse dispositivo. Não precisava. Nos termos da Lei nº 4.320/1964, as subvenções são recursos públicos transferidos a entidades públicas ou privadas para que apliquem em determinada despesa. Dessa forma, só pelo fato de se constituir aplicação de receitas públicas haveria de incidir o controle sobre elas.

---

explícitos e implícitos que regem a conduta administrativa. Assim, não se pode esquecer dos princípios da moralidade, impessoalidade, publicidade, eficiência (art. 37 da CF) e dos princípios da razoabilidade e proporcionalidade.

[15] LIMA, Luiz Henrique. *Controle Externo*. Rio de Janeiro, Elsevier, 2007, p. 30.

e) **RENÚNCIA DE RECEITAS** – a renúncia de receitas públicas, especialmente de tributos, por meio da concessão de isenções e anistias, por exemplo, deve obedecer aos critérios fixados em lei. A rigor, avaliar a regularidade das renúncias, especialmente as razões econômicas que as motivaram, é uma atribuição dos órgãos de controle tão importante como a verificação da correta aplicação das receitas arrecadadas (despesas). Sobre a renúncia de receitas, ver mais detalhes no Capítulo 5, que trata da "Receita Pública".

O MOMENTO DA FISCALIZAÇÃO – Ainda inserido nos aspectos objetivos do poder fiscalizador, temos a questão do MOMENTO em que se dá a atuação do Tribunal de Contas. Em muitos países, esse controle ocorre mesmo antes de a medida administrativa produzir efeitos. Alguns Tribunais ou órgãos de controle possuem a função de controlar previamente os atos (ou alguns deles) editados pelos administradores. Isso, por exemplo, existiu no Brasil até a vigência da CF/1946 (art. 77). Até então, todos os contratos deveriam ser registrados no TC e só depois da chancela do TC é que o administrador poderia efetuar a despesa. No modelo instituído pela CF/1988, verifica-se que não mais existe a possibilidade de o Tribunal de Contas controlar previamente os **atos administrativos**.

É pacífico o entendimento de que o poder fiscalizador do Tribunal de Contas se concretiza CONCOMITANTE ou POSTERIORMENTE à edição dos atos administrativos. Há, nos dias atuais, uma grande tendência de a fiscalização acompanhar – quase em tempo real – o processamento da despesa pública. São as chamadas auditorias de execução ou concomitantes. Alguns autores, a exemplo do professor Régis Fernandes de Oliveira, afirmam que a atuação do Tribunal de Contas se dará concomitante ou posteriormente à realização da despesa. Preferimos o entendimento que não vincula a atuação do TC à fase posterior da realização da despesa, mas sim à fase posterior à edição de um ato administrativo que pode não implicar, desde já, a realização de despesa, mas que pode ser considerado o início do processamento do gasto. **Resumindo**: dizer que a atuação dos TCs é prévia, concomitante ou posterior irá depender do ponto de referência adotado. Se adotar o ato administrativo como referência, o controle será sempre *concomitante* ou *posterior*. Se adotar a execução da despesa (empenho, liquidação, pagamento), pode-se dizer que, em certas situações excepcionais, o controle dos TCs pode ocorrer até mesmo previamente, a exemplo do controle de editais de concursos públicos e de licitação (art. 113 da Lei nº 8.666/1993 c/c art. 71, IX e X da CF) e da expedição de medidas cautelares (sobre cautelares, ver item 8.2.5, mais à frente no capítulo).

Ricardo Lobo Torres,[16] tratando da questão, afirma que "o *controle a posteriori é o tipo comum do nosso constitucionalismo. Inicia-se depois de praticado o ato administrativo ou de encerrado o exercício financeiro*". O autor faz menção, também, ao controle simultâneo, quase um ato de coexecução do orçamento, que seria aquele realizado pelo TC nos termos do art. 72 da CF, em auxílio à comissão do Congresso. Importante termos o conhecimento do entendimento de tão prestigiado autor; no entanto, essa hipótese constitucional pode perfeitamente ser enquadrada no controle concomitante ou contemporâneo (classificação mais usual).

### B – ASPECTOS SUBJETIVOS

Os aspectos subjetivos estão postos no parágrafo único do art. 70 da CF. São os relacionados às pessoas sujeitas à fiscalização. Todas as pessoas, **FÍSICAS OU JURÍDICAS, PÚBLICAS OU PRIVADAS**, estão obrigadas a prestar contas em razão de UTILIZAREM, ARRECADAREM, GUARDAREM, GERENCIAREM ou ADMINISTRAREM bens e valores públicos. À luz desse dispositivo, não interessa se a pessoa que está administrando os recursos públicos pertença à Administração Pública. O que importa, para efeito de incidência da fiscalização e do controle, é que os recursos sejam públicos.

Nesse caso, surge a seguinte indagação: as denominadas **ORGANIZAÇÕES SOCIAIS**, reguladas pela Lei Federal nº 9.637/1998, deverão prestar contas ao Tribunal de Contas? As ORGANIZAÇÕES SOCIAIS são entidades privadas – pessoas jurídicas de Direito Privado – sem fins lucrativos, destinadas ao exercício de atividades dirigidas ao ensino, à pesquisa científica, ao desenvolvimento tecnológico, à proteção e à preservação do meio ambiente, à cultura e à saúde. Integram, segundo a doutrina, o terceiro setor, estando sujeitas a princípios privados e publicistas, mas não fazem parte da Administração Pública Indireta. Esses organismos são declarados de interesse social e utilidade pública, podendo-lhes ser destinados recursos orçamentários e bens públicos necessários aos contratos de gestão, que deverão prever o cronograma de desembolso e as liberações financeiras.

Tratando-se de um contrato de gestão entre o Poder Público e uma entidade privada, implicando a transferência de bens e recursos públicos, resta indubitável a incidência do disposto no art. 70, parágrafo único, c/c art. 71, II, da CF. A própria lei que regulou as organizações sociais prevê, em seu art. 9º, que *os responsáveis pela fiscalização da execução do contrato de gestão, ao tomarem conhecimento de qualquer irregularidade ou ilegalidade na utilização de* recursos ou bens de origem pública *por organização social, dela*

---

[16] Ob. cit. p. 341/342.

*darão ciência ao Tribunal de Contas da União, sob pena de responsabilidade solidária* (destaque nosso*)*.

Como já nos referimos, essa obrigação de prestar contas é uma consequência do princípio republicano. O direito da sociedade e o dever do administrador existem porque os recursos que são utilizados na Administração Pública não pertencem ao Poder Público, mas sim à coletividade, daí o dever de informar ao povo a maneira como os seus recursos estão sendo alocados.

Flávio Sátiro Fernandes esclarece que, *"embora o administrador da coisa pública esteja obrigado a informar como usou o dinheiro do povo, tal obrigatoriedade não representa de maneira alguma uma desconfiança em relação aos procedimentos por aquele adotados, mas apenas uma oportunidade que se concede ao povo de conhecer a destinação dada a seu dinheiro e se essa destinação se pautou pelos ditames legais pertinentes"*.[17]

Entende-se por **CONTAS** o conjunto de documentos públicos – a exemplo de relatório de atividades, balanços gerais, livros contábeis, inventários, documentos bancários, termo de conferência de caixa, relação das obras realizadas, notas de empenho, processos licitatórios, contratos e convênios, leis orçamentárias e as que autorizam a abertura de créditos suplementares e especiais, documentos fiscais, recibo de credores – evidenciadores da forma como foram aplicadas as receitas públicas.

É tamanha a importância do princípio da prestação de contas que o legislador maior (CF, arts. 34 e 35) assinalou que a ausência da prestação de contas no prazo legal poderá ensejar a INTERVENÇÃO DA UNIÃO NOS ESTADOS e a INTERVENÇÃO DO ESTADO NOS MUNICÍPIOS. Sobre a possibilidade de os TCs solicitarem diretamente ao Governador do Estado Intervenção em determinado Município, o STF já firmou jurisprudência no sentido de que os Tribunais de Contas não possuem competência para requerer diretamente a intervenção estadual. Eis um exemplo desse posicionamento: **STF ADI 2.631-PA** – "EMENTA: CONSTITUCIONAL. INTERVENÇÃO ESTADUAL NO MUNICÍPIO. C.F., art. 35, I, II e III. Constituição do Estado do Pará, art. 84, I, II e III. COMPETÊNCIA ATRIBUÍDA AO TRIBUNAL DE CONTAS DO MUNICÍPIO PARA REQUERER AO GOVERNADOR A INTERVENÇÃO. Constituição do Pará, art. 85, I. I. – É inconstitucional a atribuição conferida, pela Constituição do Pará, art. 85, I, ao Tribunal de Contas dos Municípios, para requerer ao Governador do Estado a Intervenção em Município. Caso em que o Tribunal de Contas

---

[17] FERNANDES, Flávio Sátiro. *Prestação de Contas - Instrumento de Transparência na Administração*. Disponível: www.datavenia.inf.br. Acesso em: 10.06.2000.

age como auxiliar do Legislativo Municipal, a este cabendo formular a representação, se não rejeitar, por decisão de dois terços dos seus membros, o parecer prévio emitido pelo Tribunal (C.F., art. 31, § 2º). II. – Ação direta de inconstitucionalidade julgada procedente."[18]

---

**IMPORTANTE**

1. São muito frequentes em concursos questões abordando os aspectos objetivos e subjetivos da fiscalização. Atenção para as questões que colocam como passíveis de ser fiscalizadas pessoas ou empresas que não pertençam à Administração Pública. Nesse caso, o Tribunal de Contas terá competência para fiscalizar se essas pessoas administrarem verbas públicas. Exemplo: associação privada que receba subvenções públicas. Muito comuns também são questões que colocam os aspectos da CONVENIÊNCIA e da OPORTUNIDADE da despesa pública como passíveis de fiscalização. A resposta é FALSA. Essas questões são da alçada exclusiva do administrador. Isso não impede, contudo, o órgão fiscalizador de analisar o interesse público ou a moralidade da despesa.
2. Momento da atuação do Tribunal de Contas = concomitante ou posteriormente à edição do ato administrativo.
3. Os bens e recursos de origem pública administrados pelas denominadas ORGANIZAÇÕES SOCIAIS deverão ser fiscalizados pelo Tribunal de Contas.

---

### 8.2.5. O Tribunal de Contas e o princípio do *devido processo legal*

A cláusula do **devido processo legal** teve origem na *Magna Charta* inglesa de João Sem-Terra, no ano de 1215, sob a fórmula *law of the land*, sendo, posteriormente, em 1354, ratificada no reinado de Eduardo III, já sob a locução *due process of law*. Foi incorporado pela Constituição americana, por meio das Emendas 5ª e 14ª.

Em nosso ordenamento jurídico, o princípio do **devido processo legal** encontra-se positivado no art. 5º, LIV e LV, da Constituição Federal, que estatui, respectivamente, que "*ninguém será privado da liberdade ou de seus bens sem o devido processo legal* e que *aos litigantes, em processo judicial ou*

---

[18] Todas as questões pertinentes à Intervenção do Estado no Município e à participação do Tribunal de Contas foram por mim analisadas no livro: *A Intervenção do Estado no Município: O papel do Tribunal de Contas*. Recife: Ed. Nossa Livraria, 2000. Nele, fazemos uma crítica a esse posicionamento do STF. Defendemos que os TCs, ao se depararem, no curso das auditorias e inspeções, com situações ensejadoras de Intervenção, podem (e devem) solicitar (sugerir) à autoridade competente a medida excepcional interventiva. Todavia, trata-se de um posicionamento de natureza doutrinária, que, como vimos, não é aceito pelo STF.

*administrativo, e aos acusados em geral são assegurados o contraditório e a ampla defesa, com os meios e recursos a ela inerentes".* Concebido de início como um pressuposto de validade da jurisdição penal, o princípio do devido processo legal ampliou sua incidência à jurisdição civil e, mais recentemente, aos procedimentos administrativos.

Especificamente em relação ao processo administrativo realizado no âmbito dos Tribunais de Contas, vale lembrar o disposto no art. 73 da Constituição Federal, que determina que o Tribunal de Contas observe, no que couber, as regras assinaladas no art. 96 da mesma Constituição Federal (artigo presente no capítulo do "Poder Judiciário"). Pois bem, no art. 96 da CF está consignado que caberá ao Tribunal eleger seus órgãos diretivos e elaborar seus regimentos internos, com observância das normas de processo e de garantias das partes. A leitura desse dispositivo, combinada com o art. 73 da CF, ratifica a necessidade da observância dos cânones do devido processo legal pelo Tribunal de Contas.

A cláusula do **devido processo legal** está relacionada a uma garantia de natureza processual, formal ou adjetiva (*procedural due process*). No dizer de Sérgio de Andréa Ferreira, "*a garantia do devido processo legal, em seu sentido formal ou adjetivo, impõe que aquele a ser atingido pela privação de sua liberdade ou em algum direito sobre outro bem de que seja titular tenha de ser parte no processo em que se decida ou delibere a respeito daquele atingimento".*[19]

A atuação do Tribunal de Contas se consubstancia por meio de PROCESSO ADMINISTRATIVO. Logo, o Tribunal de Contas, no exercício de suas competências, sob pena de nulidade das suas decisões, deverá assegurar aos jurisdicionados o direito ao *devido processo legal*. São ATRIBUTOS do devido processo legal: a AMPLA DEFESA (possibilidade de produzir provas), o CONTRADITÓRIO (direito de tomar conhecimento de tudo que se passa no processo), a MOTIVAÇÃO DA DECISÃO (direito de saber o porquê da decisão e o porquê da prevalência ou não dos argumentos de defesa) e a RECORRIBILIDADE (possibilidade de recorrer para o próprio Tribunal de Contas de uma decisão desfavorável).[20]

---

[19] FERREIRA, Sérgio de Andréa. O Tombamento e o Devido Processo Legal. *Revista de Direito Administrativo*, nº 208, p. 01-34, abr./jul. 1997.

[20] Cada Tribunal de Contas estabelecerá em sua Lei Orgânica as modalidades, os requisitos, os prazos e os efeitos dos recursos cabíveis contra suas deliberações. A Lei Orgânica do TCU (Lei Federal nº 8.443/1992), por exemplo, disciplina essa matéria ao longo dos arts. 31 a 35. Contra deliberações do TCU podem ser interpostos os seguintes recursos: *reconsideração, embargos de declaração* e *revisão*.

Não há como se pensar em efetividade das decisões do Tribunal de Contas sem a observância do princípio do devido processo legal. A sua inobservância ensejará a nulidade da decisão do Tribunal de Contas. Portanto, deverão as leis orgânicas dos Tribunais de Contas estabelecer expressamente as normas pertinentes à defesa, à notificação, à produção de provas, bem como às modalidades e hipóteses para interposição de recursos para o Tribunal. Em matéria de procedimento administrativo, as regras contidas no Código de Processo Civil só poderão ser utilizadas subsidiariamente.

Hely Lopes Meirelles chama de processo administrativo de controle *"aquele em que a Administração realiza verificações e declara situação, direito, conduta do administrado ou servidor, com caráter vinculante para as partes. Quando neles se deparam irregularidades puníveis, exige-se o contraditório e a ampla defesa".*[21] É esse o processo realizado nos Tribunais de Contas.

Ressalte-se, todavia, que existem algumas peculiaridades imanentes ao processo de controle. O processo administrativo de controle se diferencia do processo administrativo comum. A ampla defesa e o contraditório são atributos de todo procedimento administrativo. Não obstante, em virtude da própria natureza da função de fiscalização, há uma fase do processo administrativo de controle em que não há que se falar em ampla defesa e contraditório.

Trata-se, com efeito, da primeira fase da instrução processual, que chamamos de fase investigatória. Semelhantemente ao inquérito policial e à sindicância, a fase investigatória caracteriza-se pela coleta de dados (auditorias, inspeções, informações e documentos por parte da equipe técnica do Tribunal de Contas), culminando com a elaboração de relatório técnico, o qual poderá concluir pela regularidade da gestão (nesse caso, o processo segue direto para a fase decisória) ou pela constatação de irregularidades. Diante de irregularidades pela fiscalização e apontados os responsáveis, aí, sim, dá-se início à fase dialética do processo administrativo de controle, a partir da qual os responsáveis relacionados pelo relatório técnico terão direito a ampla defesa, contraditório, recursos, possibilidade de produzirem provas e de requererem diligências e perícias.

**IMPORTANTE**

I – **SÚMULA VINCULANTE Nº 3 – STF:** A Súmula Vinculante nº 3 do STF, editada em maio de 2007, estabelece: "Nos processos perante o Tribunal de Contas da União asseguram-se o contraditório e a ampla defesa quando da decisão puder resultar anulação ou revogação de ato administrativo que beneficie o interessado, excetuada

---

[21] Hely Lopes Meirelles. *Direito Administrativo Brasileiro.* 17. ed., São Paulo: Malheiros, 1992. p. 592.

a apreciação da legalidade do ato de concessão inicial de aposentadoria, reforma e pensão." As deliberações que lastrearam a edição desta Súmula (MS nº 24.268, D.J. 17/9/2004, MS nº24.728, D.J. 9/9/2005, MS nº 24.754, D.J. 18/2/2005, e MS nº 24.742, D.J. 11/3/2005), analisavam a obrigatoriedade de os TCs, no exercício da competência prevista no **art. 71, III, da CF**, garantirem ampla defesa e contraditório a todos os interessados que tivessem seus atos de aposentadoria, reforma e pensão submetidos a exame da legalidade. Nesse caso, o STF se manifestou pela necessidade de observância do contraditório e da ampla defesa apenas nos processos em que se aprecia a **revisão de ato de aposentadoria, reforma e pensão já registrados anteriormente no TC**, revisão essa que possa implicar a anulação ou revogação do ato que antes beneficiava o interessado. À luz dos precedentes citados e da ressalva final do texto da súmula, ficou claro que tais princípios são **dispensáveis nas concessões iniciais**, pois, nelas, a apreciação da legalidade e o registro configuram manifestação destinada a aperfeiçoar ato complexo ainda não completamente formado. Exemplos:

a) a administração envia para o TC ato (concessão inicial) de aposentadoria, reforma ou pensão. Nesse caso, o TC não está obrigado a observar o contraditório e a ampla defesa em relação ao interessado;

b) depois de haver o registro do ato no TC, caso a administração, supervenientemente, revise o ato primitivo que beneficiava o interessado, anulando-o ou revogando-o, ao apreciar a legalidade deste novo ato de revisão da administração, deve o TC garantir ao interessado (possível prejudicado) ampla defesa e contraditório. (Obs.: para melhor compreensão deste tema, ver item 8.2.7.3)

II – **CONCESSÃO DE MEDIDA CAUTELAR PELOS TCs** – O STF firmou posicionamento sobre a possibilidade de os Tribunais de Contas expedirem medidas cautelares, determinando certas condutas ao gestor público, quando verificadas situações irregulares em que se constate *"fumus boni juris"* e *"periculum in mora"*, podendo, essas determinações ser tomadas, em situações de urgência, até mesmo sem a ouvida do gestor. Vale transcrever trecho da decisão tomada nos autos do **MS nº 26.547**, publicada no Informativo STF nº 468 e no DJ de 29/05/2007:

*EMENTA: TRIBUNAL DE CONTAS DA UNIÃO. PODER GERAL DE CAUTELA. LEGITIMIDADE. DOUTRINA DOS PODERES IMPLÍCITOS. PRECEDENTE (STF). CONSEQUENTE POSSIBILIDADE DE O TRIBUNAL DE CONTAS EXPEDIR PROVIMENTOS CAUTELARES, MESMO SEM AUDIÊNCIA DA PARTE CONTRÁRIA, DESDE QUE MEDIANTE DECISÃO FUNDAMENTADA. Trecho do Voto do Relator: "Vale referir, ainda, que se revela processualmente lícito, ao Tribunal de Contas, conceder provimentos cautelares inaudita altera parte, sem que incida, com essa conduta, em desrespeito à garantia constitucional do contraditório.*

*É que esse procedimento mostra-se consentâneo com a própria natureza da tutela cautelar, cujo deferimento, pelo Tribunal de Contas, sem a audiência da parte contrária, muitas vezes se justifica em situação de urgência ou de possível frustração da deliberação final dessa mesma Corte de Contas, com risco de grave comprometimento para o interesse público. Não se pode ignorar que os provimentos de natureza cautelar – em especial aqueles qualificados pela nota de urgência – acham-se instrumentalmente vocacionados a conferir efetividade ao julgamento final resultante do processo principal, assegurando-se, desse modo, não obstante em caráter provisório, plena eficácia e utilidade à tutela estatal a ser prestada pelo próprio Tribunal de Contas da União. Essa visão do tema tem o beneplácito de autorizado magistério doutrinário, que, embora exposto a propósito do processo judicial, traduz lição que se mostra inteiramente aplicável aos procedimentos administrativos, notadamente àqueles instaurados perante o Tribunal de Contas, considerando-se, para esse efeito, os princípios e diretrizes que regem a teoria geral do processo..."*

**III – PARTICULAR CONTRATANTE.** As garantias do *devido processo legal* são asseguradas, em regra, às **autoridades públicas** que possam de alguma forma sofrer as consequências das deliberações dos Tribunais de Contas (ex. *Chefes dos Poderes Executivo, Legislativo e Judiciário, Chefes do Ministério Público, Presidentes de Tribunais de Contas, Ministros, Secretários, membros de comissão de licitação e demais ordenadores de despesas*). No entanto, em recente decisão, **MS nº 23.550/DF – 2001**, o **STF** assegurou as garantias do *devido processo legal* a empresas privadas que mantenham contratos com a administração pública. Nessa mesma decisão, o STF entendeu que a simples garantia da possibilidade de interposição de "recurso" não supre o direito à defesa prévia, bem como ratificou a aplicação subsidiária da Lei Federal nº 9.784/1999 (lei geral de processo administrativo no âmbito federal) ao procedimento administrativo realizado no âmbito do TCU. Veja a EMENTA da referida decisão:

STF – MS nº 23.550/DF – EMENTA:

*II – Tribunal de Contas: processo de representação fundado em invalidade de contrato administrativo: incidência das garantias do devido processo legal e do contraditório e ampla defesa, que impõem assegurar aos interessados, a começar do particular contratante, a ciência de sua instauração e as intervenções cabíveis. Decisão pelo TCU de um processo de representação, do que resultou injunção à autarquia para anular licitação e o contrato já celebrado e em começo de execução com a licitante vencedora, sem que a essa sequer se desse ciência de sua instauração: nulidade.*

*Os mais elementares corolários da garantia constitucional do contraditório e da ampla defesa são a ciência dada ao interessado da instauração do processo e a oportunidade de se manifestar e produzir ou requerer a produção de provas; de outro lado, se se impõe a garantia do devido processo legal aos procedimentos administrativos comuns, a fortiori, é irrecusável que a ela há de submeter-se o desempenho de todas as funções de controle do Tribunal de Contas, de colorido quase jurisdicional. A incidência imediata das garantias constitucionais referidas dispensariam previsão legal expressa de audiência dos interessados; de qualquer modo, nada exclui os procedimentos do Tribunal de Contas da aplicação subsidiária da lei geral de processo administrativo federal (Lei nº 9.784/1999), que assegura aos administrados, entre outros, o direito a "ter ciência da tramitação dos processos administrativos em que tenha a condição de interessado, ter vista dos autos (art. 3º, II), formular alegações e apresentar documentos antes da decisão, os quais serão objeto de consideração pelo órgão competente". A oportunidade de defesa, assegurada ao interessado, há de ser prévia à decisão, não lhe suprindo a falta a admissibilidade de recurso, mormente quando o único admissível é o de reexame pelo mesmo plenário do TCU, de que emanou a decisão.*

> **IV – QUEBRA DE SIGILO BANCÁRIO.** Ver posicionamento do **STF, no MS nº 22.801-DF/2007**: "*EMENTA Mandado de Segurança. Tribunal de Contas da União. Banco Central do Brasil. Operações financeiras. Sigilo. 1. A Lei Complementar nº 105, de 10/1/01, não conferiu ao Tribunal de Contas da União poderes para determinar a quebra do sigilo bancário de dados constantes do Banco Central do Brasil. O legislador conferiu esses poderes ao Poder Judiciário (art. 3º), ao Poder Legislativo Federal (art. 4º), bem como às Comissões Parlamentares de Inquérito, após prévia aprovação do pedido pelo Plenário da Câmara dos Deputados, do Senado Federal ou do plenário de suas respectivas comissões parlamentares de inquérito (§§ 1º e 2º do art. 4º). 2. Embora as atividades do TCU, por sua natureza, verificação de contas e até mesmo o julgamento das contas das pessoas enumeradas no art. 71, II, da Constituição Federal, justifiquem a eventual quebra de sigilo, não houve essa determinação na lei específica que tratou do tema, não cabendo a interpretação extensiva, mormente porque há princípio constitucional que protege a intimidade e a vida privada, art. 5º, X, da Constituição Federal, no qual está inserida a garantia ao sigilo bancário. 3. Ordem concedida para afastar as determinações do acórdão nº 72/96 – TCU – 2ª Câmara (fl. 31), bem como as penalidades impostas ao impetrante no Acórdão nº 54/97 – TCU – Plenário.*" (ver também: STF MS nº 22.934-DF/2012)

### 8.2.6. O Tribunal de Contas e o Controle de Constitucionalidade

Quando examinamos as regras relacionadas ao poder de controle conferido aos Tribunais de Contas, especialmente os arts. 70 a 72 da CF, constatamos que a própria Lei Maior conferiu ao Tribunal de Contas a possibilidade de analisar a aplicação de recursos públicos à luz do princípio da legalidade, na sua acepção mais ampla. O princípio da legalidade está posto, nos referidos dispositivos constitucionais, como sinônimo de adequação ao ordenamento jurídico. Assim, tendo-se em conta que todas as normas que compõem o ordenamento jurídico (leis, decretos, resoluções, etc.) devem estar de acordo com a Lei Maior, com a Constituição Federal, ou seja, considerando o princípio da supremacia do texto constitucional, o Tribunal de Contas, no exercício de suas atribuições, poderá apreciar, *in concreto*, a constitucionalidade de determinada lei ou ato do Poder Público, deixando de aplicá-los quando a maioria absoluta de seus membros concluir que houve manifesta afronta à Constituição Federal ou Estadual.

Supondo que uma lei municipal dispense o concurso público para o provimento do cargo de professor, por exemplo, tal lei contraria o disposto no art. 37, II, da CF, de sorte que, quando da apreciação da referida nomeação pelo TC, este, apreciando, no caso específico, a constitucionalidade da lei municipal, deixará de aplicá-la, julgando a questão à luz da CF. Ressalte--se, contudo, que o Tribunal NÃO DECLARA a lei inconstitucional. Esse controle efetuado pelo TC faz parte do chamado CONTROLE DIFUSO ou INCIDENTAL da constitucionalidade e não do controle abstrato (o controle abstrato ou concentrado é único que tem o condão de declarar, em tese, a inconstitucionalidade de lei ou ato do poder público, sendo da competência exclusiva do Poder Judiciário).

De fundamental importância é o teor da **SÚMULA nº 347 DO SUPREMO TRIBUNAL FEDERAL**. Esta Súmula foi editada em 1963 ainda na vigência do ordenamento jurídico anterior ao de 1988. No entanto, em razão da semelhança de ambos os ordenamentos e, especialmente, se levarmos em conta o aumento substancial das funções de controle da legalidade atribuídas aos Tribunais de Contas, há que se reconhecer que inexiste motivo justo para não reconhecer a sua plena vigência e efetividade. Eis o teor da SÚMULA nº 347 DO STF:

> O Tribunal de Contas, no exercício de suas atribuições, pode apreciar a constitucionalidade de leis e atos do poder público.

É forçoso registrar, contudo, que o Ministro **Gilmar Mendes**, do **STF** – em comentário individual, adjetivo, genérico e não conclusivo –, no bojo de uma DECISÃO MONOCRÁTICA, referente ao **MS nº 25.888/2006-DF**, em que se discutia, em sede cautelar, competência do TCU para fiscalizar determinados atos da Petrobras, pôs em DÚVIDA a vigência da Súmula 347. Depois de mencionar as inovações no modelo de controle de constitucionalidade, trazidas pela Carta de 1988, especialmente em relação à ampliação das possibilidades de controle abstrato e a consequente mitigação das hipóteses de controle difuso (ou incidental) de constitucionalidade de leis e atos normativos, concluiu o Ministro: "Assim, a própria evolução do sistema de controle de constitucionalidade no Brasil, verificada desde então, está a demonstrar a necessidade de se reavaliar a subsistência da Súmula 347 em face da ordem constitucional instaurada com a Constituição de 1988."

A partir das reflexões do Ministro Gilmar Mendes, pode-se concluir que se trata de uma posição individual, tomada em sede de cautelar, em que apenas se pôs em dúvida a vigência da referida Súmula, de sorte que não se pode inferir que existe uma nova jurisprudência do STF sobre a questão, nem tampouco que a Súmula fora revogada.

Com efeito, pelos motivos expostos no início deste item, discordamos frontalmente da possibilidade de revogação da Súmula 347 do STF, esperando que o Plenário do STF ratifique, sem dubiedade, a vigência da Súmula, sob pena do completo esvaziamento do poder fiscalizador exercido pelos Tribunais de Contas.

## 8.2.7. Competências constitucionais dos Tribunais de Contas

### 8.2.7.1. Parecer prévio (art. 71, I, c/c arts. 31, §§ 1º e 2º, e 75 da CF)

> Art. 31. A fiscalização do Município será exercida pelo Poder Legislativo municipal, mediante controle externo, e pelos sistemas de controle interno do Poder Executivo municipal, na forma da lei.
>
> § 1º O controle externo da Câmara Municipal será exercido com o auxílio dos Tribunais de Contas dos Estados ou do Município ou dos Conselhos ou Tribunais de Contas dos Municípios, onde houver.
>
> § 2º O parecer prévio, emitido pelo órgão competente, sobre as contas que o Prefeito deve anualmente prestar, só deixará de prevalecer por decisão de dois terços dos membros da Câmara Municipal.
>
> Art. 71. O controle externo, a cargo do Congresso Nacional, será exercido com o auxílio do Tribunal de Contas da União, ao qual compete:
>
> I – apreciar as contas prestadas anualmente pelo Presidente da República, mediante parecer prévio, que deverá ser elaborado em sessenta dias a contar de seu recebimento.

Esses dispositivos tratam do **PARECER PRÉVIO** anual, elaborado pelo Tribunal de Contas, sobre as contas do Chefe do Poder Executivo Federal (Presidente da República), Estadual (Governador) e Municipal (Prefeito). No âmbito federal, nos termos do disposto no art. 84, XXIV, da CF, o Presidente da República deverá encaminhar ao <u>Congresso Nacional</u>, **anualmente**, dentro de 60 (sessenta) dias após a abertura da sessão legislativa, as contas referentes ao exercício anterior. Essas contas são encaminhadas pelo Legislativo ao Tribunal de Contas, que terá, também, 60 (sessenta) dias para elaborar o **Parecer Prévio**. Ressalte-se que o art. 57 da LRF que trazia outros prazos para emissão do Parecer Prévio foi suspenso cautelarmente pelo STF (ADI nº 2.238).

Quando se tratar da autoridade maior do Poder Executivo, a competência constitucional para JULGAR suas contas é do órgão legislativo (ver art. 49, IX, da CF). Nesse caso, o Tribunal de Contas AUXILIA (colabora com) o Poder Legislativo, por meio da emissão do Parecer Prévio. Nos âmbitos federal e estaduais, o Parecer Prévio não vincula o Congresso Nacional ou a Assembleia Legislativa do Estado. Estes podem seguir ou não a recomendação do Tribunal de Contas. **Não obstante, em relação aos Municípios, o parecer prévio vincula até certo ponto o Legislativo Municipal, na medida em que só deixará de prevalecer por decisão de DOIS TERÇOS dos membros da Câmara de Vereadores (CF, art. 31, § 2º).** Como se vê, a CF exige uma maioria qualificada (2/3) para que o Parecer Prévio do TC deixe de prevalecer no âmbito municipal. Assim, ainda que a Câmara, pela vontade da sua maioria (<u>simples</u> ou <u>absoluta</u>)

delibere contra o Parecer Prévio do TC, este prevalecerá como juízo de valor final sobre as contas anuais do Governo.

Diga-se, também, que a emissão de Parecer Prévio por parte do Tribunal de Contas não é uma faculdade que tem o Poder Legislativo. O Parecer Prévio não é uma peça optativa. O Legislativo só poderá julgar as contas do Chefe do Executivo mediante o Parecer Prévio técnico do respectivo Tribunal de Contas. A propósito, o **STF**, já no ano de 2003, no bojo da **ADI 261-9/SC**, concluiu que o julgamento das contas do Chefe do Poder Executivo só poderá ocorrer se antes o respectivo Tribunal de Contas houver emitido o Parecer Prévio. Disse mais o STF na referida ação: o Parecer Prévio é obrigatório e antecedente ao julgamento pelo Legislativo ainda que o TC tenha extrapolado o prazo formal de 60 (sessenta) dias do recebimento das contas, estipulado na CF, art. 71, I.

As matérias tratadas no Parecer Prévio, denominadas **CONTAS DE GOVERNO**, não se confundem com as matérias objeto das contas dos responsáveis pela ordenação das despesas, denominadas **CONTAS DE GESTÃO**. Embora não haja na Constituição Federal nem em lei de abrangência nacional uma definição precisa sobre o objeto (conteúdo) das Contas de Governo, as leis orgânicas (regulamentadas por resoluções) dos Tribunais de Contas definem a abrangência temática do Parecer Prévio. No mais das vezes, o Parecer Prévio leva em conta os aspectos gerais do governo, incluindo o exame dos balanços e demonstrativos contábeis, financeiros, orçamentários e patrimoniais do ente estatal, a observância dos limites de despesas com pessoal, dívida pública, os princípios da gestão fiscal responsável, as aplicações mínimas em saúde e educação, bem como a avaliação da execução orçamentária e os resultados dos principais programas de governo (avaliação operacional do desempenho do governo). Sobre o conteúdo das Contas de Governo, transcreve-se ilustrativa decisão do **STJ (ROMS nº 11.060/2002-GO)**: "São contas globais que demonstram o retrato da situação das finanças da unidade federativa... Revelam o cumprir do orçamento, dos planos de governo, dos programas governamentais, demonstram os níveis de endividamento, o atender aos limites de gasto mínimo e máximo previstos no ordenamento para saúde, educação, gastos com pessoal. Consubstanciam-se, enfim, nos Balanços Gerais prescritos pela Lei nº 4.320...". Cite-se, ademais, o disposto no **art. 58 da LRF**, quando enfatiza que essas contas também devem evidenciar "o desempenho da arrecadação em relação à previsão, destacando as providências adotadas no âmbito da fiscalização das receitas e combate à sonegação, as ações de recuperação de créditos nas instâncias administrativa e judicial, bem como as demais medidas para incremento das receitas tributárias e de contribuições". (**Outros aspectos do Parecer Prévio, ver Capítulo 8, item 8.2.8.1.**)

Já os atos e contratos administrativos relacionados ao processamento da despesa propriamente, a exemplo das licitações, contratos, admissões de pessoal, liquidação e pagamento dos dispêndios, não integram o conteúdo do Parecer Prévio, porquanto constituírem, justamente, objeto de exame das Contas de Gestão (ver item a seguir).

> **IMPORTANTE**
>
> 1. O art. 57 da CF – **com a nova redação dada pela EC nº 50** – estabelece que a sessão legislativa se inicia em **2 de FEVEREIRO** de cada ano. Ressalte-se, contudo, que não se pode dizer, com precisão absoluta, que o Presidente tem até o dia 2 de abril para enviar as contas ao Congresso Nacional (60 dias da abertura da Sessão Legislativa). Isso porque a própria CF também determina, art. 57, § 1º, que "*as reuniões marcadas para essas datas serão transferidas para o primeiro dia útil subsequente quando recaírem em sábados, domingos e feriados*".
>    Nesse caso, diante de tal possibilidade, é preferível, para fins de concurso, a assertiva de que o Presidente deverá enviar suas contas em ATÉ 60 dias da abertura da sessão legislativa (prazo limite).
> 2. Falamos anteriormente da observância do princípio do devido processo legal pelos TC. Nessa competência específica, o Tribunal de Contas auxilia o Poder Legislativo com a emissão de uma peça opinativa. O julgamento das contas do Chefe do Executivo é da alçada, como vimos, do Legislativo. Dessa forma, seria razoável supor que, por se tratar de peça opinativa, o Tribunal de Contas não estaria obrigado a conceder o direito de defesa ao Chefe do Executivo; esse direito seria exercido quando do julgamento definitivo. Todavia, o STF já se manifestou sobre essa questão e se posicionou no sentido de que a cláusula do devido processo legal deverá ser observada pelo TC, mesmo quando da confecção do parecer prévio. Vejamos trecho do voto do Ministro-Relator Celso de Mello:
>
>    > A circunstância de o Tribunal de Contas exercer atribuições desvestidas de caráter deliberativo não exonera essa essencial instituição de controle – mesmo tratando-se da apreciação simplesmente opinativa das contas anuais prestadas pelo Governador do Estado – do dever de observar a cláusula constitucional que assegura o direito de defesa e as demais prerrogativas inerentes ao *due process of law* aos que possam, ainda que em sede de procedimento administrativo, eventualmente expor-se aos riscos de uma sanção jurídica.
>
> 3. Vimos que, antes do julgamento das contas do Chefe do Executivo pelo Poder Legislativo, o TC emite o **Parecer Prévio**. Todavia, ainda em relação às contas do Chefe do Executivo, não se pode esquecer o disposto no art. 166, § 1º, I da CF, que confere competência à COMISSÃO MISTA PERMANENTE DE DEPUTADOS E SENADORES para emitir PARECER sobre as contas anuais do Presidente da República. A CMP apresentará um parecer sob a forma de projeto de DECRETO LEGISLATIVO. Portanto, o julgamento das contas do Chefe do Executivo pelo Poder Legislativo se concretiza por meio da edição de um Decreto Legislativo.
>    **ATENÇÃO**: Parecer Prévio = TC; Parecer = CMP. Registre-se, ademais, que, em razão da natureza essencialmente política do Legislativo, é comum mencionar que, em relação às contas do Chefe do Poder Executivo, o Parlamento realiza um

Capítulo 8 • Regras Constitucionais sobre o Controle Externo | 177

> julgamento de natureza política. Ainda que assim seja definido, esse julgamento haverá de ser <u>motivado</u> tecnicamente, especialmente na hipótese em que o Poder Legislativo contraria a conclusão do Parecer Prévio emitido pelo Tribunal de Contas. A falta de motivação poderá ensejar a nulidade do julgamento pelo Poder Judiciário por afronta ao devido processo legal. É nesse sentido que cresce a importância do Parecer emitido, antes do julgamento, pela Comissão a que se refere o art. 166 da CF (Comissão com essas mesmas atribuições existem também nos Legislativos Estaduais e Municipais).
> 4. Pelo teor do disposto no art. 49, IX, da CF, o CONGRESSO NACIONAL é o órgão competente para JULGAR as contas do Presidente da República. Mas, **ATENÇÃO:** quando o Presidente da República não enviar, no prazo legal, as contas para o Congresso, caberá, nos termos do disposto no art. 51, II, da CF, à CÂMARA DOS DEPUTADOS proceder à tomada de contas do Presidente. JULGAR = CONGRESSO NACIONAL; FAZER A TOMADA DE CONTAS = CÂMARA DOS DEPUTADOS.

**8.2.7.2. *Julgamento de contas (art. 71, II, c/c art. 75 da CF)***

II – julgar as contas dos administradores e demais responsáveis por dinheiros, bens e valores públicos da Administração Direta e Indireta, incluídas as fundações e sociedades instituídas e mantidas pelo Poder Público federal, e as contas daqueles que derem causa a perda, extravio ou outra irregularidade de que resulte prejuízo ao erário público.

Trata-se de COMPETÊNCIA PRÓPRIA (PRIVATIVA) do Tribunal de Contas, passível tão somente do controle judicial, não cabendo qualquer reapreciação ou revisão por parte do Poder Legislativo.

O julgamento, como vimos, alcança o exame das CONTAS DE GESTÃO (que inclui: *atos administrativos, licitações, contratos administrativos, liquidações e pagamentos de despesas, renúncias de receitas, concessões públicas, parcerias público-privadas*, etc.) de toda pessoa física ou jurídica, pública ou privada, que utilize, arrecade, guarde, gerencie ou administre dinheiros, bens e valores públicos ou pelos quais a União, os Estados ou os Municípios respondam, ou que, em nome destes, assuma obrigações de natureza pecuniária. Assim, compete ao Tribunal de Contas JULGAR as contas do(s) responsável(is) pela gestão:

- do **PODER LEGISLATIVO;**
- do **PODER JUDICIÁRIO;**
- do **MINISTÉRIO PÚBLICO;**
- do próprio **TRIBUNAL DE CONTAS;**

- de ÓRGÃOS, FUNDOS E EMPRESAS DA ADMINISTRAÇÃO PÚBLICA DIRETA E INDIRETA (Ministérios, Secretarias, Empresas Públicas, Sociedades de Economia Mista, Fundações e Autarquias etc.);
- de TODA PESSOA FÍSICA OU JURÍDICA QUE ADMINISTRE VERBAS PÚBLICAS, INCLUINDO AS ORGANIZAÇÕES SOCIAIS.

Como se vê, fica fora desse julgamento pelo Tribunal de Contas APENAS o Chefe do Poder Executivo.

Na maioria das Leis Orgânicas dos Tribunais de Contas do Brasil, constam dispositivos tratando sobre o mérito (conteúdo material) das deliberações proferidas pelo Tribunal quando do julgamento das contas dos Gestores. Usualmente, as leis fazem menção a três tipos de decisões (**Atenção!** Aconselha-se ao candidato observar a legislação específica de cada Tribunal quando for se submeter a concurso para cargos em TCs, pois pode haver algumas pequenas diferenças nas leis orgânicas dos Tribunais):

- **Preliminar** – é a decisão pela qual o Relator ou o Tribunal, antes de pronunciar-se sobre o mérito das contas, resolve sobrestar o julgamento, ordenar a citação ou a audiência dos responsáveis ou, ainda, determinar outras diligências necessárias ao saneamento do processo.
- **Definitiva** – é a decisão pela qual o Tribunal emite um juízo de valor de mérito e JULGA as contas:
    - REGULARES: quando expressarem, de forma clara e objetiva, a exatidão dos demonstrativos contábeis, a legalidade, a legitimidade, a economicidade, a moralidade, a eficiência e a publicidade dos atos de gestão do responsável.
    - REGULARES COM RESSALVAS: quando evidenciarem impropriedade ou qualquer outra falta de natureza formal. A Lei Orgânica do TC do Estado de Pernambuco vai mais além e assinala que também será objeto de julgamento com ressalvas a prática de ato de gestão ilegal, ilegítimo ou antieconômico que não seja de natureza grave e que não represente injustificado dano ao erário.
    - IRREGULARES: quando evidenciarem:
        a) omissão no dever de prestar contas;
        b) grave infração à norma legal de natureza contábil, financeira, orçamentária, operacional, patrimonial;
        c) desfalque ou desvios de dinheiros, bens ou valores públicos;

d) injustificado dano ao erário;
e) reincidência no descumprimento de determinação do Tribunal.

- **Terminativa** – é a decisão pela qual o Tribunal ordena o trancamento das contas que forem consideradas iliquidáveis. As contas serão consideradas iliquidáveis quando, caso fortuito ou de força maior, comprovadamente alheio à vontade do responsável, tornar materialmente impossível o julgamento do mérito das contas.

Ainda sobre o tema "Julgamento de Contas" e "Parecer Prévio", vale destacar posicionamentos do **STF**. O primeiro diz respeito à inconstitucionalidade do *caput* do art. 56 e de todo o conteúdo do art. 57 da **Lei de Responsabilidade Fiscal** (LC nº 101/2000). Esses dispositivos – que, na prática, excluíam os gestores dos Poderes Judiciário e Legislativo e do Ministério Público de terem suas contas julgadas pelo Tribunal de Contas competente (este se limitaria a emitir um parecer prévio) – contrariam claramente o modelo de controle consagrado na Constituição Federal, arts. 71, I e II, motivo pelo qual o **STF** suspendeu seus efeitos quando do julgamento da **ADIn nº 2.238**.

O segundo aspecto refere-se ao julgamento das contas dos gestores dos próprios Tribunais de Contas. Forçoso dizer que por meio de inúmeras decisões – ADI nos 1.779-PE, 1.140-RR e 849-8 –, citadas por nós em edições anteriores, o STF havia firmado uma jurisprudência entendendo que seriam inconstitucionais normas que estabelecessem o julgamento das contas dos TCs pelos respectivos Poderes Legislativos. Isso estava pacificado. Todavia, com a alteração da composição do STF, a partir de 2000, houve um lamentável retrocesso da Corte Suprema, que, em alguns recentes casos, por maioria, passou a considerar constitucionais dispositivos de Constituições Estaduais que estabelecem a competência do Poder Legislativo para julgar contas dos Tribunais de Contas (exemplos: ADI nº 2.597-PA e ADI nº 1.175-DF). Continuamos entendendo que as contas dos TCs, à luz dos arts. 71, I e II da CF, devem ser julgadas pelo próprio Tribunal de Contas. MAS OS ALUNOS DEVEM FICAR ATENTOS A ESSA NOVA POSIÇÃO DO STF, que poderá ser cobrada em provas de concursos.

---

**IMPORTANTE**

1. Há uma corrente da doutrina e uma corrente minoritária no âmbito do STF que possuem o entendimento de que, se o Chefe do Executivo participar efetivamente do processamento da despesa pública – ora autorizando despesas, ora assinando empenhos e contratos, ora liquidando despesas e autorizando pagamentos –, essa participação ativa e direta do Chefe do Executivo faz com que ele fique sujeito não só ao julgamento político do Legislativo, mas também ao julgamento técnico pelo Tribunal de Contas, nos termos do art. 71, II, da Lei Maior. Nessa

hipótese, o TC, além de emitir Parecer Prévio sobre as Contas de Governo, julgaria as Contas de Gestão do Chefe do Executivo. Essa tese é encampada pela maioria dos Tribunais de Contas do Brasil. Trata-se de um contexto peculiar que ocorre normalmente nos pequenos e médios Municípios brasileiros, quando os Prefeitos participam ativamente do processamento do gasto, na qualidade de ordenadores de despesas. Na União e nos Estados, os Chefes do Executivo não participam ativamente desse processo, que cabe aos ministros, secretários, diretores etc. Reitera-se, contudo, que, embora haja um intenso debate doutrinário sobre esse tema, é lamentável reconhecer que, até o presente, a posição predominante na jurisprudência, notadamente o TSE e o STF, é que as contas do Chefe do Poder Executivo, em qualquer hipótese, atuando ou não como ordenador de despesas, são julgadas pelo Poder Legislativo do Município, cabendo aos TCs apenas a emissão de Parecer Prévio. Esse debate doutrinário-jurisprudencial surge, no mais das vezes, quando o Judiciário é instado a deliberar sobre a inelegibilidade de Prefeitos (ordenadores de despesas) que tiveram suas contas desaprovadas pelos Tribunais de Contas. Trato desse assunto mais adiante no **item 8.2.8.7**: "**Os Tribunais de Contas e Lei** Ficha Limpa."
2. À luz do § 4º do art. 71 da CF, o Tribunal de Contas deve encaminhar ao Poder Legislativo, <u>trimestral e anualmente</u>, relatório de suas atividades. É preciso ficar claro que esse dispositivo em momento algum autoriza o Poder Legislativo a JULGAR as contas do Tribunal de Contas. Esse julgamento, conforme ficou claro, é do próprio TC.
3. Nas edições anteriores fizemos referência a decisões do STF que firmaram o entendimento de que os Tribunais de Contas não possuíam competência para fiscalizar as contas das Empresas Públicas e Sociedades de Economia Mista. Posicionamo-nos, à ocasião, de maneira crítica ao referido entendimento, porquanto a CF, art. 71, II e IV, c/c 70, estabelecia tal competência. TODAVIA, posteriormente, o STF RETIFICOU esse entendimento equivocado e, por meio dos **MS nº 25.092 e MS nº 25.181**, consagrou definitivamente a competência dos Tribunais de Contas para fiscalizarem as Empresas Públicas e as Sociedades de Economia Mista. Veja resumo das deliberações no **Informativo STF nº 408**: "O Tribunal de Contas da União, por força do disposto no art. 71, II, da CF, tem competência para proceder à tomada de contas especial de administradores e demais responsáveis por dinheiros, bens e valores públicos das entidades integrantes da administração indireta, não importando se prestadoras de serviço público ou exploradoras de atividade econômica. Com base nesse entendimento, o Tribunal denegou mandado de segurança impetrado contra ato do TCU que, em processo de tomada de contas especial envolvendo sociedade de economia mista federal, condenara o impetrante, causídico desta, ao pagamento de multa por não ter ele interposto recurso de apelação contra sentença proferida em ação ordinária de cumprimento de contrato, o que teria causado prejuízo à entidade. Preliminarmente, o Tribunal resolveu questão de ordem formulada pelo Min. Marco Aurélio e decidiu que o Consultor Jurídico do TCU pode, em nome deste, sustentar oralmente as razões da Corte de Contas, quando esteja em causa controvérsia acerca da competência desta. No mérito, afirmou-se que, em razão de a sociedade de economia mista constituir-se de capitais do Estado, em sua maioria, a lesão ao patrimônio da entidade atingiria, além do capital privado,

o erário. Ressaltou-se, ademais, que as entidades da administração indireta não se sujeitam somente ao direito privado, já que seu regime é híbrido, mas também, e em muitos aspectos, ao direito público, tendo em vista notadamente a necessidade de prevalência da vontade do ente estatal que as criou, visando ao interesse público. No mais, considerou-se que as alegações do impetrante demandariam dilação probatória, inviável na sede eleita. Aplicou-se o mesmo entendimento ao MS nº 25.181/DF, de relatoria do Min. Marco Aurélio, processo julgado conjuntamente. MS nº 25.092/DF, rel. Min. Carlos Velloso, 10/11/2005. (MS nº 25.092)."

4. **Parcerias Público-Privadas** (PPPs) – O julgamento das contas de gestão abrange a apreciação da regularidade das contratações de **parcerias público-privadas** instituídas pela Lei Federal nº 11.079/2004. Sobre essa competência fiscalizadora, o Ministro Benjamin Zymler, do Tribunal de Contas da União, faz as seguintes ponderações, que, mutatis mutandis, aplicam-se aos demais Tribunais de Contas, no âmbito de suas respectivas jurisdições: "Entende-se, ainda, que compete ao TCU acompanhar o processo de contratação das PPPs, desde o seu início até o seu término, com o intuito de conferir-lhe mais legitimidade e eficiência. (...) Cumpre destacar que, além de analisar os resultados obtidos pelas parcerias público-privadas, por meio de auditorias de cunho operacional, o TCU deverá fiscalizar as PPPs sob o aspecto da legalidade."[22]

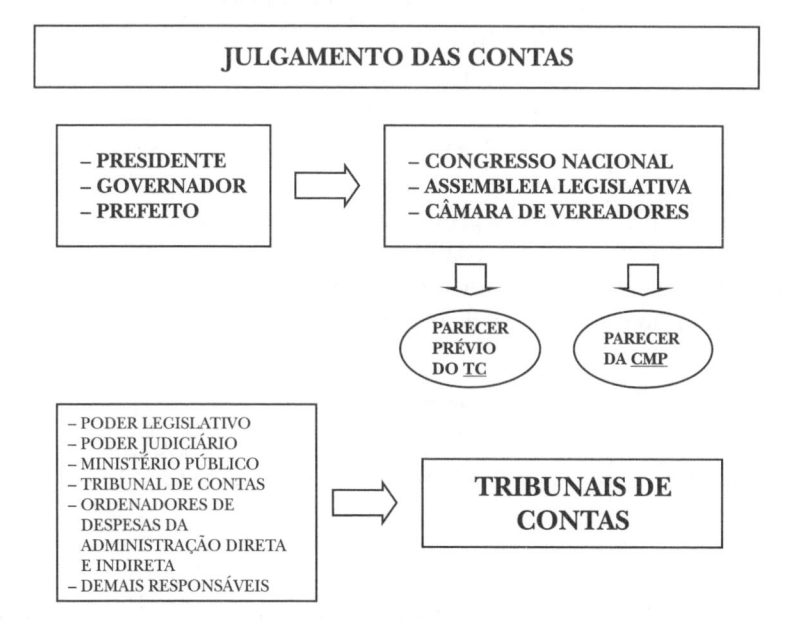

**JULGAMENTO DAS CONTAS**

- PRESIDENTE
- GOVERNADOR
- PREFEITO

⇒

- CONGRESSO NACIONAL
- ASSEMBLEIA LEGISLATIVA
- CÂMARA DE VEREADORES

⇓ ⇓

PARECER PRÉVIO DO TC

PARECER DA CMP

- PODER LEGISLATIVO
- PODER JUDICIÁRIO
- MINISTÉRIO PÚBLICO
- TRIBUNAL DE CONTAS
- ORDENADORES DE DESPESAS DA ADMINISTRAÇÃO DIRETA E INDIRETA
- DEMAIS RESPONSÁVEIS

⇒ **TRIBUNAIS DE CONTAS**

---

[22] ZYMLER, Benjamim; ALMEIDA, Guilherme Henrique de La Rocque. *O Controle Externo das Concessões de Serviços Públicos e das Parcerias Público-Privadas*. 2. ed. Belo Horizonte: Fórum, 2008.

## 8.2.7.3. Controle de atos de pessoal (art. 71, III, c/c art. 75 da CF)

III – Apreciar, para fins de registro, a legalidade dos atos de **ADMISSÃO DE PESSOAL**, a qualquer título, na administração **DIRETA E INDIRETA**, incluídas as fundações instituídas e mantidas pelo Poder Público, **EXCETUADAS** as nomeações para cargo de provimento em comissão, bem como a das **APOSENTADORIAS, REFORMAS, PENSÕES**, ressalvadas as melhorias posteriores que não alterem o fundamento legal do ato concessório (destaques nossos).

Trata-se de mais uma COMPETÊNCIA PRÓPRIA (PRIVATIVA) do Tribunal de Contas. É analisada a legalidade das nomeações decorrentes de concursos públicos (**cargos efetivos**) e de contratos por prazo determinado, além da concessão de aposentadorias, reformas e pensões. Entre outras coisas, são analisados os seguintes pontos: se houve o concurso público; se a ordem de classificação dos candidatos foi observada para efeito de nomeação; se a regra pertinente à reserva de vagas para deficientes físicos foi respeitada; se havia cargos vagos para as nomeações; se havia previsão dos cargos e do concurso na LDO; se os contratos por prazo determinado atenderam, de fato, a situações excepcionais; se os servidores preenchem os requisitos constitucionais para a aposentadoria; se estão corretas as parcelas dos proventos fixadas pela Administração etc. (arts. 37 a 40 e 169, § 1º, da CF). No caso de considerar ilegal o ato administrativo e negar registro, o Tribunal determina o afastamento dos servidores irregulares, a reversão do aposentado ilegalmente, podendo, ainda, aplicar multa ao responsável, nos termos do art. 37, § 2º, da CF.

Vale dizer que os atos de admissão de pessoal e de aposentadoria, por serem atos complexos, **embora produzam efeitos e sejam eficazes desde a sua edição**, só se aperfeiçoam e se completam com o pronunciamento definitivo do Tribunal de Contas, cujo julgamento, se for pela ilegalidade, VINCULA a Administração Pública e produzirá efeitos retroativos.

> **IMPORTANTE**
> 1. Esse controle da legalidade abrange os Poderes Executivo, Legislativo e Judiciário, o Ministério Público, o Tribunal de Contas e todos os órgãos da Administração Direta e Indireta.
> 2. O TC NÃO aprecia a legalidade, para fins de registro (atenção para as ressalvas desse artigo):
>    - das admissões (nomeações) para CARGOS COMISSIONADOS;
>    - nem as melhorias posteriores que NÃO ALTEREM O FUNDAMENTO LEGAL dos atos de aposentadorias, reformas e pensões. Assim, mesmo que o TC já tenha apreciado determinado ato de aposentadoria, por exemplo, se a Administração republicar ou retificar os termos do ato primitivo e essa retificação implicar a alteração do

fundamento legal da aposentadoria (por exemplo, a portaria inicial fazia menção à hipótese legal de aposentadoria proporcional e o novo ato retifica para a hipótese legal de aposentadoria integral), nesse caso, cumpre ao TC reapreciar a legalidade desse novo ato. Por outro lado, quando tal mudança no ato não implicar alteração do seu fundamento legal – como a alteração dos proventos em virtude de aumento concedido a inativos ou a alteração da denominação do cargo em virtude de reclassificação posterior –, não é necessário enviar o ato para o Tribunal de Contas.

3. Os atos administrativos que formalizam as admissões e a inatividade dos servidores públicos, por serem espécies de atos complexos, embora produzam efeitos desde a sua edição pela Administração, só se tornam perfeitamente acabados quando da apreciação final do TC. Pode acontecer, também, de a Administração, mesmo após a apreciação do TC, chegar à conclusão de que o ato é ilegal. Amparada no poder-dever de autotutela (autocontrole – Súmulas nos 346 e 473 do STF), a Administração pode anular, de ofício, o ato em razão da ilegalidade. No entanto, tal anulação só produzirá efeitos com a apreciação desse novo ato pelo TC. Esse entendimento está consolidado no STF por meio da Súmula nº 06, que estatui: *A REVOGAÇÃO OU A ANULAÇÃO, PELO PODER EXECUTIVO, DE APOSENTADORIA, OU QUALQUER OUTRO ATO APROVADO PELO TRIBUNAL DE CONTAS, NÃO PRODUZ EFEITOS ANTES DE APROVADA POR AQUELE TRIBUNAL, RESSALVADA A COMPETÊNCIA REVISORA DO JUDICIÁRIO.*

4. **O DEVIDO PROCESSO LEGAL NO EXAME DE APOSENTADORIAS, REFORMAS E PENSÕES:** sobre esse tema, **ver item 8.2.5**, onde se examinam todos os detalhes e o alcance da **SÚMULA VINCULANTE Nº 3 DO STF**, que trata da observância do contraditório e da ampla defesa nos processos pertinentes a aposentadorias, reformas e pensões.

5. No controle da legalidade das aposentadorias, reformas e pensões, os TCs não podem efetuar, de ofício, inovações no conteúdo do ato editado pela Administração. **O STF já se pronunciou a respeito, no MS 21.466-DF/93:** "*Com a superveniência da nova Constituição, ampliou-se, de modo extremamente significativo, a esfera de competência dos Tribunais de Contas, os quais, distanciados do modelo inicial consagrado na Constituição republicana de 1891, foram investidos de poderes mais amplos, que ensejam, agora, a fiscalização contábil, financeira, orçamentária, operacional e patrimonial das pessoas estatais e das entidades e órgãos de sua administração direta e indireta. – No exercício da sua função constitucional de controle, o Tribunal de Contas da União procede, dentre outras atribuições, à verificação da legalidade da aposentadoria, e determina – tal seja a situação jurídica emergente do respectivo ato concessivo – a efetivação, ou não, de seu registro. O Tribunal de Contas da União, no desempenho dessa específica atribuição, não dispõe de competência para proceder a qualquer inovação no título jurídico de aposentação submetido a seu exame. Constatada a ocorrência de vício de legalidade no ato concessivo de aposentadoria, torna-se lícito ao Tribunal de Contas da União – especialmente ante a ampliação do espaço institucional de sua atuação fiscalizadora – recomendar ao órgão ou entidade competente que adote as medidas necessárias ao exato cumprimento da lei, evitando, desse modo, a medida radical da recusa de registro. Se o órgão de que proveio o ato juridicamente viciado, agindo nos limites de sua esfera de atribuições, recusar-se a dar execução a diligência recomendada pelo Tribunal de Contas da União – reafirmando, assim, o seu entendimento quanto à plena legalidade da concessão da aposentadoria –, caberá à Corte de Contas, então, pronunciar-se, definitivamente, sobre a efetivação do registro.*"

### 8.2.7.4. Competência corretiva (art. 71, IX e X e §§ 1º e 2º, c/c art. 75 da CF)

IX – assinar prazo para que o órgão ou a entidade adotem as medidas necessárias ao exato cumprimento da lei, se verificada ilegalidade;

X – sustar, se não atendido, a execução do **ATO** impugnado comunicando a decisão à Câmara dos Deputados e ao Senado Federal (destaque nosso).

§ 1º No caso de contrato, o ato de sustação será adotado diretamente pelo Congresso Nacional, que solicitará, de imediato, ao Poder Executivo as medidas cabíveis.

§ 2º Se o Congresso Nacional ou o Poder Executivo, no prazo de noventa dias, não efetivar as medidas previstas no parágrafo anterior, o Tribunal decidirá a respeito.

Deparando-se o Tribunal de Contas com uma ilegalidade em determinado ATO administrativo (um ato de aposentadoria ou em editais de licitação e concurso público, por exemplo) e havendo a possibilidade de saneamento (restauração da legalidade) por parte da Administração, a Constituição Federal determina que o TC conceda a esta um prazo para correção do ato. Se a Administração não corrigir o seu ato (só ela pode fazer isso, pois o TC não pode fazer, por conta própria, qualquer inovação no ato administrativo de competência da Administração), o TC, finalmente, SUSTARÁ a sua execução, vez que ilegal. A Constituição determina também que, depois de sustar o ato, o TC dê conhecimento dessa decisão às duas Casas do Congresso Nacional. Isso para a União. Nos Estados e Municípios, o TC deve dar conhecimento à Assembleia Legislativa e à Câmara de Vereadores, respectivamente.

É preciso ficar atento, contudo, para o disposto nos §§ 1º e 2º do artigo 71. Vimos anteriormente que, depois de concedido o prazo para correção do ATO, se a Administração não o fizer, o TC tem poderes para sustar a execução do ato. Pois bem, nos §§ 1º e 2º do art. 71, temos a hipótese em que o TC verifica ilegalidade em CONTRATOS administrativos. Quando se tratar de CONTRATO, o ato de sustação será adotado diretamente pelo Congresso Nacional, na União, Assembleia Legislativa, nos Estados, e Câmara de Vereadores, nos Municípios, os quais solicitarão, de imediato, ao Poder Executivo as medidas cabíveis. Se o Poder Legislativo ou o Poder Executivo, no prazo de NOVENTA DIAS, não efetivarem as medidas cabíveis, o Tribunal decidirá a respeito.

Qual o significado da expressão decidirá a respeito? Parte da doutrina considera que, se os Poderes Legislativo e Executivo não corrigirem, no prazo constitucional, o vício legal no contrato, o TC poderá sustar a sua execução. Há, no entanto, outras opiniões – como a de Ricardo Lobo Torres[23] –, no sentido de que a CF não conferiu ao Tribunal de Contas o poder para sustar

---

[23] Ob. cit. p. 347.

contratos – como o fez expressamente em relação a ato administrativo – e que a expressão <u>decidirá a respeito</u> está ligada ao fato de o TC poder aplicar sanções e determinar ressarcimento (julgar as contas) em face da ilegalidade verificada no contrato.

> **IMPORTANTE**
>
> **STF – MS nº 23.550/DF (2001)** – EMENTA: I – **Tribunal de Contas:** competência: **contratos administrativos** (CF, art. 71, IX e §§ 1º e 2º). O Tribunal de Contas da União – embora não tenha poder para anular ou sustar contratos administrativos – tem competência, conforme o art. 71, IX, para **determinar à autoridade administrativa que promova a anulação do contrato e, se for o caso, da licitação de que se originou.**

## COMPETÊNCIA CORRETIVA

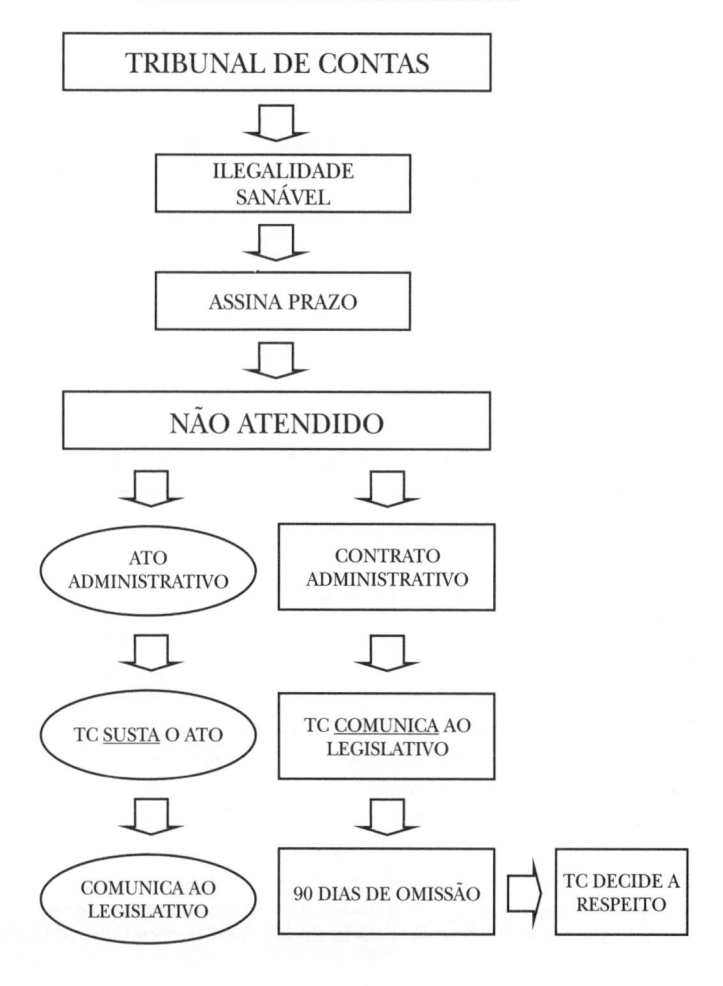

TRIBUNAL DE CONTAS
⇩
ILEGALIDADE SANÁVEL
⇩
ASSINA PRAZO
⇩
NÃO ATENDIDO
⇩ ⇩
ATO ADMINISTRATIVO — CONTRATO ADMINISTRATIVO
⇩ ⇩
TC SUSTA O ATO — TC COMUNICA AO LEGISLATIVO
⇩ ⇩
COMUNICA AO LEGISLATIVO — 90 DIAS DE OMISSÃO ⇨ TC DECIDE A RESPEITO

### 8.2.7.5. Auditorias e inspeções (art. 71, IV, VII, c/c art. 75 da CF)

IV – realizar, por iniciativa própria, da Câmara dos Deputados, do Senado Federal, de Comissão Técnica ou de inquérito, inspeções e auditorias de natureza contábil, financeira, orçamentária, operacional e patrimonial nas unidades administrativas dos Poderes Legislativo, Executivo e Judiciário, e demais entidades referidas no inciso II;

VII – prestar as informações solicitadas pelo Congresso Nacional, por qualquer de suas Casas, ou por qualquer das respectivas comissões, sobre a fiscalização contábil, financeira, orçamentária, operacional e patrimonial e sobre resultados de auditorias e inspeções realizadas.

Esses dispositivos são exemplos de que o Tribunal de Contas possui competências em que atua auxiliando o Poder Legislativo e outras, em que pode agir de ofício (competências específicas). Embora possam parecer termos similares, a doutrina diferencia as auditorias das inspeções.

As AUDITORIAS obedecem a um planejamento específico e objetivam coletar dados pertinentes aos aspectos contábil, financeiro, orçamentário e patrimonial; conhecer a organização e o funcionamento dos órgãos e entidades; avaliar, do ponto de vista do desempenho operacional, suas atividades e sistemas; e aferir os resultados alcançados pelos programas de governo. As INSPEÇÕES, por sua vez, visam a suprir omissões e lacunas de informações, esclarecer dúvidas ou apurar denúncias acerca de atos e fatos administrativos praticados por responsáveis sujeitos à sua jurisdição.

Essa fiscalização pode ser desencadeada de ofício pelo Tribunal de Contas ou mediante provocação do Poder Legislativo (federal, estadual ou municipal). Tal fiscalização poderá atingir todas as entidades, públicas ou privadas, que apliquem, de alguma forma, receitas públicas. Explicita também o dever de o TC prestar informações ao Poder Legislativo.

> **IMPORTANTE**
>
> 1. Poderá surgir uma questão em concurso, indagando se um membro isolado no órgão legislativo (Câmara, Senado, Assembleia Legislativa, Câmara de Vereadores), Senador, Deputado Federal, Deputado Estadual ou Vereador poderia solicitar essas inspeções e auditorias. Com base exclusivamente no dispositivo constitucional, a resposta é negativa. Essa solicitação deverá ser feita por um órgão colegiado do Legislativo. Nada impede que um parlamentar provoque a Casa Legislativa ou alguma comissão nesse sentido, mas a decisão de solicitar deve ser colegiada. No entanto, é provável que em determinadas Constituições Estaduais e leis orgânicas de TCs haja uma maior amplitude em relação a essa iniciativa (legitimidade), de modo que se aceite a iniciativa de um único parlamentar. Nesse caso, é bom consultar a legislação específica. No caso do Estado de Pernambuco, por exemplo, tanto a

> Constituição do Estado (Art. 30, IV) como a LOTCE-PE (Art. 37) fazem menção apenas aos órgãos colegiados.
> 2. Embora esse dispositivo não autorize o parlamentar a solicitar isoladamente uma fiscalização do TC, nada obsta que esse parlamentar, enquanto cidadão, exerça o direito de DENUNCIAR ao TC, nos termos do art. 74, § 2º, da CF (que veremos adiante).
> 3. Nada impede, também, que o TC, diante da provocação de um membro do Legislativo, isoladamente, tendo tomado conhecimento do fato, decida por efetuar a auditoria por sua própria conta. Aliás, esse tipo de situação é muito frequente não só em relação a parlamentares como em relação às demais autoridades públicas (Presidente, Governadores, Prefeitos, Ministros, Secretários, Membros do Judiciário e do Ministério Público). Solicitam auditorias, investigações, e o Tribunal, considerando a plausibilidade da situação narrada, decide se deflagra a fiscalização. Mas o fato é que CONSTITUCIONALMENTE apenas os órgãos colegiados do Legislativo estariam autorizados a provocar a fiscalização do TC.

### 8.2.7.6. *Apreciar contas nacionais de empresas supranacionais e recursos públicos transferidos voluntariamente (art. 71, V, VI, c/c art. 75 da CF)*

> V – fiscalizar as contas nacionais das empresas supranacionais de cujo capital social a União participe, de forma direta ou indireta, nos termos do tratado constitutivo;
>
> VI – fiscalizar a aplicação de quaisquer recursos repassados pela União mediante convênio, acordo, ajuste ou outros instrumentos congêneres, a Estado, ao Distrito Federal ou a Municípios.

Esses dispositivos estão diretamente relacionados à questão da jurisdição dos Tribunais de Contas. A regra geral, como já vimos, é a competência do TCU para julgar as contas da Administração Pública Federal. Mas vimos, também, que essa competência (jurisdição) se estenderá a qualquer órgão da Administração Pública nacional (federal, estadual e municipal) ou a qualquer pessoa física ou jurídica que não integre a Administração, caso os recursos aplicados por estes sejam de origem federal. *Mutatis mutandis*, isso acontecerá também em relação aos Tribunais de Contas Estaduais e Municipais, como já vimos. Em relação ao primeiro dispositivo (inciso V), ainda que a empresa seja supranacional, ou seja, tenha sido constituída com capital de mais de um país, o TCU estaria incumbido de fiscalizar OS RESPONSÁVEIS pela gestão do patrimônio nacional investido. A regra é que nenhum recurso público deixe de ser fiscalizado. Transpondo e adaptando esse dispositivo para as realidades Estaduais e Municipais, haveremos de concluir que, na existência de empresas multigovernamentais (supraestaduais ou supramunicipais), cada Tribunal de Contas estaria apto a fiscalizar as contas referentes ao patrimônio do seu ente jurisdicionado.

O disposto no inciso VI é semelhante. Não diz respeito à constituição de empresas, mas de projetos comuns levados a cabo por meio da participação de recursos federais, estaduais e municipais. Nesse caso, havendo um convênio, por exemplo, entre a União e o Estado, em que haja a contrapartida financeira do Estado, o TCU seria competente para fiscalizar a parte referente aos recursos federais, e o TCE, a parte referente aos recursos estaduais.

> **IMPORTANTE**
>
> 1. Com base nesse dispositivo constitucional, compete ao TCU fiscalizar os responsáveis pelas contas nacionais do Banco Brasileiro Iraquiano S.A. (BBI), da Itaipu Binacional (Brasil e Paraguai) e da Companhia de Promoção Agrícola (Brasil e Japão).
> 2. Não confundir a **transferência voluntária** de recursos federais para Estados e Municípios ou de recursos estaduais para Municípios com a **transferência constitucional obrigatória** de impostos, consignada nos arts. 157 a 162 da CF (Fundos de Participação dos Estados e dos Municípios: FPE e FPM). Os recursos do FPM e do FPE são receitas próprias dos Estados e Municípios e não podem ser equiparados a transferências oriundas de convênios, ajustes, acordos. Assim, a aplicação de recursos originários desses fundos não é fiscalizada pelo TCU, mas sim pelos Tribunais Estaduais ou, se existirem, Municipais, competentes.

#### 8.2.7.7. *Fixar o coeficiente dos fundos de participação (art. 161, parágrafo único, da CF)*

Esse dispositivo determina que *o Tribunal de Contas da União efetuará o cálculo das quotas referentes aos fundos de participação a que alude o inciso II*. O inciso II do art. 161, por sua vez, faz referência ao art. 159 da CF, que trata:

- do Fundo de Participação do Município (Fpm);
- do Fundo de Participação dos Estados e do Distrito Federal (FPE);
- do Fundo de Compensação pelas Exportações de Produtos Industrializados (IPI – Exportações);
- de Fundos Constitucionais de Financiamento do Norte, Nordeste e Centro-Oeste (FNO, FNE E FCO).

> **IMPORTANTE**
>
> Essa competência é exclusiva do TCU, não sendo, pois, extensiva aos Tribunais de Contas Estaduais e Municipais. **ATENÇÃO:** o TCU efetua APENAS os cálculos, mas a fiscalização da aplicação dos recursos transferidos será do Tribunal de Contas encarregado de fiscalizar o ente recebedor.

## 8.2.7.8. Dever de representação (art. 71, XI, c/c art. 75 da CF)

XI – representar ao Poder competente sobre irregularidades ou abusos apurados.

O Tribunal de Contas tem o dever constitucional de representar aos Poderes e órgãos competentes sobre irregularidades e abusos apurados no curso dos processos administrativos da sua competência. É sabido que muitos fatos detectados no curso da fiscalização da Administração Pública podem acarretar outras medidas previstas no ordenamento jurídico, medidas estas que não são da competência do TC. O exemplo mais comum é a representação ao Ministério Público acerca de fatos apurados que se revelam indícios de ilícitos penais.

Por exemplo, citaríamos uma situação em que um Prefeito tenha deixado de prestar contas. Esse fato poderia ensejar a rejeição das contas, a imputação de dano, a aplicação de multa por parte do Tribunal de Contas, devendo, ainda, o Tribunal de Contas, no estrito cumprimento do disposto no art. 71, XI, da Lei Maior, representar:

(1º) ao Ministério Público, para as devidas medidas nos âmbitos penal e civil, uma vez que a omissão de prestar contas caracteriza ilícito penal capitulado no art. 1º, incisos VI e VII, do Decreto-Lei nº 201/1967 e ato de improbidade administrativa capitulado no art. 11, inciso VI, da Lei nº 8.429/1992;

(2º) à Câmara de Vereadores para fins da apuração da infração político-administrativa do Prefeito;

(3º) ao Governador do Estado, uma vez que compete ao Chefe do Executivo Estadual decretar a intervenção quando não forem prestadas contas devidas, na forma da lei; e, ainda,

(4º) à Justiça Eleitoral, para fins de inelegibilidade, nos termos do disposto no art. 1º, inciso I, "g", da Lei Complementar Federal nº 64/1990 (sobre esta questão, ver adiante item 8.2.8.7.).

**IMPORTANTE**

1. Art. 1º, inciso I, "g", da LC nº 64: *São inelegíveis, para qualquer cargo*, os que tiverem suas contas relativas ao exercício de cargos ou funções públicas rejeitadas por irregularidade insanável que configure ato doloso de improbidade administrativa, e por decisão irrecorrível do órgão competente, salvo se esta houver sido suspensa ou anulada pelo Poder Judiciário, para as eleições que se realizarem nos 8 (oito) anos seguintes, contados a partir da data da decisão, aplicando-se o disposto no inciso II do art. 71 da Constituição Federal, a todos os ordenadores de despesa, sem exclusão de mandatários que houverem agido nessa condição.

> **2. DECISÃO DO STF – MS Nº 22.087-DF, Rel. Min. Carlos Velloso, *DJU* de 10/05/1996:**
> I – Inclusão, em lista para remessa ao órgão da Justiça Eleitoral, do nome do administrador público que teve suas contas rejeitadas pelo TCU, além de lhe ser aplicada a pena de multa. Inocorrência de dupla punição, dado que a inclusão do nome do administrador público na lista não configura punição.
> II – Inelegibilidade não constitui pena. Possibilidade, portanto, de aplicação da lei de inelegibilidade, Lei Complementar nº 64/1990, a fatos ocorridos anteriormente a sua vigência.
> III – À Justiça Eleitoral compete formular juízo de valor a respeito das irregularidades apontadas pelo Tribunal de Contas, vale dizer, se as irregularidades configuram ou não inelegibilidade.

### 8.2.7.9. *Aplicação de sanções aos gestores (art. 71, VIII, c/c art. 75 da CF)*

VIII – aplicar aos responsáveis, em caso de ilegalidade de despesa ou irregularidade de contas, as sanções previstas em lei, que estabelecerá, entre outras cominações, multa proporcional ao dano causado ao erário.

Essa norma constitucional autoriza o TC a aplicar MULTA aos responsáveis pela gestão de recursos públicos que tenham praticado ilegalidade ou irregularidades. Fundamental, em razão da máxima: *nula é a pena sem lei anterior que a preveja*, que as hipóteses de multa estejam devidamente previstas em lei (Leis Orgânicas dos Tribunais de Contas de cada ente federativa). Inconcebível uma regulamentação desse dispositivo constitucional através de resoluções ou regimentos internos. A Lei Maior exige que a regulamentação seja através de LEI.

Uma leitura apressada do dispositivo constitucional fez com que surgisse uma interpretação de que o Tribunal de Contas só poderia aplicar multa caso estivesse diante de irregularidades causadoras de dano ao erário. O Supremo Tribunal Federal deslindou a questão, ratificando a competência do Tribunal de Contas para aplicar multa aos responsáveis por ilegalidade de despesa ou irregularidade de contas, independentemente da existência efetiva de dano ao erário.[24] Dessa forma, podem as Leis Orgânicas estabelecer hipóteses de multa que não digam respeito à existência de dano ao erário. Podem prever, por exemplo, multa em razão de grave transgressão legal. Embora as hipóteses devam estar assinaladas em cada legislação, há que se reconhecer que existe uma certa uniformidade entre as leis orgânicas dos diversos Tribunais de Contas do País, que, em regra, estabelecem como passíveis de MULTA:

---

[24] STF, RE nº 190.985, Relator: Ministro Néri da Silveira, julgado em 14/02/1995.

- ato de gestão ilegal, ilegítimo ou antieconômico de que resulte injustificado dano à Fazenda;
- ato praticado com grave infração a norma legal ou regulamentar de natureza contábil, financeira, orçamentária, operacional ou patrimonial;
- sonegação de processo, documento ou informação em inspeções ou auditorias realizadas pelo Tribunal;
- obstrução do livre exercício das inspeções e auditorias determinadas pelo Tribunal;
- não atendimento, no prazo fixado e sem causa justificada, de diligência determinada pelo Relator;
- descumprimento de determinação do Tribunal.

A lei poderá estabelecer outras sanções. A Lei Orgânica do TCU (Lei nº 8.443/1992, arts. 60 e 61), por exemplo, além da multa, estatuiu que, quando a maioria absoluta dos seus membros considerar grave a infração cometida, o responsável ficará inabilitado, por um período que variará de 5 (cinco) a 8 (oito) anos, para o exercício de cargo em comissão ou função de confiança no âmbito da Administração Pública. O TCU poderá, também, por intermédio do Ministério Público, solicitar à Advocacia Geral da União as medidas necessárias ao arresto dos bens dos responsáveis julgados em débito. Já a Lei Orgânica do TCE-PE (Lei nº 12.600/2004, art. 76), por exemplo, além da sanção pecuniária, estabelece que *o Tribunal de Contas no julgamento dos atos e contratos administrativos em que for verificada a ocorrência de fraude declarará a inidoneidade dos responsáveis perante a Administração Direta ou Indireta do Estado e dos Municípios.*

Sem prejuízo das sanções supramencionadas, temos ainda o disposto na recente **Lei de Crimes Fiscais (Lei Federal nº 10.028/2000)**, que estabelece outras hipóteses de aplicação de MULTA aos agentes públicos que cometem atos capitulados como infrações administrativas (sobre essa nova competência, ver item 8.2.8.2.).

### 8.2.7.10. *Auxílio à comissão permanente do Poder Legislativo (art. 72 c/c art. 75 da CF)*

Esse dispositivo diz respeito a mais uma atribuição do Tribunal de Contas em colaboração com o Poder Legislativo. Estabelece que, diante de indícios de despesas NÃO AUTORIZADAS, ainda que sob forma de investimentos não programados ou subsídios não aprovados, a Comissão

Mista Permanente de Deputados e Senadores (prevista no art. 166, § 1º, da CF) solicitará à autoridade responsável, NO PRAZO DE CINCO DIAS, os esclarecimentos necessários. Se a autoridade silenciar ou a comissão não ficar satisfeita com os esclarecimentos, a comissão solicitará ao TC, NO PRAZO DE TRINTA DIAS, pronunciamento conclusivo sobre a matéria. Se o TC considerar a despesa irregular e a comissão julgar que se trata de dano irreparável ou grave lesão à economia popular, proporá ao Congresso Nacional a sua SUSTAÇÃO.

Sobre essa competência, a que denominou VETO ABSOLUTO IMPEDITIVO, assinala Ricardo Lobo Torres: *distingue-se da suspensão dos atos ilegais e dos contratos (art. 71, X e §§ 1º e 2º) porque, no veto absoluto, a despesa não encontra previsão orçamentária, enquanto na outra existe apenas ilegalidade na realização de despesas autorizadas por lei. (...) Duas novidades contém o texto atual:*

*1ª) a iniciativa atribuída à comissão mista do Congresso Nacional para deflagrar o processo do veto proibitivo;*

*2ª) a interferência do Congresso Nacional na execução do orçamento pela Administração.*[25]

---

**IMPORTANTE**

PRAZOS PARA ESCLARECIMENTOS E PARECER DO TC:
- COMISSÃO MISTA PERMANENTE – AUTORIDADE RESPONSÁVEL = 5 DIAS;
- COMISSÃO PERMANENTE – TRIBUNAL DE CONTAS = 30 DIAS.

---

### 8.2.8. Competências infraconstitucionais

Diversas espécies normativas infraconstitucionais, a exemplo da Lei de Licitações e Contratos Públicos, da Lei de Diretrizes e Bases da Educação, da lei que regulamenta o **Fundef**, da Lei de Responsabilidade Fiscal, da Lei Eleitoral, da nova Lei Ficha Limpa (LFL) e da Lei nº 4.320/1964, estabelecem competências para o Tribunal de Contas. Todas as competências instituídas pelas referidas leis, é bom que se diga, devem estar em harmonia com a Constituição Federal. A seguir, um resumo das principais competências referidas em normas infraconstitucionais.

---

[25] Ob. cit., p. 321.

### 8.2.8.1. O TC e a Lei de Responsabilidade Fiscal – LRF

Como dissemos, o cumprimento da LRF pelos aplicadores das receitas públicas deverá ser objeto de apreciação pelos Tribunais de Contas. A própria LRF estatui no seu art. 59: *o Poder Legislativo, diretamente ou com o auxílio dos* **Tribunais de Contas***, e o sistema de controle interno de cada Poder e do Ministério Público fiscalizarão o cumprimento das normas desta Lei Complementar (...)*. Na sequência do dispositivo, a LRF estatui que essa fiscalização dará ênfase ao exame:

- do cumprimento de metas da LDO;
- do cumprimento dos limites de gastos do Poder Legislativo Municipal (ver Emenda nº 25/CF – estabelece limites de gastos para o Poder Legislativo Municipal);
- dos limites e condições para realização de operações de crédito e inscrição em restos a pagar;
- das providências tomadas para retornar aos limites máximos estatuídos pela LRF em matéria de gastos com pessoal e dívida pública;
- da destinação dos recursos obtidos com a alienação de bens públicos.

Especificamente em relação ao TCU, a LRF prevê que caberá a ele acompanhar o cumprimento de regras específicas em relação à dívida pública, notadamente à observância das seguintes vedações: a) o Banco Central do Brasil só poderá comprar diretamente títulos emitidos pela União para refinanciar a dívida mobiliária federal que estiver vencendo na sua carteira, devendo a operação ser realizada à taxa média e condições alcançadas no dia, em leilão público, e b) é vedado ao Tesouro Nacional adquirir títulos da dívida pública federal existentes na carteira do Banco Central do Brasil, ainda que com cláusula de reversão, salvo para reduzir a dívida mobiliária

Além de estabelecer essas competências genéricas em relação à fiscalização do cumprimento da lei, a LRF estatui uma participação ainda mais efetiva dos TC's, ao assinalar que caberá aos TCs o disposto a seguir.

1º) Art. 59, § 1º – **ALERTAR** os Poderes e órgãos da Administração Pública acerca:
- da possibilidade de ocorrência de fatos ensejadores de limitação de empenho (arts. 4º e 9º);
- do atingimento de 90% do limite total da despesa com pessoal;
- do atingimento de 90% do limite da dívida pública, operações de crédito e concessões de garantia;

- da extrapolação do limite estabelecido para os gastos com inativos e pensionistas;
- dos fatos que comprometam os custos ou os resultados dos programas ou indícios de irregularidade na gestão orçamentária.

2º) Art. 59, § 2º – VERIFICAR os cálculos dos limites da despesa total com pessoal de cada Poder e órgãos. Nesse caso, tem o TC também a competência para verificar o cálculo da RCL (Receita Corrente Líquida).

3º) Art. 59, § 3º – O TCU acompanhará o cumprimento das vedações impostas ao Banco Central do Brasil, nos §§ 2º, 3º e 4º do art. 39 da LRF.

> **IMPORTANTE**
> 1. Não confundir esse limite-alerta (90%) com o limite prudencial (95%) assinalado no parágrafo único do art. 22 da LRF.
> 2. **PARECER PRÉVIO NA LRF** – Como já vínhamos defendendo em edições anteriores, a Lei de Responsabilidade Fiscal, no seu Capítulo IX, Seção, V, **arts. 56,** caput, **e 57**, quando tratou das regras pertinentes à "Prestação de Contas", incorreu em manifesta inconstitucionalidade quando incluía no rol das autoridades sujeitas a Parecer Prévio dos Tribunais de Contas os demais gestores dos órgãos dos Poderes Legislativo, Judiciário e do Ministério Público. Ainda que com atraso de mais de sete anos, o **STF**, finalmente, apreciando a **ADIN nº 2.238, SUSPENDEU** os efeitos dos referidos dispositivos, vez que contrariam o disciplinamento delineado na Constituição Federal, em seu art. 71, I e II. Na prática, essa suspensão mantém as regras estabelecidas na CF, que determina que **apenas as contas do Chefe do Poder Executivo** recebam o **Parecer Prévio** do Tribunal de Contas, sendo todas as contas dos demais gestores públicos, de quaisquer dos Poderes, submetidas a julgamento pelos Tribunais de Contas competentes.

### 8.2.8.2. O TC e a Lei de Crimes Fiscais (Lei Federal nº 10.028/2000)

Além de estabelecer novas condutas passíveis de responsabilização penal – todas elas decorrentes de descumprimento da LRF –, a **Lei de Crimes Fiscais** estabelece também uma série de condutas contra as leis de finanças públicas tipificadas como **Infrações Administrativas**. São elas:

- deixar de divulgar ou de enviar ao Poder Legislativo e ao Tribunal de Contas o relatório de gestão fiscal, nos prazos e condições estabelecidos em lei;
- propor Lei de Diretrizes Orçamentárias anual que não contenha as metas fiscais na forma da lei;

- deixar de expedir ato determinando limitação de empenho e movimentação financeira, nos casos e condições estabelecidos em lei;
- deixar de ordenar ou de promover, na forma e nos prazos da lei, a execução de medida para a redução do montante da despesa total com pessoal que houver excedido a repartição por Poder do limite máximo.

A referida lei estatui, em seu art. 5º, que as Infrações Administrativas serão processadas e julgadas pelo TRIBUNAL DE CONTAS a que competir a fiscalização. Verificando a existência da infração, caberá ao Tribunal de Contas aplicar **MULTA DE 30%** sobre os VENCIMENTOS do agente causador, sendo o pagamento da multa de sua responsabilidade pessoal. Convém salientar que a multa referida constitui uma penalidade de índole administrativa, sem prejuízo de possíveis sanções penais, que deverão ser processadas pelo Ministério Público e julgadas pelo Poder Judiciário.

### 8.2.8.3. O TC e a Lei nº 8.666/1993

Além de fiscalizar o cumprimento da Lei de Licitações pelos administradores públicos, vejamos outras competências específicas assinaladas no corpo da própria lei. O dispositivo que citaremos a seguir está em harmonia com o disposto no art. 71, IX e X, da CF:

> Art. 113. O controle das despesas decorrentes dos contratos e demais instrumentos regidos por esta Lei será feito pelo Tribunal de Contas competente, na forma da legislação pertinente, ficando os órgãos interessados da Administração responsáveis pela demonstração da legalidade e regularidade da despesa e execução, nos termos da Constituição e sem prejuízo do sistema de controle interno nela previsto.
> 
> § 1º Qualquer licitante, contratado ou pessoa física ou jurídica poderá representar ao Tribunal de Contas ou aos órgãos integrantes do sistema de controle interno contra irregularidades na aplicação desta Lei, para os fins do disposto neste artigo.
> 
> § 2º Os Tribunais de Contas e os órgãos integrantes do sistema de controle interno poderão solicitar para exame, até o dia útil imediatamente anterior à data de recebimento das propostas, cópia do edital de licitação já publicado, obrigando-se os órgãos ou entidades da Administração interessada à adoção de medidas corretivas pertinentes que, em função desse exame, lhes forem determinadas.

### 8.2.8.4. O TC e as Leis do Fundeb e Fundef

Os dispositivos a seguir transcritos, tanto da nova lei do Fundeb (Lei nº 11.494/2007), como da "Lei do Fundef", reforçam a competência dos Tribunais de Contas para fiscalizar o cumprimento do art. 212 da CF, assim como das regras disciplinadoras do Fundeb (esclareça-se que embora o Fundef tenha sido substituído pelo Fundeb, muitos dispositivos da lei que o regulamentava continuam em vigor, dentre eles o que estabelece a competência dos TCs). Seguem os dispositivos:

#### Lei nº 11.494/2007

> Art. 26. A fiscalização e o controle referentes ao cumprimento do disposto no art. 212 da Constituição Federal e do disposto nesta Lei, especialmente em relação à aplicação da totalidade dos recursos dos Fundos, serão exercidos:
>
> I – pelo órgão de controle interno no âmbito da União e pelos órgãos de controle interno no âmbito dos Estados, do Distrito Federal e dos Municípios;
>
> II – pelos Tribunais de Contas dos Estados, do Distrito Federal e dos Municípios, junto aos respectivos entes governamentais sob suas jurisdições;
>
> III – pelo Tribunal de Contas da União, no que tange às atribuições a cargo dos órgãos federais, especialmente em relação à complementação da União.

#### Lei nº 9.424/1996

> Art. 11. Os órgãos responsáveis pelos sistemas de ensino, assim como os Tribunais de Contas da União, dos Estados e Municípios, criarão mecanismos adequados à fiscalização do cumprimento pleno do disposto no art. 212 da Constituição Federal e desta Lei, sujeitando-se os Estados e o Distrito Federal à intervenção da União, e os Municípios à intervenção dos respectivos Estados, nos termos do art. 34, inciso VII, alínea e, e do art. 35, inciso III, da Constituição Federal.

### 8.2.8.5. O TC e a Lei nº 4.320/1964

Mesmo tendo sido editada na vigência do ordenamento jurídico de 1946, os dispositivos da Lei nº 4.320/1964, assinalados a seguir, continuam em vigor, porquanto harmônicos com o modelo delineado pela CF/1988. Ressalte-se, contudo, o disposto no art. 82, § 2º, que faz menção a parecer prévio emitido por peritos contábeis. Diante do modelo de controle externo previsto na atual CF, não há mais a possibilidade de o Município não ser fiscalizado pelo TC, seja ele municipal ou estadual (com jurisdição sobre os Municípios). Assim, o parecer emitido pelo contador não substitui o parecer prévio do TC. Vejamos os dispositivos:

> Art. 81. O controle da execução orçamentária, pelo Poder Legislativo, terá por objetivo verificar a probidade da Administração, a guarda e legal emprego dos dinheiros públicos e o cumprimento da Lei de Orçamento.
>
> Art. 82. O Poder Executivo, anualmente, prestará contas ao Poder Legislativo, no prazo estabelecido nas Constituições ou nas Leis Orgânicas dos Municípios.
>
> § 1º As contas do Poder Executivo serão submetidas ao Poder Legislativo, com Parecer prévio do Tribunal de Contas ou órgão equivalente.
>
> § 2º Quando, no Município, não houver Tribunal de Contas ou órgão equivalente, a Câmara de Vereadores poderá designar peritos contadores para verificarem as contas do Prefeito e sobre elas emitirem parecer.

### 8.2.8.6. *Competência regulamentadora*

Embora não haja previsão expressa no texto constitucional, todas as leis orgânicas dos Tribunais de Contas do Brasil assinalam, em seus textos, dispositivos tratando do seu poder regulamentador, que, diga-se, decorre da própria competência fiscalizadora. Nesses termos, compete aos Tribunais de Contas, no âmbito de cada jurisdição, **expedir atos e instruções normativas** sobre matéria de sua atribuição e sobre a organização dos processos que lhe devam ser submetidos, com obrigação de seu cumprimento, sob pena de responsabilidade. Com base nessa competência, os Tribunais disciplinam, por exemplo, os prazos para envio das prestações de contas, os documentos que devem ser enviados para o Tribunal e a obrigação de os órgãos disponibilizarem para os técnicos todos os documentos relacionados à gestão.

### 8.2.8.7. *O TC e a Lei Ficha Limpa (Lei Complementar nº 135/2010)*

Com o objetivo de aperfeiçoar a democracia brasileira e a qualidade dos candidatos a cargos eletivos, foi aprovada, em 2010, a partir de um projeto de iniciativa popular, a chamada "**Lei Ficha Limpa**" **(LFL) – Lei Complementar 135**. Um dos pontos de maior relevância da lei – e que diz respeito à atuação dos Tribunais de Contas – é a hipótese de inelegibilidade dos gestores públicos que tiveram suas contas rejeitadas, por decisão irrecorrível do órgão competente, nos oito anos anteriores à eleição. Com efeito, essa hipótese de inelegibilidade já era prevista na chamada "Lei de Inelegibilidades" (Lei Complementar nº 64/90, art. 1º, I, "g"). Nesse ponto, a LFL, Lei Complementar 135, apenas alterou a LC 64, conferindo à referida alínea "g", uma nova redação, estabelecendo, dessa feita, entre outras hipóteses, que são inelegíveis:

> [...] os que tiverem suas contas relativas ao exercício de cargos ou funções públicas rejeitadas por irregularidade insanável que configure ato doloso de improbidade administrativa, e por decisão irrecorrível do órgão competente, salvo se esta houver sido suspensa ou anulada pelo Poder Judiciário, para as eleições que se realizarem nos 8 (oito) anos seguintes, contados a partir da data da decisão, aplicando-se o disposto no inciso II do art. 71 da Constituição Federal a todos os ordenadores de despesa, sem exclusão de mandatários que houverem agido nessa condição.[26]

A nova redação estabelece quatro requisitos para a declaração de inelegibilidade pela Justiça Eleitoral: três de natureza formal e um de natureza material. Os requisitos formais são:

a) a rejeição de contas por decisão irrecorrível do órgão competente (neste caso: Tribunais de Contas e Poder Legislativo);

b) a decisão do órgão competente não pode ter sido anulada ou suspensa pelo Poder Judiciário;

c) a decisão que rejeitou as contas deve ter sido tomada nos últimos oito anos anteriores à eleição.

Já o requisito material é que a rejeição do órgão competente tenha sido gerada por **IRREGULARIDADE INSANÁVEL QUE CONFIGURE IMPROBIDADE DOLOSA**.

Em relação aos Tribunais de Contas, a Lei Eleitoral – Lei nº 9.504/97, art. 11 – estabelece que até o dia 15 de agosto (19h) do ano em que se realizarem eleições, estes devem disponibilizar para a Justiça Eleitoral a lista dos gestores

---

[26] Redação anterior da alínea "g": "os que tiverem suas contas relativas ao exercício de cargos ou funções públicas rejeitadas por irregularidade insanável e por decisão irrecorrível do órgão competente, salvo se a questão houver sido ou estiver sendo submetida à apreciação do Poder Judiciário, para as eleições que se realizarem nos 5 (cinco) anos seguintes, contados a partir da data da decisão".

que tiveram suas contas rejeitadas, por decisão irrecorrível. **ATENÇÃO!** Vale salientar que o fato de o nome do gestor constar na lista enviada pelo TC não significa, desde já, que ele esteja inelegível. Com efeito, o juízo de valor sobre a inelegibilidade caberá à Justiça Eleitoral. É a Justiça Eleitoral quem examinará, por exemplo, se os motivos que ensejaram a rejeição das contas pelo Tribunal de Contas se enquadram no conceito de *"irregularidade insanável que configure ato doloso de improbidade"*, bem como apreciará se não existe decisão judicial suspendendo ou anulando a deliberação do Tribunal de Contas.

---

**IMPORTANTE**

1. **CRÍTICA.** Registre-se, ademais, que a nova redação dada à referida alínea "g" pela LFC, à medida que passou a exigir que a irregularidade motivadora da rejeição das contas, além de insanável (impossível de ser corrigida), configure "improbidade administrativa dolosa", em tese, vai dificultar a declaração de inelegibilidade de maus gestores, considerando que não é comum os Tribunais de Contas comprovarem atuação dolosa (intencional) de gestores que cometeram irregularidades, em razão de não disporem de competência legal para, de ofício, no curso de suas auditorias e inspeções, quebrar sigilos fiscais, bancários e telefônicos dos agentes públicos, instrumentos estes que possibilitariam a verificação do comportamento doloso clássico do agente. Nesse aspecto, se não houver por parte da Justiça Eleitoral um entendimento mais amplo do conceito de "dolo", o novo regramento, nesse ponto, terá representado um retrocesso em relação ao anterior. Diga-se que a referência a improbidade dolosa não constava do texto original do projeto de iniciativa popular. No entanto, só será possível comprovar os efeitos da nova regra quando houver um posicionamento final da Justiça Eleitoral e do STF em relação às impugnações de candidaturas ocorridas nas últimas eleições municipais realizadas em outubro de 2012.

2. **Impasse na posição do STF.** Outro ponto objeto de muita celeuma doutrinária e jurisprudencial diz respeito à inovação trazida na parte final da alínea "g", qual seja: *"... aplicando-se o disposto no inciso II do art. 71 da Constituição Federal a todos os ordenadores de despesa, sem exclusão de mandatários que houverem agido nessa condição".* Já falamos, no **item 8.2.7.2.**, sobre a controvérsia em relação à possibilidade de o Tribunal de Contas, além do Parecer Prévio sobre *Contas de Governo* do Prefeito, também julgar suas *Contas de Gestão,* quando estes agirem como ordenadores de despesas. A posição do STF (e também do TSE), antes do advento da Lei Ficha Limpa, sempre foi no sentido de não conferir ao Tribunal de Contas a competência para julgar a gestão de Prefeitos ordenadores de despesas. Para o STF, essa atribuição seria da Câmara de Vereadores. Ocorre que a LFL, na parte final da alínea "g", procurou encerrar a celeuma estatuindo objetivamente que o mandatário (aquele que detém mandato eletivo, Prefeitos incluídos, claro) teria suas contas (de Gestão) julgadas pelos Tribunais de Contas, nos termos do art. 71, II, da CF, caso ele tenha atuado como ordenador de despesas. Esse novo regramento ganhou força quando o próprio **STF**, no bojo das **Ações Declaratórias de Constitucionalidade – ADCs 29 e 30**, apreciadas no início de 2012, entendeu,

por maioria, sem qualquer ressalva quanto à redação ou alcance da interpretação, que a hipótese de inelegibilidade consubstanciada na referida alínea "g" seria constitucional. **ATENÇÃO!** Muito embora o STF tenha declarado constitucional por maioria, o texto da alínea "g", muitos de seus Ministros, por meio de decisões monocráticas (repita-se: mesmo após o julgamento da ADCs 29 e 30), têm se posicionado de maneira contrária ao que diz a LFL, na parte final, ou seja, reforçando o entendimento anterior no sentido de que os TCs não possuem competência para julgar Contas de Gestão de Prefeitos ordenadores de despesas. A título de exemplo, cite-se a **Reclamação (Rcl 14.381 MC, publicada no DJ de 13/09/2012)**, oriunda de Município do Ceará, em que o eminente Ministro Gilmar Mendes, deferiu medida liminar para suspender decisões proferidas pelo Tribunal de Contas dos Municípios, sob a alegação de que os Prefeitos ordenadores de despesas têm suas Contas de Gestão julgadas pela Câmara de Vereadores, e não pelo Tribunal de Contas. Na mesma linha vem se posicionando o **TSE**, a exemplo do **RO nº 75.179/2010-TO**, quando deliberou que a ressalva final constante da nova redação da citada alínea "g" não alcança Chefe de Poder Executivo. Espera-se, em nome da segurança jurídica, que no exame de mérito das medidas cautelares expedidas o STF defina, de uma vez por todas, qual o verdadeiro alcance do disposto na parte final da citada alínea "g".

3. **O caso dos Convênios (CF, art. 71, VI).** Como prova da incongruência do posicionamento majoritário do STF e do TSE em relação à (não) competência dos TCs para julgar as Contas de Gestão de Prefeitos ordenadores de despesas, citamos a posição desses próprios Tribunais Superiores, a exemplo do RO citado anteriormente, admitindo que os Prefeitos têm suas contas julgadas pelos TCs quando se tratar da aplicação de recursos repassados por outro ente da Federação mediante convênios. Aqui, houve clara confusão entre os conceitos de "fiscalização" (inciso VI) e "julgamento de contas" (inciso II). A rigor, para ser coerente com a essência dos seus posicionamentos majoritários, que têm por embasamento nuclear o disposto na CF, arts. 31 e 71, I, tanto o STF como o TSE deveriam reconhecer que, em qualquer hipótese, as contas de Prefeito, seja aplicando recursos próprios do Município, seja aplicando as receitas obtidas mediante convênios com Estado ou União, seriam julgadas pela Câmara de Vereadores. Mas, como demonstrado, não é assim que pensam o TSE e o STF.

### 8.2.9. O controle social e o Tribunal de Contas (Denúncias)

Estabelece a Constituição Federal, art. 74, § 2º, que *qualquer cidadão, partido político, associação* ou *sindicato* é parte legítima para, na forma da lei, denunciar irregularidades ou ilegalidades perante o Tribunal de Contas. Trata-se, com efeito, de uma das competências mais nobres do Tribunal de Contas, em manifesta sintonia com o sistema democrático-republicano e com a cidadania. Afinal, é a população quem mais possui legitimidade para solicitar a apuração de fatos que lhe pareçam suspeitos ou irregulares, uma vez que os recursos geridos pelos administradores pertencem a ela. Caberá às leis orgânicas dos Tribunais de Contas disciplinar a apresentação de denúncias perante o Tribunal.

Existe uma celeuma sobre a possibilidade de o cidadão poder fazer denúncia anônima ou exigir do órgão de controle a preservação do sigilo de seu nome. Em regra, as Leis Orgânicas dos Tribunais de Contas não permitem o anonimato em processos formais de denúncias. O cidadão-denunciante deve estar devidamente identificado e qualificado. A Lei Orgânica do TCU – Lei Federal nº 8.443/92 – previa a possibilidade de preservação do sigilo do objeto e da autoria da denúncia, mas o **STF**, nos autos do **MS nº 24.405-DF/2003**, concluiu que tal preservação é inconstitucional. Eis a ementa da Decisão do STF:

> *EMENTA: CONSTITUCIONAL. ADMINISTRATIVO. SERVIDOR PÚBLICO. TRIBUNAL DE CONTAS DA UNIÃO. DENÚNCIA. ANONIMATO. LEI Nº 8.443, DE 1992. LEI Nº 8.112/90, ART. 144. CF, ART. 5º, IV, V, X, XXXIII e XXXV. I. – A Lei nº 8.443, de 1992, estabelece que qualquer cidadão, partido político ou sindicato é parte legítima para denunciar irregularidades ou ilegalidades perante o TCU. A apuração será em caráter sigiloso, até decisão definitiva sobre a matéria. Decidindo, o Tribunal manterá ou não o sigilo quanto ao objeto e à autoria da denúncia (§ 1º do art. 55). Estabeleceu o TCU, então, no seu Regimento Interno, que, quanto à autoria da denúncia, será mantido o sigilo: inconstitucionalidade diante do disposto no art. 5º, incisos V, X, XXXIII e XXXV, da Constituição Federal. II. – Mandado de Segurança deferido.*

Muitos Tribunais de Contas do Brasil criaram Ouvidorias com o objetivo precípuo de facilitar o acesso do cidadão aos Tribunais, conferindo efetividade ao importante instrumento de controle social estipulado no art. 74 da CF. Com a aprovação da Lei Federal nº 12.527/2011, que regulamenta o direito ao acesso à informação pública (CF, art. 5º, XXXIII e XXXIV), conhecida como Lei de Acesso à Informação, o papel das Ouvidorias foi fortalecido, na medida em que, além de receberem denúncias, críticas e sugestões dos cidadãos, passaram, em muitos casos, a ser o fornecedor direto, ou o órgão coordenador, dos pedidos de informações feitos pela sociedade, seja em relação a dados e informações dos próprios Tribunais de Contas, seja em relação a dados e informações de órgãos jurisdicionados, custodiados pelos Tribunais de Contas.

### 8.2.10. Relação Tribunal de Contas – Controle Interno

O Controle Interno é todo aquele realizado pelo órgão ou entidade no âmbito da própria Administração. A Constituição Federal, art. 74, exige que os Três Poderes da República – Executivo, Legislativo e Judiciário – mantenham, de forma INTEGRADA, sistemas de controle interno com a finalidade de:

1) avaliar as metas previstas nas leis orçamentárias, os resultados obtidos, bem como a legalidade, a eficiência e a eficácia da gestão de recursos públicos aplicados pela Administração ou por particulares;
2) controlar as operações de créditos, avais, garantias, direitos e haveres do Poder Público. O Controle Interno, por força do disposto no art. 75 da CF, também está previsto para os Poderes do Estado e para o Poder Executivo e Legislativo dos Municípios.

Não obstante ser um controle vinculado e subordinado aos Poderes, o legislador instituiu um dever aos responsáveis pelo Controle Interno. Em primeiro lugar, estabeleceu, no inciso IV do art. 74, que uma das finalidades do controle interno é APOIAR O CONTROLE EXTERNO NO EXERCÍCIO DE SUA MISSÃO INSTITUCIONAL; em segundo, enfatizou essa responsabilidade, no § 1º do mesmo artigo, quando determina que *OS RESPONSÁVEIS PELO CONTROLE INTERNO, AO TOMAREM CONHECIMENTO DE QUALQUER IRREGULARIDADE OU ILEGALIDADE, DELA DARÃO CIÊNCIA AO TRIBUNAL DE CONTAS, SOB PENA DE RESPONSABILIDADE SOLIDÁRIA.*

### 8.2.11. Composição dos Tribunais de Contas

Os arts. 52, III, "b", 73 e 75 da Constituição Federal traçam as regras e os critérios para a escolha dos membros do Tribunal de Contas da União, estendendo-as, no que couber, aos Tribunais Estaduais e Conselhos Municipais de contas. No *caput* do art. 73, a CF estatui que o TCU será integrado por 9 (NOVE) Ministros. No art. 75, estatui que os Tribunais Estaduais e Municipais serão integrados por 7 (SETE) Conselheiros.

Vejamos os **requisitos constitucionais** para a nomeação dos membros dos Tribunais de Contas:

- nacionalidade brasileira (brasileiros natos ou naturalizados);
- mais de 35 e menos de 65 anos de idade;
- idoneidade moral e reputação ilibada; notórios conhecimentos jurídicos, contábeis, econômicos e financeiros ou de Administração Pública;
- mais de 10 (dez) anos de exercício de função ou de efetiva atividade profissional que exija os conhecimentos mencionados acima.

Vejamos, a seguir, a competência para a indicação dos membros.

**TCU** – O Presidente da República indica um terço dos membros (3 – três – Ministros). Desses, dois deverão ser indicados, alternadamente, entre Auditores (substitutos de Ministros) e membros do Ministério Público junto ao Tribunal, indicados em lista tríplice pelo Tribunal, segundo os critérios de antiguidade e merecimento. A última indicação do Presidente da República é livre, ou seja, desde que preencha os demais requisitos constitucionais, o Presidente estará livre para indicar qualquer cidadão brasileiro. Nos termos do art. 73, § 2º, I, c/c artigo 52, III, "b", da CF, TODOS os indicados pelo Presidente da República precisarão ser aprovados (sabatinados) pelo SENADO FEDERAL. Os outros dois terços (6 – seis – Ministros) são escolhidos pelo CONGRESSO NACIONAL entre brasileiros que satisfaçam os requisitos anteriormente mencionados (como já são escolhidos pelo Legislativo, a CF não exige a sabatina no Senado).

**TCEs** – Nos Estados, 3 (três) dos **sete** Conselheiros são escolhidos pelo Governador, seguindo os mesmos critérios do modelo federal, e 4 (quatro), pela Assembleia Legislativa. Nesse caso, os indicados pelo Governador devem se submeter à aprovação da Assembleia Legislativa. Muita **ATENÇÃO**, porém, para o disposto no Art. 235, III, das Disposições Constitucionais Gerais da CF/1988. Esse dispositivo disciplina a composição dos membros dos Tribunais de Contas de ESTADOS NOVOS. Estatui que nos 10 (dez) primeiros anos da criação de um Estado, o Tribunal de Contas será integrado por **3 (três) Conselheiros**, nomeados pelo Governador, escolhidos entre brasileiros de comprovada idoneidade e notório saber.

Atenção também para indicação dos membros dos Tribunais (ou Conselhos) de Contas inseridos na estrutura organizacional de determinado município (não se trata daqueles Tribunais Estaduais com jurisdição sobre os Municípios). Nesse caso, para guardar a simetria com o modelo federal, as indicações dos membros devem ser do Prefeito (3 – três – membros) e da Câmara de Vereadores (4 – quatro – membros).

No intuito de dotar os Tribunais de Contas da independência necessária para as suas funções constitucionais de fiscalização, a CF estabeleceu, art. 73, § 3º, que os Ministros do TCU teriam as mesmas GARANTIAS, PRERROGATIVAS, IMPEDIMENTOS, VENCIMENTOS e VANTAGENS dos Ministros do STJ – Superior Tribunal de Justiça, aplicando-lhes em matéria de aposentadoria as regras do art. 40 da CF. Para guardar a simetria exigida pela Constituição, os Conselheiros dos Tribunais de Contas dos Estados terão as mesmas garantias, prerrogativas, impedimentos, vencimentos e vantagens dos DESEMBARGADORES do Tribunal de Justiça. Nos Tribunais ou Conselho de Contas municipais, essa equiparação, em direitos e deveres, também deverá ser feita entre Conselheiros e Desembargadores do TJ do Estado, vez que não existe Poder Judiciário Municipal.

As GARANTIAS estão estatuídas no próprio texto constitucional, art. 95. São elas:

1) VITALICIEDADE;
2) INAMOVIBILIDADE;
3) IRREDUTIBILIDADE DE SUBSÍDIOS.

Os IMPEDIMENTOS também estão consignados na Lei Maior, no parágrafo único do mesmo art. 95. Os membros dos Tribunais de Contas estão impedidos de:

1) exercer, <u>ainda que em disponibilidade</u>, outro **cargo ou função**, salvo uma de **magistério**;
2) receber, a qualquer título ou pretexto, **custas ou participação** em processo;
3) dedicar-se à atividade **político-partidária**;
4) receber, a qualquer título ou pretexto, auxílios ou contribuições de pessoas físicas, entidades públicas ou privadas, ressalvadas as exceções previstas em lei;
5) exercer a advocacia no juízo ou tribunal do qual se afastou, antes de decorridos três anos do afastamento do cargo por aposentadoria ou exoneração.

**O AUDITOR (SUBSTITUTO DE MINISTRO OU CONSELHEIRO).** A CF também tratou em seu texto da figura do **AUDITOR** (substituto de Ministro ou de Conselheiro). Trata-se de um cargo **vitalício**, provido mediante concurso público (o STF já se manifestou inúmeras vezes acerca da obrigatoriedade da realização de concurso público para o cargo de Auditor – ver ADI nº 1966-0, publicada no DJ de 07/05/1999). O Auditor tem a função precípua de substituir os membros titulares em suas *faltas, impedimentos, férias, licenças* ou *vacância* do cargo. Eis a principal regra constitucional tratando do cargo de Auditor (CF, art. 73, § 4º): "*O auditor, quando em substituição a ministro, terá as mesmas garantias e impedimentos do titular e, quando no exercício das demais atribuições da judicatura, as de juiz de Tribunal Regional Federal*". Pelo princípio da simetria, concretizado no art. 75 da CF, no âmbito dos Tribunais de Contas Estaduais e Municipais, os Auditores possuem as mesmas **garantias e impedimentos** dos Conselheiros, quando os estão substituindo ordinariamente, e as de Juiz Estadual de última entrância, quando no exercício das demais atribuições da judicatura.

A propósito da expressão JUDICATURA, referida no Texto Constitucional, ainda não existe uma regulamentação, de abrangência nacional, estabelecendo o verdadeiro sentido do termo. Com efeito, quando não estão substituindo ordinariamente os Titulares, ou seja, nas demais atribuições da "judicatura", os Auditores atuam conforme previsão na Lei Orgânica de cada Tribunal. No Tribunal de Contas da União, por exemplo, os Auditores (Substitutos de Ministros), nos termos do Parágrafo Único, do art. 78 de sua Lei Orgânica (Lei Federal nº 8.443/92), quando não convocados para substituírem Ministro, **presidirão a instrução dos processos** que lhes forem distribuídos, relatando-os como **proposta de decisão** a ser votada pelos integrantes do Plenário ou da Câmara competente. Outros Tribunais, a exemplo do TCE-PE, não conferem ao Auditor a competência para presidir a instrução do processo, desde o início da distribuição, como no caso do TCU, mas prevê que os Auditores elaboram Propostas de Decisões (Propostas de Votos) após a instrução do Processo, ou seja, quando os autos já estão conclusos para julgamento. Entendemos que o modelo adotado pelo TCU – e, diga-se, por muitos Tribunais de Contas estaduais – se revela o mais consentâneo com o propósito da Lei Maior, mas o ideal seria que uma lei de amplitude nacional estabelecesse definitivamente um conceito uniforme e padrão para a expressão "judicatura", com vistas a tornar efetivo um dos mais importantes avanços do novo modelo de controle externo concebido pela Constituição de 1988.[27]

**IMPORTANTE**

Quando o Auditor (substituto de Ministro ou Conselheiro) for ser indicado, pelo Presidente ou pelo Governador, para o cargo de Ministro ou Conselheiro, deverá satisfazer ao requisito de idade previsto no art. 73, § 1º, da CF, ou seja, deverá ter entre 35 e 65 anos de idade. Todavia, o STF possui o entendimento de que para o provimento do cargo de Auditor, através de concurso público, o limite mínimo de idade só poderá ser exigido se previsto expressamente em LEI. Não vale, portanto, estabelecer o requisito de idade apenas no edital do concurso. Vejamos a ementa da recente decisão do STF:

RE nº 182.432-RS
RELATOR: MIN. NÉRI DA SILVEIRA

EMENTA: Recurso extraordinário. Limite mínimo de idade para inscrição em concurso público de Auditor Substituto de Conselheiro do Tribunal de Contas do Estado. 2. Acórdão que entendeu ser ofensivo aos arts. 7º, XXX, e 39, § 2º, da Constituição Federal, estabelecimento de limite mínimo de idade para inscrição em concurso público de Auditor Substituto. 3. Inexistência de expressa referência na lei a limite mínimo de idade

---

[27] Sobre o tema ver o Capítulo 15, "Controle da Administração Pública", de autoria de Licurgo Mourão, Diogo Ribeiro Ferreira e Rodrigo Pironti de Castro, do livro *Curso Prático de Direito Administrativo*, Del Rey, 3ª Ed, 2011 ; coordenação de Carlos Pinto Coelho Motta.

> para investidura em cargo de Auditor. 4. A Lei Orgânica limita-se a definir em quais situações os Auditores substituirão os Conselheiros. Incabível, na espécie, restringir, no Edital do Concurso, o que a lei não limitou. 5. Recurso extraordinário não conhecido.

**O MINISTÉRIO PÚBLICO ESPECIAL (DE CONTAS).** A Lei Maior também faz menção ao MINISTÉRIO PÚBLICO ESPECIAL – MPE –, que atua junto ao Tribunal de Contas, na qualidade de fiscal da Lei, oferecendo representações sobre irregularidades; emitindo pareceres nos processos apreciados pelo TC; recorrendo de suas deliberações; participando das sessões deliberativas com direito à palavra e a pedir vista dos processos.

Vale ressaltar que os Procuradores que integram o *Parquet* especial de Contas, não são membros do Ministério Público comum. Em diversas ocasiões, o STF já se manifestou no sentido de legitimar essa instituição especializada do *Parquet*. O embasamento constitucional é o disposto no art. 130 c/c art. 73, § 2º, da CF/1988. Estatui o art. 130: *aos membros do Ministério Público junto aos Tribunais de Contas aplicam-se as disposições desta seção pertinentes a direitos, vedações e formas de investidura*. Nesse ponto, a Lei Maior se refere a direitos, vedações e formas de investidura dos membros do Ministério Público comum.

Outra questão importante é que o MPE não possui competência para impetrar as ações penais decorrentes de ilícitos detectados em processos apreciados pelo TC. Essa competência continua sendo do Ministério Público comum. De extrema importância para deslindar a natureza desse importante órgão especial foi a Decisão do STF – ADI nº 789-DF. Concluiu o STF, entre outras questões, que os membros do Ministério Público Especial detêm independência funcional, mas o órgão não dispõe de autonomia administrativa, nem do poder de iniciativa de lei, sendo, portanto, vinculados ao respectivo Tribunal de Contas. Veja ementa da decisão do STF: *EMENTA – ADIN – LEI Nº 8.443/1992 – MINISTÉRIO PÚBLICO JUNTO AO TCU – INSTITUIÇÃO QUE NÃO INTEGRA O MINISTÉRIO PÚBLICO DA UNIÃO – TAXATIVIDADE DO ROL INSCRITO NO ART. 128, I, DA CONSTITUIÇÃO – VINCULAÇÃO ADMINISTRATIVA À CORTE DE CONTAS – COMPETÊNCIA DO TCU PARA FAZER INSTAURAR O PROCESSO LEGISLATIVO CONCERNENTE À ESTRUTURAÇÃO ORGÂNICA DO MINISTÉRIO PÚBLICO QUE PERANTE ELE ATUA (CF, ART. 73, CAPUT, IN FINE) – MATÉRIA SUJEITA AO DOMÍNIO NORMATIVO DA LEGISLAÇÃO ORDINÁRIA – ENUMERAÇÃO EXAUSTIVA DAS HIPÓTESES CONSTITUCIONAIS DE REGRAMENTO MEDIANTE LEI COMPLEMENTAR – INTELIGÊNCIA DA NORMA INSCRITA NO ART. 130 DA CONSTITUIÇÃO – AÇÃO DIRETA IMPROCEDENTE.*

## IMPORTANTE

1. Tanto a escolha livre do Chefe do Executivo quanto as escolhas do Legislativo podem recair sobre cidadãos que não sejam membros do Poder Legislativo.
2. Vale ressaltar que diversas Constituições de Estados brasileiros haviam consignado em seus textos a possibilidade de o Governador indicar apenas dois membros dentre Auditores e membros do Ministério Público Especial. Dada a dificuldade matemática de seguir o modelo federal, em função do número de Conselheiros (sete), essas Constituições deixaram de prever a hipótese de o Governador indicar um terceiro membro, de sua livre escolha, para integrar o TC. Algumas ações diretas de inconstitucionalidade chegaram ao STF, que suspendeu esses dispositivos das Cartas Estaduais com arrimo no entendimento de que, para atender ao modelo federal, como quis a CF, o Governador deveria indicar, além daqueles previstos, um terceiro membro da sua livre escolha (ver, por exemplo, ADIN nº 892, *DJU* de 07/11/1997; ADIN nº 1.389-1, *DJU* de 20/09/1996 e ADIN nº 1.054-9, *DJU* de 23/09/1994). Apenas para reforçar tal entendimento, vale citarmos os fundamentos lançados pelo Ministro Celso de Melo no bojo da Adin nº 892:

   > *A Carta Federal, ao delinear o modelo de organização do TCU, extensível de modo cogente e imperativo, à organização e composição dos Tribunais de Contas locais, prescreve, no art. 73, que os componentes da Corte de Contas serão escolhidos na proporção de 1/3 pelo Chefe do Poder Executivo e de 2/3 pelo Poder Legislativo. Observando-se tal relação de proporcionalidade, os Tribunais de Contas Estaduais deverão ter quatro Conselheiros eleitos pela Assembleia Legislativa e três Conselheiros nomeados pelo Chefe do Poder Executivo do Estado-Membro. Dentre os três nomeados pelo Chefe do Poder Executivo estadual, apenas um será de livre nomeação pelo Governador do Estado. Os outros dois deverão ser nomeados pelo Governador, necessariamente, dentre ocupantes de cargo de Auditor do Tribunal de Contas (um) e de membro do Ministério Público junto à Corte de Contas (um).*

3. MINISTROS E CONSELHEIROS – mesmas GARANTIAS, PRERROGATIVAS, IMPEDIMENTOS, VENCIMENTOS e VANTAGENS DA MAGISTRATURA; AUDITOR – mesmas GARANTIAS e IMPEDIMENTOS.
4. COMPOSIÇÃO dos TCs:

   TCU = 9 (nove) Ministros;

   TCE/TCM = 7 (sete) Conselheiros;

   * TCE (10 primeiros anos da criação de um Estado) = 3 (três) Conselheiros.
5. A Lei Maior não disciplinou a composição de Tribunais de Contas de Municípios novos porque a própria CF, art. 31, § 4º, como já vimos, veda a criação de novos Tribunais ou Conselhos de Contas municipais, pelos Municípios. Na hipótese de criação de um Município novo, será o Tribunal de Contas do Estado o órgão competente para fiscalização.
6. APOSENTADORIA – O § 3º do art. 73 da CF, com a redação dada pela EC nº 20/1998, estatui que os membros dos TCs se aposentam segundo os critérios do art. 40 da CF. Assim, nos termos do disposto no art. 40, § 1º, III, o membro do TC só poderá se aposentar <u>voluntariamente</u> no cargo se possuir, no mínimo, 10 (dez) anos de serviço público e 5 (cinco) anos no cargo de Ministro ou Conselheiro.

7. MINISTROS DO TCU – Nos **crimes** comuns e nos de responsabilidade são processados e julgados, originariamente, pelo **STF** – SUPREMO TRIBUNAL FEDERAL (CF, art. 102, I, "c");

   CONSELHEIROS DOS TCEs E TCMs – Nos **crimes** comuns e nos de responsabilidade são processados e julgados, originariamente, pelo **STJ** – SUPERIOR TRIBUNAL DE JUSTIÇA (CF, art. 105, I, "a").

# QUESTÕES

# Capítulo 9

# Questões de Concursos

## 9.1. Questões Comentadas (01 a 200) (Período 2008-2012)

1. **(Analista de Controle Externo/TCEAC/2008)** Os princípios orçamentários são premissas e linhas norteadoras de ação a serem observadas na elaboração do orçamento público. A Lei nº 4.320/1964, que estatui normas gerais de direito financeiro para elaboração e controle dos orçamentos e balanços da União, dos Estados, dos Municípios e do Distrito Federal (DF), determina a obediência aos princípios de unidade, universalidade e anualidade.

   Tendo o texto acima como referência inicial, assinale a opção correta acerca dos princípios orçamentários.

   a) O princípio da unidade permite que o Poder Legislativo conheça, a *priori*, todas as receitas e despesas do governo e, assim, possa dar prévia autorização para a respectiva arrecadação e realização.

   b) Em consonância com os princípios da unidade e da universalidade, a Constituição Federal determina a inclusão, na Lei Orçamentária Anual (LOA), de três orçamentos: orçamento fiscal; orçamento de investimentos das empresas em que a União, direta ou indiretamente, detenha a maioria do capital com direito a voto; e orçamento da seguridade social.

   c) O princípio da anualidade foi reforçado pela Constituição Federal, que proíbe a incorporação dos créditos especiais e extraordinários ao orçamento do exercício financeiro subsequente.

   d) Pelo princípio da anualidade, a LOA deve dispor das alterações na legislação tributária, que influenciarão as estimativas de arrecadação.

   e) De acordo com o princípio do equilíbrio, o orçamento deve conter todas as receitas e despesas referentes aos poderes da União, seus fundos, órgãos e entidades da administração direta e indireta, sendo que esse princípio está consagrado na legislação brasileira por meio da Constituição Federal e da Lei nº 4.320/1964.

2. **(Analista de Controle Externo/TCEAC/2008) A Lei nº 4.320/1964 representa o marco fundamental da receita orçamentária. Acerca das receitas orçamentárias e extraorçamentárias, assinale a opção correta.**

   a) São receitas correntes as receitas tributária, patrimonial, industrial e diversa, excluindo-se as provenientes de recursos financeiros recebidos de outras pessoas de direito público ou privado, quando destinadas a atender despesas classificáveis em despesas de capital ou em despesas correntes.

   b) Os restos a pagar do exercício serão computados na receita extraorçamentária para compensar sua inclusão na despesa orçamentária.

   c) As receitas extraorçamentárias são valores provenientes de toda e qualquer arrecadação que não figure no orçamento, mas que constitui renda do Estado.

   d) São receitas de capital as provenientes da realização de recursos financeiros oriundos de constituição de dívidas; da conversão em espécie, de bens e direitos; além dos recursos recebidos de outras pessoas de direito público ou privado destinados a atender despesas classificáveis em despesas correntes.

   e) O superávit do orçamento corrente que corresponde à diferença entre receitas e despesas correntes é considerado receita corrente.

3. **(Analista de Controle Externo/TCEAC/2008) Os estágios da realização da receita e da despesa pública são, nesta ordem,**

   a) lançamento, arrecadação, recolhimento, empenho, liquidação e pagamento.

   b) pagamento, liquidação, empenho, recolhimento, arrecadação, lançamento.

   c) fixação, estimação, arrecadação, empenho, pagamento e liquidação.

   d) receita corrente, receita tributária, imposto, empenho, liquidação e pagamento.

   e) progressivo, regressivo, proporcional, empenho, liquidação e pagamento.

4. **(Analista de Controle Externo/TCEAC/2008) O governador eleito de determinado estado, com o objetivo de desconcentrar as atividades do Poder Executivo, decidiu implementar, no primeiro ano do seu mandato, secretarias regionais, criando estruturas que transferiram da capital para o interior parte do poder de decisão do Poder Executivo. Para funcionar, as secretarias regionais precisariam de uma estrutura mínima composta por secretário, secretário-adjunto, assessores, consultores e gerentes. A criação de secretarias regionais não estava prevista na época de elaboração do orçamento, feito pelo seu antecessor e aprovado pela assembleia legislativa, para vigorar no primeiro ano do mandato do novo governador; portanto, não existia dotação orçamentária.**

   **Considerando a situação hipotética descrita, assinale a opção correta.**

   a) Para cobrir as despesas das estruturas das secretarias regionais, o governador pode ordenar o seu pagamento pelas secretarias já existentes na estrutura do governo.

   b) O governador pode usar o superávit financeiro apresentado no balanço patrimonial do exercício anterior por meio da abertura de crédito suplementar, desde que autorizado na Lei de Diretrizes Orçamentárias (LDO), para atender às despesas das novas secretarias.

c) As despesas das secretarias regionais podem ser cobertas com a criação de créditos especiais, autorizados pelo Poder Legislativo por meio de lei, desde que existam recursos disponíveis.

d) A lei orçamentária vigente pode ser alterada por meio de crédito suplementar destinado a suprir as despesas nas secretarias criadas pelo governador.

e) De acordo com a Lei nº 4.320/1964, o governador poderá abrir crédito extraordinário para atender às despesas das secretarias regionais, desde que promulgado nos oito primeiros meses do exercício.

5. **(Analista de Controle Externo/TCEAC/2008) O termo seguridade social, inexistente na língua portuguesa até 1980, já era adotado desde 1935 nos Estados Unidos da América e desde 1940 na Europa capitalista para designar uma série de programas e serviços sociais. No Brasil, a partir da vigente Constituição Federal, o referido termo passou a designar um conjunto integrado de ações do Estado e da sociedade voltadas a assegurar os direitos relativos à saúde, à previdência e à assistência social.**

    **Tendo o texto acima como referência inicial, assinale a opção correta acerca do orçamento da seguridade social.**

    a) O orçamento da seguridade social tem, entre as suas funções, a de reduzir desigualdades regionais, segundo o critério populacional.

    b) O orçamento da seguridade social abrange, além das entidades e órgãos da administração direta, os fundos instituídos pelo poder público e as fundações de assistência social sem fins lucrativos.

    c) A transposição, o remanejamento ou a transferência de recursos de uma categoria de programação podem ser realizados de um órgão da esfera fiscal para outro da esfera da seguridade social, sem prévia autorização legislativa.

    d) A receita da seguridade social advinda do recolhimento das contribuições sociais do empregador, da empresa e da entidade a ela equiparada na forma da lei incidente sobre a folha de salários será utilizada exclusivamente para pagamento de benefícios do regime geral da previdência social.

    e) O orçamento da seguridade social abrange todas as funções executadas pelas entidades e órgãos da administração direta ou indireta destinadas ao atendimento de políticas públicas nas áreas de assistência social, saúde, previdência social e trabalho.

6. **(Analista de Controle Externo/TCEAC/2008) O art. 14 da Lei Complementar nº 101/2000 delimita as condições para a concessão ou ampliação de incentivo ou benefício de natureza tributária da qual decorra renúncia de receita. Segundo o § 1º desse artigo, a renúncia compreende anistia, remissão, subsídio, crédito presumido, concessão de isenção em caráter não geral, alteração de alíquota ou modificação de base de cálculo que implique redução discriminada de tributos ou contribuições, e outros benefícios que correspondam a tratamento diferenciado.**

    **Tendo o texto acima como referência inicial, assinale a opção correta no referente a renúncia da receita.**

a) A anistia é o ato que autoriza o perdão de penalidades por ilícitos fiscais, dispensando o pagamento de penalidades pecuniárias.

b) O crédito presumido reduz a base de cálculo da incidência de determinado tributo.

c) O subsídio é um incentivo financeiro desvinculado de qualquer tributo, por meio do qual são transferidas receitas públicas para o particular.

d) A restituição é um incentivo de natureza fiscal e aparece no orçamento público sob a forma de receita.

e) A isenção é o ato do Poder Executivo que dispensa o pagamento de tributos, em virtude da reduzida importância dos seus créditos ou das condições de determinada região geográfica.

7. **(Analista de Controle Externo/TCEAC/2008) Quanto ao ciclo orçamentário, assinale a opção correta.**

a) No âmbito estadual, cabe ao presidente da assembleia legislativa a proposição dos projetos de PPA, LOA e LDO.

b) O ciclo orçamentário tem início com a elaboração do projeto de LDO, definindo diretrizes, objetivos e metas para o orçamento.

c) No estado do Acre, o PPA, com suas modificações para o exercício seguinte, deverá ser encaminhado ao Poder Legislativo, para estudos, até o dia 30 de agosto, ficando este obrigado a devolvê-lo ao Poder Executivo no prazo máximo de 60 dias para sanção.

d) O Poder Executivo publicará, até 60 dias após o encerramento de cada bimestre, relatório resumido da execução orçamentária.

e) O ciclo orçamentário é composto por três leis (o PPA, a LDO e a LOA) e corresponde a um período de cinco anos, visando à continuidade das políticas públicas.

8. **(Analista de Controle Externo/TCEAC/2008) O Tribunal de Contas do Estado do Acre (TCE/AC) afirmou que o prefeito de determinada cidade pode ser processado com base na LRF e até ser condenado à pena de reclusão, que varia de 1 a 4 anos. O parecer do TCE/AC fundamentou-se na análise das contas de 2004, quando ocorreram as eleições municipais, e afirma existir afronta ao art. 42 da LRF. Tal artigo veda ao titular do Poder Executivo contrair, nos últimos dois quadrimestres do seu mandato, obrigação de despesa que não possa ser cumprida integralmente dentro dele, ou que tenha parcelas a serem pagas no exercício seguinte sem disponibilidade de caixa para esse efeito. Esse fato ocorreu porque o prefeito, que foi reeleito, contraiu débitos junto ao Instituto de Previdência dos Servidores Públicos do Município, cujas medidas regularizadoras adotadas nos exercícios posteriores não alteram o comprometimento das contas, conforme entendimento do TCE/AC. Dessa forma, o Tribunal decidiu pelo encaminhamento de cópia dos autos ao Ministério Público da comarca, uma vez configurada afronta às disposições do art. 42 da Lei Complementar nº 101/2000, que pode ensejar sanção prevista na Lei de Crimes Fiscais (Lei nº 10.028/2000).**

**Considerando a situação hipotética acima descrita e a LRF, assinale a opção correta.**

a) O art. 42 da LRF tem por objetivo inibir a inscrição, em restos a pagar, de despesas sem disponibilidade financeira, pertencentes aos últimos oito meses do exercício da legislatura que se finda, pois tais despesas podem gerar, para o sucessor eleito, dificuldades na execução do orçamento e na implantação de seu plano de governo. Na disponibilidade de caixa, serão considerados os encargos e as despesas compromissados a pagar até o final do exercício.
b) Nos últimos dois quadrimestres do mandato do prefeito, é permitido praticar ato de empenho, que consiste na verificação do direito adquirido pelo credor, desde que não se crie a obrigação de o ente pagar integralmente a despesa no próprio exercício. Contudo, as parcelas a serem pagas no ano seguinte devem ser liquidadas com a disponibilidade de recursos deixados em caixa.
c) Nos últimos quatro meses do ano, é permitido somente ao Poder Legislativo aumentar as despesas, incluídos os subsídios dos vereadores e excluídos os gastos com inativos, não podendo ultrapassar 5% do somatório da receita tributária e das transferências constitucionais.
d) Uma alternativa para o prefeito a que a situação apresentada se refere seria a realização de uma operação de crédito por antecipação de receita, destinada a atender à insuficiência de caixa durante o exercício financeiro, cumprindo as exigências legais.
e) Na situação hipotética em questão, a dívida contraída junto ao instituto de previdência municipal é considerada obrigatória e de caráter continuado se for realizada por ato administrativo normativo que fixe, para a prefeitura, a obrigação legal de sua execução por um período superior a quatro exercícios.

9. **(Analista de Controle Externo/TCEAC/2008) Julgue os itens a seguir, relativos à prestação de contas e à transparência na gestão fiscal.**

   I. **Os planos, os orçamentos e as leis de diretrizes orçamentárias estão entre os instrumentos de transparência da gestão fiscal.**

   II. **As contas prestadas pelos chefes do Poder Executivo incluirão, além das suas próprias, as dos presidentes dos órgãos dos poderes Legislativo e Judiciário e do chefe do Ministério Público, as quais receberão parecer prévio, separadamente, do respectivo tribunal de contas.**

   III. **Os tribunais de contas emitirão parecer prévio conclusivo sobre as contas no prazo de 60 dias do recebimento, se outro não estiver estabelecido nas constituições estaduais ou nas leis orgânicas municipais.**

   IV. **A prestação de contas evidenciará o desempenho da arrecadação em relação à previsão, destacando as providências adotadas no âmbito da fiscalização das receitas e do combate à sonegação, as ações de recuperação de créditos nas instâncias administrativa e judicial, bem como as demais medidas para incremento das receitas tributárias e de contribuições.**

   V. **O relatório resumido de execução orçamentária abrange todos os poderes e o Ministério Público, sendo obrigatória a divulgação até 30 dias após o encerramento de cada bimestre.**

**A quantidade de itens certos é igual a**

a) 1.
b) 2.
c) 3.
d) 4.
e) 5.

10. **(Analista de Controle Externo/TCEAC/2008)** De acordo com a Constituição Federal, é vedada a apresentação de emendas parlamentares ao projeto de lei do orçamento que tratem de despesas sobre:

    a) transferências voluntárias para estados e municípios.
    b) previdência social.
    c) Poder Legislativo.
    d) serviço da dívida.
    e) tribunal de contas.

11. **(Analista de Controle Externo/TCEAC/2008)** O processo de exame e julgamento de tomadas e prestações de contas anuais é expressão máxima do poder controlador do TCU exercido em auxílio ao Congresso Nacional. Considerando as normas constitucionais acerca de controle externo, assinale a opção correta em relação a esse tema.

    a) Constatada a ocorrência de ilegalidade no ato concessivo de aposentadoria, é lícito ao TCU proceder a inovação no título jurídico de aposentado, ordenando correção posterior.
    b) O Poder Judiciário, quando atua em caso que envolva improbidade administrativa, possui a competência para requerer inspeção e auditoria aos tribunais de contas, responsáveis pela verificação da legalidade da gestão governamental.
    c) Compete ao Congresso Nacional sustar os atos normativos do Poder Executivo que exorbitem dos limites de delegação legislativa, bem como apreciar os relatórios sobre a execução dos planos de governo.
    d) O TCU tem competência para fiscalizar as contas nacionais das empresas supranacionais de cujo capital social a União participe, de forma direta ou indireta, nos termos do que consta como sendo empresa controlada.
    e) As contas dos ordenadores de despesas são julgadas pelo controle interno.

12. **(Analista de Controle Externo/TCEAC/2008)** Considerando as funções dos Tribunais de contas, assinale a opção correta.

    a) A função opinativa dos Tribunais de Contas se reveste de conteúdo vinculativo.
    b) A função sancionadora ocorre quando os Tribunais de Contas, por exemplo, efetuam recolhimento da multa proporcional ao débito imputado.

c) A função de fiscalização dos Tribunais de Contas compreende as ações relativas ao exame e à realização de diligências relacionadas a recursos de alienação dos ativos.

d) O julgamento das contas dos responsáveis por bens e valores públicos constitui função corretiva dos Tribunais de Contas.

e) Assiste aos Tribunais de Contas o poder regulamentar, também chamado de normativo, que, em certos casos, pode ir além de sua competência e jurisdição.

13. **(Analista de Controle Externo/TCEAC/2008) A Constituição Federal e, em simetria, as Constituições estaduais estabelecem que a fiscalização será exercida pelo Congresso Nacional, com o auxílio do TCU, mediante controle externo, e pelo sistema de controle interno de cada Poder. Considerando as normas constitucionais e legais relativas aos sistemas de controle interno e externo, é correto afirmar que:**

a) avaliar o cumprimento de metas previstas no PPA, bem como a execução dos programas de governo, é função do controle externo.

b) é função do controle interno fiscalizar a aplicação de subvenções e a renúncia de receitas.

c) compete ao controle interno apreciar representações apresentadas pelas Câmaras Municipais acerca da não comunicação da liberação de recursos federais.

d) constituem objetos de exames realizados pelo controle externo os processos de tomadas de contas especial, sindicância, inquéritos administrativos e outros atos administrativos de caráter apuratório, nos órgãos da Administração Direta ou Indireta.

e) o procedimento ordinário de realização do controle externo dá-se pelos processos de tomada e prestação de contas, que são analisadas sob os aspectos de legalidade, economicidade, eficiência e eficácia e depois são julgadas, e o sistema de controle interno presta orientação aos administradores de bens e recursos públicos.

14. **(Analista de Controle Externo/TCEAC/2008) Segundo o STF, o Ministério Público do Tribunal de Contas é formado por:**

a) promotores de justiça estaduais.
b) procuradores de justiça estaduais.
c) procuradores da República.
d) procuradores regionais da República.
e) procuradores do Tribunal de Contas.

15. **(Analista de Controle Externo/TCEAC/2008) Acerca do TCU, assinale a opção correta.**

a) Em qualquer julgamento realizado pelo TCU no que se refere à legalidade dos atos administrativos, deve-se assegurar o contraditório e a ampla defesa.

b) Quando a decisão do TCU puder resultar em anulação ou revogação do ato administrativo que tenha trazido benefício a alguém, deve-se observar o contraditório e a ampla defesa.

c) A anulação de ato administrativo pelo TCU pode ocorrer independentemente da instauração de processo administrativo, já que não se originam direitos de ato desse tipo.

d) Na análise da concessão inicial da aposentadoria, o TCU deve conceder ao servidor oportunidade prévia de manifestação, em respeito ao contraditório e à ampla defesa.

e) O TCU pode proceder à revisão dos atos administrativos a qualquer tempo — não havendo, portanto, decadência —, bastando, para isso, o reconhecimento da ilegalidade do ato.

16. **(Analista de Controle Externo/TCEAC/2008) Segundo o STF, o TCU pode instaurar tomada de conta especial, contra administradores e responsáveis por dinheiro, bens e valores públicos, das entidades integrantes da:**

   a) Administração Direta, somente.

   b) Administração Indireta, somente.

   c) Administração Indireta, incluindo-se as prestadoras de serviços públicos e as exploradoras de atividade econômica, e da Administração Direta.

   d) Administração Indireta, exceto as prestadoras de serviços públicos, e da Administração Direta.

   e) Administração Indireta, exceto as exploradoras de atividade econômica, e da Administração Direta.

17. **(Analista de Controle Externo/TCEAC/2009) Acerca de princípios orçamentários, assinale a opção correta.**

   a) As contribuições sociais, econômicas e de intervenção no domínio econômico representam, no âmbito da União, dificuldades para o cumprimento do princípio orçamentário da não afetação das receitas públicas.

   b) Um orçamento altamente especificado dificulta a fiscalização parlamentar.

   c) O cumprimento do princípio da anualidade impede a inclusão, na lei orçamentária, de autorização para abertura de crédito adicional.

   d) O princípio da universalidade determina que o conteúdo do orçamento deve ser divulgado para conhecimento de toda a sociedade.

   e) O princípio do equilíbrio determina que a receita fixada não deve ultrapassar a despesa prevista.

18. **(Analista de Controle Externo/TCEAC/2009) Com relação às características da Lei Orçamentária Anual (LOA), no âmbito federal, assinale a opção correta.**

   a) No orçamento de investimentos, somente constarão as empresas estatais dependentes.

b) O orçamento de investimentos contempla apenas as despesas correntes que serão realizadas pelas empresas que o compõem.

c) O orçamento da seguridade social cobre as despesas classificáveis como de seguridade social e não apenas as entidades ou órgãos da seguridade social.

d) O orçamento de capital das estatais dependentes é controlado pelo Departamento de Controle das Empresas Estatais.

e) O orçamento fiscal não contempla a administração indireta.

19. **(Analista de Controle Externo/TCEAC/2009) A LOA, que tem por objetivo a concretização das diretrizes, objetivos e metas estabelecidas no Plano Plurianual (PPA),**

a) deve conter, em anexo, o demonstrativo da compatibilidade da programação do orçamento com as metas do PPA.

b) poderá consignar crédito com finalidade imprecisa, desde que destinado a créditos adicionais.

c) deverá conter a forma de utilização e o montante da reserva de contingência.

d) poderá conter a autorização para a abertura de créditos suplementares, como exceção ao princípio orçamentário da exclusividade.

e) deve conter, com relação ao orçamento de investimento das empresas, a estimativa da receita e a fixação das despesas das empresas públicas e sociedades de economia mista.

20. **(Analista de Controle Externo/TCEAC/2009) O ciclo orçamentário corresponde ao período de tempo em que se processam as atividades típicas do orçamento público. Acerca do projeto da LOA, assinale a opção correta.**

a) O presidente da República tem quinze dias úteis, a contar do recebimento do projeto, para sancioná-lo. O silêncio importa veto.

b) As emendas ao projeto deverão ser apresentadas na comissão mista e apreciadas, na forma regimental, pelo Senado Federal.

c) Após o envio do projeto ao Poder Legislativo, o presidente da República não poderá mais propor modificações.

d) A iniciativa de apresentação do projeto é privativa do chefe do Poder Executivo.

e) As emendas ao projeto de LOA incompatíveis com o PPA poderão ser aprovadas, caso indiquem as respectivas fontes de recursos.

21. **(Analista de Controle Externo/TCEAC/2009) Com referência à classificação da despesa segundo a sua natureza, assinale a opção correta.**

a) O grupo de natureza da despesa tem por finalidade identificar os objetos do gasto.

b) A codificação da despesa possui sete níveis e nove dígitos.

c) A modalidade de aplicação possibilita a eliminação da dupla contagem dos recursos transferidos ou descentralizados.

d) Na lei orçamentária, a discriminação da despesa será, no mínimo, por elemento da despesa.

e) Os gastos com pessoal e encargos sociais correspondem a uma das modalidades de aplicação.

22. **(Analista de Controle Externo/TCEAC/2009)** Assinale a opção correta com referência às características do orçamento-programa.

    a) Todos os programas devem ser concluídos a cada novo ciclo orçamentário.

    b) O controle objetiva, principalmente, avaliar a legalidade no cumprimento do orçamento.

    c) Não possui vinculação a um instrumento central de planejamento das ações de governo.

    d) É o elo entre o planejamento e as funções executivas do governo.

    e) Apresenta duas dimensões: objeto do gasto e programa de trabalho, também conhecido como orçamento funcional.

23. **(Analista de Controle Externo/TCEAC/2009)** O conteúdo da Lei de Diretrizes Orçamentárias (LDO) é estabelecido em dispositivos da Constituição Federal (CF) e, a partir de 2000, por meio da Lei de Responsabilidade Fiscal (LRF). A LDO:

    a) orienta a elaboração do PPA.

    b) compreende as diretrizes, os objetivos e as metas da administração pública, por se tratar de um planejamento estratégico de médio prazo.

    c) dispõe sobre o equilíbrio entre receitas e despesas.

    d) contém os critérios e as formas de limitação de empenho, que devem ser analisados trimestralmente.

    e) contém a reserva de contingência.

24. **(Analista de Controle Externo/TCEAC/2009)** O PPA constitui-se na síntese dos esforços de planejamento de toda a administração pública. A respeito do PPA, no âmbito federal, assinale a opção correta.

    a) Não pode conter diretrizes, objetivos e metas de regionalização nacional.

    b) Estabelece a política de aplicação das agências financeiras oficiais de fomento.

    c) Sua vigência não coincidirá com o mandato do chefe do Poder Executivo.

    d) Deve conter todos os investimentos do governo.

    e) Contém a estimativa de receitas e a fixação de despesas para um período de 4 anos.

25. **(Analista de Controle Externo/TCEAC/2009)** A LRF veio fortalecer a LDO, especialmente a partir do Anexo de Metas Fiscais (AMF). Com relação ao AMF, assinale a opção correta.

    a) Deve conter a avaliação do cumprimento das metas do exercício a que se referir a LDO e para os dois exercícios seguintes.

b) As receitas de alienação de bens não devem ser computadas no cálculo do resultado primário.

c) Deve trazer a evolução do patrimônio líquido, com destaque para a aplicação dos recursos obtidos com operação de crédito.

d) Deve avaliar e informar os riscos capazes de afetar as contas públicas.

e) Deve ser elaborado em conjunto pelos Poderes Executivo, Legislativo e Judiciário da União e dos estados.

26. **(Analista de Controle Externo/TCEAC/2009) Os gastos com pessoal representam importante item de despesa de todo o setor público brasileiro. No que concerne às despesas com pessoal, de que trata a LRF, assinale a opção correta.**

a) A comparação das despesas com os respectivos limites faz parte do relatório de gestão fiscal.

b) Devem ser apuradas, em sua totalidade, adotando-se o regime de caixa.

c) Os gastos dos entes da Federação não poderão ser superiores aos percentuais da receita corrente estabelecidos pela LRF.

d) A verificação dos limites deve ser realizada ao final de cada bimestre.

e) Quaisquer medidas para retorno ao limite somente devem ser adotadas quando o excedente ultrapassar 10%.

27. **(Analista de Controle Externo/TCEAC/2009) O relatório resumido de execução orçamentária, um dos instrumentos de transparência previstos na LRF, deve:**

a) conter, como uma de suas peças básicas, o balanço orçamentário.

b) conter o AMF e ser publicado bimestralmente.

c) conter o demonstrativo dos restos a pagar e ser publicado quadrimestralmente.

d) conter demonstrativos comparativos com os limites de que trata a LRF.

e) ser elaborado e publicado pelos poderes Executivo, Legislativo e Judiciário dos entes governamentais.

28. **(Analista de Controle Externo/TCEAC/2009) No exercício do controle externo, cabe ao TCE:**

a) homologar as nomeações para os cargos de natureza especial.

b) aprovar quaisquer melhorias das aposentadorias, reformas e pensões de ex--servidores e seus beneficiários.

c) realizar auditorias operacionais por requisição de comissão técnica da Assembleia Legislativa.

d) auxiliar o Tribunal de Contas da União (TCU) na fiscalização dos repasses efetuados diretamente pela União aos municípios, mediante convênios.

e) requerer ao Tribunal de Justiça a aplicação de multas aos responsáveis que tiverem provocado dano ao erário.

**29. (Analista de Controle Externo/TCEAC/2009)** No exercício do controle atinente aos municípios, o TCE:

a) não pode ferir a autonomia desses entes federativos.

b) julga as contas do prefeito, mas não as da Câmara Municipal.

c) emite parecer que é apreciado pela Assembleia Legislativa.

d) emite parecer prévio acerca das contas do prefeito, que a Câmara Municipal pode desconsiderar, por maioria de dois terços.

e) pode pedir a intervenção estadual no município.

**30. (Analista de Controle Externo/TCEAC/2009)** Várias são as situações que caracterizam irregularidades no julgamento das contas, de que resulta a condenação ao pagamento da dívida, acrescida de atualização monetária e juros. Caracteriza dano mensurável e atribuível ao responsável:

a) a prática de ato antieconômico.

b) o desvio de recursos em benefício próprio ou de terceiros.

c) a omissão no dever à prestação de contas.

d) o cometimento de ato ilegítimo.

e) grave infração a norma orçamentária ou financeira.

**31. (Analista de Controle Externo/TCEAC/2009)** Acerca das normas constitucionais para os sistemas de controle interno e externo, assinale a opção correta.

a) Compete ao TCU sustar, de imediato, contratos comprovadamente lesivos ao patrimônio público.

b) A aplicação das subvenções e as renúncias de receitas estão entre os atos sujeitos à fiscalização do controle externo.

c) A empresa supranacional encontra-se sob a jurisdição dos órgãos de controle externo, desde que a União detenha, de forma direta ou indireta, a maioria do capital social dessa empresa, nos termos do seu tratado constitutivo.

d) Desde a sua posse, o auditor do TCU está investido das mesmas garantias e dos mesmos impedimentos dos ministros daquele Tribunal.

e) Os TCEs devem ser integrados por conselheiros em número definido nas respectivas constituições estaduais, que, no entanto, não pode ultrapassar o número de ministros do TCU.

**32. (Analista de Controle Externo/TCEAC/2009)** Quanto aos Tribunais de Contas no sistema jurídico brasileiro, assinale a opção correta.

a) As decisões proferidas pelo TCU quanto à aplicação de multas a administradores públicos têm natureza de ato jurisdicional.

b) No intuito de fomentar a segurança dos autores de denúncias de fatos ilícitos praticados no âmbito da administração, os Tribunais de Contas podem preservar o sigilo do informante.

c) A empresa que tiver seu contrato administrativo suspenso por decisão monocrática do TCE pode apresentar apelação para o Tribunal de Justiça, que a receberá, em regra, apenas no efeito devolutivo.

d) O Tribunal de Contas pode reexaminar ato judicial transitado em julgado concessivo de vantagem funcional a servidor público por ocasião da sua aposentadoria, por não se sujeitar à coisa julgada em razão de não haver participado como parte do processo.

e) Os Tribunais de Contas não podem determinar a quebra de sigilo bancário de administrador público investigado por superfaturamento de preço praticado em licitação, no âmbito do controle externo realizado.

33. **(Analista de Controle Externo/TCEAP/2012) Conforme o art. 165 da Constituição Federal, "a lei [...] estabelecerá, de forma regionalizada, [...] objetivos e metas da administração pública federal para as despesas de capital e outras delas decorrentes e para as relativas aos programas de duração continuada", cujos princípios básicos devem incluir a identificação clara dos objetivos e das prioridades do governo, garantia de transparência e gestão orientada para resultados. No ciclo orçamentário tal lei será a**

    a) de Diretrizes Orçamentárias.
    b) do Orçamento Anual.
    c) do Plano Plurianual.
    d) do Plano de Desenvolvimento Nacional.
    e) do Plano de Aceleração do Crescimento.

34. **(Analista de Controle Externo/TCEPA/2012) O Tribunal de Contas da União tem sede no Distrito Federal, quadro próprio de pessoal e jurisdição em todo o território nacional, sendo integrado por:**

    a) oito Ministros.
    b) oito Ministros e dois Secretários.
    c) nove Ministros.
    d) nove Ministros e dois Secretários.
    e) sete Ministros.

35. **(Analista de Controle Externo/TCEPA/2012) Analise as assertivas e assinale a alternativa que aponta as corretas. De acordo com a Constituição Estadual, os Poderes Legislativo, Executivo e Judiciário manterão, de forma integrada, com auxílio dos respectivos órgãos de auditoria, sistema de controle interno com a finalidade de:**

    I.  avaliar o cumprimento das metas previstas no Plano Plurianual, a execução dos programas de governo e dos orçamentos do Estado.

    II. comprovar a legalidade e avaliar os resultados, quanto à eficácia e eficiência, da gestão orçamentária, financeira e patrimonial nos órgãos e entidades da administração estadual, bem como da aplicação de recursos públicos por entidades de direito privado.

III. exercer o controle das operações de crédito, avais e garantias, bem como dos direitos e haveres do Estado.

IV. apoiar o controle externo no exercício de sua missão institucional.

a) Apenas II e III.
b) Apenas I, III e IV.
c) Apenas I e II.
d) Apenas III e IV.
e) I, II, III e IV.

36. (Analista de Controle Externo/TCEPA/2012) Com a finalidade de conferir racionalidade, eficiência e transparência aos processos de elaboração, execução e controle do orçamento público, existem os princípios orçamentários. A seguir são apresentadas as características de alguns desses princípios, e solicita-se que seja assinalada a alternativa que enuncia os princípios na ordem em que são apresentadas as características.

1. Todas as receitas previstas e despesas previstas, em cada exercício financeiro, devem integrar um único documento legal dentro de cada nível federativo.
2. O exercício financeiro é o período de tempo ao qual se referem a previsão das receitas e a fixação das despesas registradas na LOA.
3. A LOA de cada ente federado deverá conter todas as receitas e as despesas de todos os Poderes, órgãos, entidades, fundos e fundações instituídas e mantidas pelo poder público.
4. O registro das receitas e despesas na LOA pelo valor total e bruto, vedadas quaisquer deduções.
5. A LOA não conterá dispositivo estranho à previsão da receita e à fixação da despesa, ressalvadas a autorização para abertura de créditos suplementares e a contratação de operações de crédito, nos termos da lei.

a) Unidade; universalidade; anualidade; exclusividade e orçamento bruto.
b) Universalidade; exclusividade; orçamento bruto; anualidade e periodicidade.
c) Unidade; periodicidade; universalidade; exclusividade e orçamento bruto.
d) Universalidade; anualidade; totalidade; unidade; exclusividade.
e) Unidade; anualidade; universalidade; exclusividade e totalidade.

37. (Analista de Controle Externo/TCESE/2011) Considerando sua natureza jurídica, o Tribunal de Contas é órgão que:

a) integra o Poder Executivo e exerce o controle externo.
b) integra o Poder Legislativo e exerce o controle externo.
c) integra o Poder Judiciário e exerce o controle externo.
d) auxilia o Poder Executivo quando este exerce o controle externo.
e) auxilia o Poder Legislativo quando este exerce o controle externo.

38. (Analista de Controle Externo/TCESE/2011) A Constituição Federal estabelece que os Tribunais de Contas Estaduais serão integrados por sete Conselheiros, salvo nos dez primeiros anos da criação de Estado, hipótese na qual o Governador eleito nomeará:
    a) dois membros.
    b) três membros.
    c) quatro membros.
    d) cinco membros.
    e) seis membros.

39. (Analista de Controle Externo/TCESE/2011) Considere as seguintes afirmações:
    I. Lei complementar disporá sobre finanças públicas e fiscalização financeira da administração pública direta e indireta.
    II. Leis de iniciativa do Poder Legislativo estabelecerão o Plano Plurianual, as diretrizes orçamentárias e os orçamentos anuais.
    III. São vedados o início de programas não incluídos na Lei Orçamentária Anual e a concessão de créditos ilimitados.
    Está correto o que se afirma APENAS em
    a) I.
    b) II.
    c) III.
    d) I e III.
    e) II e III.

40. (Analista de Controle Externo/TCESE/2011) De acordo com a Lei nº 4.320/1964:
    a) os pagamentos devidos pela fazenda pública, em virtude de sentença judiciária, far-se-ão na ordem de apresentação dos precatórios e à conta dos créditos respectivos, sendo permitida a designação de casos ou de pessoas nas dotações orçamentárias e nos créditos adicionais abertos para esse fim.
    b) classificam-se como Transferências de Capital as dotações para despesas às quais não corresponda contraprestação direta em bens ou serviços, inclusive para contribuições e subvenções destinadas a atender à manifestação de outras entidades de direito público ou privado.
    c) o empenho da despesa poderá exceder o limite dos créditos concedidos.
    d) é vedada a realização de despesa sem prévio empenho, também sendo não permitido o empenho global de despesas contratuais e outras, sujeitas a parcelamento.
    e) classificam-se como Inversões Financeiras as dotações destinadas à aquisição de imóveis, ou de bens de capital já em utilização.

41. (Analista de Controle Externo/TCESE/2011) De acordo com a Constituição Federal de 1988 e a Lei Complementar nº 101/2000, considere:

I. É permitida a realização de operação de crédito entre um ente da Federação, diretamente ou por intermédio de fundo, autarquia, fundação ou empresa estatal dependente, e outro, inclusive suas entidades da administração indireta, ainda que sob a forma de novação, refinanciamento ou postergação de dívida contraída anteriormente.

II. Os valores dos contratos de terceirização de mão de obra que se referem à substituição de servidores e empregados públicos serão contabilizados como Outras Despesas de Pessoal.

III. A despesa total com pessoal ativo e inativo dos Estados não poderá exceder os limites estabelecidos em lei complementar.

Está correto o que se afirma APENAS em

a) II e III.
b) I e III.
c) III.
d) II.
e) I.

42. (Analista de Controle Externo/TCESE/2011) Segundo a Lei Complementar nº 101/2000, Lei de Responsabilidade Fiscal,

a) Lei estadual poderá fixar limites superiores àqueles previstos nessa Lei Complementar para as dívidas consolidada e mobiliária, operações de crédito e concessão de garantias.

b) a União prestará assistência técnica e cooperação financeira aos municípios para a modernização das respectivas administrações tributária, financeira, patrimonial e previdenciária, com vistas ao cumprimento das normas desta Lei Complementar.

c) as contas do Poder Judiciário serão apresentadas, no âmbito dos estados, pelos juízes titulares de cada Comarca diretamente ao Poder Executivo correspondente.

d) com relação à escrituração das contas públicas, os Estados encaminharão suas contas ao Poder Executivo da União até 31 de dezembro.

e) é vedada a aplicação da receita de capital derivada da alienação de bens e direitos que integram o patrimônio público para o financiamento de despesa corrente, mesmo se destinada por lei aos regimes de previdência social, geral e próprio dos servidores públicos.

43. (Analista de Controle Externo/TCEAP/2012) Compete ao Tribunal de Contas apreciar, para fins de registro,

a) a legalidade dos atos de admissão de pessoal.
b) as aberturas de créditos adicionais à Lei Orçamentária Anual.
c) a utilização de recursos recebidos pelos servidores a título de adiantamento de numerário.
d) as peças contábeis de empresas públicas.
e) as contas anuais prestadas por consórcios intermunicipais.

44. **(Analista de Controle Externo/TCEAP/2012) O controle externo no Brasil:**
    a) está a cargo do Tribunal de Contas, auxiliado pelo Poder Legislativo.
    b) é superior, hierarquicamente, ao controle interno.
    c) é exercido pelo Tribunal de Contas, desde que provocado.
    d) tem poder judicante.
    e) caracteriza-se pela superioridade do Tribunal de Contas da União diante dos Tribunais de Contas Estaduais.

45. **(Analista de Controle Externo/TCEAP/2012) Despesa pública obrigatória de caráter continuado**
    a) é aquela despesa que fixa para o ente obrigação legal de execução em parcelas.
    b) é toda despesa de capital assim definida no Plano Plurianual.
    c) é qualquer despesa que seja contraída com prazo não inferior a um exercício financeiro.
    d) é a despesa decorrente de contrato com prazo não inferior a três exercícios financeiros.
    e) não inclui as despesas decorrentes de obra pública, ainda que realizadas por prazo superior a dois exercícios financeiros.

46. **(Analista de Controle Externo/TCEAP/2012) Segundo a Lei de Responsabilidade Fiscal, dívida pública consolidada:**
    a) é integrada pelos precatórios judiciais não pagos durante a execução do orçamento em que tiverem sido incluídos, para fins de aplicação dos limites globais ao montante da dívida.
    b) é a dívida representada por títulos emitidos pelos entes da Federação.
    c) é o compromisso financeiro assumido em razão de mútuo, abertura de crédito, emissão e aceite de título, aquisição financiada de bens, arrendamento mercantil e outras operações assemelhadas.
    d) é o compromisso de adimplência de obrigação financeira ou contratual assumida por ente federado.
    e) corresponde apenas às operações de crédito de prazo superior a doze meses cujas receitas tenham constado do orçamento.

47. **(Administração Orçamentária e Financeira/ANTT/2008) A Lei de Diretrizes Orçamentárias conterá o Anexo de Metas Fiscais, em que serão estabelecidas metas anuais, em valores correntes e constantes, relativas a receitas, despesas, resultados nominal e primário e montante da dívida pública, para o exercício a que se referirem e para os dois seguintes e ainda os elementos a seguir, exceto:**
    a) avaliação do cumprimento das metas relativas ao ano anterior e a projeção de metas para os dois exercícios seguintes.
    b) evolução do patrimônio líquido, também nos últimos três exercícios, destacando a origem e a aplicação dos recursos obtidos com a alienação de ativos.

c) demonstrativo da estimativa e compensação da renúncia de receita e da margem de expansão das despesas obrigatórias de caráter continuado.

d) avaliação da situação financeira e atuarial dos regimes geral de previdência social e próprio dos servidores públicos e do Fundo de Amparo ao Trabalhador.

e) demonstrativo das metas anuais, instruído com memória e metodologia de cálculo que justifiquem os resultados pretendidos, comparando-as com as fixadas nos três exercícios anteriores, e evidenciando a consistência delas com as premissas e os objetivos da política econômica nacional.

48. **(Administração Orçamentária e Financeira/ANTT/2008)** O princípio orçamentário que estabelece todas as receitas e despesas referentes aos três poderes da União, seus fundos, órgãos e entidades da Administração Direta e Indireta é o do (a):

    a) especificação.
    b) não afetação das receitas.
    c) unidade.
    d) universalidade.
    e) equilíbrio.

49. **(Administração Orçamentária e Financeira/ANTT/2008)** De acordo com a Constituição Federal, a lei que instituir _____ estabelecerá, de forma regionalizada, as diretrizes, objetivos e metas da administração pública federal para as despesas de capital e outras delas decorrentes e para as relativas aos programas de duração continuada. A lacuna é corretamente preenchida por:

    a) as diretrizes orçamentárias.
    b) o Plano Plurianual.
    c) o orçamento anual.
    d) a política de aplicação das agencias de fomento.
    e) as metas de resultados fiscais.

50. **(Agente de Fiscalização Financeira/TCESP/2012)** A receita proveniente de recursos recebidos por doação de empresa classificada como sociedade de economia mista, destinada a custear obra pública de conservação de patrimônio histórico de natureza pública, classifica-se legalmente como:

    a) receita corrente.
    b) transferência de capital.
    c) receita de capital.
    d) operação de crédito.
    e) superávit do orçamento corrente.

51. **(Agente de Fiscalização Financeira/TCESP/2012)** Considerando as fases de processamento da despesa pública, após o empenho haverá a fase de

a) pagamento.
b) licitação.
c) ordem de pagamento.
d) liquidação.
e) reserva de dotação.

52. **(Agente de Fiscalização Financeira/TCESP/2012) Sobre o ciclo orçamentário, é correto afirmar:**

   a) A iniciativa da proposta de lei orçamentária é do titular do Poder. Assim, o projeto de Lei Orçamentária Anual do Poder Executivo do Estado é de competência do Governador e o projeto de Lei Orçamentária Anual do Poder Judiciário é do Presidente do Tribunal de Justiça.

   b) Todos os projetos de lei relacionados a orçamento devem ser apresentados conjuntamente, ou seja, o projeto de Lei de Diretrizes Orçamentárias, de orçamento anual e, quando for o caso, de Plano Plurianual deve ser apresentado na mesma oportunidade ao Poder Legislativo, para discussão e votação.

   c) A sessão legislativa não será encerrada enquanto não for aprovada a Lei de Diretrizes Orçamentárias, o mesmo não acontecendo em relação à Lei Orçamentária Anual, que, caso não seja aprovada até o final do exercício financeiro, terá os recursos sem despesas vinculadas aplicados mediante créditos especiais ou suplementares, com prévia e específica autorização legal.

   d) O projeto de Lei Orçamentária Anual não depende de sanção ou veto pelo Chefe do Poder Executivo, sendo diretamente promulgada pelas Mesas do Congresso Nacional.

   e) A execução do orçamento é fiscalizada, no plano do controle interno, pelo Poder Legislativo com auxílio do Tribunal de Contas, que tem o dever de julgar todas as contas realizadas pelos Poderes e órgãos.

53. **(Agente de Fiscalização Financeira/TCESP/2012) A classificação das receitas públicas quanto à sua categoria econômica**

   a) traduz-se em classificação doutrinária, utilizada para distinguir a fonte da receita, se originária ou derivada.

   b) não tem previsão legal ou doutrinária, essa classificação de receita atende apenas à finalidade econômica, ou seja, se ordinária ou extraordinária.

   c) vem prevista constitucionalmente como receita originária ou receita derivada, de acordo com a categoria econômica que a gera.

   d) foi revogada pela Lei de Responsabilidade Fiscal que levava em conta apenas o titular da receita.

   e) é a classificação legal adotada no Brasil, distinguindo as receitas em Correntes e de Capital.

54. **(Agente de Fiscalização Financeira/TCESP/2012) A Constituição Federal determina que o Poder Executivo publicará, até trinta dias após o encerramento de cada bimestre, relatório resumido da execução orçamentária. No que tange às**

receitas, o elemento integrante deste relatório que especifica, por categoria econômica, as receitas por fonte, informando as realizadas e a realizar, bem assim a previsão atualizada, é denominado:

a) balanço orçamentário.
b) balanço financeiro.
c) balanço patrimonial.
d) anexo de meta fiscal.
e) demonstrativo de execução das receitas e das despesas.

55. (Agente de Fiscalização Financeira/TCESP/2012) Receitas e despesas com saúde e assistência social devem estar previstas no orçamento anual. Sobre o orçamento anual, é correto afirmar que:

a) também conhecido como orçamento fiscal, é elaborado em texto único, com todas as receitas e despesas, de toda e qualquer natureza, de todos os Poderes e órgãos da administração direta e indireta, razão pela qual as receitas e despesas com saúde e assistência estarão inseridas neste orçamento.

b) como parte integrante do orçamento anual existe o orçamento da seguridade social, abrangendo todas as entidades e órgãos a ela vinculados, da Administração Direta e Indireta, bem como os fundos e fundações mantidos pelo Poder Público, devendo trazer as receitas e despesas com previdência, assistência e saúde.

c) as receitas e despesas com saúde e assistência devem ser inseridas no orçamento de investimento, que integra a Lei de Diretrizes Orçamentárias e orienta a elaboração do orçamento anual.

d) como o orçamento anual está inserido na Lei de Diretrizes Orçamentárias, as receitas e despesas com saúde e assistência devem estar inseridas neste orçamento, como forma de atender ao princípio da unidade orçamentária.

e) o orçamento anual é regido pelos princípios da unidade e da exclusividade, devendo trazer apenas previsão acerca de receitas e despesas, sem qualquer matéria alheia a esses assuntos, podendo incluir receitas e despesas com assistência e saúde em capítulo reservado à seguridade social.

56. (Analista de Controle – Área Jurídica/TCEPR/2011) Compete ao Tribunal de Contas

a) julgar as contas apresentadas pelos órgãos fiscalizadores de categorias profissionais.
b) apreciar, para fins de registro, as nomeações para provimento de cargo em comissão.
c) sustar, se não atendido, a execução de ato impugnado, comunicando a decisão ao chefe do Poder Executivo.
d) prestar informações solicitadas pelo Poder Legislativo sobre a fiscalização contábil, operacional, financeira, patrimonial, orçamentária e ambiental.
e) realizar, por iniciativa própria, inspeções e auditorias.

57. **(Analista de Controle – Área Jurídica/TCEPR/2011)** A Constituição Federal estabelece que os Tribunais de Contas Estaduais serão integrados por

   a) três Conselheiros.
   b) cinco Conselheiros.
   c) sete Conselheiros.
   d) nove Conselheiros.
   e) onze Conselheiros.

58. **(Analista de Controle – Área Jurídica/TCEPR/2011)** Nos termos previstos na Constituição Federal, os responsáveis pelo controle interno, ao tomarem conhecimento de qualquer irregularidade ou ilegalidade, dela darão ciência ao Tribunal de Contas, sob pena de

   a) demissão a bem do serviço público.
   b) responsabilidade subsidiária.
   c) responsabilidade solidária.
   d) exoneração.
   e) suspensão.

59. **(Analista de Controle – Área Jurídica/TCEPR/2011)** A titularidade do controle externo é do:

   a) Poder Executivo, com auxílio do Tribunal de Contas.
   b) Poder Legislativo, com auxílio do Tribunal de Contas.
   c) Poder Judiciário, com o auxílio do Tribunal de Contas.
   d) Tribunal de Contas, com o auxílio do Poder Legislativo.
   e) Ministério Público, com o auxílio do Poder Legislativo e do Tribunal de Contas.

60. **(Analista de Controle – Área Jurídica/TCEPR/2011)** Considere:

| 1. Receita Tributária |
| --- |
| 2. Subvenções Sociais |
| 3. Receita Patrimonial |
| 4. Investimentos |
| 5. Operações de Crédito |
| 6. Inversões Financeiras |
| 7. Alienações de Bens |
| 8. Subvenções Econômicas |
| 9. Amortização de Empréstimos |
| 10. Amortização da Dívida Pública |

Com base no quadro acima, podem ser classificados como receita e despesa de capital, respectivamente, os itens

a) 1 e 2.
b) 4 e 5.
c) 3 e 8.
d) 6 e 7.
e) 9 e 10.

61. (Analista de Controle – Área Jurídica/TCEPR/2011) Os anexos de metas e riscos fiscais integram

a) a Lei Orçamentária Anual.
b) a Lei de Diretrizes Orçamentárias.
c) o Plano Plurianual.
d) o Balanço Orçamentário.
e) a Demonstração de Variações Patrimoniais.

62. (Analista de Controle/TCEPR/2011) Ao final de um determinado bimestre, a Prefeitura de um Município do Estado do Paraná verificou a possibilidade de a realização de receitas não comportar o cumprimento das metas de resultado primário e nominal. Diante desse fato, a Lei de Responsabilidade Fiscal prevê como medida obrigatória

a) realizar limitação de empenho e movimentação financeira.
b) fazer reestruturação administrativa.
c) suspender a execução dos contratos em vigor por trinta dias, salvo aqueles referentes a serviços essenciais.
d) revogar certames licitatórios que ainda não geraram contratos.
e) cancelar os concursos para admissão de pessoal que ainda não tenham sido homologados.

63. (Analista de Controle/TCEPR/2011) A verificação do cumprimento dos limites e condições relativos à realização de operações de crédito de cada ente da Federação, bem assim a efetivação do registro eletrônico centralizado e atualizado das dívidas públicas interna e externa, garantindo o acesso público às informações, é de competência

a) do Congresso Nacional.
b) da Câmara dos Deputados.
c) do Ministério da Fazenda.
d) do Ministério da Justiça.
e) do Banco Central do Brasil.

64. (Analista de Controle – Área Jurídica/TCEPR/2011) Se o Estado-membro tiver sua dívida consolidada ultrapassando o respectivo limite ao final de um qua-

drimestre, deverá, nos termos da Lei de Responsabilidade Fiscal, promover sua recondução aos limites. Nessa situação, enquanto perdurar o excesso, o Estado-membro

a) não poderá fazer o refinanciamento do principal atualizado da dívida pública mobiliária.
b) poderá realizar operação de crédito interna ou externa.
c) poderá realizar operação de crédito por antecipação de receita.
d) não obterá resultado primário necessário à recondução da dívida ao limite, devendo promover a limitação de empenho.
e) não ficará impedido de receber transferências constitucionais da União, que sejam fruto de repartição de receitas tributativas.

65. (Analista de Controle – Área Jurídica/TCEPR/2011) De acordo com a Lei de Responsabilidade Fiscal, haverá dispensa das exigências legais para renúncia de receita na hipótese de concessão de

a) anistia decorrente de calamidade pública.
b) moratória decorrente de calamidade pública.
c) redução de alíquota de ICMS, em plano de desenvolvimento socioeconômico de determinada região.
d) remissão de crédito tributário de montante inferior ao custo de cobrança.
e) isenção em caráter específico.

66. (Analista de Controle Externo/TCERJ/2012) O Tribunal de Contas do Estado do Rio de Janeiro concluiu pela ilegalidade de ato administrativo praticado pela Secretaria Estadual de Saúde e assinou prazo para que o referido órgão adotasse as providências necessárias ao exato cumprimento da lei. A Secretaria Estadual de Saúde, contudo, não atendeu à determinação do Tribunal de Contas. Nesse caso, competirá ao Tribunal de Contas:

a) representar à Assembleia Legislativa sobre a ilegalidade apurada, competindo ao Poder Legislativo Estadual a sustação do ato.
b) anular o ato impugnado, comunicando a decisão à Assembleia Legislativa.
c) sustar a execução do ato impugnado, comunicando a decisão ao Poder Executivo Estadual.
d) suspender os efeitos financeiros do ato impugnado, comunicando a decisão à Procuradoria-Geral do Estado.
e) sustar a execução do ato impugnado, comunicando a decisão à Assembleia Legislativa.

67. (Analista de Controle Externo/TCERJ/2012) Sobre o controle exercido pelo Tribunal de Contas do Estado do Rio de Janeiro (TCE-RJ), ao apreciar a legalidade dos atos de admissão de pessoal decorrentes de concurso público para provimento de cargos efetivos no âmbito da Assembleia Legislativa do Estado (ALERJ), é correto afirmar que se trata de:

a) controle externo, jurisdicional-administrativo e concomitante.
b) controle externo, legislativo e prévio.
c) controle interno, parlamentar e posterior.
d) controle externo, para fins de registro e posterior.
e) controle interno, administrativo e posterior.

68. **(Analista de Controle Externo/TCERJ/2012)** Facilmente podemos constatar, nos dias atuais, que não existe país democrático sem um órgão de controle com a missão de fiscalizar a boa gestão do dinheiro público (Citadini, Antônio Roque. *O controle externo da Administração Pública*. São Paulo: Max Limonad, 1995). Sobre o sistema de controle externo da Administração Pública adotado pela Constituição vigente, é correto afirmar:

a) a Controladoria-Geral da União-CGU é órgão de controle externo e caracteriza, em âmbito federal, a adoção do sistema (modelo) de controle anglo-saxão de Auditoria-Geral (ou Controladoria).

b) em âmbito federal, o controle externo, a cargo do Congresso Nacional, será exercido com o auxílio do Tribunal de Contas da União, órgão unipessoal (singular) e subordinado ao Poder Legislativo.

c) os Tribunais de Contas são órgãos colegiados, dotados de autonomia administrativa e financeira, integrados por ministros ou conselheiros vitalícios e incumbidos de auxiliar o controle externo a cargo do Poder Legislativo.

d) no Distrito Federal e nos Estados, a existência de Tribunais de Contas será facultativa.

e) a Constituição da República, ao proibir a criação de Tribunais, Conselhos ou órgãos de Contas pelos Municípios (art. 31, § 4º), também vedou que os Estados criem, como órgãos integrantes da estrutura estadual, Tribunais de Contas ou Conselhos com jurisdição sobre a totalidade das contas dos municípios existentes em seus limites territoriais.

69. **(Analista de Controle Externo/TCERJ/2012)** Sobre a disciplina do Controle Interno na Constituição da República Federativa do Brasil, é correto afirmar:

a) em âmbito federal, a instituição de um sistema de controle interno é incumbência exclusiva do Poder Executivo.

b) a aprovação ou rejeição das contas pelo órgão de controle interno vinculará o Tribunal de Contas.

c) os responsáveis pelo controle interno, ao tomarem conhecimento de qualquer irregularidade ou ilegalidade, dela darão ciência ao Tribunal de Contas, sob pena de responsabilidade subsidiária.

d) será facultativa a instalação de sistema de controle interno em âmbitos Estadual e Municipal.

e) em âmbito federal, os Poderes Legislativo, Executivo e Judiciário manterão, de forma integrada, sistema de controle interno com a finalidade de avaliar o cumprimento das metas previstas no Plano Plurianual, a execução dos programas de governo e dos orçamentos da União.

70. **(Analista de Controle Externo/TCERJ/2012)** A apreciação das contas do Executivo é procedimento jurídico-constitucional composto, que exige a integração de procedimentos ocorrentes tanto no interior do Tribunal de Contas (técnico-opinativo) quanto no legislativo competente para julgá-las (avaliação política). Sobre o tema, assinale a alternativa correta:

   a) o parecer prévio, emitido pelo Tribunal de Contas da União sobre as contas que o Presidente da República deve anualmente prestar, só deixará de prevalecer por decisão de dois terços dos membros da Câmara dos Deputados.

   b) o parecer prévio, emitido pelo Tribunal de Contas da União sobre as contas que o Presidente da República deve anualmente prestar, só deixará de prevalecer por decisão de dois terços dos membros do Congresso Nacional.

   c) o parecer prévio, emitido pelo Tribunal de Contas do Estado sobre as contas que o Governador do Estado deve anualmente prestar, só deixará de prevalecer por decisão de dois terços dos membros da Assembleia Legislativa.

   d) o parecer prévio, emitido pelo Tribunal de Contas do Estado sobre as contas que o Prefeito deve anualmente prestar, só deixará de prevalecer por decisão da maioria absoluta dos membros da Assembleia Legislativa do Estado.

   e) o parecer prévio, emitido pelo Tribunal de Contas do Estado ou pelo Tribunal de Contas do Município, onde houver, sobre as contas que o Prefeito deve anualmente prestar, só deixará de prevalecer por decisão de dois terços dos membros da Câmara Municipal.

71. **(Analista de Controle Externo/TCERJ/2012)** A Lei Orçamentária Anual de determinado Estado da Federação autorizou ao Executivo realizar contratações de operações de crédito por antecipação de receita, à EXCEÇÃO do princípio orçamentário da:

   a) exclusividade.
   b) anualidade.
   c) universalidade.
   d) não afetação.
   e) unidade.

72. **(Analista de Controle Externo/TCERJ/2012)** Durante o exercício financeiro, determinada Secretaria Municipal introduziu um novo programa, carecendo de meios materiais e humanos para sua consecução, não havendo dotação orçamentária específica. No caso de abertura de crédito adicional, estaremos diante de crédito:

   a) suplementar.
   b) especial.
   c) extraordinário.
   d) urgente.
   e) ordinário.

73. **(Analista de Controle Externo/TCERJ/2012)** O Fundo Especial do Tribunal de Justiça do Estado do Rio de Janeiro apresentou superávit financeiro no balanço patrimonial apurado no exercício anterior. Frise-se que tais recursos não foram previstos por ocasião da elaboração da proposta orçamentária. Assim, para utilização desses recursos no exercício financeiro vigente, deverá ser adotado o seguinte procedimento:

   a) o Presidente do Tribunal de Justiça deverá elaborar o Quadro de Detalhamento das Receitas e das Despesas computando os recursos, nos termos da Lei Orçamentária Anual e da Lei de Diretrizes Orçamentárias.

   b) o Presidente do Tribunal de Justiça deverá solicitar a abertura de crédito suplementar ao Poder Legislativo.

   c) o Presidente do Tribunal de Justiça deverá solicitar a abertura de crédito suplementar ao chefe do Poder Executivo, com fundamento no superávit financeiro.

   d) o Presidente do Tribunal de Justiça deverá aguardar o orçamento do próximo exercício financeiro para utilização dos recursos, uma vez que não houve previsão na proposta orçamentária.

   e) o Presidente do Tribunal de Justiça deverá solicitar a abertura de crédito suplementar ao chefe do Poder Executivo, desde que haja autorização do Poder Legislativo na Lei Orçamentária Anual.

74. **(Analista de Controle Externo/TCERJ/2012)** Sobre a Lei do Plano Plurianual, é correto afirmar que:

   a) é de iniciativa dos Poderes e do Ministério Público, sendo consolidada, posteriormente, pelo Poder Executivo.

   b) compreenderá as metas e prioridades da Administração Pública do exercício financeiro seguinte e orientará a elaboração da Lei Orçamentária Anual.

   c) estabelecerá, de forma regionalizada, as diretrizes, objetivos e metas da Administração Pública para as despesas de pessoal, despesas de custeio, despesas de capital e outras delas decorrentes, e para as relativas aos programas de duração continuada.

   d) é elaborado nos termos e condições da Lei de Diretrizes Orçamentárias.

   e) cabe à lei complementar dispor sobre a elaboração e a organização do Plano Plurianual, da Lei de Diretrizes Orçamentárias e da Lei Orçamentária Anual.

75. **(Analista de Controle Externo/TCERJ/2012)** Determinado Município, a fim de atender a insuficiência de caixa durante o exercício financeiro, pretende celebrar contrato com uma instituição financeira brasileira para a realização de operação de crédito por antecipação de receita, obtendo autorização legislativa para tanto. Sobre o tema, é correto afirmar que:

   a) poderá ser realizada a qualquer tempo dentro do exercício financeiro.

   b) deverá ser autorizada de maneira específica pelo Senado Federal.

   c) poderá ser concedida ainda que exista operação anterior.

   d) o controle efetivo caberá ao Ministério da Fazenda.

   e) não poderá ser realizada, pois se trata de dívida pública consolidada.

76. **(Analista de Controle Externo/TCERJ/2012) Segundo a Lei de Responsabilidade Fiscal, NÃO compreende renúncia de receita:**
    a) subsídio.
    b) crédito presumido.
    c) concessão de isenção em caráter geral.
    d) remissão.
    e) anistia.

77. **(Analista de Controle Externo/TCERJ/2012) O chefe do Poder Executivo Municipal, nos 120 dias anteriores ao final de seu mandato, ordenou despesa de capital que não podia ser paga no mesmo exercício financeiro, em razão de insuficiência de disponibilidade de caixa. O ato praticado é:**
    a) nulo.
    b) irregular.
    c) válido.
    d) penalmente relevante.
    e) não autorizado, irregular e lesivo.

78. **(Assessor Jurídico/TCEPI/2009) A Constituição Federal proíbe:**
    a) A abertura de crédito extraordinário sem prévia autorização legislativa e sem indicação dos recursos correspondentes.
    b) A realização de despesas ou a assunção de obrigações diretas que excedam os créditos orçamentários ou adicionais.
    c) A instituição de fundos de qualquer natureza, sem autorização do Tribunal de Contas da União.
    d) A concessão ou utilização de créditos limitados.
    e) O início de programas ou projetos incluídos na Lei Orçamentária Anual.

79. **(Assessor Jurídico/TCEPI/2009) NÃO é vedada edição de medida provisória sobre a seguinte matéria:**
    a) Planos plurianuais.
    b) Diretrizes orçamentárias.
    c) Créditos extraordinários.
    d) Créditos adicionais.
    e) Créditos suplementares.

80. **(Assessor Jurídico/TCEPI/2009) Analise os seguintes itens:**
    I. São créditos adicionais as autorizações de despesas não computadas ou insuficientemente dotadas na Lei de Orçamento.

II. Os créditos suplementares são os destinados a despesas às quais não haja destinação orçamentária específica.

III. Os créditos especiais são os destinados a despesas urgentes e imprevistas, em caso de guerra, comoção intestina ou calamidade pública.

Está correto o que se afirma SOMENTE em:

a) I.
b) III.
c) I e II.
d) I e III.
e) II e III.

81. (Assessor Jurídico/TCEPI/2009) Levando-se em consideração a classificação doutrinária das receitas públicas, pode-se afirmar que são receitas derivadas:

a) as contribuições sociais e as tarifas.
b) as tarifas e os preços públicos.
c) os tributos em geral e os preços públicos.
d) os impostos, as taxas e as contribuições de melhoria.
e) as contribuições de melhoria, as contribuições sociais, as tarifas e os preços públicos.

82. (Assessor Jurídico/TCEPI/2009) A Lei nº 4.327/64 classifica as despesas em:

a) Despesas Correntes, que compreendem as despesas de custeio e transferências correntes, e Despesas de Capital, que compreendem os investimentos, as inversões financeiras e transferências de capital.
b) Despesas Correntes, que compreendem as transferências correntes e de capital, e Despesas de Capital, que compreendem os investimentos, as inversões financeiras e despesas de custeio.
c) Despesas Correntes, que compreendem os investimentos, as inversões financeiras e transferências de capital, e Despesas de Capital, que compreendem despesas de custeio e transferências correntes.
d) Despesas Correntes, que compreendem as despesas de custeio, as transferências correntes e transferências de capital, e Despesas de Capital, que compreendem os investimentos e as inversões financeiras.
e) Despesas Correntes, que compreendem as despesas de capital e transferências correntes, e Despesas de Custeio, que compreendem os investimentos, as inversões financeiras e transferências de capital.

83. (Assessor Jurídico/TCEPI/2009) O controle financeiro dos atos praticados pela Administração Pública é feito pelo:

a) Tribunal de Contas, exclusivamente, abrangendo o controle de economicidade dos atos.

b) Poder Legislativo, ao qual está afeto o controle de legalidade dos atos, e pelo Tribunal de Contas, ao qual compete o controle de economicidade.

c) Poder Legislativo, com auxílio do Tribunal de Contas, excetuado o controle de economicidade, que é competência do Poder Judiciário.

d) Poder Legislativo, com auxílio do Tribunal de Contas, abrangendo o controle de economicidade.

e) Tribunal de Contas, exclusivamente quanto à legitimidade dos atos, e concorrentemente com os demais Poderes, quanto à economicidade.

84. **(Assistente de Controle Externo/TCEAM/2008)** Considere as seguintes afirmativas.

I. Compete ao Tribunal de Contas apreciar e emitir parecer sobre as contas prestadas anualmente pelo Governador do Estado e pelos Prefeitos Municipais.

II. Compete ao Tribunal de Contas dispor sobre criação, incorporação, fusão e desmembramento de Municípios.

III. Compete ao Tribunal de Contas julgar anualmente as contas prestadas pelo Governador e apreciar os relatórios e pareceres sobre a execução dos planos do governo.

Está correto o que se afirma APENAS em

a) I.
b) II.
c) III.
d) I e II.
e) I e III.

85. **(Auditor de Controle Externo/TCEDF/2012)** Com base no que dispõe a LRF, julgue os itens seguintes, relativos a transferências voluntárias.

I. Não se aplicam sanções de suspensão de transferências voluntárias em ações de educação, saúde e assistência social.

II. Para que seja realizada a transferência voluntária, o beneficiário deve comprovar previsão orçamentária de contrapartida.

86. **(Procurador da Fazenda Nacional/PGFN/2012)** Suponha-se que a União pretenda adquirir o imóvel onde atualmente está instalada, mediante contrato de aluguel, a sede da Procuradoria Geral da Fazenda Nacional. Nesse caso, a despesa pública será classificada como:

a) despesa corrente, por destinada à manutenção de serviço anteriormente criado.
b) transferência corrente, por destinada à manutenção de entidade de direito público.
c) investimento, por acarretar aumento patrimonial.
d) inversão financeira, por destinada à aquisição de imóvel.
e) transferência de capital, por implicar diminuição da dívida pública.

87. **(Procurador da Fazenda Nacional/PGFN/2012)** Caso as despesas de pessoal de um ente da Federação exceda, em determinado período de apuração, os percentuais da receita corrente líquida discriminados na Lei de Responsabilidade Fiscal – LRF,

   a) o percentual excedente terá de ser eliminado nos três quadrimestres seguintes, sendo pelo menos um terço no primeiro.

   b) a recondução da despesa ao limite legal poderá ser alcançada tanto pela extinção de cargos e funções quanto pela redução dos valores a eles atribuídos.

   c) não poderá ocorrer redução temporária da jornada de trabalho com adequação dos vencimentos à nova carga horária.

   d) o ente não poderá contratar operações de crédito destinadas ao refinanciamento da dívida mobiliária.

   e) o ente fica imediatamente impedido de receber transferências voluntárias, mesmo aquelas relativas a ações de educação, saúde e assistência social, se não alcançada a redução nos três quadrimestres seguintes, e enquanto perdurar o excesso.

88. **(Procurador da Fazenda Nacional/PGFN/2012)** O art. 9º da Lei de Responsabilidade Fiscal estabelece: "Art. 9º. Se verificado, ao final de um bimestre, que a realização da receita poderá não comportar o cumprimento das metas de resultado primário ou nominal estabelecidas no Anexo de Metas Fiscais, os Poderes e o Ministério Público promoverão, por ato próprio e nos montantes necessários, nos trinta dias subsequentes, limitação de empenho e movimentação financeira, segundo os critérios fixados pela Lei de Diretrizes Orçamentárias." Nesse caso,

   a) o restabelecimento da receita prevista ensejará a recomposição das dotações cujos empenhos foram limitados, de forma proporcional às reduções efetivadas, salvo se o restabelecimento for parcial.

   b) poderão ser objeto de limitação temporária as despesas que constituam obrigações constitucionais e legais do ente, inclusive aquelas destinadas ao pagamento do serviço da dívida, e as ressalvadas pela Lei de Diretrizes Orçamentárias.

   c) na eventualidade de os Poderes Legislativo e Judiciário e o Ministério Público não promoverem a limitação no prazo estabelecido no *caput*, o Poder Executivo poderá limitar os valores financeiros segundo os critérios fixados pela Lei de Diretrizes Orçamentárias.

   d) até o final dos meses de maio, setembro e fevereiro, o Poder Executivo demonstrará e avaliará o cumprimento das metas fiscais de cada quadrimestre, em audiência pública na comissão mista permanente de Senadores e Deputados referida no § 1º do art. 166 da Constituição ou equivalente nas Casas Legislativas estaduais e municipais.

   e) a Secretaria do Tesouro Nacional apresentará, no prazo legal, avaliação do cumprimento dos objetivos e metas das políticas monetária, creditícia e cambial, evidenciando o impacto e o custo fiscal de suas operações e os resultados demonstrados nos balanços.

89. **(Procurador/TCEAL/2008)** Analise as afirmações abaixo que se referem à despesa pública.
    I. O empenho de despesa é o ato emanado de autoridade competente que cria para o administrado obrigação de pagamento.
    II. A lei não poderá dispensar a emissão da nota de empenho.
    III. É vedado o empenho global de despesas contratuais e outras, sujeitas a parcelamento.
    Está correto o que se afirma SOMENTE em
    a) I.
    b) II.
    c) III.
    d) I e II.
    e) I e III.

90. **(Procurador/TCEAL/2008)** Trata-se de receita derivada e de receita originária, respectivamente,
    a) o imposto e a taxa.
    b) a contribuição social e a contribuição de melhoria.
    c) a tarifa e o preço público.
    d) o tributo e a tarifa.
    e) o preço público e o tributo.

91. **(Procurador/TCEAL/2008)** A respeito da dívida pública, a Constituição federal dispõe:
    I. Compete privativamente ao Congresso Nacional dispor sobre limites e condições para o montante da dívida mobiliária dos Estados, do Distrito Federal e dos Municípios.
    II. É da competência exclusiva do Congresso Nacional julgar anualmente as contas prestadas pelo Presidente da República.
    III. Compete privativamente ao Congresso Nacional autorizar operações externas de natureza financeira, de interesse dos entes da federação.
    Está correto o que se afirma SOMENTE em
    a) I.
    b) II.
    c) III.
    d) I e II.
    e) II e III.

92. **(Procurador/TCEAL/2008)** Sobre as vedações constitucionais em matéria orçamentária, é correto afirmar:
    a) É vedada a instituição de fundos de qualquer natureza, mesmo através de lei.

b) É vedada a concessão ou utilização de créditos limitados.

c) É vedada a abertura de crédito suplementar ou especial sem prévia autorização legislativa e sem indicação dos recursos correspondentes.

d) A abertura dos créditos suplementares e especiais somente será admitida para atender a despesas imprevisíveis e urgentes, como as decorrentes de calamidade pública.

e) É vedado o início de programa ou projetos incluídos na Lei Orçamentária Anual.

93. (Procurador/TCEAL/2008) Quando a lei estabelece, de forma regionalizada, as diretrizes, objetivos e metas da administração pública federal para as despesas de capital e outras delas decorrentes e para as relativas aos programas de duração continuada, está instituindo

a) a Lei Orçamentária Anual.
b) as diretrizes orçamentárias.
c) o orçamento da seguridade social.
d) o orçamento das empresas estatais.
e) o Plano Plurianual.

94. (Procurador/TCEAL/2008) Segundo a Lei nº 4.320/64, as dotações para a manutenção de serviços anteriormente criados, inclusive as destinadas a atender a obras de conservação e adaptação de bens imóveis classificam-se como

a) despesas de custeio.
b) despesas correntes.
c) transferências correntes.
d) subvenções.
e) receitas correntes.

95. (Procurador/TCEAL/2008) A respeito do processamento da despesa pública, a Lei nº 4.320/64 dispõe:

I. Poderá o Município, no último mês do mandato do prefeito, assumir compromissos financeiros para execução depois do término do seu mandato, nos casos de calamidade pública.

II. Será feito por estimativa o empenho da despesa cujo montante não se possa determinar.

III. O empenho da despesa poderá exceder o limite dos créditos concedidos.

Está correto o que se afirma SOMENTE em

a) I.
b) II.
c) III.
d) I e II.
e) II e III.

Capítulo 9 • Questões de Concursos | 243

96. **(Procurador/TCEAL/2008) Ao se referir às operações de crédito, a Lei Complementar nº 101/2000 faz referência a várias vedações, destacando-se a seguinte:**

   a) O Banco Central do Brasil não emitirá títulos da dívida pública a partir da data da publicação da referida Lei Complementar.

   b) Os Estados e Municípios estão impedidos de comprar títulos da dívida da União como aplicação de suas disponibilidades.

   c) A instituição financeira estatal controlada por ente da Federação não pode adquirir, no mercado, títulos da dívida pública para atender investimento de seus clientes.

   d) É vedada autorização orçamentária para assunção de obrigação com fornecedores para pagamento *a posteriori* de bens e serviços.

   e) É proibida a operação de crédito entre uma instituição financeira estatal e o ente da Federação que a controle, na qualidade de beneficiário do empréstimo.

97. **(Procurador/TCEAL/2008) Se outro prazo não estiver estabelecido nas constituições estaduais ou nas leis orgânicas municipais, os Tribunais de Contas emitirão parecer prévio conclusivo sobre as contas no prazo geral de**

   a) trinta dias do recebimento e no prazo de cento e vinte dias para os municípios que não sejam capitais e que tenham menos de cem mil habitantes.

   b) sessenta dias do recebimento e no prazo de cento e oitenta dias para os municípios que não sejam capitais e que tenham menos de duzentos mil habitantes.

   c) noventa dias do recebimento e no prazo de cento e oitenta dias para os municípios que não sejam capitais e que tenham menos de cento e cinquenta mil habitantes.

   d) cento e vinte dias do recebimento e no prazo de sessenta dias para os municípios que não sejam capitais e que tenham menos de cento e vinte mil habitantes.

   e) cento e oitenta dias do recebimento e no prazo de noventa dias para os municípios que não sejam capitais e que tenham menos de cinquenta mil habitantes.

98. **(Procurador/TCEAL/2008) A Lei de Responsabilidade Fiscal dispõe que, se a dívida consolidada de um ente da Federação ultrapassar o respectivo limite no final de um**

   a) semestre, deverá ser a ele reconduzida até o término dos três subsequentes, reduzindo o excedente em pelo menos 10% no primeiro.

   b) trimestre, deverá ser a ele reconduzida até o término dos três subsequentes, reduzindo o excedente em pelo menos 15% no primeiro.

   c) quadrimestre, deverá ser a ele reconduzida até o término dos três subsequentes, reduzindo o excedente em pelo menos 25% no primeiro.

   d) bimestre, deverá ser a ele reconduzida até o término dos três subsequentes, reduzindo o excedente em pelo menos 35% no primeiro.

   e) ano, deverá ser a ele reconduzida até o término dos três subsequentes, reduzindo o excedente em pelo menos 15% no primeiro.

99. **(Procurador/TCEAL/2008)** As funções de controle desempenhadas pelo Tribunal de Contas do Estado de Alagoas compreendem os atos realizados por administradores públicos da

   a) Administração Direta e Indireta, não se estendendo às Fundações, que são fiscalizadas diretamente pela Curadoria das Fundações.

   b) Administração Direta, Indireta e Fundacional Pública.

   c) Administração Direta e Indireta, excluídas apenas as sociedades de economia mista, que têm natureza jurídica de direito privado.

   d) Administração Direta e Indireta, excluídas as sociedades de economia mista e empresas públicas, que têm natureza jurídica de direito privado.

   e) Administração Direta e Indireta, excluídas as sociedades de economia mista e empresas públicas quando forem capazes de gerar receitas próprias.

100. **(Procurador/TCEAL/2008)** Os atos praticados pela Administração Pública são passíveis de controle. Como exemplo de instrumentos disponíveis nas modalidades de controle externo ou interno, tem-se que

   a) a comissão particular de inquérito constitui instrumento de controle interno apenas dos atos praticados na esfera do Poder Legislativo.

   b) o pedido de informação oriundo do Poder Judiciário e destinado aos Ministros de Estado constitui modalidade de controle externo dos atos da Administração Pública.

   c) a anulação, pelo Senado Federal, de atos normativos editados pelo Executivo constitui modalidade de controle externo dos atos da Administração Pública.

   d) a possibilidade de o Congresso Nacional sustar atos normativos editados pelo Poder Executivo constitui modalidade de controle externo da Administração Pública.

   e) a sustação, pelo Senado Federal, de atos normativos editados pelo Executivo constitui modalidade de controle externo dos atos da Administração Pública.

101. **(Procurador/TCEAL/2008)** A atuação pelo Tribunal de Contas, em casos concretos,

   a) depende de autorização do Poder Legislativo, ao qual está subordinado no desempenho das funções de controle e fiscalização da execução financeiro-orçamentária.

   b) depende da participação de advogados, devido à sua vinculação administrativa ao Poder Judiciário, cujas regras processuais deve observar.

   c) depende de provocação, admitindo-se, no entanto, denúncia de qualquer cidadão.

   d) independe de autorização do Poder Legislativo, do qual é auxiliar nas funções de controle e fiscalização da execução financeiro-orçamentária.

   e) independe da participação de advogados, pois, embora seja vinculado administrativamente ao Judiciário, não está obrigado a observar as regras processuais vigentes nesse Poder.

102. **(Procurador/TCEAL/2008)** O descumprimento de uma decisão proferida pelo Tribunal de Contas Estadual acarreta a possibilidade de

   a) expedição de ofício ao Tribunal de Justiça local, para abertura de ação judicial de improbidade administrativa.
   b) expedição de ofício ao Ministério Público do Estado para a instauração de inquérito civil com vistas ao ajuizamento de ação de improbidade.
   c) aplicação de medidas coercitivas pelo próprio Tribunal de Contas, inclusive com a imposição de multas.
   d) representação ao Poder Legislativo solicitando a imposição de medidas coercitivas.
   e) aplicação de medidas coercitivas seguidas do ajuizamento de ação judicial para imposição de multas.

103. **(Procurador/TCEAL/2008)** Os processos promovidos pelos Tribunais de Contas têm natureza

   a) de processo administrativo, não dispensando, portanto, a observância do contraditório e da ampla defesa.
   b) de processo judicial, pois admitem a imposição e a cobrança coercitiva de multas.
   c) de processo administrativo, admitindo mitigação do contraditório e da ampla defesa em razão do subsequente trâmite de ação judicial.
   d) híbrida, administrativa e judicial, exigindo a observância do contraditório e da ampla defesa apenas diante de processos de natureza judicial.
   e) de processo disciplinar, porque visam à fiscalização e imposição de penalidade a agente público.

104. **(Procurador/TCEAL/2008)** O parecer prévio emitido no processo de julgamento das contas globais do chefe do Executivo tem

   a) característica de definitividade, vinculando decisão final do Poder Legislativo.
   b) característica de provisoriedade, vigendo até o final do processo, quando nova peça com caráter de definitividade é emitida pela Corte de Contas.
   c) natureza jurídica de ato administrativo e representa manifestação de controle posterior, dado que os atos e fatos sob exame já foram consumados.
   d) natureza jurídica de ato administrativo e representa controle prévio dos atos da Administração Pública.
   e) natureza jurídica de ato administrativo com característica de definitividade, somente podendo ser revisto pelo Poder Judiciário, em ação própria.

105. **(Procurador/TCEAL/2008)** O estabelecimento, pelo Tribunal de Contas, de normas que visem ao detalhamento do procedimento de prestação e tomada de contas constitui

   a) usurpação da função legislativa.
   b) regular exercício de poder disciplinar.
   c) regular exercício de competência concorrente ao chefe do Executivo.

d) regular exercício de poder normativo.

e) usurpação do poder regulamentar conferido ao chefe do Executivo.

**106. (Procurador/TCEAL/2008) A revisão administrativa das decisões do Tribunal de Contas é admitida**

a) nas mesmas hipóteses da ação rescisória, seguindo, inclusive, seu rito processual.

b) na hipótese de superveniência de documentos novos que influenciem na prova produzida.

c) somente nas hipóteses de erro material.

d) por meio de requerimento justificado e fundamentado apresentado ao Poder Judiciário.

e) por meio de requerimento justificado e fundamentado apresentado à Câmara dos Deputados.

**107. (Procurador/TCMRJ/2008) Assinale a alternativa correta.**

a) Compete à União, aos Estados e ao Distrito Federal legislar concorrentemente sobre direito tributário, financeiro, orçamento, juntas comerciais, sistema monetário e de medidas, títulos e garantias dos metais, política de crédito, câmbio, seguro e transferência de valores.

b) Lei complementar disporá sobre finanças públicas, dívida pública externa e interna, incluída a das autarquias, fundações e demais entidades controladas pelo Poder Público, concessão de garantias pelas entidades públicas, bem como emissão e resgate de títulos da dívida pública.

c) A competência da União para emitir moeda será exercida pelo Banco Central e pela Caixa Econômica Federal.

d) O Banco Central poderá conceder, direta ou indiretamente, empréstimos ao Tesouro Nacional e a qualquer órgão ou entidade que não seja instituição financeira.

e) O Banco Central poderá comprar títulos de emissão do Tesouro Nacional com o objetivo de regular a oferta de moeda ou a taxa de juros. Contudo, não poderá vendê-los, mas sim emprestá-los a pessoas privadas a título de empréstimo público, restituíveis em no máximo dez anos.

**108. (Procurador/TCMRJ/2008) Assinale a alternativa correta.**

a) Ressalvados os casos previstos em lei, as disponibilidades de caixa da União serão depositadas no Banco Central; as dos Estados, do Distrito Federal, dos Municípios e dos órgãos ou entidades do Poder Público e das empresas por ele controladas, em instituições financeiras oficiais.

b) No âmbito federal, a lei complementar que instituir o Plano Plurianual estabelecerá, de forma regionalizada, as diretrizes, objetivos e metas da administração pública federal para as despesas de custeio e de capital e outras delas decorrentes, bem como para as relativas aos demais programas de duração continuada ou não.

c) O Poder Executivo publicará, até sessenta dias após o encerramento de cada bimestre, relatório resumido da execução orçamentária.

d) No âmbito municipal, a Lei Orçamentária Anual compreenderá somente o orçamento fiscal referente aos fundos, órgãos e entidades da Administração Direta, não incluindo a Administração Indireta e as Fundações instituídas e mantidas pelo Município.

e) A Lei Orçamentária Anual não poderá conterá dispositivo estranho à previsão da receita e à fixação da despesa, incluindo nessa proibição a autorização de contratação de operações de crédito, ainda que por antecipação de receita, nos termos da lei.

**109. (Procurador/TCMRJ/2008) Assinale a afirmativa incorreta.**

a) As emendas ao projeto de lei do orçamento anual ou aos projetos que o modifiquem podem, entre outras hipóteses, ser aprovadas caso sejam relacionadas com a correção de erros ou omissões ou com os dispositivos do texto do projeto de lei.

b) Os projetos de lei relativos ao Plano Plurianual, às diretrizes orçamentárias, ao orçamento anual e aos créditos adicionais serão apreciados pelas duas Casas do Congresso Nacional, na forma do regimento comum.

c) Os recursos que, em decorrência de veto, emenda ou rejeição do projeto de Lei Orçamentária Anual, ficarem sem despesas correspondentes não poderão ser utilizados mediante créditos especiais, mas somente como créditos suplementares, com prévia e específica autorização legislativa.

d) O Presidente da República poderá enviar mensagem ao Congresso Nacional para propor modificação nos projetos a que se refere este artigo enquanto não iniciada a votação, na Comissão mista, da parte cuja alteração é proposta.

e) Caberá a uma Comissão mista permanente de Senadores e Deputados examinar e emitir parecer sobre os projetos referidos neste artigo e sobre as contas apresentadas anualmente pelo Presidente da República.

**110. (Procurador/TCMRJ/2008) Com base na Lei de Responsabilidade Fiscal, em relação à Receita Pública, assinale a afirmativa incorreta.**

a) As previsões de receita observarão as normas técnicas e legais, considerarão os efeitos das alterações na legislação, da variação do índice de preços, do crescimento econômico. Neste último caso, não serão acompanhadas de demonstrativo de sua evolução nos últimos três anos, da projeção para os dois seguintes àquele a que se referirem e da metodologia de cálculo e premissas utilizadas.

b) Constituem requisitos essenciais da responsabilidade na gestão fiscal a instituição, previsão e efetiva arrecadação de todos os tributos da competência constitucional do ente da Federação.

c) A concessão ou ampliação de incentivo ou benefício de natureza tributária da qual decorra renúncia de receita deverá estar acompanhada, entre outros, de estimativa do impacto orçamentário-financeiro no exercício em que deva iniciar sua vigência e nos dois seguintes.

d) A renúncia de receita compreende anistia, remissão, subsídio, crédito presumido, concessão de isenção em caráter não geral, alteração de alíquota ou modificação de base de cálculo que implique redução discriminada de tributos ou contribuições e outros benefícios que correspondam a tratamento diferenciado.

e) O Poder Executivo de cada ente colocará à disposição dos demais Poderes e do Ministério Público, no mínimo trinta dias antes do prazo final para encaminhamento de suas propostas orçamentárias, os estudos e as estimativas das receitas para o exercício subsequente, inclusive da corrente líquida, e as respectivas memórias de cálculo.

**111. (Procurador/TCMRJ/2008) Em relação às despesas, assinale a afirmativa incorreta.**

a) A Lei Complementar 101/00, que alterou a Lei nº 4320/64, classifica as despesas em despesas correntes e despesas de capital.

b) Para os fins da Lei Complementar 101/00, considera-se adequada com a Lei Orçamentária Anual a despesa objeto de dotação específica e suficiente, ou que esteja abrangida por crédito genérico, de forma que, somadas todas as despesas da mesma espécie, realizadas e a realizar, previstas no programa de trabalho, não sejam ultrapassados os limites estabelecidos para o exercício.

c) Considera-se obrigatória de caráter continuado a despesa corrente derivada de lei, medida provisória ou ato administrativo normativo que fixem para o ente a obrigação legal de sua execução por um período superior a dois exercícios.

d) A prorrogação de despesa criada por prazo determinado não é considerada como aumento de despesa, desde que a prorrogação não ultrapasse o período de doze meses.

e) As despesas correntes abrangem as despesas de custeio e as transferências correntes.

**112. (Procurador/TCMRJ/2008) A respeito do orçamento público, assinale a afirmativa correta.**

a) Leis de iniciativa do Poder Executivo ou do Poder Legislativo estabelecerão o Plano Plurianual, as diretrizes orçamentárias e os orçamentos anuais.

b) O projeto de lei orçamentária será acompanhado de demonstrativo regionalizado do efeito, sobre as receitas e despesas, decorrente de isenções, anistias, remissões, subsídios e benefícios de natureza financeira, tributária e creditícia.

c) Cabe à lei ordinária dispor sobre o exercício financeiro, a vigência, os prazos, a elaboração e a organização do Plano Plurianual, da Lei de Diretrizes Orçamentárias e da Lei Orçamentária Anual.

d) As emendas ao projeto de lei do orçamento anual ou aos projetos que o modifiquem somente podem ser aprovadas caso indiquem os recursos necessários, admitidos apenas os provenientes de anulação de despesa, incluindo as que incidam sobre as dotações para pessoal e seus encargos, serviço da dívida e transferências tributárias constitucionais para Estados, Municípios e Distrito Federal.

e) As emendas ao projeto de Lei de Diretrizes Orçamentárias poderão ser aprovadas ainda que incompatíveis com o Plano Plurianual, pois este poderá ser alterado futuramente, já que é elaborado para um período de quatro anos.

Capítulo 9 • Questões de Concursos | 249

**113. (Procurador/TCMRJ/2008) A respeito dos Princípios de Direito Financeiro, assinale a afirmativa incorreta.**

a) Com base no princípio da legalidade, a Constituição de 1988 disciplina o aspecto formal em que deve ser pautado o sistema orçamentário, reservando ao Poder Executivo a competência privativa para encaminhar o projeto de Lei Orçamentária Anual.

b) A Constituição de 1988 veda, com as devidas ressalvas, a vinculação de receita de impostos a órgão, fundo ou despesa.

c) A afirmativa de que a Lei Orçamentária Anual não conterá dispositivo estranho à previsão da receita e à fixação da despesa exterioriza o princípio da exclusividade orçamentária.

d) O princípio da unidade orçamentária, expressamente previsto na Constituição de 1988, significa que o orçamento, para ser mais eficaz, deverá ser elaborado em um documento legal único.

e) A vedação quanto à transposição, ao remanejamento ou à transferência de recursos de uma categoria de programação para outra ou de um órgão para outro, sem prévia autorização legislativa, é considerada pela doutrina como princípio da proibição de estorno.

**114. (Procurador/TCMRJ/2008) Assinale a assertiva correta.**

a) Os créditos adicionais, independentemente da sua modalidade, podem ser inseridos por medida provisória.

b) Nenhum investimento cuja execução ultrapasse um exercício financeiro poderá ser iniciado sem prévia lei que autorize a inclusão, salvo se autorizado por medida provisória editada pelo chefe do Poder Executivo.

c) A despesa com pessoal ativo e inativo da União, dos Estados, do Distrito Federal e dos Municípios não poderá exceder os limites estabelecidos em lei complementar.

d) É permitida a edição de medida provisória sobre matéria relativa ao Plano Plurianual, diretrizes orçamentárias e créditos adicionais e suplementares.

e) Embora seja vedada a realização de despesas que excedam os créditos orçamentários ou adicionais, o mesmo não acontece com a assunção de obrigações diretas que venham a exceder os respectivos créditos.

**115. (Procurador/TCMRJ/2008) Tendo em vista o que traz a CRFB/88 sobre os créditos adicionais, assinale a alternativa correta.**

a) A abertura de créditos especiais e extraordinários somente será admitida para atender a despesas imprevisíveis e urgentes, como as decorrentes de guerra, comoção interna ou calamidade pública.

b) Os créditos especiais e extraordinários terão vigência no exercício financeiro em que forem autorizados, salvo se o ato de autorização for promulgado nos últimos quatro meses daquele exercício, caso em que, reabertos nos limites de seus saldos, serão incorporados ao orçamento do exercício financeiro subsequente.

c) É vedada a abertura de crédito especial sem prévia autorização legislativa, mas, uma vez autorizada, não há necessidade de a lei indicar os recursos correspondentes.

d) Os projetos de lei relativos ao Plano Plurianual, às diretrizes orçamentárias, ao orçamento anual e aos créditos adicionais serão apreciados pelo Senado na forma do regimento comum.

e) Não é vedada a realização de despesas ou a assunção de obrigações diretas que excedam os créditos orçamentários ou adicionais, visto que a finalidade desses créditos é exatamente alterar o orçamento.

116. (Procurador/TCMRJ/2008) Em relação à receita pública, assinale a alternativa correta.

a) Segundo a melhor doutrina, a receita originária pode ser considerada a que tem origem no patrimônio do particular, pelo exercício do poder de império do Estado, enquanto a receita derivada é a que tem origem no próprio patrimônio público, em que o Estado atua como empresário por meio de um acordo de vontades, e não com seu poder de império, por isso não há compulsoriedade na sua instituição.

b) Para a doutrina moderna, ingresso e receita são sinônimos, pois em ambos o dinheiro recolhido entra nos cofres públicos e em ambas as situações incorporam – se ao patrimônio do Estado.

c) O princípio da anualidade orçamentária é aquele que determina a cobrança do tributo no primeiro dia do exercício seguinte àquele em que a lei que instituiu ou majorou o tributo foi publicada.

d) Segundo a Constituição de 88, cabe à lei complementar dispor sobre emissão e resgate de títulos da dívida pública.

e) O texto constitucional brasileiro em vigor prevê que as dívidas públicas interna e externa, incluindo as autarquias, são reguladas por lei ordinária, bem como a concessão de garantias pelas entidades públicas.

117. (Procurador/TCMRJ/2008) Em relação à despesa pública, assinale a afirmativa incorreta.

a) Empenho de despesa é ato emanado de autoridade competente que cria para o Estado obrigação de pagamento pendente ou não de implemento de condição.

b) Liquidação da despesa consiste na verificação do direito adquirido pelo credor tendo por base os títulos e documentos comprobatórios do respectivo crédito.

c) O pagamento da despesa só será efetuado quando ordenado após regular liquidação.

d) É vedada a realização de despesa sem prévio empenho.

e) Despesas de capital são voltadas para a manutenção de serviços já criados ou para a realização de obras de conservação de bens imóveis.

118. (Procurador/TCMRJ/2008) Com base na Constituição e na Lei de Responsabilidade Fiscal, assinale a afirmativa incorreta.

a) Se um dirigente de órgão público iniciar a execução de um projeto que não foi incluído na Lei Orçamentária Anual, estará ele contrariando dispositivo previsto expressamente na Constituição de 88.

b) O Banco Central poderá comprar e vender títulos de emissão do Tesouro Nacional, com o objetivo de regular a oferta de moeda ou a taxa de juros.

c) De acordo com a Lei de Responsabilidade Fiscal, os Municípios podem contribuir para o custeio de despesas de outros entes da Federação, desde que, por exemplo, exista convênio, acordo, ajuste, conforme dispuser a legislação.

d) É obrigatória a inclusão, no orçamento das entidades de direito público, de verba necessária ao pagamento de seus débitos oriundos de sentenças transitadas em julgado, constante de precatórios judiciários, apresentados até 1º de julho, fazendo-se o pagamento até o final do exercício seguinte, quando terão seus valores atualizados monetariamente.

e) É vedado a um banco estatal conceder empréstimo ao ente federado que o controla, bem como proíbe instituição financeira controlada de adquirir, no mercado, títulos da dívida pública para atender a investimentos de seus clientes.

**119. (Procurador/TCMRJ/2008) Assinale a afirmativa correta.**

a) A determinação de que os orçamentos sejam aprovados por lei formal se pauta no princípio da exclusividade.

b) São princípios orçamentários: exclusividade, transparência, legalidade, anualidade e anterioridade.

c) O princípio da proibição do estorno está consagrado na Constituição de 88.

d) A lei de orçamento consignará dotações globais destinadas a atender indiferentemente a despesas de pessoal, material, serviços de terceiros, transferências ou quaisquer outras.

e) A liquidação de despesas consiste no pagamento ou na inscrição em restos a pagar.

**120. (Procurador/TCMRJ/2008) Com base na Lei de Responsabilidade Fiscal e na Lei nº 4320/64, assinale a afirmativa correta.**

a) Não integrará o projeto de Lei de Diretrizes Orçamentárias Anexo de Metas Fiscais, em que serão estabelecidas metas anuais, em valores correntes e constantes, relativas a receitas, despesas, resultados nominal e primário e montante da dívida pública, para o exercício a que se referirem e para os dois seguintes.

b) O Anexo de Metas Fiscais, quando elaborado, não conterá a avaliação do cumprimento das metas relativas ao ano anterior.

c) As despesas relativas à dívida pública, mobiliária ou contratual e as receitas que as atenderão não constarão da Lei Orçamentária Anual.

d) A atualização monetária do principal da dívida mobiliária refinanciada poderá superar a variação do índice de preços prevista na Lei de Diretrizes Orçamentárias ou em legislação específica.

e) Consideram-se receita corrente as receitas tributárias, de contribuições, patrimoniais, industriais, agropecuárias, de serviços, transferências correntes e outras receitas também correntes, ressalvadas as deduções que a própria lei prevê.

121. (Procurador/TCMRJ/2008) Em relação à receita pública, assinale a afirmativa incorreta.
    a) O superávit do orçamento constitui receita corrente.
    b) As operações de crédito são consideradas receitas de capital.
    c) A receita tributária é considerada como receita corrente.
    d) A receita se classificará nas seguintes categorias econômicas: Receitas Correntes e Receitas de Capital.
    e) Atualmente, segundo a doutrina moderna, ingresso e receita são expressões sinônimas.

122. (Procurador/TCMBA/2011) A Constituição Federal traz várias vedações em matéria orçamentária. NÃO há vedação constitucional para
    a) o início de programas ou projetos não incluídos na Lei Orçamentária Anual.
    b) a realização de operações de crédito que excedam o montante das despesas de capital.
    c) a abertura de crédito suplementar ou especial com prévia autorização legislativa e com indicação dos recursos correspondentes.
    d) a concessão ou utilização de créditos ilimitados.
    e) a transferência voluntária de recursos pelo Governo Estadual e suas instituições financeiras, para pagamento de despesas com pessoal dos Municípios.

123. (Procurador/TCMBA/2011) A Constituição Federal veda expressamente a vinculação da receita de impostos a órgão, fundo ou despesa, mas traz como ressalva a vinculação na hipótese de
    a) abertura de crédito extraordinário.
    b) prestação de garantia ou contragarantia à União.
    c) ações e serviços de habitação.
    d) ações governamentais na área de assistência social.
    e) despesas de custeio.

124. (Procurador/TCMBA/2011) "(...) juros da dívida pública, as pensões, aposentadorias, subvenções sem encargos e outros pagamentos dos cofres públicos, aos quais não corresponde uma prestação de serviços ou de coisas da parte dos beneficiários." (Aliomar Baleeiro. *Uma Introdução à Ciência das Finanças*. 17. ed. Rio de Janeiro: Forense, 2010, p. 115)

    O conceito acima descrito refere-se à despesa denominada
    a) extraordinária.
    b) inversão financeira.

c) de investimento.
d) de custeio.
e) transferência corrente.

**125. (Procurador/TCMBA/2011) Sobre os princípios orçamentários, considere:**

I. A peça orçamentária deve ser única, contendo todos os gastos e receitas.

II. A Lei Orçamentária Anual não conterá dispositivo estranho à previsão de receita e à fixação da despesa.

III. Todas as receitas e todas as despesas devem estar previstas na lei orçamentária.

Correspondem aos princípios da universalidade, unidade e exclusividade, respectivamente, os itens:

a) I, II e III.
b) II, I e III.
c) I, III e II.
d) III, I e II.
e) II, III e I.

**126. (Procurador/TCMBA/2011) O orçamento anual deverá ser em peça única e conter o orçamento de todas as entidades que possuam ou recebam dinheiro público. Compõem o orçamento anual da União:**

a) os créditos suplementares, o orçamento fiscal e as metas de investimento.
b) os orçamentos da seguridade social e fiscal e os objetivos e metas da administração para despesas de capital.
c) os orçamentos fiscal, da seguridade social e de investimento das empresas em que a União detenha maioria do capital social com direito de voto.
d) o orçamento fiscal e as metas e prioridades da administração pública federal, incluindo as despesas de capital.
e) os planos e programas nacionais, regionais e setoriais, os créditos adicionais e o anexo de metas fiscais e de riscos fiscais.

**127. (Procurador/TCMBA/2011) Quando da realização da despesa, existem alguns limites legais. Há vedação**

a) de abertura de crédito suplementar no último exercício do mandato de titular de Poder.
b) de realização de despesas das quais possam surgir obrigações de despesa sem que haja suficiente disponibilidade de caixa que possibilite o integral cumprimento no exercício de origem nos dois últimos quadrimestres do mandato de titular de Poder.
c) absoluta de contrair obrigação no último quadrimestre do mandato de titular de Poder, se esta não puder ser cumprida e integralmente paga até o último dia do exercício em que foi contratada, ainda quando haja disponibilidade de caixa.

d) de abertura de créditos adicionais no último quadrimestre do mandato de titular de Poder sem que haja dotação orçamentária específica e possibilidade de integral cumprimento da obrigação no exercício de origem.

e) absoluta de pagamento de despesa de exercício encerrado, ainda que no orçamento respectivo haja consignação de crédito próprio, com saldo suficiente para atendê-la, que não se tenha processado na época própria.

128. (Procurador/TCMBA/2011) Segundo a Constituição Federal, os Poderes Legislativo, Executivo e Judiciário manterão, de forma integrada, sistema de controle interno. Na realização desta obrigação, se agente incompetente efetuar uma despesa em nome do Poder Público, o ordenador da despesa, observando inexistência de dotação orçamentária específica, caracterizando total ilegalidade no empenho, quando da realização da liquidação, deverá, sob pena de responsabilidade solidária pelo pagamento,

a) dar ciência ao Tribunal de Contas respectivo.
b) ressalvar a ilegalidade na ordem de pagamento.
c) anular de imediato a despesa.
d) revogar de imediato a nota de empenho.
e) oficiar à autoridade competente, para que seja aberto crédito.

129. (Procurador/TCMBA/2011) Sobre o controle externo das contas municipais e o Tribunal de Contas, é correto afirmar:

a) O Município tem autonomia para criar seu próprio Tribunal de Contas, órgão integrante do Poder Legislativo Municipal.
b) As contas municipais são fiscalizadas pela Câmara Municipal, com auxílio do Tribunal de Contas da União, desde que no Município não exista Tribunal de Contas próprio.
c) É vedada a criação, pelos Estados, de Tribunais, Conselhos ou órgãos de Contas Municipais.
d) Os Tribunais de Contas municipais existentes foram extintos com a promulgação da Constituição Federal de 1988, passando as respectivas atribuições para os Tribunais de Contas dos Estados.
e) A fiscalização das contas públicas municipais é competência da Câmara Municipal, com auxílio do Tribunal de Contas dos Estados ou do Conselho ou Tribunal de Contas do Município, onde houver.

130. (Procurador/TCMBA/2011) Sobre a consolidação, nacional e por esfera de governo, das contas dos entes da Federação relativas ao exercício anterior, e a sua divulgação, inclusive por meio eletrônico de acesso público, é correto afirmar que

a) a consolidação é feita, simultaneamente, por todos os entes da Federação e publicada no Diário Oficial da União, por expressa determinação legal, que comina pena de vedação de contratação de qualquer tipo de operação de crédito enquanto não se regularizar a situação.

b) a consolidação é promovida pelo Tribunal de Contas da União, até o dia 30 de junho, devendo os Estados, Distrito Federal e Municípios encaminhar suas contas até 31 de maio, sob pena de intervenção.

c) os Estados e o Distrito Federal devem encaminhar suas contas para implementação, ao Poder Executivo da União, até 30 de abril, sob pena de intervenção federal.

d) o Município ficará impedido, até que a situação seja regularizada, de receber transferências voluntárias e contratar operações de crédito, se suas contas não forem encaminhadas ao Poder Executivo da União até 30 de abril.

e) a União, através do Poder Legislativo, tem competência para receber as informações sobre as contas dos demais entes até 30 de junho, respondendo por crime de responsabilidade fiscal os titulares dos entes que não enviarem suas contas.

**131. (Procurador da República/MPF/2008) Os valores despendidos pelo Estado na realização de obras públicas classificam-se como:**

a) despesas de capital.

b) transferências correntes sob a modalidade de "diversas transferências correntes".

c) extraordinárias sob a forma de encargos diversos.

d) diversas inversões financeiras.

**132. (Procurador da República/MPF/2008) Segundo o sistema constitucional financeiro vigente, é certo afirmar que:**

a) o princípio da unidade do orçamento não é mais adotado pela Carta Magna.

b) a unidade orçamentária veio a ser substituída pelos orçamentos plurianuais e pelo de diretrizes orçamentárias.

c) apesar de haver três orçamentos em nossa ordem jurídica, consoante o disposto no art. 165, da Lei Fundamental, a unidade do orçamento persiste, porquanto a unidade não é documental, mas de programas a serem implementados dentro de uma estrutura integrada do Sistema.

d) ao contrário de textos constitucionais anteriores, a Constituição de 1988 não contempla o chamado princípio da exclusividade em matéria orçamentária.

**133. (Procurador da República/PGR/2011) A verba repassada ao município, a título de fundo de participação dos municípios, caracteriza-se como:**

a) receita corrente.

b) receita de capital.

c) receita originária.

d) participação no produto de impostos de receita partilhada.

**134. (Procurador da República/PGR/2011) Assinale a alternativa correta:**

a) o Tribunal de Contas da União, no exercício das atribuições de julgar as contas dos gestores públicos, exerce, excepcionalmente, atividade jurisdicional própria do

Poder Judicial, tanto que a Súmula 347 do STF prescreve que a Corte de Contas "pode apreciar a constitucionalidade das leis e atos do Poder Público".

b) enquanto coadjuvante do Congresso Nacional, no controle externo, o parecer prévio do Tribunal de Contas da União sobre as contas anuais prestadas pelo Presidente da República é vinculativo para a deliberação do Parlamento.

c) compete a TCU aplicar aos responsáveis, em caso de ilegalidade de despesa ou irregularidade de contas, as sanções previstas em lei, inclusive promovendo, com o concurso do Ministério Público integrante da sua estrutura, a cobrança de valores apurados contra os gestores públicos ímprobos.

d) a Carta da República prevê os mecanismos de controles interno, externo e privado para efetivar a fiscalização da correta execução orçamentária.

135. **(Procurador da República/MPF/2012) No tocante aos Tribunais de Contas Estaduais, é certo asseverar que:**

a) Atuam somente mediante provocação.

b) São órgãos auxiliares de controle externo em simetria com o Tribunal de Contas da União.

c) Preceito de lei estadual pode subtrair do Tribunal de Contas a competência do julgamento das contas da Mesa da Assembleia Legislativa para submetê-las ao regime do art. 71 c/c o art. 49, IX, da Carta da República.

d) O que lhes assegura a ordem jurídica, no exercício das suas atribuições, é a inaplicabilidade da lei que afronta a Constituição Federal.

136. **(Procurador da República/MPF/2012) Consoante a Lei nº 4.320, de 17 de março de 1964, que estabelece normas gerais de direito financeiro, receita pública é aquela:**

a) Oriunda apenas do poder de império do Estado.

b) Proveniente tão somente da alienação de bens, operações de crédito e amortização de empréstimos, envolvendo os recursos recebidos de pessoas de direito público ou privado, destinados ao atendimento de despesas de capital.

c) Derivada exclusivamente das chamadas receitas de capital.

d) Decorrente da entrada de recursos financeiros ao tesouro da pessoa política, a qualquer título, em caráter transitório ou definitivo, aumentando o patrimônio público ou não.

137. **(Procurador de Contas/TCEAP/2010) Conforme classificação doutrinária, quanto à periodicidade, as receitas públicas se classificam em**

a) originárias e derivadas.

b) originárias e transferidas.

c) ordinárias e extraordinárias.

d) entradas e ingressos.

e) de capital e correntes.

138. (Procurador de Contas/TCEAP/2010) Sobre dívida pública, a Constituição Federal estabelece que

   a) lei complementar disporá sobre dívida pública interna e externa, incluída a das autarquias, fundações e demais entidades controladas pelo Poder Público.
   b) a dívida pública se classifica em fundada e flutuante, traz as respectivas definições e engloba as operações de crédito e concessão de garantia.
   c) compete ao Congresso Nacional dispor sobre os limites globais e condições para operações de crédito externo e interno dos Estados e do Distrito Federal.
   d) compete ao Congresso Nacional, por proposta do Presidente da República, fixar os limites globais para o montante da dívida consolidada da União, dos Estados, do Distrito Federal e dos Municípios.
   e) compete ao Congresso Nacional estabelecer limites globais e condições para o montante da dívida mobiliária dos Estados, do Distrito Federal e dos Municípios.

139. (Procurador de Contas/TCEAP/2010) A Constituição Federal veda expressamente a vinculação de receita de impostos a órgão, fundo ou despesa, mas traz exceções. NÃO é admitida a vinculação de receita de impostos

   a) para prestação de garantia às operações de crédito por antecipação de receita.
   b) na destinação de recursos para as ações e serviços públicos de saúde.
   c) na destinação de recursos para a manutenção e o desenvolvimento do ensino.
   d) para o remanejamento de recursos de uma categoria de programação para outra, sem prévia autorização legislativa.
   e) para prestação de garantia ou contragarantia à União e para o pagamento de débitos para com esta, em se tratando de impostos estaduais e municipais.

140. (Procurador de Contas/TCEAP/2010) NÃO é parte integrante do orçamento anual

   a) a reserva de contingência.
   b) o anexo de riscos fiscais.
   c) o orçamento de investimento.
   d) o orçamento da seguridade social.
   e) o orçamento fiscal.

141. (Procurador de Contas/TCEAP/2010) A Lei nº 4.320/64 corporificou o orçamento-programa ao estabelecer no seu art. 2º que "A Lei do Orçamento conterá a discriminação da receita e despesa de forma a evidenciar a política econômico-financeira e o programa de trabalho do Governo, obedecidos os princípios da unidade, universalidade e anualidade". Sobre o orçamento-programa, é correto afirmar que

   a) este formato de orçamento não foi recepcionado pela Constituição Federal de 1988.
   b) a Lei do Orçamento mencionada no art. 2º da Lei nº 4.320/64 se refere ao Plano Plurianual, única lei orçamentária que admite a previsão de programas.

c) somente tem validade para a União, não se aplicando para os orçamentos dos Estados, do Distrito Federal e dos Municípios.

d) somente tem aplicabilidade sobre a Lei de Diretrizes Orçamentárias a partir da Constituição Federal de 1988.

e) as ações são identificadas em termos de funções, subfunções, programas, projetos, atividades e operações especiais.

**142. (Procurador de Contas/TCEAP/2010) NÃO pode ser considerado(a) como recurso financeiro disponível, em tese, para abertura de crédito suplementar e especial:**

a) a receita proveniente de empréstimo compulsório mediante emissão de títulos da dívida pública especialmente para este fim.

b) o superávit financeiro apurado em balanço financeiro do exercício anterior.

c) o recurso proveniente de excesso de arrecadação.

d) o recurso resultante de anulação parcial ou total de dotações orçamentárias.

e) o produto de operações de crédito autorizadas, em forma que juridicamente possibilite ao Poder Executivo realizá-las.

**143. (Procurador de Contas/TCEAP/2010) Sobre o calendário para elaboração das leis orçamentárias, é correto afirmar que**

a) a Lei Complementar nº 101/2000 dispõe que o projeto de Lei de Diretrizes Orçamentárias será encaminhado até oito meses e meio antes do encerramento do exercício financeiro e devolvido para sanção até o encerramento do primeiro período da sessão legislativa.

b) a Constituição Federal dispõe que compete à lei ordinária disciplinar o calendário para elaboração das leis orçamentárias, sendo esta a Lei nº 4.320/64 recepcionada pela Constituição de 1988.

c) o projeto de Lei Orçamentária Anual será encaminhado até quatro meses antes do encerramento do exercício financeiro e devolvido para sanção até o encerramento da sessão legislativa, conforme disposto no Ato das Disposições Constitucionais Transitórias.

d) a sessão legislativa não será encerrada enquanto não votado o projeto de Lei Orçamentária Anual, segundo a Constituição Federal.

e) o Plano Plurianual tem seu prazo disciplinado pela Lei de Responsabilidade Fiscal, com vigência até o final do último exercício financeiro do mandato do Chefe do Executivo, sendo encaminhado o projeto até seis meses antes do encerramento do último exercício financeiro do mandato do Chefe do Executivo anterior.

**144. (Procurador de Contas/TCEAP/2010) Para fins dos limites da dívida pública, os precatórios judiciais não pagos durante a execução do orçamento em que houverem sido incluídos integram a**

a) dívida pública mobiliária.

b) despesa com pessoal.

c) dívida pública flutuante.

d) dívida pública consolidada.
e) despesa de custeio.

**145. (Procurador de Contas/TCEAP/2010) Sobre as operações de crédito, é correto afirmar:**

a) Podem ser celebradas apenas entre entes da Federação.
b) São vedadas entre entes da Federação para financiamento de despesas correntes.
c) Não se admite a compra por Estados e Municípios de títulos da dívida pública da União como aplicação de suas disponibilidades.
d) Os contratos de operação de crédito externo deverão conter cláusula que importe na compensação automática de débitos e créditos.
e) É proibida a operação de crédito entre uma instituição financeira estatal e o ente da Federação que a controle, na qualidade de beneficiário do empréstimo.

**146. (Procurador de Contas/TCEAP/2010) A operação de crédito por antecipação de receita**

I. destina-se a atender insuficiência de caixa durante o exercício financeiro.
II. realizar-se-á apenas a partir do décimo dia do início do exercício.
III. deverá ser liquidada, com juros e outros encargos incidentes, até o último dia do exercício em que foi realizada.
IV. está proibida enquanto existir operação anterior da mesma natureza não integralmente resgatada.
V. pode ser realizada durante todo o mandato do chefe do Executivo, só não se permitindo que seja contratada para pagamento em exercício posterior, em mandato de novo chefe do Executivo.

Está correto o que se afirma APENAS em

a) I, II e III.
b) I, II e IV.
c) II, III e IV.
d) II, III e V.
e) III, IV e V.

**147. (Procurador de Contas/TCEAP/2010) Se a despesa total com pessoal exceder a 95% do limite permitido pela Lei de Responsabilidade Fiscal, NÃO será vedado ao Poder ou órgão referido nesta Lei que houver incorrido no excesso**

a) conceder vantagem, aumento, reajuste ou adequação de remuneração a qualquer título, salvo exceções.
b) alterar estrutura de carreira que implique aumento de despesa.
c) extinguir cargo ou função.
d) criar cargo, emprego ou função.

e) realizar provimento de cargo público, admissão ou contratação de pessoal a qualquer título, com ressalvas legais.

**148. (Procurador de Contas/TCEAP/2010) A liquidação da despesa**

a) tem por fim apurar a origem e o objeto do que se deve pagar, a importância exata a pagar e a quem se deve pagar.
b) cria para o Estado obrigação de pagamento.
c) visa indicar o nome do credor, a representação e a importância da despesa, bem como a dedução desta do saldo da dotação própria.
d) é o despacho exarado por autoridade competente, determinando que a despesa seja paga.
e) equivale ao pagamento propriamente dito, precedido de empenho.

**149. (Procurador de Contas/TCEAP/2010) Os créditos adicionais, nas modalidades especial e extraordinário, poderão ter vigência no exercício financeiro seguinte ao de sua abertura na hipótese do ato de autorização ter sido promulgado**

a) no último exercício financeiro do mandato do Chefe do Executivo.
b) nos últimos quatro meses do exercício em que foi autorizado.
c) a partir de agosto do exercício em que foi autorizado.
d) apenas a partir de dezembro do exercício em que foi autorizado.
e) a qualquer época do exercício em que foram abertos, quando não forem totalmente empregados.

**150. (Procurador de Contas/TCEAP/2010) A receita tributária se classifica, de acordo com a Lei nº 4.320/64, como**

a) transferência de capital.
b) transferência corrente.
c) receita de capital.
d) receita corrente.
e) receita patrimonial.

**151. (Procurador de Contas/TCEAP/2010) Os restos a pagar**

a) constituem prática proibida pela Lei de Responsabilidade Fiscal.
b) podem ser realizados apenas dentro do mandato do Chefe do Executivo, estando proibidos, portanto, no último ano.
c) serão admitidos quando não houver disponibilidade de caixa para pagamento dentro do exercício em que estava prevista a despesa.
d) devem constar no exercício seguinte com dotação de crédito adicional.
e) podem ser definidos como despesas empenhadas mas não pagas até o dia 31 de dezembro.

152. **(Procurador de Contas/TCEAP/2010)** O controle externo dos órgãos e entidades da Administração Pública do Estado do Amapá está a cargo do

   a) Tribunal de Contas.
   b) Poder Legislativo, com auxílio do Tribunal de Contas.
   c) Tribunal de Contas, com auxílio dos Poderes Legislativo e Judiciário.
   d) Poder Executivo, com auxílio dos Poderes Legislativo e Judiciário e do Tribunal de Contas.
   e) Poder Legislativo, com auxílio do Poder Executivo e do Tribunal de Contas.

153. **(Procurador de Contas/TCEAP/2010)** O contador da Prefeitura de um município do interior do Estado do Amapá recebeu, sob o regime de adiantamento de numerário, valores para custear sua viagem até a sede do Tribunal de Contas para entregar a prestação de contas do Executivo local referente ao exercício de 2010. Esses valores

   a) não estão sujeitos à fiscalização pelo Tribunal de Contas por terem a natureza de ajuda de custo.
   b) estão sujeitos à fiscalização pelo Tribunal de Contas até o limite dos vencimentos mensais do contador.
   c) não estão sujeitos à fiscalização pelo Tribunal de Contas por ser o contador pessoa física e não órgão nem entidade da Administração Pública.
   d) estão sujeitos à fiscalização pelo Tribunal de Contas, uma vez que o contador passou a ser responsável por valores públicos.
   e) estão sujeitos à fiscalização pelo Tribunal de Contas, desde que a auditoria seja realizada no máximo em doze meses a contar do seu recebimento.

154. **(Procurador de Contas/TCEAP/2010)** Entre as competências do Tribunal de Contas está a emissão de parecer prévio sobre as contas

   a) de qualquer pessoa jurídica que utilize valores públicos.
   b) daqueles que derem causa à perda que resulte em prejuízo ao erário estadual ou municipal.
   c) anuais dos Prefeitos.
   d) de sociedades instituídas pelo Poder Público estadual ou municipal.
   e) de qualquer pessoa física que administre bens públicos.

155. **(Procurador de Contas/TCEAP/2010)** As contas do Governador do Estado devem ser prestadas ao Tribunal de Contas

   a) anualmente, estando sujeitas à emissão de parecer prévio, que deverá ser elaborado em sessenta dias, a contar do seu recebimento.
   b) mensalmente, estando sujeitas à emissão de parecer prévio, que deverá ser elaborado em sessenta dias, a contar do seu recebimento.
   c) anualmente, estando sujeitas a julgamento, que deverá ser realizado em noventa dias, a contar do seu recebimento.

d) anualmente, estando sujeitas à emissão de parecer prévio, que deverá ser elaborado em noventa dias, a contar do seu recebimento.

e) mensalmente, estando sujeitas a julgamento, que deverá ser realizado em sessenta dias, a contar do seu recebimento.

156. (Procurador de Contas/TCEAP/2010) O presidente do Tribunal de Contas ficou sabendo, por meio de jornais, de possíveis irregularidades contábeis ocorridas numa Prefeitura do Estado do Amapá e determinou a realização de uma inspeção para a apuração dos fatos. Devidamente notificado, o responsável pelo setor de contabilidade da Prefeitura se negou a entregar qualquer documento. Diante desses acontecimentos, é possível afirmar que a conduta do responsável pelo setor de contabilidade foi

a) correta, uma vez que o Tribunal de Contas não tem competência para realizar inspeções por iniciativa própria.

b) incorreta, uma vez que o Presidente do Tribunal de Contas goza de fé pública, o que indica que se houve a determinação da inspeção é porque ocorreram as irregularidades.

c) correta, uma vez que o Tribunal de Contas não tem competência para realizar inspeções fundamentadas em notícias de jornais.

d) correta, uma vez que a Constituição Federal garante que ninguém será obrigado a fazer ou deixar de fazer alguma coisa senão em virtude de lei.

e) incorreta, uma vez que nenhum documento pode ser sonegado ao Tribunal de Contas em suas inspeções e auditorias sob qualquer pretexto.

157. (Procurador de Contas/TCEAP/2010) As decisões do Tribunal de Contas de que resulte imputação de débito ou multa terão eficácia de título

a) administrativo.
b) judicial.
c) executivo.
d) alimentar.
e) dedutível.

158. (Procurador de Contas/TCEAP/2010) A equipe de fiscalização do Tribunal de Contas verificou que a sede da Prefeitura do Estado do Amapá sofreu um alagamento em razão de fortes chuvas, tendo havido a perda de toda a documentação e registros contábeis, jurídicos e de recursos humanos. Nessa situação, as contas poderão ser

a) consideradas iliquidáveis, uma vez que ficou materialmente impossível sua apreciação.

b) julgadas no estado em que se encontrarem, sendo garantidos o contraditório e a ampla defesa.

c) arquivadas por dez anos.

d) reconstituídas para seu processamento ordinário.

e) julgadas regulares, uma vez que não haverá prova material de falhas.

159. (Procurador de Contas/TCEAP/2010) O Tribunal de Contas recebeu uma carta anônima, redigida em linguagem clara e objetiva, relatando gravíssimas irregularidades ocorridas na Prefeitura de um município do Estado do Amapá. As informações vieram acompanhadas de provas concernentes ao fato denunciado. Essa denúncia

   a) poderá se recebida, mas deverá ser complementada em até trinta dias para a obtenção da qualificação do denunciante.
   b) poderá ser recebida, mesmo sendo anônima, em razão da gravidade das irregularidades.
   c) não poderá ser recebida se os fatos narrados aconteceram há mais de três anos.
   d) poderá ser recebida, pois os fatos denunciados referem-se a um município do Estado do Amapá.
   e) não poderá ser recebida por não conter o nome legível nem a qualificação e o endereço do denunciante.

160. (Procurador de Contas/TCERR/2008) NÃO é uma característica da atividade financeira do Estado:

   a) a presença constante de uma pessoa jurídica de direito público.
   b) sua finalidade é a consecução do bem comum.
   c) a instrumentalidade, pois tal atividade é apenas um meio para o Estado atingir seus objetivos.
   d) conteúdo e objeto de cunho econômico-financeiro, referindo-se a dinheiro.
   e) a arrecadação de recursos é a principal finalidade de tal atividade.

161. (Procurador de Contas/TCERR/2008) Considere as seguintes afirmações, referentes aos créditos adicionais:

   I. É vedada a abertura de credito extraordinário sem prévia autorização legislativa e sem indicação dos recursos correspondentes.
   II. A abertura de crédito suplementar somente será admitida para atender a despesas imprevisíveis e urgentes, como as decorrentes de guerra ou calamidade pública.
   III. Os créditos extraordinários serão abertos por decreto do Poder Executivo, que deles dará conhecimento ao Poder Legislativo.
   IV. Os créditos suplementares e especiais serão autorizados por lei e abertos por decreto executivo.

   Está correto o que se afirma SOMENTE em

   a) I.
   b) II.
   c) I e II.
   d) I e III.
   e) III e IV.

**162. (Procurador de Contas/TCERR/2008)** Levando-se em consideração a classificação das receitas públicas, a doutrina afirma que são receitas derivadas e originárias, respectivamente,

a) os impostos e as taxas.
b) os preços públicos e as tarifas.
c) as taxas e os preços públicos.
d) as contribuições sociais e os impostos.
e) o empréstimo compulsório e as taxas.

**163. (Procurador de Contas/TCERR/2008)** Conforme entendimento sumulado do Supremo Tribunal Federal, no que se refere à constitucionalidade das leis e dos atos do Poder Público, o Tribunal de Contas

a) poderá apreciá-la, quando no exercício de suas atribuições.
b) poderá apreciá-la tanto pela via difusa como pela concentrada.
c) não poderá apreciá-la, mas poderá exercer a fiscalização e o controle de contas.
d) não poderá apreciá-la, ficando tal função a cargo exclusivo do Poder Judiciário.
e) não poderá apreciá-la, dada a natureza administrativa dos seus atos.

**164. (Analista de Finanças e Controle/CGU/2012)** A transparência do processo orçamentário, possibilitando a fiscalização pela sociedade, pelos órgãos de controle e pelo Congresso Nacional, é conferida especialmente pelo seguinte princípio orçamentário:

a) Publicidade.
b) Universalidade.
c) Unidade (Totalidade).
d) Exclusividade.
e) Transparência (Especificação ou Especialização).

**165. (Analista de Finanças e Controle/CGU/2012)** Segundo disposição da Constituição Federal, são exceções ao princípio orçamentário da Não Afetação da Receita:

a) os Fundos de Participação dos Estados e dos Municípios, as despesas de pessoal, as despesas com a saúde até o limite constitucional.
b) os Fundos de Participação dos Estados e dos Municípios, Fundos de Desenvolvimento do Norte, Nordeste e Centro-Oeste e garantias às operações de crédito por antecipação de receita.
c) as despesas obrigatórias de pessoal, as despesas obrigatórias da saúde e as transferências constitucionais.
d) apenas as transferências constitucionais e legais destinadas aos municípios.
e) despesas relacionadas à dívida externa, à despesa com pessoal e transferências para a saúde desvinculadas pela DRU.

166. (Analista de Finanças e Controle/CGU/2012) Assinale a opção incorreta a respeito da Lei Orçamentária Anual – LOA de que trata o art. 165 da Constituição Federal.
   a) O efeito das remissões nas receitas das entidades deve constar de anexo ao projeto da LOA.
   b) O projeto da LOA é apreciado por comissão mista do Congresso Nacional.
   c) Empresas em que a detenção da maioria do capital pela União for de forma indireta não integra o orçamento.
   d) Autorização para a abertura de créditos suplementares contida na LOA não fere dispositivo constitucional.
   e) Entidades da administração indireta integram o orçamento fiscal.

167. (Analista de Finanças e Controle/CGU/2012) Assinale a opção que indica matéria que, segundo dispõe a Constituição Federal, não é objeto da Lei de Diretrizes Orçamentárias – LDO.
   a) Diretrizes para a elaboração dos orçamentos.
   b) Estabelecimento da política de aplicação das agências financeiras de fomento.
   c) Regras para alteração da legislação tributária.
   d) Orientação relacionada aos gastos com transferências a terceiros.
   e) Prioridades da Administração Pública Federal.

168. (Analista de Finanças e Controle/CGU/2012) De acordo com os arts. 58, 62 e 63 da Lei nº 4.320/64, o empenho, a liquidação e o pagamento são procedimentos essenciais à realização da despesa pública e são denominados estágios na realização desta. Diante desse fato, assinale a opção incorreta, a respeito desses procedimentos.
   a) Despesas empenhadas podem ter seu pagamento transferido para o exercício seguinte.
   b) Para unidades gestoras não contempladas com créditos diretamente na contabilização e inicial do orçamento, o recebimento de provisão é um fato que precede a emissão de empenhos.
   c) O pagamento pode ser realizado antes da liquidação da despesa nos casos em que a espera pela liquidação pode comprometer a segurança de pessoas.
   d) A liquidação da despesa é o reconhecimento do direito adquirido pelo credor, tendo por base o exame de documentos comprobatórios do respectivo crédito.
   e) A emissão da nota de empenho reduz a disponibilidade de créditos da unidade gestora emitente, pois reserva dotação para fim específico.

169. (Analista de Finanças e Controle/CGU/2012) Segundo o que dispõe a Lei de Diretrizes Orçamentárias – LDO, programa de governo é definido como:
   a) o segundo nível da categoria de programação e destina-se à especificação dos gastos governamentais cuja mensuração se faz por indicadores do PPA.

b) instrumento de organização dos gastos governamentais, composto por ações e mensuração a partir de indicadores da LOA.

c) conjunto de ações e metas de um determinado exercício cuja mensuração se faz pelo volume de gasto realizado.

d) mecanismo de organização da ação governamental, detalhado por projetos cuja mensuração se faz por indicadores do PPA.

e) instrumento de organização da ação governamental, visando à concretização dos objetivos pretendidos cuja mensuração se faz por indicadores do PPA.

170. **(Analista de Finanças e Controle/CGU/2012) Tendo por base as regras definidas pela Lei nº 4.320/64, assinale a opção cuja operação, do ponto de vista econômico, não é classificada como realização de despesa corrente.**

a) Pagamento da despesa com pessoal efetivo da instituição.

b) Pagamento de juros da dívida pública.

c) Contribuições à previdência social.

d) Subvenções sociais.

e) Aumento da participação no capital de empresas industriais ou agrícolas.

171. **(Analista de Finanças e Controle/CGU/2012) Com base nas normas e procedimentos adotados no âmbito do governo federal, assinale a opção incorreta a respeito dos conceitos e estágios relacionados com a receita pública.**

a) A receita arrecadada não pode ser superior ao montante previsto pela lei orçamentária.

b) No lançamento de receitas, são verificadas a procedência do crédito fiscal e a pessoa devedora.

c) O recolhimento das receitas deve obedecer ao princípio da unidade de tesouraria e é vedada a criação de caixas especiais.

d) A entrega dos recursos ao Tesouro obedece ao regime de caixa em obediência a definições da Lei no 4.320/64.

e) A previsão da receita deve considerar as alterações na legislação, a variação do índice de preço e o crescimento econômico.

172. **(Técnico Federal de Controle Externo/TCU/2012) A respeito das disposições da Lei nº 12.527/2011 (Lei de Acesso à Informação), julgue os itens seguintes.**

I. As entidades privadas sem fins lucrativos que recebam recursos públicos diretamente do orçamento ou mediante subvenções sociais, contrato de gestão, termo de parceria, convênios, acordo, ajustes ou outros instrumentos congêneres estão obrigadas a divulgar o montante e a destinação de todos os recursos que movimentam, uma vez que estão sujeitas às disposições da referida lei.

II. Os órgãos e entidades públicas têm o dever de promover a divulgação, em local de fácil acesso, no âmbito de suas competências, de informações de interesse coletivo ou geral por eles produzidas ou custodiadas, independentemente de requerimentos.

**173. (Técnico Federal de Controle Externo/TCU/2012) Acerca da Lei de Responsabilidade Fiscal (LRF), julgue os itens a seguir.**

I. A transparência, um dos postulados da LRF, assegura o acesso às informações acerca da execução orçamentária e financeira da União, dos Estados, do Distrito Federal e dos Municípios.

II. O reajustamento do valor de benefício da seguridade social, a fim de preservar o seu valor real, deve apresentar a origem dos recursos para o seu custeio e os seus efeitos financeiros nos períodos seguintes, que devem ser compensados pelo aumento permanente de receita e pela redução permanente de despesa da previdência.

III. O equilíbrio das contas públicas, preconizado na LRF, implica a obtenção de superávit primário nas contas governamentais, sendo, no entanto, vedada a contratação, por parte de Estados, do Distrito Federal e de Municípios, de operações de crédito para esse superávit, devido aos riscos envolvidos.

IV. A apuração de gastos com pessoal será feita com base em um período de 12 meses. Assim, as demonstrações de limites com despesas de pessoal do primeiro e do segundo quadrimestres somarão despesas com pessoal relativas a dois exercícios financeiros.

V. O TCU, atuando na fiscalização da gestão fiscal, deve acompanhar o cumprimento da proibição, imposta ao Tesouro Nacional, de adquirir títulos da dívida pública federal existentes na carteira do Banco Central do Brasil.

**174. (Técnico Federal de Controle Externo/TCU/2012) Acerca das despesas públicas, julgue os itens seguintes.**

I. Simultaneamente a uma despesa pública empenhada, será registrado um passivo financeiro. Com isso, a receita que permaneceu no caixa na abertura do exercício seguinte estará comprometida com o empenho que foi inscrito em restos a pagar.

II. O pagamento, terceiro estágio da despesa pública, consiste na averiguação do direito adquirido pelo credor com base em títulos e em outros documentos que comprovem o respectivo crédito, resultando na extinção da obrigação do Estado com o fornecedor.

III. O empenho é o primeiro estágio da despesa pública e dá origem ao processo de restos a pagar, pois cria para o Estado a obrigação do desembolso financeiro.

IV. Os restos a pagar correspondem às despesas de exercícios anteriores fixadas no orçamento vigente, decorrentes de compromissos assumidos em exercícios financeiros anteriores àquele em que deva ocorrer o pagamento.

V. O empenho ordinário é utilizado para as despesas de valor fixo e previamente determinado; já o empenho estimativo aplica-se às despesas cujo montante não se pode determinar previamente.

VI. É vedado ao Presidente da República contrair obrigação de despesa que não possa ser cumprida integralmente nos últimos dois quadrimestres do seu mandato ou que tenha parcelas a serem pagas no exercício seguinte, sem que haja disponibilidade de caixa para tanto.

**175. (Advogado/AGU/2012)** No que se refere aos orçamentos e ao controle de sua execução, julgue os itens seguintes.

I. O controle interno da execução orçamentária é exercido pelos Poderes Legislativo, Executivo e Judiciário, com o auxílio do Tribunal de Contas.

II. Os cidadãos são partes legítimas para denunciar irregularidades ou ilegalidades perante o Tribunal de Contas da União.

III. O PPA, que define o planejamento das atividades governamentais e estabelece as diretrizes e as metas públicas, abrange as despesas de capital e as delas decorrentes, bem como as relativas aos programas de duração continuada.

IV. A Lei de Diretrizes Orçamentárias destina-se, entre outros objetivos, a orientar a elaboração da Lei Orçamentária Anual, nada dispondo, todavia, a respeito do equilíbrio entre receitas e despesas.

V. Após o envio dos projetos de lei relativos ao PPA, às diretrizes orçamentárias e ao orçamento anual ao Congresso Nacional, o Presidente da República não poderá apresentar proposta de modificação desses projetos.

**176. (Analista de Finanças e Controle – Auditoria e Fiscalização/CGU/2012)** As contas de gestão do TCU são julgadas pela(o)

a) Congresso Nacional.
b) Câmara dos Deputados.
c) Tribunal de Contas da União.
d) Senado Federal.
e) Supremo Tribunal Federal.

**177. (Analista de Finanças e Controle – Auditoria e Fiscalização/CGU/2012)** No âmbito do TCU, quando caso fortuito ou de força maior, comprovadamente alheio à vontade do responsável, tornar materialmente impossível o julgamento das contas, deve o Tribunal

a) emitir Parecer Adverso.
b) determinar o refazimento das contas.
c) emitir Parecer com Negativa de Opinião.
d) considerar as contas iliquidáveis.
e) dar quitação plena aos responsáveis.

**178. (Procurador/PGR/2012)** Consoante a Lei nº 4.320, de 17 de março de 1964, que estabelece normas gerais de Direito Financeiro, Receita Pública é aquela:

a) oriunda apenas do poder de império do Estado.
b) proveniente tão somente da alienação de bons, operações de crédito e amortização de empréstimos, envolvendo os recursos recebidos de pessoas de direito público ou privado, destinados ao atendimento de despesas de capital.
c) derivada exclusivamente das chamadas receitas de capital.

d) decorrente da entrada de recursos financeiros ao tesouro da pessoa política, a qualquer titulo, em caráter transitório ou definitivo, aumentando o patrimônio público ou não.

**179.** (Analista de Controle Externo/TCEAM/2012) O Tribunal de Contas do Estado do Amazonas tem a missão constitucional de fiscalização

a) instrumental.
b) social.
c) gerencial.
d) institucional.
e) operacional.

**180.** (Analista de Controle Externo/TCEAM/2012) O Tribunal de Contas do Estado do Amazonas deve encaminhar o relatório de atividades à Assembleia Legislativa

a) mensalmente e anualmente.
b) mensalmente e semestralmente.
c) trimestralmente e anualmente.
d) trimestralmente e semestralmente.
e) mensalmente, trimestralmente e anualmente.

**181.** (Analista de Controle Externo/TCEAM/2012) A Assembleia Legislativa do Estado do Amazonas verificou a existência de investimentos não autorizados realizados pelo Executivo Estadual, que, depois de notificado, prestou esclarecimentos de forma insuficiente. Nesse caso, a Assembleia Legislativa poderá sustar o pagamento da referida despesa se constar do pronunciamento conclusivo do Tribunal de Contas do Estado do Amazonas que

a) deve haver o trancamento das contas do Executivo Estadual.
b) a despesa é irregular.
c) as contas do Executivo Estadual são iliquidáveis.
d) houve dano social, econômico ou ambiental.
e) houve ilícito administrativo e penal.

**182.** (Analista de Controle Externo/TCEAM/2012) Em relação ao Orçamento Público no Brasil, considere:

I. As receitas e despesas de uma autarquia municipal devem constar na Lei Orçamentária Anual do governo municipal a que está subordinada.

II. O Poder Judiciário Estadual poderá propor e aprovar emendas ao orçamento, desde que compatíveis com o Plano Plurianual e com a Lei de Diretrizes Orçamentárias.

III. O Poder Executivo Estadual poderá iniciar a construção de uma estrada, cuja execução ocorrerá em dois exercícios financeiros, mesmo que tal obra não esteja inclusa no Plano Plurianual ou em lei que autorize a inclusão.

IV. A receita relativa ao Imposto sobre a Circulação de Mercadorias e Prestação de Serviços – ICMS deve constar na Lei Orçamentária dos governos estaduais pelo seu valor total, sendo vedada a dedução da parcela a ser transferida para os municípios.

Está correto o que se afirma APENAS em

a) I e III.
b) I e IV.
c) II e III.
d) II e IV.
e) III e IV.

183. (Analista de Controle Externo/TCEAM/2012) A despesa com o serviço da dívida fundada externa deve ser classificada na função

a) Encargos Especiais.
b) Administração.
c) Despesas de Capital.
d) Refinanciamento da Dívida Externa.
e) Juros e Encargos da Dívida.

184. (Analista de Controle Externo/TCEAM/2012) Sobre as disposições da Lei de Responsabilidade Fiscal, considere:

I. O valor das parcelas das receitas tributárias entregues aos municípios pelos estados por determinação constitucional será deduzido do cálculo da receita corrente líquida dos estados.

II. O montante previsto para as receitas de operações de crédito não poderá ser superior ao das despesas de capital constantes do projeto de lei orçamentária.

III. A despesa total com pessoal dos municípios, em cada período de apuração, não poderá exceder 54% da receita corrente líquida.

IV. A operação de crédito por antecipação de receita destina-se a atender insuficiência de caixa durante o exercício financeiro e só poderá ser realizada a partir do quinto dia útil do início do exercício.

V. É vedada a aplicação da receita de capital derivada da alienação de bens e direitos que integram o patrimônio público para o financiamento de despesa corrente, salvo se destinada por lei aos regimes de previdência social, geral e próprio dos servidores públicos.

Está correto o que se afirma APENAS em

a) I, II e III.
b) I, II e IV.
c) I, II e V.
d) II, III e IV.
e) II, IV e V.

185. **(Técnico de Controle Externo/TCEAP/2012) A atividade financeira do Estado compreende**

   a) apenas a obtenção de receitas originárias.
   b) apenas a obtenção de receitas, tanto originárias como derivadas.
   c) a obtenção de receitas e a realização de despesas.
   d) a prestação de serviços públicos e a realização de obras públicas.
   e) apenas a geração das despesas.

186. **(Técnico de Controle Externo/TCEAP/2012) "As entradas constitutivas, em conjunto, da receita pública (...), segundo o critério da regularidade ou relativa periodicidade" (BALEEIRO, Aliomar. *Uma Introdução à Ciência das Finanças*. 17. ed. Rio de Janeiro: Forense, 2010, p. 148). De acordo com o critério mencionado no texto, as receitas públicas se classificam como:**

   a) originárias e derivadas.
   b) extraordinárias e ordinárias.
   c) para movimento de fundos ou de caixa.
   d) a título gratuito ou oneroso.
   e) flutuante ou consolidada.

187. **(Técnico de Controle Externo/TCEAP/2012) Sobre as fases do processamento da despesa, é correto afirmar que**

   a) não se admite empenho global de despesa decorrente de contrato administrativo para a realização de obra pública por particular.
   b) o pagamento da remuneração dos servidores públicos é dispensado de empenho por possuir dotação orçamentária específica.
   c) só é admissível a dispensa de nota de empenho nas hipóteses em que se autoriza a realização da despesa sem o prévio empenho.
   d) são empenháveis por estimativa as despesas cujo valor exato seja de difícil identificação, a exemplo de energia elétrica, telefone e despesas com viagens.
   e) a liquidação da despesa antecede o empenho e a emissão da nota de empenho, que somente será emitida no ato do pagamento, como forma de recibo.

188. **(Técnico de Controle Externo/TCEAP/2012) O suprimento de fundos**

   a) depende de prévio empenho na dotação orçamentária da despesa a ser realizada.
   b) pode ser concedido a qualquer servidor, sem restrições de espécie alguma.
   c) destina-se apenas e tão somente ao financiamento de despesas sigilosas.
   d) independe de qualquer tipo de prestação de contas, quando concedido por meio de cartão corporativo.
   e) deve ser movimentado por meio de abertura de conta bancária destinada.

**189. (Técnico de Controle Externo/TCEAP/2012) Os restos a pagar**
a) processados são as despesas empenhadas não liquidadas e não pagas no exercício financeiro correspondente ao do empenho.
b) não processados são as despesas empenhadas liquidadas, mas que não tenham sido pagas no exercício financeiro correspondente ao do empenho.
c) serão inscritos por meio de autorização por escrito do ordenador da despesa, o qual deverá, ainda, elaborar relatório também por escrito sobre o motivo da inscrição, no encerramento do exercício financeiro de emissão da Nota de Empenho.
d) representam dívidas passivas do ente público e prescrevem em três anos a contar do ano-calendário do empenho da despesa respectiva.
e) inscritos na condição de não processados e não liquidados posteriormente terão validade até 31 de dezembro do ano subsequente ao de sua inscrição.

**190. (Técnico de Controle Externo/TCEAP/2012) Em relação às despesas de exercícios anteriores, analise as afirmações a seguir.**
I. As despesas de exercícios anteriores somente poderão ser pagas se inscritas em restos a pagar.
II. Poderão ser pagos como despesas de exercícios anteriores os restos a pagar com prescrição interrompida.
III. O pagamento de despesas de exercícios anteriores é caracterizado como uma despesa extraorçamentária.
IV. Os compromissos reconhecidos após o encerramento do exercício, tais como aumentos salariais dos servidores com efeito retroativo ao exercício anterior, não poderão ser pagos como despesas do exercício seguinte, devendo ser reclassificados como restos a pagar.
Está correto o que se afirma APENAS em
a) I.
b) II.
c) III.
d) I e III.
e) I e IV.

**191. (Técnico de Controle Externo/TCEAP/2012) A Lei da Responsabilidade Fiscal (Lei Complementar n. 101/2000) estabelece que**
a) o orçamento de investimentos é elaborado para todas as empresas em que o ente público participa como acionista, mesmo que ele não tenha o controle, direto ou indireto, da entidade.
b) a Lei de Diretrizes Orçamentárias conterá Anexo de Metas Fiscais, onde serão avaliados os passivos contingentes e outros riscos capazes de afetar as contas públicas, informando as providências a serem tomadas, caso se concretizem.
c) se verificado, ao final do exercício financeiro, que a realização da receita poderá não comportar o cumprimento das metas de resultado primário ou nominal, os entes públicos devem promover limitação de empenho da despesa orçada para o exercício seguinte com o objetivo de alcançar o reequilíbrio orçamentário.

d) a operação de crédito por antecipação de receita é proibida no último ano de mandato do Presidente, Governador ou Prefeito Municipal.

e) é competência da Câmara dos Deputados fixar, por proposta do Presidente da República, limites globais para o montante da dívida consolidada da União, dos Estados, do Distrito Federal e dos Municípios.

192. (Procurador do Ministério Público/TCESP/2011) A respeito dos restos a pagar, a Lei de Responsabilidade Fiscal (Lei Complementar nº 101/2000) dispõe:

   I. É vedado ao titular de Poder, nos últimos três trimestres do seu mandato, contrair obrigação de despesa que não possa ser cumprida integralmente dentro dele, ou que tenha parcelas a serem pagas no exercício seguinte, desde que haja suficiente disponibilidade de caixa para esse efeito.

   II. É autorizado ao titular de Poder, nos últimos dois bimestres do seu mandato, contrair obrigação de despesa que não possa ser cumprida integralmente dentro dele, ou que tenha parcelas a serem pagas no exercício seguinte sem que haja suficiente disponibilidade de caixa para esse efeito.

   III. É vedado ao titular de Poder, nos últimos dois quadrimestres do seu mandato, contrair obrigação de despesa que não possa ser cumprida integralmente dentro dele, ou que tenha parcelas a serem pagas no exercício seguinte sem que haja suficiente disponibilidade de caixa para esse efeito.

   Está correto o que se afirma APENAS em
   a) I.
   b) II.
   c) III.
   d) I e II.
   e) I e III.

193. (Procurador do Ministério Público/TCESP/2011) Princípios constitucionais orçamentários.

   I. A Lei Orçamentária Anual compreende o orçamento fiscal, o orçamento de investimento de empresa em que a União detenha a maioria do capital social com direito a voto e o orçamento da seguridade social, observando, assim, o princípio da unidade.

   II. Segundo o princípio da não afetação é vedada a vinculação de receitas de impostos a órgão, fundo ou despesa, ressalvadas as exceções constitucionais.

   III. O princípio da exclusividade determina que "a Lei Orçamentária Anual não conterá dispositivo estranho à previsão e a fixação de despesa, incluindo-se na proibição a autorização para abertura de créditos suplementares".

   Está correto o que se afirma APENAS em
   a) I.
   b) II.
   c) III.
   d) I e II.
   e) I e III.

**194. (Procurador do Ministério Público/TCESP/2011)** Além de outras atribuições constitucionais, compete ao Tribunal de Contas da União

a) fiscalizar a aplicação de quaisquer recursos repassados pela União a Estado, mediante convênio.
b) apreciar os relatórios sobre a execução dos planos de governo.
c) julgar anualmente as contas prestadas pelo Presidente da República.
d) estabelecer limites globais e condições para o montante da dívida mobiliária dos Estados.
e) autorizar operações externas de natureza financeira, de interesse da União.

**195. (Procurador do Ministério Público/TCESP/2011)** Dispõe a Lei de Responsabilidade Fiscal que dívida pública consolidada ou fundada é o montante

a) total, apurado com duplicidade, das obrigações financeiras do ente da Federação, assumidas em virtude de leis, contratos, convênios ou tratados e da realização de operações de crédito, para amortização em prazo superior a vinte e quatro meses, bem assim as operações de crédito de prazo inferior a dezoito meses cujas receitas tenham constado do orçamento.
b) total, apurado sem duplicidade, das obrigações financeiras do ente da Federação, assumidas em virtude de leis, contratos, convênios ou tratados e da realização de operações de crédito, para amortização em prazo superior a doze meses, bem assim as operações de crédito de prazo inferior a doze meses cujas receitas tenham constado do orçamento.
c) total, apurado sem duplicidade, das obrigações financeiras do ente da Federação, assumidas em virtude de leis, contratos, convênios ou tratados e da realização de operações de crédito, para amortização em prazo inferior a doze meses, bem assim as operações de crédito de prazo superior a doze meses cujas despesas tenham constado do orçamento.
d) apurado dos créditos financeiros do ente da Federação, decorrentes da realização de operações de crédito a longo prazo, para amortização em prazo superior a doze meses, bem assim as operações de crédito de prazo inferior a doze meses cujas receitas tenham constado do orçamento.
e) parcial, apurado sem duplicidade, das obrigações financeiras e tributárias do ente da Federação, assumidas em virtude de tratados internacionais e da realização de operações de crédito, para amortização em prazo inferior a doze meses, bem assim as operações de crédito de prazo superior a doze meses cujas receitas não tenham constado do orçamento.

**196. (Procurador do Ministério Público/TCESP/2011)** A Constituição Federal dispõe que há uma espécie de orçamento que "compreenderá as metas e prioridades da administração pública federal, incluindo as despesas de capital para o exercício financeiro subsequente, orientará a elaboração da Lei Orçamentária Anual, disporá sobre as alterações na legislação tributária e estabelecerá a política de aplicação das agências financeiras oficiais de fomento". A Constituição está se referindo

a) ao orçamento fiscal.
b) ao Plano Plurianual.
c) ao orçamento da seguridade social.
d) à Lei de Diretrizes Orçamentárias.
e) ao orçamento de investimento das empresas estatais.

197. (Procurador do Ministério Público/TCESP/2011) A Lei de Responsabilidade Fiscal dispõe que a despesa total com pessoal, em cada período de apuração e em cada ente da Federação, não poderá exceder os percentuais da receita corrente líquida, a seguir discriminados:

    a) 40% para a União, 50% para os Estados e 60% para os Municípios.
    b) 50% para os Municípios e Estados e 60% para a União.
    c) 50% para todos os entes da Federação.
    d) 60% para todos os entes da Federação.
    e) 50% para a União e 60% para os Estados e Municípios.

198. (Procurador do Ministério Público/TCESP/2011) Ao tratar da Fiscalização Contábil e Financeira e Orçamentária, a Constituição Federal dispõe, expressamente, que qualquer

    a) contribuinte ou cidadão é parte legítima para, na forma da lei, denunciar irregularidades e ilegalidades perante as Mesas do Senado e da Câmara dos Deputados.
    b) contribuinte, vereador, associação ou sindicato é parte legítima para, na forma da lei, denunciar irregularidades e ilegalidades perante o Congresso Nacional.
    c) partido político, autarquia, associação ou empresa pública é parte legítima para, na forma da lei, denunciar irregularidades e ilegalidades perante o Poder Executivo.
    d) cidadão, partido político, associação ou sindicato é parte legítima para, na forma da lei, denunciar irregularidades ou ilegalidades perante o Tribunal de Contas da União.
    e) órgão da Administração Direta ou Indireta, partido político ou sindicato é parte legítima para, na forma da lei, denunciar irregularidades e ilegalidades perante o Senado Federal.

199. (Procurador do Ministério Público/TCESP/2011) A Lei de Responsabilidade Fiscal afirma que as normas sobre renúncia de receitas NÃO são aplicáveis às alterações das alíquotas dos impostos sobre

    a) produtos industrializados, importação, exportação e operações financeiras.
    b) propriedade territorial rural, produtos industrializados e renda.
    c) circulação de mercadorias e serviços, comércio exterior e renda.
    d) importação, exportação, renda e propriedade territorial rural.
    e) propriedade predial e territorial urbana, renda e produtos industrializados.

200. **(Procurador do Ministério Público/TCESP/2011) A Constituição Federal dispõe que compete ao Tribunal de Contas da União sustar, se não atendido, a execução do ato impugnado, comunicando a decisão à Câmara dos Deputados e ao Senado Federal. Entretanto, no caso de contrato o ato de sustação será**

a) adotado diretamente pelo Congresso Nacional, que solicitará, de imediato, ao Poder Executivo as medidas cabíveis, mas se o Congresso Nacional ou o Poder Executivo, no prazo de noventa dias, não efetivar as referidas medidas, o Tribunal de Contas da União decidirá a respeito.

b) proferido pelo Senado Federal, que solicitará de imediato ao Presidente da República as medidas cabíveis, mas se o Presidente da República, no prazo de noventa dias, não efetivar as referidas medidas, o Tribunal competente decidirá a respeito.

c) adotado diretamente pelo Poder Executivo, que solicitará, de imediato, ao Congresso Nacional as medidas cabíveis, mas se o Congresso Nacional, no prazo de trinta dias, não efetivar as medidas citadas, o Senado Federal decidirá a respeito.

d) poderá ser adotado pelo Tribunal de Contas, quando o Congresso Nacional, através de resolução, expressamente autorizar.

e) será adotado diretamente pelo Presidente da República, que solicitará, de imediato, ao Supremo Tribunal Federal as medidas cabíveis, mas se o Supremo Tribunal Federal, no prazo de trinta dias, não efetivar as medidas previstas no parágrafo anterior, o Tribunal de Contas da União decidirá a respeito.

## 9.2. Gabaritos e Comentários

**QUESTÃO 1 – Gabarito: B**

**Referências:**

- **Item do Livro:** Capítulo 3, item 3.5.
- **Legislação:** CF, arts. 165, 167, § 2º; Lei nº 4.320/64, arts. 2º, *caput*, 3º e 4º

**Comentário:** A rigor, o conteúdo da letra "b" está mais relacionado ao princípio orçamentário da *unidade*: os três suborçamentos (OF, OI e OSS) compondo uma única lei orçamentária. O princípio da *universalidade*, por sua vez, exige que, em regra, o orçamento contenha todas as despesas e todas as receitas da administração. Trata-se de uma abrangência de natureza mais financeira do que organizacional. No entanto, os demais itens da questão apresentam-se com manifestas imprecisões, de sorte que a resposta mais adequada (ou menos inadequada, nesse caso), seria mesmo a letra "b". Quem dispõe sobre alterações na legislação tributária é a LDO.

**QUESTÃO 2 – Gabarito: B**

**Referências:**

- **Item do Livro:** Capítulo 5, item 5.2.
- **Legislação:** Lei nº 4.320/64, arts. 11 e 103

**Comentário:** Questão sobre classificação das receitas públicas. Embora o art. 103 da Lei nº 4.320/64 não integre o conteúdo deste livro, por ser tema atinente à Contabilidade Pública, a questão é válida em razão dos demais itens, todos com erros e imprecisões que o leitor perceberá a partir de uma simples leitura da legislação indicada. Atenção especial para a letra "e", pois trata-se de um ponto sempre exigido em concursos. Não confundir: o Superávit do Orçamento Corrente é considerado "Receita de Capital" e não "Corrente", embora não seja item orçamentário. Trata-se de uma dedução a partir do cotejo de dados constantes no orçamento corrente.

## QUESTÃO 3 – Gabarito: A
**Referências:**

- **Item do Livro:** Capítulo 4, item 4.3. e Capítulo 5, item 5.3.
- **Legislação:** Lei nº 4.320/64, arts. 30, 53, 54, 55 e 58 a 65; LRF, art. 12

**Comentário:** A rigor não é a Lei no 4.320/64 que fala em "estágios" da receita e despesa. Trata-se de uma denominação concebida pela doutrina tendo por base os dispositivos legais supracitados. Há divergência entre os autores. A corrente majoritária, à qual me filio, defende, em regra, a existência de quatro estágios para a receita: previsão, lançamento, arrecadação e recolhimento. A letra "a" da questão não cita o estágio da "previsão", mas as demais assertivas possuem erros grosseiros, que devem ser afastados desde logo.

## QUESTÃO 4 – Gabarito: C
**Referências:**

- **Item do Livro:** Capítulo 3, item 3.9.
- **Legislação:** Lei nº 4.320/64, arts. 40 a 46 (sobretudo os arts. 41 e 43)

**Comentário:** Tratando-se de despesas não previstas no orçamento e, ainda, considerando que a questão não faz menção à situação de imprevisibilidade e <u>urgência</u>, o Governo, para poder realizar essas novas despesas não previstas no orçamento, deve solicitar a abertura de créditos ESPECIAIS. Fosse despesa não prevista e urgente, a solução seria a abertura de créditos extraordinários.

## QUESTÃO 5 – Gabarito: D
**Referências:**

- **Item do Livro:** Capítulo 3, itens 3.5. e 3.7.3.
- **Legislação:** CF, arts. 165, § 5º, III, § 7º, 167, VI e XI

**Comentário:** As receitas advindas das contribuições sociais do empregado e do empregador são "blindadas". Só podem ser utilizadas para o pagamento de benefícios previdenciários. Regra que não admite exceção. Reduzir desigualdades regionais, segundo critério populacional, é atribuição dos orçamentos fiscal e de investimentos. O orçamento da seguridade social não abrange todos os órgãos, mas apenas os vinculados a ela, bem como não se destina a financiar políticas públicas da função "Trabalho". Seguridade = Previdência + Saúde + Assistência Social.

## QUESTÃO 6 – Gabarito: A

**Referências:**

- **Item do Livro:** Capítulo 5, item 5.6.2.
- **Legislação:** LRF, art. 14

**Comentário:** Questão de Direito Tributário. O texto da questão faz menção à LRF, porém, para responder a questão, é necessário conhecimentos específicos de Direito Tributário (CTN) e Finanças Públicas. Com efeito, a LRF cita alguns tipos de renúncias de receitas, sem, contudo, conceituá-las. Ela se preocupa com o impacto das renúncias para o equilíbrio fiscal. Tratamos, de passagem, sobre esses conceitos no item do livro suprarreferido, de sorte que não haveria maiores dificuldade para responder, considerando que a "anistia" consiste, de fato, no perdão das penalidades fiscais (multas pelo atraso no pagamento, por exemplo). O perdão da dívida total denomina-se "remissão".

## QUESTÃO 7 – Gabarito: C

**Referências:**

- **Item do Livro:** Capítulo 3, itens 3.5.3., 3.6., 3.7 e 3.8.
- **Legislação:** CF, art. 165, *caput* e § 3º e LRF, art. 52

**Comentário:** Ainda que o concursando não soubesse os prazos previstos na Constituição do Estado do Acre para envio e apreciação do PPA, conseguiria acertar a questão, uma vez que todos os demais itens possuem erros manifestos. A iniciativa formal de lei de natureza orçamentária é exclusiva do Chefe do Poder Executivo. Ciclo Orçamentário é um conceito doutrinário que se inicia com a elaboração do orçamento e culmina com a apreciação das contas dos gestores. Não existe um prazo determinado para término do ciclo orçamentário, pois tanto na fase elaboração como na fase de controle algumas situações podem prolongar a finalização do ciclo. O prazo para publicação do RREO é de 30 dias.

## QUESTÃO 8 – Gabarito: A

**Referências:**

- **Item do Livro:** Capítulo 4, itens 4.6.3., 4.6.5. e, em especial, 4.6.7.
- **Legislação:** LRF, arts. 17, 38, IV, "b" e, em especial, art. 42

**Comentário:** A letra "a" reflete a quase literalidade do art. 42 da LRF. Os demais itens possuem graves incorreções. Destaco que as AROs são proibidas em todo o último ano do mandato. Despesas de caráter continuado são aquelas que, entre outros requisitos, se prolongarão por, no mínimo, dois anos, e não quatro, como está na questão. Por outro lado, mistura-se o conceito de dívida com despesa e de empenho com liquidação. Todavia, o que chama mais a atenção é o teor do texto introdutório, fazendo menção ao art. 42 como norma incidente sobre essa "dívida" contraída pelo Prefeito junto ao seu Instituto de Previdência. A rigor, a utilização indevida de recursos de natureza previdenciária está mais ligada à questão da apropriação indébita, tipo penal previsto em legislação própria, e não como inobservância do art. 42 da LRF. A questão poderia ser interessante, mas peca nos conceitos.

**QUESTÃO 9 – Gabarito: E (?)**

**Referências:**

- **Item do Livro:** Capítulo 3, itens 3.5.2., 3.5.3. e Capítulo 8, itens 8.2.7.1. e 8.2.8.1.
- **Legislação:** LRF, arts. 48, 52, 56 a 58
- **Jurisprudência:** STF ADI nº 2.238

**Comentário:** As assertivas da questão estão, de fato, de acordo com as disposições legais indicadas acima. Os enunciados são transcrições quase literais da LRF. Ocorre que o STF, entre outros dispositivos examinados na ADI referida, em 2007, considerou inconstitucional o art. 56, *caput*, da LRF, por entender que o mesmo, ao incluir no bojo das contas do Chefe do Executivo também as contas dos membros dos órgãos dos demais Poderes e do Ministério Público, contrariou o disposto na CF, art. 71, I. A questão, portanto, seria passível de nulidade ou de alteração do gabarito para a letra "d", porquanto o item II foi considerado inconstitucional pelo STF.

**QUESTÃO 10 – Gabarito: D**

**Referências:**

- **Item do Livro:** Capítulo 3, item 3.8
- **Legislação:** CF, art. 166, § 3º, II, "b"

**Comentário:** Questão simples e direta. Atenção para a letra "a". Não pode haver emenda sobre as transferências tributárias constitucionais para Estados e Municípios, a exemplo do FPE e FPM. Estes são repasses constitucionais obrigatórios e vinculados, independem, pois, da vontade dos governantes e legisladores.

## QUESTÃO 11 – Gabarito: C

**Referências:**

- **Item do Livro:** Capítulo 8, itens 8.2.7.2., 8.2.7.3., 8.2.7.4., 8.2.7.5., 8.2.7.6. e 8.2.10.
- **Legislação:** CF, arts. 49, V e IX e 71, II, III, IV, V, VII, IX e X
- **Jurisprudência:** STF MS 21.466-DF/1993

**Comentário:** A questão envolve diversos temas de Controle Externo. Atenção para a letra "a", que exige conhecimento da jurisprudência do STF. A legitimação constitucional para requerer auditorias e inspeções é conferida aos órgãos colegiados do Poder Legislativo. A fiscalização das empresas supranacionais pelo TCU deve ocorrer nos termos do que consta no "Tratado Constitutivo". A letra "c" trata de ponto mais relacionado ao Direito Constitucional e encontra-se literalmente assinalado no art. 49 da CF.

## QUESTÃO 12 – Gabarito: C

**Referências:**

- **Item do Livro:** Capítulo 8, itens 8.2.7.1., 8.2.7.4., 8.2.7.9., 8.2.8.6.
- **Legislação:** CF, arts. 70 e 71, I, IX e X

**Comentário:** Em regra, a função opinativa dos TCs, a exemplo da emissão de Parecer Prévio, não vincula o Poder Legislativo. A sanção ocorre quando o TC aplica a multa. Não há que se falar em recolhimento de multa pelo TC. A alienação de bens faz parte do controle patrimonial e deve ser objeto de fiscalização pelos TCs, com o objetivo de verificar o cumprimento das formalidades e a economicidade da operação. O julgamento das contas integra a função julgadora (judicante) dos TCs. A corretiva acontece quando os TCs assinam prazo para correção de ilegalidades. A competência regulamentadora está implícita na CF, mas as leis orgânicas dos TCs costumam trazer regras específicas quanto a esse poder regulamentador, o qual, obrigatoriamente, não pode extrapolar as atribuições conferidas pela Lei Maior.

## QUESTÃO 13 – Gabarito: E

**Referências:**

- **Item do Livro:** Capítulo 8, itens 8.2.4., 8.2.10.
- **Legislação:** CF, arts. 70 e 74.

**Comentário:** Questão mal formulada. Não avalia o conhecimento mais aprofundado do alcance da atuação dos controles interno e externo. Prende-se à mera literalidade de dispositivos constitucionais. A ideia de deixarmos questões como esta é preparar o concursando para o que ele irá enfrentar nas provas. As letras "a" e "b" exigem a memorização da literalidade do art. 74 da CF. A rigor, ambos os conteúdos mencionados nas letras "a" e "b" podem ser objeto de fiscalização dos controles interno e externo. Quer dizer que os Tribunais de Contas não podem avaliar o cumprimento das metas do PPA? Nem o controle interno pode examinar a legalidade de uma renúncia fiscal? Absurdo. A diferença básica entre esses tipos de controle não está no alcance dos temas a serem fiscalizados, mas sim nos resultados e nas consequências da apuração. Os TCs podem julgar, emitir parecer prévio, aplicar sanções, etc., o que não acontece com o controle interno. Nestes termos, embora mal formulada, a resposta mais lógica é, de fato, a letra "e".

## QUESTÃO 14 – Gabarito: E

**Referências:**

- **Item do Livro:** Capítulo 8, 8.2.11.
- **Legislação:** CF, arts. 73 e 130
- **Jurisprudência:** STF ADI 789/DF

**Comentário:** Questão simples. A Constituição Federal prevê, e o STF já firmou posicionamento, de que o Ministério Público Especial junto aos Tribunais de Contas não integra o Ministério Público Comum. É carreira específica formada por Procuradores que atuam como fiscais da lei, dotados de independência funcional, no âmbito da estrutura administrativa dos Tribunais de Contas.

## QUESTÃO 15 – Gabarito: B

**Referências:**

- **Item do Livro:** Capítulo 8, itens 8.2.5. e 8.2.7.3.
- **Legislação:** CF, art. 71, III
- **Jurisprudência:** STF – SÚMULA VINCULANTE 03

**Comentário:** Atentar para o teor da Súmula Vinculante nº 03 do STF: "Nos processos perante o Tribunal de Contas da União asseguram-se o contraditório e a ampla defesa <u>quando da decisão puder resultar anulação ou revogação de ato administrativo que beneficie o interessado</u>, excetuada a apreciação da legalidade do ato de concessão inicial de aposentadoria, reforma e pensão" (destacamos).

## QUESTÃO 16 – Gabarito: C

**Referências:**

- **Item do Livro:** Capítulo 8, item 8.2.7.2.
- **Legislação:** CF, art. 71, II
- **Jurisprudência:** STF – MS nº 25.092 e 25.181/DF

**Comentário:** Nunca houve dúvidas quanto ao poder fiscalizador dos TCs sobre a Administração Direta. A celeuma que envolvia a fiscalização das empresas estatais foi dirimida com os citados posicionamentos do STF. Atentar para o seguinte trecho das referidas decisões: "O Tribunal de Contas da União, por força do disposto no art. 71, II, da CF, tem competência para proceder à tomada de contas especial de administradores e demais responsáveis por dinheiros, bens e valores públicos das entidades integrantes da administração indireta, não importando se prestadoras de serviço público ou exploradoras de atividade econômica."

## QUESTÃO 17 – Gabarito: A (?)

**Referências:**

- **Item do Livro:** Capítulo 3, item 3.5. e Capítulo 5, item 5.2.
- **Legislação:** CF, arts. 165 e 167; Lei nº 4.320/64, arts. 3º, 4º, 5º

**Comentário:** Gabarito polêmico. De fato, há erros nas letras "b", "c", "d" e "e". Especificar as dotações e as rubricas facilita a fiscalização. Anualidade diz respeito a periodicidade e prazo, sem correlação com autorização para abertura de créditos. Divulgar o conteúdo do orçamento atende ao princípio da publicidade ou transparência. Orçamento equilibrado é aquele em que a despesa fixada não ultrapassa a receita prevista. Atenção para a letra "a"! Primeiro é preciso saber que esse princípio no Brasil, na forma do disposto no art. 167, IV, da CF, não alcança contribuições sociais ou econômicas. Veda apenas a vinculação a imposto, e, mesmo assim, é a própria CF quem estabelece uma série de exceções ao princípio. Com efeito, ainda que levássemos em conta o conceito doutrinário clássico e puro do princípio da não afetação das receitas, entendendo o termo "receitas" no seu mais amplo sentido (o gestor estaria livre para aplicar os recursos naquelas despesas autorizadas, sem qualquer vinculação prévia), ainda assim discordamos, em certa medida, do conteúdo da letra "a", quando afirma que a vinculação constitucional das receitas oriundas das referidas contribuições causaria dificuldades para cumprimento do princípio da não afetação. Causaria dificuldades caso não estivessem devidamente previstas no ordenamento jurídico. Seria o mesmo que afirmar que as vinculações constitucionais para educação e saúde dificultariam a observância do princípio. A rigor, o princípio há que ser entendido e interpretado dentro do contexto normativo em que se insere. No Brasil, o legislador, por variadas razões, entendeu por bem estabelecer inúmeras vinculações (afetações) de receitas, sem que isso acarrete a inobservância do princípio geral. Coisa diversa é discutir a questão sob o prisma doutrinário, filosófico ou político, o que não ficou explícito na questão.

## QUESTÃO 18 – Gabarito: C

**Referências:**

- **Item do Livro:** Capítulo 3, item 3.7.3.
- **Legislação:** CF, art. 165, § 5º

**Comentário:** Questão simples e direta. Trata do alcance institucional da LOA e dos seus suborçamentos, cujo conteúdo está especificado na CF. O detalhe está em que pode haver despesas com seguridade, a exemplo de programas de assistência social, sendo executadas por outros ministérios ou secretarias, a exemplo do Ministério do Trabalho, da Agricultura etc., as quais devem estar devidamente registradas no suborçamento da seguridade.

## QUESTÃO 19 – Gabarito: D

**Referências:**

- **Item do Livro:** Capítulo 3, itens 3.5. e 3.7.
- **Legislação:** CF, arts. 165 a 167, LRF, art. 5º, I e III

**Comentário:** A autorização para abertura de Créditos Suplementares poderá vir contida no texto da própria LOA. É uma das exceções ao princípio da exclusividade. A outra é a autorização para contratar operações de crédito, inclusive ARO. A LOA deverá conter Anexo demonstrando a compatibilidade dos programas com os objetivos e metas constantes do "Anexo de Metas Fiscais" da LDO, e não com o PPA. A forma de utilização e o montante da reserva de contingência são atribuição da LDO. O orçamento de investimentos não prevê todas as receitas e todas as despesas das empresas públicas e sociedades de economia mista, mas apenas as despesas de investimentos e as fontes que as financiarão.

## QUESTÃO 20 – Gabarito: D

**Referências:**

- **Item do Livro:** Capítulo 8, item 3.8.
- **Legislação:** CF, arts. 66, 165, *caput*, e 166

**Comentário:** Toda matéria legislativa de natureza orçamentária é de iniciativa do Chefe do Poder Executivo. Existem regras específicas no processo legislativo orçamentário, mas os procedimentos pertinentes a sanção, veto e promulgação são semelhantes ao processo legislativo ordinário. Nesse caso, o silêncio importa sanção tácita, e não veto. A apreciação final das leis orçamentárias, incluindo suas emendas, cabe ao Congresso Nacional. O Chefe do Poder Executivo pode alterar a proposta orçamentária enviada ao Parlamento até o início da votação, do ponto que se quer alterar, no âmbito da Comissão Mista. É condição para a aprovação de emendas à LOA a demonstração de sua compatibilidade com o PPA e com a LDO, sem exceção.

## QUESTÃO 21 – Gabarito: C

**Referências:**

- **Item do Livro:** Capítulo 4, item 4.2.
- **Legislação:** Portaria Interministerial STF/SOF nº 163/2001 (e alterações)

**Comentário:** Questão simples, que exige conhecimento da referida Portaria Interministerial. Quem tem a finalidade de identificar o objeto do gasto é o "Elemento de Despesa". A codificação possui seis dígitos, podendo chegar a oito. A referida Portaria, diferentemente do que prevê a Lei nº 4.320, art. 15, estatui que a discriminação mínima da despesa deve considerar, no mínimo, a Categoria Econômica, o Grupo de Despesa e a Modalidade de Aplicação. Gastos com pessoal e encargos sociais são Grupos de Despesas. Modalidade de aplicação é uma informação gerencial que visa evitar a dupla contagem de recursos transferidos ou descentralizados.

## QUESTÃO 22 – Gabarito: D
**Referências:**

- **Item do Livro:** Capítulo 3, item 3.3.

**Comentário:** O Orçamento-Programa é um conceito doutrinário que reflete os atributos de um orçamento moderno, cujas principais características são o elo entre o sistema de planejamento governamental e o sistema orçamentário, a aferição dos resultados obtidos, dos custos e a responsabilidade dos agentes envolvidas na execução dos programas.

## QUESTÃO 23 – Gabarito: C
**Referências:**

- **Item do Livro:** Capítulo 3, item 3.7.2.
- **Legislação:** CF, art. 165, § 2º e LRF, arts. 4º e 9º

**Comentário:** Questão que exige o conhecimento da literalidade do conteúdo da CF e da LRF. Cabe, de fato, à LDO, com as novas atribuições trazidas pela LRF, dispor sobre equilíbrio entre receitas e despesas. A LDO orienta a LOA, e não o PPA. A LDO estabelece objetivos, diretrizes e metas para o exercício seguinte (curto prazo). Os critérios e as formas de limitação de empenhos são verificados bimestralmente. A rigor, a LDO disciplina a forma de utilização e o montante da Reserva de Contingência, com base na RCL, mas é a LOA que conterá a dotação "Reserva de Contingência", propriamente.

## QUESTÃO 24 – Gabarito: C
**Referências:**

- **Item do Livro:** Capítulo 3, item 3.7.1.

- **Legislação:** CF, arts. 165, § 1º e 35, § 2º, I, do ADCT da CF

**Comentário:** De fato, embora vigore por quatro anos, o PPA não coincide com o mandato do Chefe do Poder Executivo. Produz efeitos a partir do segundo ano do mandato até o primeiro ano do mandato subsequente. As suas diretrizes, objetivos e metas procuram reduzir desigualdades regionais. Política de agências de fomento é tarefa da LDO. O PPA não contém todas as despesas e receitas da Administração, mas sim as despesas de capital, outras delas decorrentes e as relativas aos programas de duração continuada.

## QUESTÃO 25 – Gabarito: B

**Referências:**
- **Item do Livro:** Capítulo 3, item 3.7.2.2.
- **Legislação:** LRF, art. 4º

**Comentário:** Considerando que a alienação de bens é considerada uma receita de natureza financeira, o seu montante não deve ser levado em conta para se calcular o resultado primário, que consiste na diferença entre as receitas e despesas não financeiras. O Anexo de Metas Fiscais deve conter a avaliação do cumprimento das metas do ano anterior. É elaborado pelo Poder Executivo. Os riscos capazes de afetar as contas públicas são objeto de outro anexo à LDO: o Anexo de Riscos Fiscais.

## QUESTÃO 26 – Gabarito: A

**Referências:**
- **Item do Livro:** Capítulo 3, item 3.5.3. e Capítulo 4, item 4.6.4.
- **Legislação:** LRF, arts. 18 a 23, 54 e 55

**Comentário:** O RGF é o instrumento de controle e transparência no qual, entre outros conteúdos, se divulga a comparação dos gastos com pessoal com seus limites legais. A apuração da despesa obedece ao regime de competência orçamentária. Os gastos dos entes não poderão ser superiores aos percentuais da receita corrente LÍQUIDA, e não de toda a base da receita corrente. A aferição dos limites, em regra, é ao final do quadrimestre. Em caso de extrapolação (em qualquer percentual) do limite máximo, o gestor haverá de tomar medidas corretivas <u>imediatas</u> com vistas a retornar ao limite legal.

## QUESTÃO 27 – Gabarito: A

**Referências:**

- **Item do Livro:** Capítulo 3, item 3.5.3.
- **Legislação:** CF, art. 165, § 3º, e LRF, arts. 52 e 53

**Comentário:** Foi a LRF que regulamentou o conteúdo do RREO, que já estava previsto na CF. O balanço orçamentário do período é, de fato, um dos demonstrativos que deve estar inserido no referido relatório. O AMF é documento que integra a LDO. A publicação do RREO é bimestral. Quem compara o montante das despesas com os limites legais é o RGF, e não o RREO. A responsabilidade pela publicação é apenas do Chefe do Poder Executivo, embora o RREO consolide dados dos órgãos dos três Poderes e do Ministério Público.

## QUESTÃO 28 – Gabarito: C

**Referências:**

- **Item do Livro:** Capítulo 8, itens 8.2.7.3., 8.2.7.5., 8.2.7.6 e 8.2.7.9.
- **Legislação:** CF, art. 71, III, IV, VI e VIII

**Comentário:** São os órgãos colegiados do Poder Legislativo – comissões e plenários – que têm a competência constitucional para solicitar ao TC a realização de auditorias e inspeções de natureza contábil, financeira, orçamentária, operacional e patrimonial. As admissões para cargos efetivos e as contratações por prazo determinado estão sujeitas a registro no TC. As nomeações para cargos em comissão, não. Em matéria de aposentadorias, reformas e pensões, as melhorias posteriores que não alterem o fundamento legal do ato concessório não estão sujeitas à apreciação da legalidade, para fins de registro do TC. É o próprio TCU que fiscaliza os convênios repassados pela União aos Municípios. A multa, nas situações previstas em lei, é aplicada pelo próprio TC, que, para tanto, não precisa de autorização de quaisquer dos Poderes.

## QUESTÃO 29 – Gabarito: D

**Referências:**

- **Item do Livro:** Capítulo 8, itens 8.2.7.1 e 8.2.7.2 e 8.2.4.
- **Legislação:** CF, arts. 31, §§ 1º e 2º, 35, II, e 71, I, II

**Comentário:** O Parecer Prévio que o TC emite sobre as contas de governo do Prefeito pode ser desconsiderado pela Câmara de Vereadores, por maioria de dois terços de votos. Lembrar: esse quórum qualificado não existe quando se trata de contas de Governador e Presidente da República. A Assembleia Estadual não interfere no exame das contas do Prefeito. O STF já decidiu que os TCs não possuem competência para pedir diretamente a Intervenção Estadual nos Municípios. A letra "a" é um problema. Entendo que todas as ações de controle exercidas pelo TC sobre a gestão municipal, previstas na Lei Maior, não ferem a autonomia municipal. Se ferissem, a atuação do controle seria inconstitucional. SMJ, não vislumbro erro na afirmação contida na letra "a", de sorte que a questão seria passível de nulidade por apresentar duas respostas.

## QUESTÃO 30 - Gabarito: B

**Referências:**

- **Item do Livro:** Capítulo 8, itens 8.2.3. e 8.2.7.2.
- **Legislação:** CF, art. 71, II, § 3º, e Leis Orgânicas de TCs

**Comentário:** Questão mal elaborada. Dificilmente o concursando erraria a questão, uma vez que o conteúdo da letra "b" não deixa dúvida sobre à evidenciação de existência de dano (prejuízo) ao erário. No entanto, ao aprofundar o entendimento sobre o alcance das demais alternativas, seria razoável concluir que, à exceção da letra "c", os demais conteúdos – ato antieconômico, ilegítimo e grave infração – podem resultar em determinações de ressarcimento a responsáveis. Exemplos: obra superfaturada, pagamento de gratificações a servidores sem previsão legal, etc. Questão passível de nulidade.

## QUESTÃO 31 - Gabarito: B

**Referências:**

- **Item do Livro:** Capítulo 8, itens 8.2.4., 8.2.7.4., 8.2.7.6. e 8.2.11.
- **Legislação:** CF, arts. 70, 71, V, IX, X, §§ 1º e 2º, e 73

**Comentário:** Insere-se no alcance da fiscalização dos TCs o exame das subvenções e as renúncias de receitas. Em caso de ilegalidade em contratos administrativos, o TCU não possui competência para sustá-lo de imediato. Ele solicita a sustação ao Congresso Nacional. Apenas as contas nacionais das empresas supranacionais estão sob a jurisdição do TCU. O Auditor só possui as mesmas garantias e impedimentos do Ministro do TCU quando estiver substituindo o Titular formalmente. Nas demais atribuições, essa simetria é com Juízes dos TRFs. O número de Conselheiros que integram os Tribunais de Contas estaduais é sete. Está fixado, sem possibilidade de ser aumentado, por norma infraconstitucional, na CF.

**QUESTÃO 32 – Gabarito: E**

Referências:

- **Item do Livro:** Capítulo 8, itens 8.2.1. 8.2.2., 8.2.3., 8.2.5. e 8.2.9.
- **Legislação:** CF, arts. 71, III, VIII, IX, X e §§ 1º, 2º e 3º, 74
- **Jurisprudência:** STF MS nº 22.801-DF/2007, 22.934-DF/2012 e 24.405-DF/2003

**Comentário:** O STF já decidiu que os TCs não dispõem de competência para determinar a quebra de sigilo bancário de gestores públicos. As decisões do TC têm natureza administrativa, e aquela que aplica multa tem eficácia de título executivo. O STF decidiu que as denúncias formuladas pelo cidadão ao TC não podem ser anônimas. Contra decisões do TC, os responsáveis podem ingressar com ações próprias no Judiciário, mas este não é formalmente instância recursal de deliberações dos Tribunais de Contas. O TC não pode descumprir decisão judicial transitada em julgado.

**QUESTÃO 33 – Gabarito: D**

Referências:

- **Item do Livro:** Capítulo 3, item 3.7.1.
- **Legislação:** CF, art. 165, § 1º

**Comentário:** Questão simples. Trata-se do conteúdo do PPA previsto no próprio Texto Constitucional.

**QUESTÃO 34 – Gabarito: C**

Referências:

- **Item do Livro:** Capítulo 8, item 8.2.11
- **Legislação:** CF, art. 73

**Comentário:** Questão simples. Trata-se da composição do TCU. A CF determina que o TCU é composto por nove Ministros. Atenção para a composição dos TCEs e TCMs: estes são compostos por sete Conselheiros. Não esquecer que nos primeiros dez anos da criação de um novo Estado o seu Tribunal de Contas será composto por três Conselheiros.

## QUESTÃO 35 – Gabarito: E

**Referências:**

- **Item do Livro:** Capítulo 8, item 8.2.10.
- **Legislação:** CF, art. 74 e Constituição Estadual do Pará

**Comentário:** Questão simples. Exige o conhecimento da literalidade do art. 74 da CF, que trata das atribuições do sistema de controle interno, as quais, por força do disposto no art. 75, são extensivas ao modelo de controle interno dos Estados. Ainda que não se soubesse o teor da Constituição do Estado do Pará, a questão pode ser resolvida tendo por base a CF.

## QUESTÃO 36 – Gabarito: C (anulada)

**Referências:**

- **Item do Livro:** Capítulo 3, item 3.5.
- **Legislação:** CF, art. 165, §§ 5º e 8º; Lei nº 4.320/64, arts. 2º, 3º, 4º, 6º

**Comentário:** A questão foi anulada pela banca, pois o item 4 diz respeito ao princípio do orçamento bruto e o item 5, ao princípio da exclusividade. Não há resposta.

## QUESTÃO 37 – Gabarito: E

**Referências:**

- **Item do Livro:** Capítulo 8, item 8.2.1.
- **Legislação:** CF, art. 71

**Comentário:** Os Tribunais de Contas auxiliam o Poder Legislativo no exercício do Controle Externo da Administração. Lembrar: os TCs são órgãos autônomos, independentes e não subordinados ao Poder Legislativo.

## QUESTÃO 38 – Gabarito: B

**Referências:**

- **Item do Livro:** Capítulo 8, item 8.2.11.
- **Legislação:** CF, art. 235, III

**Comentário:** Questão simples e importante. É a CF que estabelece que nos dez primeiros anos de criação de um Estado o TC será composto por três membros. O diferencial dessa questão é que a regra de composição transitória não está prevista no capítulo principal da CF que trata dos TCs (arts. 71 a 75), mas sim ao final do Texto, nas Disposições Constitucionais Gerais.

## QUESTÃO 39 – Gabarito: D

**Referências:**

- **Item do Livro:** Capítulo 2, item 2.3., Capítulo 3, itens 3.8.1. e 3.11.
- **Legislação:** CF, art. 163, I e V, 165, *caput*, 166, § 5º, e 167, I e VII

**Comentário:** Cabe à Lei Complementar dispor sobre finanças públicas e a fiscalização financeira da administração. Leis orçamentárias são de iniciativa do Chefe do Poder Executivo. A Constituição expressamente veda o início de programas não incluídos na LOA, bem como a concessão de créditos ilimitados.

## QUESTÃO 40 – Gabarito: E

**Referências:**

- **Item do Livro:** Capítulo 4, itens 4.2., 4.3. e 4.5.
- **Legislação:** CF, art. 100; Lei nº 4.320/64, arts. 12, § 5º, I, e § 6º, 59 e 60, *caput* e § 3º

**Comentário:** A aquisição de imóveis ou bens de capital usados é classificada como despesas de capital – inversão financeira. A letra "b" trata do conceito de transferências correntes. A lei veda a realização de despesas sem empenho prévio, bem como que o empenho exceda o valor autorizado. O tipo de empenho global é utilizado justamente para as despesas contratuais e parceladas.

## QUESTÃO 41 – Gabarito: A

**Referências:**

- **Item do Livro:** Capítulo 4, item 4.6.4. e Capítulo 6, item 6.3.3.4.
- **Legislação:** CF, art. 169, *caput*; LRF, arts. 18, § 1º, e 35

**Comentário:** Em regra, as terceirizações não são computadas para fins de cálculo do limite da despesa com pessoal, salvo se ela se destinar à substituição de servidores e empregados públicos. A LRF veda expressamente a realização de operações de crédito nos moldes previstos na letra "a". Os limites para as despesas com pessoal, conforme determina a Lei Maior, devem ser fixados em lei complementar. Essa lei complementar vigente é a LRF.

## QUESTÃO 42 – Gabarito: B

**Referências:**

- **Item do Livro:** Capítulo 1, item 1.3., Capítulo 3, item 3.5.2., Capítulo 5, item 5.2. e Capítulo 6, item 6.3.3.
- **Legislação:** CF, arts. 48 e 52; LRF, arts. 44, 51, 56, § 1º, e 64

**Comentário:** A LRF previu que a União ajudaria técnica e financeiramente os Municípios para o fiel cumprimento de suas regras. Quem estabelece limites de endividamento é o Congresso Nacional e o Senado Federal. Lei estadual poderá fixar limites inferiores, e não superiores. Há previsão de delegação para Estados. As contas do Poder Judiciário são apresentadas pelos Presidentes do STF e Tribunais Superiores (União) e pelo Presidente do Tribunal de Justiça (Estados). Para fins de consolidação das contas nacionais, os Estados enviarão suas contas anuais ao Poder Executivo da União até o dia 31 de maio.

## QUESTÃO 43 – Gabarito: A

**Referências:**

- **Item do Livro:** Capítulo 8, 8.2.7.3.
- **Legislação:** CF, art. 71, III

**Comentário:** A questão revela-se um tanto incompleta. De fato, a Constituição Federal só fala em controle da legalidade pelo Tribunal de Contas, para fins de REGISTRO, em relação a atos de admissão de pessoal, aposentadorias, reformas e pensões, estabelecendo, entretanto, no próprio texto, algumas exceções, a exemplo das admissões para cargos em comissão, que não são apreciadas para fins de registro.

## QUESTÃO 44 – Gabarito: D (?)

**Referências:**

- **Item do Livro:** Capítulo 8, itens 8.1.e 8.2.
- **Legislação:** CF, arts. 71 a 75

**Comentário:** Discordamos do gabarito. A rigor, a questão deveria ser anulada, uma vez que não existe item correto. Todos contêm imprecisões. A titularidade do Controle Externo é do Poder Legislativo. Ademais, não há que se falar em hierarquia entre o Controle Externo e o Controle Interno, nem entre o TCU e os demais Tribunais Estaduais e Municipais de Contas. O TCU não é superior aos demais. Diferencia-se tão somente pela jurisdição. Não há subordinação entre os TCs e não existe a possibilidade de o TCU revisar deliberações dos demais Tribunais de Contas. Estes têm competência para, de ofício, realizar auditorias e inspeções. Não obstante existir controvérsias doutrinárias e jurisprudenciais, a corrente majoritária não confere à atuação do TC poder judicante (entendido como aquele capaz de fazer "coisa julgada"). O poder judicante no atual ordenamento jurídico é monopólio do Poder Judiciário.

## QUESTÃO 45 – Gabarito: E

**Referências:**

- **Item do Livro:** Capítulo 4, itens 4.2. (3ª) e 4.6.3.
- **Legislação:** Lei nº 4.320/64, arts. 12 e 13 e LRF, art. 17

**Comentário:** Lembrar o conceito de "despesa obrigatória de caráter continuado". É a <u>despesa corrente</u> derivada de lei, medida provisória ou ato administrativo normativo que fixem para o ente a obrigação legal de sua execução por um período superior a dois exercícios". A realização de obras públicas é uma despesa classificada, segundo a categoria econômica, como "despesa de capital".

## QUESTÃO 46 – Gabarito: A

**Referências:**

- **Item do Livro:** Capítulo 6, item 6.3.3.
- **Legislação:** LRF, arts. 29 e 30

**Comentário:** Lembremos o conceito da dívida consolidada: "montante total, apurado sem duplicidade, das obrigações financeiras do ente da Federação, assumidas em virtude de leis, contratos, convênios ou tratados e da realização de operações de crédito, para amortização em prazo superior a doze meses; as operações de crédito de prazo inferior a doze meses cujas receitas tenham constado do orçamento e os precatórios judiciais não pagos durante a execução do orçamento em que houverem sido incluídos integram a dívida consolidada, para fins de aplicação dos limites.

## QUESTÃO 47 – Gabarito: A

**Referências:**

- **Item do Livro:** Capítulo 3, item 3.7.2.2.
- **Legislação:** LRF, art. 4º

**Comentário:** Questão que exige o conhecimento preciso do conteúdo do AMF. O erro da letra "a" é sutil. A primeira parte está correta. De fato, são avaliadas as metas do ano anterior. Ocorre que em relação ao futuro a projeção é para três anos. As metas deverão ser fixadas para o exercício a que se refere a LDO (ou seja: o exercício seguinte ao de sua elaboração) e para os dois exercícios seguintes.

## QUESTÃO 48 – Gabarito: D

**Referências:**

- **Item do Livro:** Capítulo 3, item 3.5.
- **Legislação:** CF, art. 165, § 5º, e Lei nº 4.320/64, arts. 3º e 4º

**Comentário:** Trata-se do conceito legal do princípio da Universalidade.

## QUESTÃO 49 – Gabarito: B

**Referências:**

- **Item do Livro:** Capítulo 3, item 3.7.1.

- **Legislação:** CF, art. 165, § 1º

**Comentário:** Trata-se do conteúdo literal do Texto Constitucional.

## QUESTÃO 50 – Gabarito: A
Referências:

- **Item do Livro:** Capítulo 5, item 5.2.
- **Legislação:** Lei nº 4.320/64, arts. 11, § 1º, e 12, § 1º

**Comentário:** Recursos recebidos de pessoas de direito público ou privado destinados ao custeio de despesas correntes (como é o caso das despesas com obras de conservação de imóveis públicos, consideradas legalmente despesas de custeio) são considerados Receitas Correntes (Transferências Correntes). Se os valores recebidos se destinassem, por exemplo, à construção de uma nova escola (despesas de capital), a classificação mudaria para receitas de capital.

## QUESTÃO 51 – Gabarito: D
Referências:

I. **Item do Livro:** Capítulo 4, item 4.3.
II. **Legislação:** Lei nº 4.320/64, arts. 58 a 63

**Comentário:** Questão simples referente ao processamento da despesa pública. Trata-se de um consenso doutrinário falar em três estágios sequenciais para a despesa pública: empenho, liquidação e pagamento.

## QUESTÃO 52 – Gabarito: C
Referências:

- **Item do Livro:** Capítulo 3, item 3.7.2. e 3.8. e Capítulo 8, itens 8.2.7.1, 8.2.7.2. e 8.2.10.
- **Legislação:** CF, arts. 57, § 2º, 71, II e II, 74, 84, XXIII, 166 e 35, § 2º, do ADCT

**Comentário:** É preciso o texto da letra "c". A iniciativa das leis orçamentárias é do Poder Executivo. Os titulares dos demais Poderes não possuem tal iniciativa, devendo enviar as suas propostas orçamentárias parciais ao Chefe do Poder Executivo para inclusão no projeto de lei. Os prazos para envio e votação das leis orçamentárias (PPA, LDO e LOA) não são coincidentes, a exemplo da LDO, cuja apresentação e votação necessariamente devem anteceder ao envio e apreciação da LOA. Embora possuam um processo legislativo peculiar, às leis orçamentárias são aplicadas as demais regras do processo legislativo ordinário em relação a sanção e veto. A letra "e" faz uma mistura de conceitos, afirmando indevidamente que o controle interno integra o Poder Legislativo, bem como que o TC julga as contas de todos os Poderes, esquecendo que, em relação ao Chefe do Poder Executivo, o papel do TC é emitir Parecer Prévio, e não julgar as contas.

## QUESTÃO 53 – Gabarito: E

**Referências:**

- **Item do Livro:** Capítulo 5, item 5.2.
- **Legislação:** Lei nº 4.320/64, art. 11

**Comentário:** A receita pública, segundo a categoria econômica, pode ser corrente ou de capital. Está prevista em lei. Não se confunde com a classificação doutrinária, segundo o poder de coerção, que divide as receitas em originárias e derivadas.

## QUESTÃO 54 – Gabarito: A

**Referências:**

- **Item do Livro:** Capítulo 3, item 3.5.2.
- **Legislação:** LRF, art. 52, I

**Comentário:** Mais uma questão que exige do concursando o conhecimento do conteúdo dos documentos financeiros e contábeis previstos ou regulamentados pela LRF. O balanço orçamentário integra o RREO.

## QUESTÃO 55 – Gabarito: B

**Referências:**

- **Item do Livro:** Capítulo 3, item 3.7.
- **Legislação:** CF, art. 165

**Comentário:** Está preciso, e de acordo com a CF, o conteúdo da letra "b", que trata do suborçamento da seguridade social. Orçamento fiscal não se confunde com (sub)orçamento da seguridade, nem com o (sub)orçamento de investimento das estatais. Os suborçamentos estão inseridos na LOA, e não na LDO. Além de estimar receitas e fixar despesas, a LOA pode trazer duas autorizações: para abertura de créditos suplementares e para contratação de operações de crédito, inclusive de ARO.

## QUESTÃO 56 – Gabarito: E

**Referências:**

- **Item do Livro:** Capítulo 8, item 8.2.7.
- **Legislação:** CF, art. 71

**Comentário:** Os Tribunais de Contas podem realizar auditorias e inspeções por iniciativa própria. O TCU já firmou posicionamento de que não julga as contas da OAB, por exemplo. O TC não aprecia a legalidade, para fins de registro, das admissões para cargos em comissão. Quando susta o ato, o TC comunica a decisão ao Poder Legislativo. Numa interpretação literal do inciso VI, do art. 71 da CF, o concursando não marcaria a letra "d" porque a Constituição não faz menção literal a auditorias de natureza ambiental. Ocorre que, com base no próprio controle patrimonial, os TCs estão autorizados a realizarem as chamadas "auditorias ambientais", averiguando, por exemplo, o desempenho dos órgãos oficiais encarregados das concessões de licenças ambientais para obras públicas. Portanto, trata-se de um item que poderia gerar polêmica. Mas, claro, a posição do concursando é a de não arriscar e procurar assinalar a alternativa sobre a qual ele não tem dúvida.

## QUESTÃO 57 – Gabarito: C

**Referências:**

- **Item do Livro:** Capítulo 8, item 8.2.11.
- **Legislação:** CF, art. 75

**Comentário:** A CF prevê expressamente que os TCs Estaduais e Municipais serão integrados por sete Conselheiros. Lembrar que o TCU é composto por nove Ministros e que, nos dez primeiros anos da criação de um Estado-membro, o Tribunal de Contas será composto por três Conselheiros.

## QUESTÃO 58 - Gabarito: A

**Referências:**

- **Item do Livro:** Capítulo 8, item 8.2.10.
- **Legislação:** CF, art. 74

**Comentário:** É a própria Constituição que prevê essa atribuição para as autoridades responsáveis pelo Controle Interno. Detectando irregularidades ou ilegalidades no curso de suas fiscalizações, essas autoridades têm o dever de informá-las ao Tribunal de Contas, sob pena de, em caso de omissão, responderem solidariamente com o agente público que cometeu a ilicitude.

## QUESTÃO 59 - Gabarito: B

**Referências:**

- **Item do Livro:** Capítulo 8, item 8.2.1.
- **Legislação:** CF, art. 71, *caput*

**Comentário:** A titularidade do controle externo é dos legítimos representantes do povo; é daqueles que autorizaram o gasto público, por meio do orçamento; é daqueles que detêm a competência fiscalizadora; é, portanto, do Poder Legislativo. A CF estabelece que o exercício desse controle externo será realizado com o auxílio do Tribunal de Contas, fixando para este (TC) atribuições próprias e privativas e outras em auxílio direto ao Poder Legislativo. Lembrar que os TCs não são subordinados nem dependentes do Poder Legislativo.

## QUESTÃO 60 - Gabarito: E

**Referências:**

- **Item do Livro:** Capítulo 4, item 4.2. e Capítulo 5, item 5.2.
- **Legislação:** Lei nº 4.320/64, arts. 11 e 12

**Comentário:** Questão que aborda a classificação da receita e da despesa, segundo a categoria econômica. A sutileza dos termos poderia confundir os concursandos. Atenção: nos termos da lei, "amortização de empréstimos" é uma receita de capital obtida no momento em que o Poder Público recebe o principal de um empréstimo que ele havia <u>concedido</u> anteriormente.

Já a "amortização da dívida pública" é uma despesa de capital, do tipo transferência de capital, em que o Poder Público paga o principal de uma dívida que ele havia contraído anteriormente.

## QUESTÃO 61 – Gabarito: B

**Referências:**

- **Item do Livro:** Capítulo 3, item 3.7.2.2.
- **Legislação:** LRF, art. 4º

**Comentário:** Tanto o AMF – Anexo de Metas Fiscais como o Anexo de Riscos Fiscais são documentos previstos na LRF e que integram a LDO.

## QUESTÃO 62 – Gabarito: A

**Referências:**

- **Item do Livro:** Capítulo 4, item 4.6.1.
- **Legislação:** LRF, art. 9º

**Comentário:** A limitação de empenho e movimentação financeira (contingenciamento) é, de fato, a principal medida que o gestor deve adotar quando verificar que o fluxo das receitas não permitirá o cumprimento das metas de resultado primário e nominal fixadas no Anexo de Metas Fiscais da LDO, ou seja, quando verificar a iminência de acontecer um desequilíbrio fiscal. Não esquecer que os critérios que regrarão esse "contingenciamento circunstancial" serão previstos na LDO e, desde já, não podem incidir sobre as despesas com serviços da dívida nem sobre as que constituam obrigações constitucionais e legais do ente, a exemplo das transferências tributárias para Estados e Municípios (FPE e FPM).

## QUESTÃO 63 – Gabarito: C

**Referências:**

- **Item do Livro:** Capítulo 6, item 6.3.3.2.
- **Legislação:** LRF, art. 32

**Comentário:** Além de ratificar as atribuições do Senado Federal e do Congresso Nacional em relação ao endividamento público, a LRF enfatiza o importante papel do Ministério da Fazenda no atinente ao controle das operações de crédito solicitadas por qualquer ente da Federação, incumbindo-se de inúmeras tarefas, entre elas as referidas no texto inicial da questão.

## QUESTÃO 64 – Gabarito: E

**Referências:**

- **Item do Livro:** Capítulo 6, item 6.3.3.3.
- **Legislação:** LRF, art. 31

**Comentário:** A questão aborda as restrições impostas ao ente federativo enquanto estiver extrapolando o limite de sua dívida consolidada. De fato, a lei não impõe quaisquer restrições ao recebimento das transferências tributárias constitucionais, a exemplo do FPE e do FPM. Em regra, estes são repasses "sagrados", que não sofrem restrições em situações de desequilíbrio fiscal. São transferências obrigatórias. Contudo, a lei prevê que uma das restrições (sanções institucionais) nesses casos é a proibição de o ente receber transferências VOLUNTÁRIAS (convênios, por exemplo), e, mesmo, assim, a lei não proíbe esses repasses voluntários quando se destinarem às áreas de saúde, educação e assistência social.

## QUESTÃO 65 – Gabarito: D

**Referências:**

- **Item do Livro:** Capítulo 5, item 5.6.2.
- **Legislação:** LRF, art. 14

**Comentário:** Um dos pontos mais importantes da LRF foi o disciplinamento da concessão de renúncia de receitas. A lei não veda a sua realização, mas impôs uma série de restrições e condições referentes a impactos e medidas compensatórias a fim de não permitir o desequilíbrio das contas públicas. No entanto, algumas renúncias podem ser efetivadas sem a observância das referidas restrições. Perdoar (ou cancelar) um crédito tributário, por exemplo, quando o custo da cobrança (despesas com o processo e com pessoal, por exemplo) superar o valor do crédito. Em resumo: não vale a pena usar a máquina pública para tentar recuperar créditos de valores insignificantes (princípio da bagatela).

## QUESTÃO 66 – Gabarito: E

**Referências:**

- **Item do Livro:** Capítulo 8, item 8.2.7.4.

- **Legislação:** CF, art. 71, IX e X

**Comentário:** A competência corretiva dos Tribunais de Contas está prevista na Constituição. Em situação de ilegalidade sanável, cabe ao TC, antes de qualquer medida, assinar um prazo para que a administração corrija a ilegalidade. Não o fazendo no prazo, o TC pode sustar o ato. Exemplo clássico é um edital de licitação com ilegalidades, antes da assinatura do contrato. Ao sustar o ato, cabe ao TC comunicar o fato ao Poder Legislativo. Atentar que no âmbito federal essa comunicação será feita tanto à Câmara dos Deputados quanto ao Senado Federal. Lembrar também da diferença de procedimento quando a ilegalidade detectada estiver relacionada a um contrato administrativo.

## QUESTÃO 67 – Gabarito: D
Referências:

- **Item do Livro:** Capítulo 8, item 8.2.7.3.
- **Legislação:** CF, art. 71, III

**Comentário:** Os Tribunais de Contas integram o Controle Externo da Administração Pública. Em relação a atos de admissão de pessoal (exceto cargos em comissão), esse controle da legalidade é feito, segundo a Constituição, para fins de registro. É posterior porque ele ocorre após os atos de provimento dos cargos. Seria prévio se os atos de provimento, para produzirem efeitos, estivessem condicionados ao exame anterior da legalidade pelo Tribunal, porém não é assim que prevê a CF.

## QUESTÃO 68 – Gabarito: A (?)
Referências:

- **Item do Livro:** Capítulo 8, item 8.1.
- **Legislação:** CF, arts. 31 e 71
- **Jurisprudência:** STF ADI nº 154/1991

**Comentário:** Discordo do gabarito. A letra "c" parece-me a resposta correta. A única ressalva seria em relação à afirmação um tanto genérica de os TCs serem compostos por Ministros ou Conselheiros, considerando que o TCU é integrado por Ministros e os demais, por Conselheiros. A CGU é o órgão de controle interno do governo federal. O TCU é um órgão colegiado e não subordinado ao Poder Legislativo. É obrigatória a existência de Tribunais de Contas nos Estados e no DF. Embora a literalidade do conteúdo do art. 31, § 4º, da CF indique que a vedação para a criação de novos Tribunais ou Conselhos de Contas alcançaria tanto a criação por um Município como a criação de um Tribunal Estadual com jurisdição sobre todos os Municípios, o STF já se posicionou (uma única decisão, é verdade) que tal vedação não impediria que um Estado criasse outro Tribunal de Contas encarregado de exercer o controle externo sobre os Municípios daquele Estado. Deixamos claro que discordamos do posicionamento do STF. No entanto, é forçoso reconhecer que a palavra final sobre a interpretação da CF é do STF.

**QUESTÃO 69 – Gabarito: E**

**Referências:**

- **Item do Livro:** Capítulo 8, item 8.2.10.
- **Legislação:** CF, art. 74

**Comentário:** O sistema de Controle Interno deve existir em todos os Poderes e funcionará de forma integrada. Os Tribunais de Contas não ficam vinculados a conclusões de auditorias realizadas pelos órgãos de controle interno. Caso não comuniquem ao TC a verificação de irregularidade ou ilegalidade, os responsáveis pelo Controle Interno responderão SOLIDARIAMENTE, e não subsidiariamente. Todos os entes da Federação devem criar sistemas de Controle Interno. O conteúdo da resposta está de acordo com a CF.

**QUESTÃO 70 – Gabarito: E**

**Referências:**

- **Item do Livro:** Capítulo 8, item 8.2.7.1.
- **Legislação:** CF, arts. 31 e 71, I

**Comentário:** Diferentemente do Parecer Prévio emitido pelos Tribunais de Contas sobre as contas de Prefeito, que só deixará de prevalecer por decisão de <u>dois terços</u> dos membros da Câmara Municipal, o Parecer Prévio emitido sobre as contas do Presidente da República e do Governador do Estado não vincula o respectivo Poder Legislativo, que poderá desconsiderá-lo por maioria simples. Esse peso maior do Parecer Prévio só ocorre no âmbito municipal.

## QUESTÃO 71 - Gabarito: A

**Referências:**

- **Item do Livro:** Capítulo 3, item 3.5.
- **Legislação:** CF, art. 165, § 8º

**Comentário:** A autorização contida na LOA para que o governo possa contratar ARO (operação de crédito por antecipação de receita) é uma exceção ao princípio da exclusividade orçamentária. A LOA ainda poderá conter autorização para outras operações de crédito e para a abertura de créditos suplementares.

## QUESTÃO 72 - Gabarito: B

**Referências:**

- **Item do Livro:** Capítulo 3, item 3.9.
- **Legislação:** Lei nº 4.320/64, art. 41, II

**Comentário:** Crédito Especial é aquele destinado a autorizar despesas não previstas no orçamento. Crédito ordinário não é uma das espécies de créditos adicionais. São eles: suplementares, especiais e extraordinários.

## QUESTÃO 73 - Gabarito: E (?)

**Referências:**

- **Item do Livro:** Capítulo 3, item 3.8. e 3.9.
- **Legislação:** CF, arts. 99, 165, *caput*, 166 e Lei nº 4.320/64, art. 43

**Comentário:** Discordo do gabarito. O Presidente do Tribunal não tem competência para enviar projeto de lei em matéria orçamentária. Qualquer iniciativa formal de projeto de leis orçamentárias ou de créditos adicionais cabe ao Chefe do Poder Executivo. Na situação retratada na questão, para a utilização dos recursos provenientes de superávit financeiro (uma das fontes de recursos para abertura de créditos adicionais), caberia ao Presidente do Tribunal de Justiça solicitar ao Poder Executivo o envio formal de Projeto de Lei solicitando a autorização para a abertura de créditos suplementares ou especiais, conforme sua necessidade. Assim, a alternativa mais plausível é a letra "c".

**QUESTÃO 74 – Gabarito: E**

**Referências:**
- **Item do Livro:** Capítulo 3, itens 3.2. e 3.7.1.
- **Legislação:** CF, art. 165

**Comentário:** PPA é de iniciativa privativa do Chefe do Poder Executivo. O Conteúdo da letra "b" reflete a LDO. A princípio, a CF não insere no conteúdo do PPA a inclusão geral de diretrizes, objetivos e metas para despesas com pessoal e custeio. A LDO é que é elaborada em harmonia com o PPA porque este a precede. O conteúdo da letra "e" está de acordo com a CF. Atenção para não confundir: as leis orçamentárias, propriamente, o PPA, a LDO e a LOA são leis ordinárias. No entanto, é uma lei complementar que disporá sobre regras gerais acerca de como deve ser elaborada e organizada uma proposta de PPA, LDO e LOA.

**QUESTÃO 75 – Gabarito: E**

**Referências:**
- **Item do Livro:** Capítulo 6, itens 6.3.3.2., 6.3.3.1. e 6.3.3.5.
- **Legislação:** LRF, arts. 29, I, 32 e 38

**Comentário:** A ARO é controlada pelo Ministério da Fazenda. Só pode ser contratada depois do dia 10 de janeiro e deve ser liquidada até o dia 10 de dezembro, sendo vedada no último ano do mandato. Por ser realizada com instituição financeira brasileira, independe de autorização específica do Senado, devendo observar, contudo, os limites e condições gerais por ele fixados. Não pode ser contratada caso exista outra da mesma natureza, não integralmente liquidada. Não faz parte da dívida pública consolidada, que, em regra, diz respeito ao endividamento de longo prazo.

**QUESTÃO 76 – Gabarito: C**

**Referências:**
- **Item do Livro:** Capítulo 5, itens 5.6.2.
- **Legislação:** LRF, art. 14

**Comentário:** A LRF diz quais as espécies de renúncias de receitas que, para serem concedidas, deverão observar determinadas condições, como são os casos de subsídio, crédito presumido, remissão e anistia.

No entanto, a concessão de isenção em caráter geral, ou seja, aquele que atinge indiscriminadamente a todos os contribuintes, foi excluída, não integrando o rol das renúncias de receitas que exigem a observância de requisitos para serem efetivadas.

**QUESTÃO 77 – Gabarito: D**

**Referências:**

- **Item do Livro:** Capítulo 4, item 4.6.7.
- **Legislação:** LRF, art. 42 e Lei nº 10.028/2000, art. 1º

**Comentário:** Gabarito polêmico. A questão aborda uma restrição de fim de mandato prevista no art. 42 da LRF. A lei não rotula esse comportamento do gestor de nulo, inválido, não autorizado ou lesivo. Estatui apenas que, nos dois últimos quadrimestres do mandato, é vedado contrair obrigação de despesa que não possa ser cumprida integralmente dentro dele ou que tenha parcelas a serem pagas no exercício seguinte sem que haja suficiente disponibilidade de caixa para esse efeito. O fato é que, em assim procedendo, o máximo que o gestor terá cometido será uma irregularidade grave: afronta ao art. 42. Por isso, o conteúdo da letra "b" também se revela razoável. Dizer que essa irregularidade é penalmente relevante também faz sentido porque o descumprimento do art. 42 da LRF foi capitulado como crime pela Lei nº 10.028/2000.

**QUESTÃO 78 – Gabarito: B**

**Referências:**

- **Item do Livro:** Capítulo 3, itens 3.5., 3.8.1., 3.9. e 3.11.
- **Legislação:** CF, arts. 166 e 167

**Comentário:** Questão aborda as vedações constitucionais previstas no próprio texto da Constituição. É vedado ao administrador público realizar despesas sem autorização orçamentária, seja na LOA ou em créditos adicionais. Tal prática contraria o princípio da legalidade aplicado ao orçamento público. A necessidade de autorização legislativa e da indicação da fonte de recursos é condição apenas para os créditos suplementares e especiais, não se aplicando aos créditos extraordinários em razão do contexto de urgência que os motiva. Não cabe ao TCU autorizar a instituição de fundos. Isso cabe ao Poder Legislativo, por meio de lei. As dotações e os créditos orçamentários devem ser quantificados em termos monetários. Não pode haver autorização para utilização de créditos ilimitados, assim como o administrador não pode iniciar programas ou projetos sem que estes estejam devidamente previstos (autorizados) na LOA.

**QUESTÃO 79 – Gabarito: C**

**Referências:**

- **Item do Livro:** Capítulo 3, itens 3.5., 3.8.1 e 3.11.
- **Legislação:** CF, arts. 62 e 167, § 3º

**Comentário:** É a própria CF que estabelece um processo legislativo especial para a abertura de créditos extraordinários. Ao contrário dos especiais e suplementares, que dependem de autorização legislativa PRÉVIA, os extraordinários, em razão da situação de premência, são abertos, no âmbito federal, por meio de medidas provisórias, tendo, portanto, eficácia imediata. Onde não houver previsão de medidas provisórias, como é o caso da maioria dos Estados e Municípios brasileiros, essa abertura, conforme prevê a Lei nº 4.320/64, ocorre por meio de Decreto do Chefe do Poder Executivo, que deverá ser motivado e enviado ao respectivo Poder Legislativo.

**QUESTÃO 80 – Gabarito: A**

**Referências:**

- **Item do Livro:** Capítulo 3, item 3.9.
- **Legislação:** Lei nº 4.320/64, arts. 40 e 41

**Comentário:** O item I traz o conceito de créditos adicionais estabelecido na Lei nº 4.320/64. O item II diz respeito a créditos especiais (despesas não previstas). Os suplementares reforçam o montante da dotação de despesas já previstas. Já o item III reproduz o conceito legal de créditos extraordinários, cuja maior diferença em relação aos créditos especiais é o fato de que a sua utilização deve estar relacionada a uma situação de uma urgência tal que impeça o governante de se valer do processo legislativo prévio, como o exigido para os especiais.

## QUESTÃO 81 – Gabarito: D

Referências:

- **Item do Livro:** Capítulo 5, item 5.2. (7ª)

**Comentário:** A questão aborda a classificação da receita pública segundo o critério da coercitividade. Existem receitas arrecadadas que decorrem do "poder de império" do Estado, ou seja, do poder de obrigar determinados cidadãos e entidades a contribuírem para o Estado. São as denominadas receitas "derivadas" (derivam do poder de coerção). O exemplo clássico são os tributos (impostos, taxas, contribuições de melhoria, contribuições sociais...). Já as chamadas receitas "originárias" são aquelas que se originam da exploração do patrimônio do Estado. Não são impostas. O exemplo clássico são os preços públicos.

## QUESTÃO 82 – Gabarito: A

Referências:

- **Item do Livro:** Capítulo 4, item 4.2.
- **Legislação:** Lei nº 4.320/64, art. 12

**Comentário:** Questão simples e direta. Exige o conhecimento das subcategorias da principal classificação legal da despesa pública: segundo a categoria econômica. Questão importante para revisar as classificações.

## QUESTÃO 83 – Gabarito: D

Referências:

- **Item do Livro:** Capítulo 8, item 8.2.4.
- **Legislação:** CF, arts. 70 e 71

**Comentário:** Questão um tanto mal elaborada. Certamente refere-se a controle financeiro como sinônimo de controle externo. Partindo dessa premissa, de fato, o item "d" revela-se o mais razoável. O Controle Externo (financeiro) está a cargo do Poder Legislativo, sendo exercido com o auxílio do Tribunal de Contas, e alcança, sim, entre outros, o aspecto da economicidade da aplicação dos recursos públicos.

## QUESTÃO 84 – Gabarito: A

Referências:

- **Item do Livro:** Capítulo 8, itens 8.2.7.1. e 8.2.7.2.

- **Legislação:** CF, arts. 71, I e II e 18, § 4º

**Comentário:** Considerando que no Estado do Amazonas o Tribunal de Contas do Estado possui jurisdição sobre as gestões municipais e estadual, está correto o item I quando prevê a competência para emissão do Parecer Prévio sobre as contas do Governador e dos Prefeitos. Os TCs não têm competência para autorizar a criação, incorporação, fusão ou desmembramentos de municípios. Quem julga as contas do Governador do Estado é a Assembleia Legislativa. O TCE emite Parecer Prévio.

**QUESTÃO 85 – Gabarito: VV**
**Referências:**

- **Item do Livro:** Capítulo 4, item 4.6.6.
- **Legislação:** LRF, art. 25

**Comentário:** A lei, de fato, quando trata da sanção institucional que proíbe o ente infrator de receber transferências voluntárias (a exemplo dos convênios), excetua aquelas transferências relativas às áreas de educação, saúde e assistência social. A exigência de contrapartida por parte daquele ente federativo que receberá a transferência voluntária é uma das condições previstas na lei para a sua realização.

**QUESTÃO 86 – Gabarito: D**
**Referências:**

- **Item do Livro:** Capítulo 4, item 4.2.
- **Legislação:** Lei nº 4.320/64, art. 12, § 5º, I

**Comentário:** Quando se trata da classificação de despesas de capital, o concursando deve estar atento para as pequenas diferenças que existem entre as subcategorias "investimentos" e "inversões financeiras". No caso de imóveis, há que se observar se ele é objeto de uma obra pública nova (construção de um hospital público, por exemplo), situação em que se classificaria como "investimento", ou se é objeto da compra (aquisição) de um imóvel já em utilização (existente), como é o caso da questão acima, situação classificada como "inversão financeira". A rigor, a diferença fundamental entre uma e outra é o impacto do gasto na economia. Em regra, as despesas com investimento geram impacto maior na produção econômica do país.

**QUESTÃO 87 – Gabarito: C**

**Referências:**

- **Item do Livro:** Capítulo 4, item 4.6.4.1.
- **Legislação:** LRF, arts. 18 a 23 e 25, e CF, art. 169, § 3º
- **Jurisprudência:** STF – ADI nº 2.238

**Comentário:** Questão bem elaborada. Exige conhecimento da LRF e da principal jurisprudência do STF sobre a referida norma. A própria CF elenca as medidas corretivas que o gestor deverá tomar quando verificar que está havendo extrapolação do limite de despesas com pessoal. A LRF quis ir mais além, ao prever que a diminuição da despesa poderá ocorrer por meio da redução de remuneração de cargos em comissão ou por meio da redução de remuneração via redução de jornada de trabalho. Porém, o STF, alegando afronta ao princípio da irredutibilidade de vencimentos, considerou inconstitucionais essas novas medidas trazidas pela LRF. Verificado o excesso, o prazo para reequilibrar é de dois quadrimestres. Mesmo em situações de extrapolação, o ente não ficará impedido de contratar operações de crédito destinadas ao refinanciamento da dívida mobiliária, nem ficará impedido de receber transferências voluntárias relacionadas às áreas de saúde, educação e assistência social. São exceções prevista na própria LRF.

**QUESTÃO 88 – Gabarito: D**

**Referências:**

- **Item do Livro:** Capítulo 4, item 4.6.1.
- **Legislação:** LRF, art. 9º
- **Jurisprudência:** STF – ADI nº 2.238

**Comentário:** A questão exige o conhecimento do inteiro teor do art. 9º da LRF e da Jurisprudência do STF. É correta a assertiva da letra "d". A lei estatui a periodicidade de avaliação das metas, a audiência pública na Comissão. No caso de restabelecimento da receita prevista, ainda que parcial, haverá a recomposição proporcional das dotações. A lei "blindou" algumas despesas dessa limitação. Não pode haver limitação em relação a despesas com serviços da dívida, com as obrigações constitucionais ou legais do ente e com outras previstas na LDO. O STF entendeu que o disposto no § 3º do art. 9º, que autorizava o Poder Executivo a limitar empenho de outros Poderes e MP, era inconstitucional por colidir com os princípios da separação e autonomia dos Poderes. Não é o STN, mas sim o Banco Central que apresentará a avaliação referida na letra "e".

QUESTÃO 89 – Gabarito: A

Referências:

- **Item do Livro:** Capítulo 4, item 4.3
- **Legislação:** Lei nº 4.320/64, arts. 58 e 60

**Comentário:** O item I reflete o (polêmico) conceito legal de empenho. Todavia, há que ser ressaltado que o efetivo pagamento de uma despesa só poderá ocorrer após a sua regular liquidação. Existem situações em que uma lei pode dispensar a emissão de "nota de empenho", o qual, em regra (pode ser previsto outro meio para "reservar" dotações), é o documento que formaliza o empenho. O empenho "global" destina-se exatamente às despesas contratuais e outras sujeitas a parcelamento.

QUESTÃO 90 – Gabarito: D

Referências:

- **Item do Livro:** Capítulo 5, item 5.2. (7ª)

**Comentário:** ver comentário da questão 81.

QUESTÃO 91 – Gabarito: B

Referências:

- **Item do Livro:** Capítulo 6, item 4.6.1. e Capítulo 8, item 8.2.7.1.
- **Legislação:** CF, arts. 48, XIV, 49, IX, 52, V a IX , e 71, I

**Comentário:** Em matéria de dívida pública, a competência do Congresso Nacional limita-se a dispor sobre o montante da dívida mobiliária FEDERAL. TODAS as demais atribuições sobre o tema, no âmbito do Poder Legislativo Federal, foram conferidas ao Senado Federal. Compete ao Congresso Nacional o julgamento das contas anuais do Presidente da República, cabendo ao TCU, nesse caso, a emissão do Parecer Prévio.

## QUESTÃO 92 – Gabarito: C

**Referências:**

- **Item do Livro:** Capítulo 3, item 3.11.
- **Legislação:** CF, art. 167

**Comentário:** Para a abertura de créditos suplementares e especiais, a CF exige a autorização legislativa prévia e a indicação da fonte de recursos. Em situações imprevisíveis e urgentes, como calamidade pública, o governo vale-se dos créditos extraordinários. Os fundos só podem ser instituídos por meio de lei específica. O que se veda é a concessão ou utilização de créditos ilimitados, bem como o início de programa ou projetos não incluídos na LOA.

## QUESTÃO 93 – Gabarito: E

**Referências:**

- **Item do Livro:** Capítulo 3, item 3.7.1.
- **Legislação:** CF, art. 165, § 1º

**Comentário:** A questão exige o conhecimento do conteúdo do PPA definido na CF. Registre-se que, diferentemente da LDO e da LOA, que foram regulamentadas por leis infraconstitucionais, a exemplo da LRF (LDO e LOA) e da Lei nº 4.320/64 (LOA), não existe uma norma de caráter nacional regulamentando o conteúdo do PPA, daí por que, no mais das vezes, as questões sobre ele são extraídas da própria CF.

## QUESTÃO 94 – Gabarito: A

**Referências:**

- **Item do Livro:** Capítulo 4, item 4.2.(3ª)
- **Legislação:** Lei nº 4.320/64, art. 12, § 1º

**Comentário:** Trata do conceito legal de despesas de "custeio", a primeira subcategoria das despesas "correntes". Atenção para não confundir as despesas com a conservação de obras públicas e adaptação de bens imóveis (custeio) com as despesas de capital (investimentos) destinadas ao planejamento e execução de obra pública. Reformar uma escola já existente é despesa de custeio. Construir uma nova escola é despesa de investimento.

## QUESTÃO 95 – Gabarito: D

**Referências:**

- **Item do Livro:** Capítulo 4, itens 4.3 e 4.6.7.
- **Legislação:** Lei nº 4.320/64, arts. 58 e 59

**Comentário:** A Lei nº 4.320/64 estabelece restrições de despesas no último mês do mandato de Prefeitos, mas ressalva as situações de calamidade pública. Não esquecer que existem outras restrições de despesas em fins de mandato previstas na LRF. O Item II reflete o conceito legal de empenho "por estimativa". A lei não permite o empenho da despesa quando este for superar o limite dos créditos concedidos.

## QUESTÃO 96 – Gabarito: E

**Referências:**

- **Item do Livro:** Capítulo 6, item 6.3.3.4.
- **Legislação:** LRF, arts. 34 a 37

**Comentário:** A vedação da letra "e" está explícita na lei. O Bacen foi impedido de emitir título da dívida pública após dois anos da publicação da lei. A lei não veda que Estados e Municípios comprem títulos da União como aplicação para suas disponibilidades financeiras. A lei permite que instituição financeira estatal controlada possa adquirir no mercado títulos da dívida pública para atender a investimento dos seus clientes. Havendo autorização orçamentária, pode ser efetuada a assunção de obrigação com fornecedores para pagamento *a posteriori* de bens e serviços.

## QUESTÃO 97 – Gabarito: B (?)

**Referências:**

- **Item do Livro:** Capítulo 8, itens 8.2.7.1. e 8.2.8.1.
- **Legislação:** LRF, art. 57
- **Jurisprudência:** STF – ADI 3.238

**Comentário:** Questão passível de anulação, haja vista que o STF, em 2007, suspendeu, entre outros dispositivos, os efeitos do art. 57 da LRF, justamente aquele que previa maior flexibilidade de prazos para a emissão de Parecer Prévio. Vale lembrar que a CF, em seu art. 71, I, prevê, sem exceção, o prazo de sessenta dias, a contar do recebimento das contas, para a emissão do Parecer Prévio. Não fosse a decisão do STF, o gabarito estaria correto.

**QUESTÃO 98 – Gabarito: C**

Referências:

- **Item do Livro:** Capítulo 6, item 6.3.3.3.
- **Legislação:** LRF, art. 31, *caput*

**Comentário:** A aferição do limite da dívida consolidada, nos termos da lei, deve ser efetuada ao final de cada QUADRIMESTRE. Havendo extrapolação, o excesso deverá ser eliminado até o término dos três quadrimestres subsequentes, sendo reduzido, pelo menos, 25% já no primeiro trimestre. Cuidado para não confundir o prazo de recondução atinente à dívida com o prazo de recondução do limite para despesas com pessoal, que, em regra, é de dois quadrimestres.

**QUESTÃO 99 – Gabarito: B**

Referências:

- **Item do Livro:** Capítulo 8, itens 8.2.4. e 8.2.7.2.
- **Legislação:** CF, arts. 70, 71, II e IV, e 75

**Comentário:** A fiscalização exercida pelos Tribunais de Contas alcança as unidades administrativas dos três Poderes, do Ministério Público, do próprio Tribunal de Contas e de todas as pessoas físicas ou jurídicas, públicas ou privadas, que administrem recursos públicos. Nessa abrangência, inserem-se as Administrações Direta, Indireta (empresas públicas, sociedades de economia mista, autarquias e fundações públicas) e Fundacionais. A redundância da letra "b" é enfatizar "fundacionais" quando já havia se referido a "indireta". No entanto, as demais alternativas contêm exclusões manifestamente contrárias ao alcance da fiscalização.

**QUESTÃO 100 – Gabarito: D**

Referências:

- **Item do Livro:** Capítulo 8, item 8.2.1.
- **Legislação:** CF, arts. 49, V, e 50

**Comentário:** De fato, a CF confere ao Congresso Nacional – e não ao Senado – a possibilidade de sustar atos normativos editados pelo Poder Executivo que exorbitem do poder regulamentar ou dos limites de delegação legislativa. Quem pode pedir informações a Ministros de Estado são as Mesas da Câmara dos Deputados ou do Senado Federal, e não o Judiciário, que, se assim o fizer, estará no exercício do controle judicial, e não do controle externo da administração.

**QUESTÃO 101 – Gabarito: D**

**Referências:**

- **Item do Livro:** Capítulo 8, itens 8.2.1. e 8.2.7.5.
- **Legislação:** CF, arts. 71 a 75

**Comentário:** A questão aborda a natureza jurídica do TC, o seu poder fiscalizador e o direito de defesa dos jurisdicionados. Os TCs podem desencadear fiscalizações por decisão própria. São órgãos constitucionais dotados de autonomia administrativa, auxiliando o Poder Legislativo na função de Controle Externo, mas sem subordinação ou dependência a quaisquer dos Poderes. As regras que devem nortear o processo administrativo de controle devem estar previstas em leis orgânicas e em normas infralegais dos próprios Tribunais de Contas, aplicando-se apenas subsidiariamente as regras do processo civil, não havendo a obrigatoriedade de "defesa técnica", ou seja, as autoridades públicas podem exercer o amplo direito de defesa diretamente ou por meio de advogado habilitado.

**QUESTÃO 102 – Gabarito: C**

**Referências:**

- **Item do Livro:** Capítulo 8, item 8.2.7.9.
- **Legislação:** CF, art. 71, VIII, e Leis Orgânicas de TCs

**Comentário:** A CF estabelece que os Tribunais de Contas podem, a partir de previsão legal, aplicar sanções aos responsáveis por irregularidades ou ilegalidades na gestão. As Leis Orgânicas dos TCs regulamentam essa competência constitucional, elencando os tipos de sanções e, em relação às multas, fixando os valores e as hipóteses motivadoras. No mais das vezes, além de preverem multa em decorrência da caracterização de dano ao erário, de grave infração à norma legal e de obstrução dos trabalhos de fiscalização, as leis estatuem multas por descumprimento de determinação do TC. Portanto, ao descumprir uma determinação (uma ordem) do TC, a autoridade omissa se sujeita à aplicação de multa, que é imposta pelo próprio Tribunal de Contas.

QUESTÃO 103 – Gabarito: A

Referências:

- **Item do Livro:** Capítulo 8, itens 8.2.1., 8.2.2. e 8.2.5.
- **Legislação:** CF, arts. 5º, LIV e LV, 71 a 75

**Comentário:** A posição que prevalece no âmbito doutrinário e jurisprudencial é que o TC é um órgão administrativo, que profere decisões por meio de um processo administrativo de controle. Como qualquer procedimento administrativo, as suas deliberações observarão o princípio do *devido processo legal*, ou seja, deverá assegurar aos acusados de irregularidades ou ilegalidades o direito à ampla defesa e ao contraditório.

QUESTÃO 104 – Gabarito: C

Referências:

- **Item do Livro:** Capítulo 8, itens 8.2.2. e 8.2.7.1
- **Legislação:** CF, arts. 49, IX, 71, I, e 84, XXIV

**Comentário:** As deliberações dos TCs – mesmo o Parecer Prévio – têm natureza administrativa, pois decorrem de um processo administrativo. Embora seja denominado Parecer PRÉVIO, é necessário esclarecer que ele é prévio em relação ao julgamento final das contas de governo pelo Poder Legislativo. Em relação ao momento da atuação do poder fiscalizador do TC, esse controle é posterior, porquanto diz respeito a juízo de valor sobre atos de gestão relativos ao exercício financeiro anterior. Com efeito, o Chefe do Executivo presta contas do ano anterior ao respectivo Poder Legislativo, dentro de sessenta dias da abertura da sessão legislativa. De posse dessas contas, o Poder Legislativo as remete ao TC, que terá sessenta dias para emitir o Parecer Prévio.

QUESTÃO 105 – Gabarito: D

Referências:

- **Item do Livro:** Capítulo 8, item 8.2.8.6.

- **Legislação:** Leis Orgânicas dos TCs

**Comentário:** Todas as leis orgânicas de Tribunais de Contas contêm dispositivos que estabelecem o seu poder regulamentador, ou seja, o poder de editar atos e instruções normativas disciplinando matérias de suas atribuições, assim como sobre a organização, a composição e as formas de organização e apresentação dos processos que lhes devam ser submetidos. Essas normas costumam estabelecer prazos, o modo e quais os documentos que devem ser enviados ao TC na prestação de contas. Trata-se de uma competência regulamentadora que deriva do próprio poder fiscalizador conferido aos TCs pela CF.

## QUESTÃO 106 – Gabarito: B

**Referências:**

- **Item do Livro:** Capítulo 8, item 8.2.5.
- **Legislação:** Leis Orgânicas de TCs, Lei Orgânica do TCU, art. 35

**Comentário:** As leis orgânicas dos TCs regulamentam a interposição de recursos contra suas deliberações. Esses recursos são apreciados por órgãos colegiados, normalmente pelo Plenário, dos próprios TCs. A lei regulamenta, entre outros pontos, os tipos de recursos, os prazos, a legitimação ativa e os seus efeitos. O art. 35 da LOTCU, por exemplo, prevê um último apelo possível para alterar suas deliberações iniciais. Trata-se da Revisão ao Plenário, cabível apenas em situações especiais, a exemplo da "superveniência de documentos novos" capazes de influenciar as provas produzidas anteriormente. A Revisão inspira-se na "ação rescisória" do processo civil, mas o seu rito está definido na própria LOTCU.

## QUESTÃO 107 – Gabarito: B

**Referências:**

- **Item do Livro:** Capítulo 2, item 2.3.
- **Legislação:** CF, arts. 163 e 164

**Comentário:** O conteúdo da letra "b", de fato, é competência de uma lei complementar. Emitir moeda é atribuição exclusiva do Bacen, que, por sua vez, está impedido de fazer empréstimos ao Tesouro Nacional. O Bacen pode atuar para regular a oferta de moeda por meio da compra de títulos do Tesouro, mas a CF não trata da forma de venda nem de empréstimos desses títulos.

QUESTÃO 108 – Gabarito: A

Referências:

- **Item do Livro:** Capítulo 2, item 2.3. e Capítulo 3, itens 3.5. e 3.7.
- **Legislação:** CF, arts. 164 e 165

**Comentário:** A letra "a" reflete a literalidade do texto constitucional. Dinheiro em caixa do Poder Público será, salvo previsão em lei, depositado em instituições financeiras oficiais. O conteúdo do PPA não faz menção direta a "despesas de custeio", assim como em relação a "programas" refere-se apenas àqueles de duração continuada. O conteúdo da LOA dos Municípios é o mesmo dos demais entes federativos, e não exclui a Administração Indireta. A LOA pode sim conter autorização para a contratação de operação de crédito, inclusive de ARO, constituindo-se numa exceção ao princípio da exclusividade orçamentária.

QUESTÃO 109 – Gabarito: C

Referências:

- **Item do Livro:** Capítulo 3, item 3.8.
- **Legislação:** CF, art. 166

**Comentário:** O erro da letra "c" é afirmar que os referidos recursos não poderiam ser fonte para abertura de créditos especiais. Podem ser sim, tanto para estes como para os créditos suplementares. Todas as demais alternativas estão corretas e refletem o conteúdo da CF sobre o processo legislativo orçamentário.

QUESTÃO 110 – Gabarito: A

Referências:

- **Item do Livro:** Capítulo 5, itens 5.3. e 5.6.2.
- **Legislação:** LRF, arts. 11, 12 e 14

**Comentário:** A incorreção da letra "a" está na segunda parte do texto, quando afirma que a previsão das receitas NÃO será acompanhada de demonstrativo de sua evolução nos últimos três anos, da projeção para os dois seguintes àquele a que se referirem, e da metodologia de cálculo e premissas utilizadas. Ao contrário, essa previsão será acompanhada desses demonstrativos. As demais alternativas refletem exatamente o conteúdo dos dispositivos da LRF sobre receitas e as hipóteses de sua renúncia.

### QUESTÃO 111 – Gabarito: D (?)

**Referências:**

- **Item do Livro:** Capítulo 4, itens 4.2., 4.6.2. e 4.6.3.
- **Legislação:** LRF, arts. 15 a 17 e Lei nº 4.320/64, art. 12

**Comentário:** Está incorreta a letra "d" porque a LRF não estatui o prazo limite de doze meses. Considera aumento de despesa a prorrogação daquela criada por prazo determinado. As demais alternativas que tratam dos requisitos para geração de despesas, para as despesas obrigatórias de caráter continuado e a que trata da divisão da subcategoria econômica da despesa corrente (custeio e transferência corrente) estão plenamente de acordo com a legislação. Questiono, contudo, além da letra "d", o conteúdo da letra "a". A rigor, a LRF não cria uma nova classificação para as despesas. Quando trata dos demonstrativos, relatórios e balanços, ela se refere às classificações já previstas no ordenamento, especialmente à classificação segundo a categoria econômica (que tem origem na Lei nº 4.320/64), à classificação funcional e à classificação segundo a natureza da despesa, essas últimas previstas em Portarias federais. Exemplo disso é o Relatório Resumido da Execução Orçamentária previsto no art. 52 da lei. Por isso, entendo que é, no mínimo, imprecisa, para não dizer incorreta, a afirmação contida também na letra "a".

### QUESTÃO 112 – Gabarito: B

**Referências:**

- **Item do Livro:** Capítulo 2, item 2.3. e Capítulo 3, itens 3.7. e 3.8.1.
- **Legislação:** CF, arts. 165 e 166

**Comentário:** É a própria CF que exige que a LOA venha acompanhada de um demonstrativo regionalizado do efeito dos incentivos fiscais. O Poder Legislativo não tem iniciativa para propor leis orçamentárias. O seu é apreciar, emendar e votar a LOA. A iniciativa da lei é privativa do Chefe do Poder Executivo. O conteúdo da letra "c" é atribuição de uma lei complementar. Para propor emendas à LOA, deve-se indicar qual despesa deve ser anulada. No entanto, é vedado indicar como fonte a anulação de despesas com pessoal e encargos, serviço da dívida e com as transferências tributárias constitucionais. As emendas à LDO só podem ser aprovadas se compatíveis com o PPA.

## QUESTÃO 113 – Gabarito: D
Referências:

- **Item do Livro:** Capítulo 3, itens 3.5., 3.7. e 3.11.
- **Legislação:** CF, arts. 165 e 167 e Lei nº 4.320/64, art. 2º

**Comentário:** Excetuando a alternativa "d", todas as demais estão de acordo com o texto da CF. Nada obstante, a incorreção é sutil. Refere-se ao fato de que o princípio da "unidade" orçamentária está consignado expressa e nominalmente na Lei nº 4.320/64, e não na Constituição Federal de 1988. A rigor, a CF não faz menção expressa à unidade orçamentária. Na Lei Maior, esse princípio está implícito nas normas do art. 165 quando estatui que os orçamentos fiscais, de investimento e da seguridade social não são documentos autônomos ou apartados, estando todos eles inseridos na LOA e em harmonia com a LDO e o PPA.

## QUESTÃO 114 – Gabarito: C
Referências:

- **Item do Livro:** Capítulo 3, itens 3.9. e 3.11. e Capítulo 4, item 4.6.4.1.
- **Legislação:** CF, arts. 62, § 1º, "d", e 167

**Comentário:** Em matéria de créditos adicionais, a medida provisória só poderá ser utilizada para créditos extraordinários, dadas a situação de urgência e a necessidade de produzir efeitos imediatos. Só lei formal, e não medida provisória, é que pode incluir a previsão no orçamento de um novo investimento que dure mais de um ano. A assunção de obrigações diretas também está vedada quando exceder os respectivos créditos. De fato, cabe a uma lei complementar estabelecer limites para despesas com pessoal. Hoje, essa lei é a LRF.

## QUESTÃO 115 – Gabarito: B
Referências:

- **Item do Livro:** Capítulo 3, itens 3.9. e 3.1.1.
- **Legislação:** CF, arts. 166 e 167

**Comentário:** Está correta a letra "b" quando prevê a possibilidade excepcional da prorrogação da vigência dos créditos especiais e extraordinários. Lembrar que os créditos suplementares são improrrogáveis. As situações de guerra, comoção interna e calamidade são motivadoras da abertura de créditos extraordinários. Além da autorização legislativa, a abertura de créditos suplementares e especiais exige a indicação de fonte de recursos. Leis orçamentárias são apreciadas pela Câmara e pelo Senado, na forma do Regimento Comum. É vedada a realização de despesas ou a assunção de obrigações diretas que excedam os créditos orçamentários ou adicionais.

## QUESTÃO 116 – Gabarito: D

**Referências:**

- **Item do Livro:** Capítulo 2, item 2.3., Capítulo 3, itens 3.5. e Capítulo 5, itens 5.1. e 5.2.
- **Legislação:** CF, art. 163, Lei nº 4.320/64, arts. 2º e 11

**Comentário:** A CF prevê que matérias mais relevantes sejam regulamentadas por LEIS COMPLEMENTARES. Caberá a uma lei complementar dispor, entre outros temas, sobre finanças públicas, dívida pública interna e externa, emissão e resgate de títulos da dívida pública e concessão de garantias pelas entidades públicas. A letra "a" inverte o conceito de receitas originárias e derivadas. As derivadas "derivam" do poder de império, enquanto as originárias "originam-se" da exploração do patrimônio público. Tanto os ingressos públicos como as receitas públicas (sentido amplo) contemplam valores que podem ou não se incorporar ao patrimônio público. As operações de crédito (empréstimos), por exemplo, ingressam transitoriamente nos cofres públicos. Não confundir o princípio da anualidade orçamentária (periodicidade) com o princípio da anterioridade tributária. A anualidade do orçamento exige que a lei orçamentária seja elaborada para um período de doze meses. O conteúdo da letra "c" diz respeito ao princípio da anterioridade tributária, que não é princípio orçamentário.

## QUESTÃO 117 – Gabarito: E

**Referências:**

- **Item do Livro:** Capítulo 4, itens 4.2. e 4.3.
- **Legislação:** Lei nº 4.320/64, arts. 12, 58, 60, 62 e 63

**Comentário:** O conteúdo da letra "e" retrata o conceito legal de "despesa de custeio", subcategoria da "despesa corrente". Atentar para a referência a obras. Se estiver relacionada a reformas (obras de conservação ou adaptação de bens imóveis), a lei classifica como "custeio", e não como investimentos. Os demais itens espelham fielmente dispositivos da Lei nº 4.320/64.

## QUESTÃO 118 – Gabarito: E

**Referências:**

- **Item do Livro:** Capítulo 2, item 2.3., Capítulo 3, item 3.11., Capítulo 4, itens 4.5., 4.6.6. e 4.6.8. e Capítulo 6, item 6.3.3.4.
- **Legislação:** CF, arts. 100, 163, 167, I, e LRF, arts. 35 e 62

**Comentário:** O erro da letra "e" é incluir na vedação a proibição de aquisição de títulos da dívida pública para atender a investimentos de seus clientes. A LRF ressalva essa operação financeira das vedações. Os demais itens pertinentes a precatórios judiciais, atribuições do Bacen, vedações orçamentárias e sobre a cooperação de Municípios para outros entes federativos retratam fielmente os dispositivos legais indicados. Uma observação em relação à letra "c": a LRF prevê que, além de precedida de convênio, acordo ou ajuste, a referida cooperação deverá ser autorizada pela LDO e pela LOA. Essas outras condições não tornam incorreto o conteúdo da letra "c", na medida em que ele faz menção à expressão "por exemplo", indicando que aquela condição não era a única.

## QUESTÃO 119 – Gabarito: C

**Referências:**

- **Item do Livro:** Capítulo 3, item 3.5. e Capítulo 4, item 4.3.
- **Legislação:** CF, arts. 165 e 167, e Lei nº 4.320/64, arts. 5º e 63

**Comentário:** O princípio da proibição do estorno de verbas diz respeito às vedações contidas nos incisos VI e VII do art. 167 da CF. São vedados a transposição (destinação de recursos de um órgão para outro), o remanejamento (realocações de verbas orçamentárias no âmbito dos programas de trabalho, dentro do mesmo órgão) ou a transferência (realocações de dotações entre as categorias econômicas de despesas, dentro do mesmo órgão ou programa de trabalho) de recursos de uma categoria de programação para outra ou de um órgão para outro, sem prévia autorização legislativa, bem como a utilização, sem autorização legislativa, dos recursos do orçamento fiscal e da seguridade social para suprir necessidade ou cobrir déficit de empresas, fundações ou fundos. A exigência de lei de o orçamento ser uma lei formal refere-se ao princípio da legalidade. A anterioridade não é princípio orçamentário, mas sim princípio de natureza tributária. A LOA não consignará dotações globais, e essa vedação concretiza o princípio da especificação do orçamento. A liquidação da despesa não se confunde com o pagamento ou com a inscrição de restos a pagar. A liquidação consiste na verificação do direito ao pagamento adquirido pelo credor, ou seja, é o momento em que a administração verifica se o credor prestou corretamente os serviços ou se o produto foi entregue. Só após a liquidação é que pode haver a ordem de pagamento.

**QUESTÃO 120 – Gabarito: E**

**Referências:**

- **Item do Livro:** Capítulo 3, itens 3.7.2.2. e 3.7.3.1 e Capítulo 4, item 4.2.
- **Legislação:** LRF, arts. 4º e 5º, e Lei nº 4.320/64, art. 12

**Comentário:** As incorreções verificadas nas alternativas "a", "b" e "c" estão no termo "NÃO", ou seja, todos aqueles conteúdos referentes à LDO e à LOA são verdadeiros. A LRF NÃO PERMITE que a atualização do principal da dívida mobiliária supere a variação do índice de preços prevista na LDO ou em lei específica. A letra "e" espelha a classificação legal da receita corrente.

**QUESTÃO 121 – Gabarito: A**

**Referências:**

- **Item do Livro:** Capítulo 5, itens 5.1. e 5.2.
- **Legislação:** Lei nº 4.320/64, art. 11, § 2º

**Comentário:** A rigor, a lei estabelece que o "superávit do orçamento corrente" – diferença positiva entre as receitas correntes e as despesas correntes – é considerado <u>receita de capital</u>, sem, contudo, constituir item orçamentário para evitar a dupla contagem. O problema é que o conteúdo da letra "a" faz menção apenas à "superávit do orçamento", podendo gerar uma dúvida na hora de marcar o gabarito. No entanto, como a lei não prevê nenhum outro superávit como "receita corrente" e, ainda, considerando que as demais alternativas são simples, sem apresentar incorreções, o problema deixa de existir.

## QUESTÃO 122 – Gabarito: C

**Referências:**

- **Item do Livro:** Capítulo 3, item 3.11.
- **Legislação:** CF, art. 167

**Comentário:** A questão trata das vedações orçamentárias constitucionais. A única alternativa que não constitui uma vedação orçamentária, da forma como foi escrita, é a letra "c", uma vez que a autorização legislativa prévia e a indicação de fonte de recursos constituem requisitos para a abertura de créditos suplementares e especiais.

## QUESTÃO 123 – Gabarito: A

**Referências:**

- **Item do Livro:** Capítulo 3, item 3.5.
- **Legislação:** CF, art. 167, IV

**Comentário:** O princípio da não afetação ou da não vinculação da receita, no ordenamento jurídico brasileiro, está previsto na CF, vedando a vinculação da receita de IMPOSTOS (mais as TRANSFERÊNCIAS TRIBUTÁRIAS CONSTITUCIONAIS OBRIGATÓRIAS) a despesas, órgãos ou fundos. No entanto, a própria CF prevê inúmeras exceções a essa vedação, a exemplo da possibilidade de haver a vinculação das referidas receitas, nos âmbitos estaduais e municipais, para a prestação de <u>garantia</u> ou <u>contragarantia</u> à União, bem como para pagamento de débitos desses entes federativos para com o governo central.

## QUESTÃO 124 – Gabarito: E

**Referências:**

- **Item do Livro:** Capítulo 4, item 4.2. (3ª)
- **Legislação:** Lei nº 4.320/64, arts. 12 e 13

**Comentário:** Embora parta de uma citação doutrinária, a questão exige o conhecimento da classificação legal da despesa pública prevista na

Lei nº 4.320/64. As despesas, segundo a categoria econômica, podem ser "correntes" ou "de capital". As correntes, por sua vez, dividem-se nas subcategorias "custeio" (destinadas à manutenção de serviços anteriormente criados e tem como característica a contraprestação de bens ou serviços) e "transferências correntes", que têm como característica fundamental a ausência de contraprestação direta de bens e serviços, como nos exemplos citados no enunciado.

## QUESTÃO 125 – Gabarito: D

**Referências:**

- **Item do Livro:** Capítulo 3, item 3.5.
- **Legislação:** CF, art. 165, § 8º e Lei nº 4.320/64, arts. 2º e 5º

**Comentário:** É comum as questões que tratam de princípios orçamentários deixarem algumas dúvidas. A maioria dos princípios são construções doutrinárias (o que já impõe certa subjetividade), além de terem sido inspiradas na Lei nº 4.320/64, lei esta, vale lembrar, aprovada ainda quando vigorava o ordenamento jurídico anterior à CF/88, e não existia a previsão das três leis orçamentárias: PPA, LDO e LOA. É em razão disso que os princípios orçamentários tradicionais são aplicados diretamente à LOA. No entanto, na presente questão os três princípios orçamentários foram definidos de maneira precisa e direta.

## QUESTÃO 126 – Gabarito: C

**Referências:**

- **Item do Livro:** Capítulo 3, item 3.7.
- **Legislação:** CF, art. 165

**Comentário:** A LOA é integrada pelo orçamento fiscal (OF), o orçamento de investimento (OI) das empresas em que o Poder Público, direta ou indiretamente, detenha a maioria do capital social com direito a voto (empresas públicas e sociedades de economia mista). Esse conteúdo do orçamento está definido na própria CF. Os demais itens da questão trazem conteúdos das outras leis orçamentárias ou conteúdos que não integram o orçamento. É muito comum as questões abordarem o conteúdo constitucional das três leis orçamentárias. É preciso ter atenção, pois, muitas vezes, as diferenças são sutis.

## QUESTÃO 127 - Gabarito: B

**Referências:**

- **Item do Livro:** Capítulo 4, itens 4.5. e 4.6.7.
- **Legislação:** LRF, art. 42 e Lei nº 4.320/64, art. 37

**Comentário:** A questão aborda essencialmente a vedação prevista no art. 42 da LRF. Embora a redação não seja das melhores, o conteúdo da letra "b" retrata a limitação que é imposta aos titulares dos três Poderes, do Ministério Público e do Tribunal de Contas, nos últimos dois quadrimestres de seus mandatos. Merece destaque o conteúdo da letra "e". Há que se registrar que não há vedação para que, cumpridas algumas formalidades, a administração reconheça e pague despesas contratadas em exercícios financeiros já encerrados. A LRF, ao trazer inúmeras vedações para os gestores em fins de mandato, não revogou o disposto no art. 37 da Lei nº 4.320/64.

## QUESTÃO 128 - Gabarito: A

**Referências:**

- **Item do Livro:** Capítulo 8, item 8.2.10.
- **Legislação:** CF, art. 74

**Comentário:** Questão mal elaborada. Pretendeu destacar o dever que têm os responsáveis pelo Controle Interno de informarem ao Tribunal de Contas irregularidades ou ilegalidades verificadas na gestão, sob pena de responsabilidade solidária. É assim que prevê a CF. No entanto, o enunciado da questão faz menção à figura do "ordenador de despesas" – e não aos responsáveis pelo Controle Interno – que, no momento de liquidar uma despesa, percebeu que ela tinha sido contraída irregularmente. Claro que esse ordenador de despesas (que, pelo visto, não deu causa à falha) haveria de tomar providências, podendo, inclusive, denunciar ao respectivo TC, mas, a rigor, a CF não prevê essa obrigação, nem a responsabilidade solidária para os ordenadores de despesas. Questão passível de questionamento.

## QUESTÃO 129 - Gabarito: E

**Referências:**

- **Item do Livro:** Capítulo 8, itens 8.1. e 8.2.7.1.

- **Legislação:** CF, art. 31
- **Jurisprudência:** STF – ADI 154

**Comentário:** Em regra, o Controle Externo no âmbito dos Municípios é exercido pelo Poder Legislativo (Câmara Municipal), com o auxílio do Tribunal de Contas do Estado. Lembre-se, contudo, que esse auxílio do TCE possui exceções. Em quatro Estados brasileiros existe outro órgão estadual denominado "Tribunal de Contas dos Municípios" (Pará, Goiás, Ceará e Bahia). Nesse caso, são eles que auxiliam as respectivas Câmaras Municipais. E em dois Municípios existe um órgão municipal denominado "Tribunal de Contas do Município" (Rio de Janeiro e São Paulo, capitais). Nesse caso, são esses Tribunais que auxiliam o Legislativo municipal. Ressalte-se que, embora a CF tenha estabelecido ser *vedada a criação de Tribunais, Conselhos ou órgãos de Contas Municipais*", o STF entendeu que essa vedação só é aplicada em relação à criação de um novo Tribunal de Contas por um determinado Município. Exemplo: nenhum Município poderia, após a CF, criar um Tribunal nos moldes dos existentes no Rio e em São Paulo, mas outros Estados poderiam, em tese, criar um novo Tribunal de Contas com jurisdição sobre todos os Municípios daquele Estado, ou seja, poderiam criar Tribunais conforme os existentes nos quatro Estados já referidos. A nova CF não extinguiu os Tribunais de Contas Municipais criados anteriormente à sua vigência.

**QUESTÃO 130 – Gabarito: D**

**Referências:**

- **Item do Livro:** Capítulo 3, item 3.5.2
- **Legislação:** LRF, art. 51

**Comentário:** A lei prevê que a competência para efetuar a consolidação das contas públicas nacionais é do Poder Executivo da União. O prazo para os Estados enviarem seus dados é até 31 de maio. Quem descumprir os prazos ficará impedido, até que a situação seja sanada, de receber transferências voluntárias (exceto as destinadas a saúde, educação e assistência social) e de contratar operações de crédito (exceto as destinadas ao refinanciamento do principal atualizado da dívida mobiliária). Embora a letra "d" não mencione expressamente as exceções aos impedimentos, os demais itens contêm graves incorreções quanto à competência, prazos e sanções.

## QUESTÃO 131 – Gabarito: A

**Referências:**

- **Item do Livro:** Capítulo 4, item 4.2. (3ª)
- **Legislação:** Lei nº 4.320/64, arts. 12 e 13

**Comentário:** Questão simples. Exige conhecimento da classificação legal da despesa prevista na Lei nº 4.320/64. Despesas com obras públicas são classificadas como despesas de capital – investimentos. Não confundir com as despesas com obras de conservação e adaptação de imóveis (reformas) que são classificadas como despesas correntes – custeio.

## QUESTÃO 132 – Gabarito: C

**Referências:**

- **Item do Livro:** Capítulo 3, item 3.5.
- **Legislação:** CF, art. 165 e Lei nº 4.320/64, art. 2º

**Comentário:** Já comentamos noutra questão sobre as controvérsias acerca dos princípios orçamentários. O princípio da unidade orçamentária é um dos que despertam mais celeumas. Há que ser entendido, no atual ordenamento jurídico, sob duas acepções: (1) documento único, quando se referir apenas à LOA, composta pelo OF, OI e OSS e (2) compatibilidade, integração e harmonia entre as três leis orçamentárias (PPA, LDO e LOA), se considerarmos o novo modelo de planejamento orçamentário concebido na CF. Esse entendimento está consentâneo com o conteúdo da letra "c". Já o princípio da exclusividade orçamentária está previsto na atual Constituição, ao prever, em seu art. 165, § 8º, que a LOA *"não conterá dispositivo estranho à previsão da receita e à fixação da despesa, não se incluindo na proibição a autorização para abertura de créditos suplementares e contratação de operações de crédito, ainda que por antecipação de receita, nos termos da lei"*.

## QUESTÃO 133 – Gabarito: A

**Referências:**

- **Item do Livro:** Capítulo 5, item 5.2. (5ª)
- **Legislação:** Lei nº 4.320/64, art. 11, § 1º

**Comentário:** O FPM – Fundo de Participação dos Municípios é, segundo a lei, classificado como Receita Corrente – Transferências Correntes. Atenção que essa classificação está correta sob o ponto de vista do ente federativo que recebe os recursos, nesse caso, o Município. Já para a União (ente repassador), os valores do FPM são classificados como despesa (transferência).

**QUESTÃO 134 – Gabarito: D**

**Referências:**

- **Item do Livro:** Capítulo 8, itens 8.2.1., 8.2.2., 8.2.3., 8.2.6., 8.2.7.1., 8.2.7.9., 8.2.9. e 8.2.10.
- **Legislação:** CF, arts. 71, I, VIII, 74 e 131

**Comentário:** Entendendo-se o controle "privado" como equivalente a "controle social", "controle do cidadão", etc., conclui-se que o conteúdo da letra "d", ao afirmar a existência do controle externo, interno e privado está em harmonia com a CF. No atual ordenamento jurídico, as correntes doutrinárias e jurisprudenciais que prevalecem não vislumbram exercício do poder jurisdicional (judicante) pelos Tribunais de Contas. O TCU, embora não seja "coadjuvante" do Congresso, quando emite Parecer Prévio sobre as contas do Presidente não vincula o Poder Legislativo a seguir o seu posicionamento. Trata-se de peça opinativa. O Ministério Público Especial que atua junto aos Tribunais de Contas não possui competência para ingressar com ações de cobrança de valores imputados aos gestores que causaram danos ao erário. A competência para fazer essa cobrança é do erário-credor por meio de suas procuradorias.

**QUESTÃO 135 – Gabarito: D**

**Referências:**

- **Item do Livro:** Capítulo 8, itens 8.2.1., 8.2.6., 8.2.7.1., 8.2.7.2. e 8.2.7.5.
- **Legislação:** CF, art. 71, I, II e IV
- **Jurisprudência:** STF – ADIs 1.779, 1.140 e 849 e Súmula 347

**Comentário:** Questão mal elaborada. Quanto aos conteúdos das letras "a" e "c" não há problemas. Os Tribunais de Contas podem exercer seu poder fiscalizador por iniciativa própria. Não dependem de provocação. O STF já firmou posicionamento de que são inconstitucionais dispositivos de normas estaduais que excluam a competência dos TCs para julgarem as contas do Poder Legislativo estadual. O conteúdo da letra "d" só se revela razoável se entendermos que o autor da questão está se referindo "subliminarmente" ao teor da Súmula 347 do STF, que confere aos Tribunais de Contas o poder de, no exercício de suas atribuições, deixar de aplicar leis e atos normativos inconstitucionais (controle difuso de constitucionalidade). Por outro lado, a afirmação que é feita na letra "b", SMJ, também se revela razoável. A atuação dos Tribunais de Contas Estaduais, no auxílio à função de Controle Externo, é semelhante (simétrica) à do TCU, por força de dispositivo previsto na própria CF, art. 75, quando estabelece que as normas que disciplinam o TCU serão extensivas, no que couber, à organização, composição e fiscalização dos Tribunais de Contas dos Estados e do Distrito Federal, bem como dos Tribunais e Conselhos de Contas dos Municípios.

## QUESTÃO 136 – Gabarito: D

**Referências:**

- **Item do Livro:** Capítulo 3, item 3.5. e Capítulo 5, itens 5.1. e 5.2.
- **Legislação:** Lei nº 4.320/64, arts. 3º, 4º e 57

**Comentário:** A Lei nº 4.320/64 adota o conceito mais amplo para a receita pública. Considera como receita não só os recursos que ingressam definitivamente ao patrimônio público, a exemplo dos tributos e os preços públicos, mas também outros valores que ingressam transitoriamente nos cofres públicos, a exemplo das operações de crédito (empréstimos). Uma leitura do art. 11 da lei, quando classifica as receitas segundo a categoria econômica, ratifica a opção do legislador pelo conceito amplo da receita. Conceito amplo que também está em sintonia com o princípio orçamentário da "universalidade", que obriga que todas as receitas sejam consignadas no orçamento. As exceções assinaladas na própria lei, a exemplo das AROs, operações de crédito por antecipação de receita orçamentária, não contrariam a essência do princípio, até porque esses valores devem ser contabilizados como receita "extraorçamentária".

## QUESTÃO 137 – Gabarito: C

**Referências:**

- **Item do Livro:** Capítulo 5, item 5.2.

**Comentário:** Questão simples. Ordinárias são as receitas arrecadadas com regularidade (constância) em cada exercício financeiro. As Extraordinárias dependem de uma situação de excepcionalidade. Os exemplos mais citados são os empréstimos compulsórios, de que a União pode lançar mão em situações de guerra externa, calamidade e para investimentos urgentes (CF, art. 148), e o Imposto Extraordinário em situações de guerra externa (CF, art. 154, II).

## QUESTÃO 138 – Gabarito: A

**Referências:**

- **Item do Livro:** Capítulo 2, item 2.3. e Capítulo 6, item 6.3.
- **Legislação:** CF, arts. 48, XIV, 52, V a IX, e 163

**Comentário:** De fato, cabe à LEI COMPLEMENTAR dispor sobre o conteúdo da letra "a". A grande dica para resolver questões de concursos sobre a competência do Poder Legislativo federal sobre matérias relacionadas ao endividamento público é saber que a ÚNICA competência específica prevista na CF para o Congresso Nacional é dispor sobre o montante da DÍVIDA MOBILIÁRIA FEDERAL. Todas as demais competências sobre limites, autorizações e montantes relacionados à dívida consolidada, garantias e operações de crédito das três esferas federativas, bem como dispor sobre limites globais e condições sobre a dívida mobiliária dos Estados, DF e Municípios, cabem ao SENADO FEDERAL. A CF não classifica a dívida pública em fundada e flutuante (a Lei no 4.320/64 é que classifica), nem traz a definição dessas variáveis (a LRF é que conceitua).

## QUESTÃO 139 – Gabarito: D

**Referências:**

- **Item do Livro:** Capítulo 3, itens 3.5. e 3.11.
- **Legislação:** CF, art. 167, IV, VI e § 4º

**Comentário:** Excetuando o conteúdo da letra "d", todas as demais alternativas retratam exceções constitucionais ao princípio da não afetação da receita. O remanejamento de recursos de uma categoria de programação para outra, sem prévia autorização legislativa, é uma das vedações orçamentárias constitucionais, mas sem relação com a vedação de que trata o princípio da não afetação da receita.

## QUESTÃO 140 – Gabarito: B

**Referências:**

- **Item do Livro:** Capítulo 3, itens 3.7.2.2. e 3.7.3.
- **Legislação:** CF, art. 165, § 5º, e LRF, arts. 4º e 5º

**Comentário:** A CF prevê que a LOA será integrada pelos (sub)orçamentos fiscal, de investimento das empresas estatais e da seguridade social. A LRF determina que a "reserva de contingência" (dotação genérica para atender passivos contingentes e outros riscos) deve também integrar a LOA (Atenção! Lembrar que essa dotação integra a LOA, mas a definição de seu montante e de sua forma de utilização é matéria da LDO). Já o Anexo de Riscos Fiscais foi uma inovação trazida pela LRF, devendo integrar a LDO, e não a LOA.

## QUESTÃO 141 – Gabarito: E

**Referências:**

- **Item do Livro:** Capítulo 2, item 2.3., Capítulo 3, item 3.3., e Capítulo 4, item 4.2. (5ª)
- **Legislação:** Lei nº 4.320/64, arts. 1º e 2º, e Portaria MPOG nº 42/99

**Comentário:** A Lei nº 4.320/64 foi recepcionada pela CF-88 com *status* de lei complementar e, por estabelecer normas gerais de Direito Financeiro, seu alcance é nacional, devendo ser observada pela União, Estados, DF e Municípios. A referida lei foi aprovada antes da CF-88, por isso nenhuma de suas regras se relaciona ao PPA ou à LDO, uma vez que estes foram criados pela atual Constituição. A rigor, a Lei nº 4.320/64, em matéria orçamentária, contém normas aplicadas à LOA. A classificação da despesa pública segundo suas funções e programas (funcional-programática), regulamentada por portaria do Ministério do Planejamento, Orçamento e Gestão, tem abrangência nacional e está em sintonia com os atributos do orçamento-programa.

## QUESTÃO 142 – Gabarito: A

**Referências:**

- **Item do Livro:** Capítulo 3, item 3.9.
- **Legislação:** CF, art. 166, § 8º, e Lei nº 4.320/64, art. 43, § 1º

**Comentário:** Os recursos referidos nas letras "b" a "e" estão consignados expressamente na lei como fonte de recursos para a abertura de créditos suplementares ou especiais. A CF faz menção a uma outra fonte para abertura desses créditos: os recursos que ficarem sem despesas correspondentes em razão de veto, emenda ou rejeição da LOA. As receitas obtidas com empréstimos compulsórios não estão expressamente assinaladas como fonte formal de recursos para abertura dos referidos créditos

## QUESTÃO 143 – Gabarito: C

**Referências:**

- **Item do Livro:** Capítulo 3, itens 3.2. e 3.7.
- **Legislação:** CF, arts. 57, § 2º, 165, § 9º, 35, § 2º, do ADCT

**Comentário:** O calendário (prazos) para envio, apreciação e votação do PPA, da LDO e da LOA deve ser disciplinado por uma Lei Complementar. Como a Lei nº 4.320/64 não tratava de prazos, a CF fixou, em suas disposições transitórias, o referido calendário até que uma nova lei complementar o fizesse definitivamente. A LRF não tratou desses prazos. Em relação à LOA, está correto o prazo estabelecido na letra "c". A CF veda expressamente a interrupção da sessão legislativa (recesso) sem que o projeto da LDO esteja aprovado.

## QUESTÃO 144 – Gabarito: D

**Referências:**

- **Item do Livro:** Capítulo 6, item 6.3.3.1.
- **Legislação:** LRF, art. 30, § 7º

**Comentário:** A LRF estabelece que os precatórios judiciais consignados no orçamento e não pagos no referido exercício de inclusão serão computados para fins de apuração do limite da dívida pública consolidada.

## QUESTÃO 145 – Gabarito: E

**Referências:**

- **Item do Livro:** Capítulo 6, item 6.3.3.4.
- **Legislação:** LRF, arts. 35 e 36

**Comentário:** A vedação contida na letra "e" está de acordo com o texto da LRF. A lei veda a realização de operações de crédito entre os próprios entes federativos, mas prevê algumas situações em que instituição financeira (Banco do Brasil, Caixa Econômica, BNDES, por exemplo) de um ente federativo possa realizar operações de crédito com outro ente federativo. A lei permite que Estados e Municípios adquiram títulos da dívida pública da União como aplicação de suas disponibilidades.

## QUESTÃO 146 – Gabarito: B

**Referências:**

- **Item do Livro:** Capítulo 6, item 6.3.3.5.
- **Legislação:** LRF, art. 38

**Comentário:** As AROs – operações de crédito por antecipação de receita orçamentária – são empréstimos de curto prazo utilizados para suprir insuficiência momentânea de caixa durante o exercício financeiro. É vedada no último ano do mandato, e nos demais exercícios financeiros só poderá ser realizada depois do dia 10 de janeiro, devendo ser liquidada até o dia 10 de dezembro do mesmo exercício. Também não poderá ser realizada enquanto houver outra ARO da mesma natureza pendente de liquidação.

## QUESTÃO 147 – Gabarito: C

**Referências:**

- **Item do Livro:** Capítulo 4, item 4.6.4.1.
- **Legislação:** LRF, art. 22, parágrafo único

**Comentário:** A questão trata do "limite prudencial" para as despesas com pessoal. A LRF prevê uma série de vedações quando o Poder ou Órgão atingir o referido limite. Impede que o gestor pratique determinados atos, especialmente atos que possam implicar aumento da despesa com pessoal, ressalvando, contudo, algumas situações, a exemplo da revisão geral da remuneração dos servidores. No entanto, a extinção de cargos ou funções não está, por óbvio, inserida nas vedações. Muito pelo contrário. A extinção de cargos ou funções pode contribuir, em algumas situações, para a diminuição da referida despesa e para evitar a extrapolação do limite legal.

## QUESTÃO 148 – Gabarito: A

**Referências:**

- **Item do Livro:** Capítulo 4, item 4.3.
- **Legislação:** Lei nº 4.320/64, art. 63

**Comentário:** A "liquidação" é considerada classicamente o segundo estágio da despesa pública. O primeiro é o "empenho", e o terceiro, o "pagamento". As alternativas "b" a "e" misturam os conceitos desses estágios tendo por base as definições legais presentes na Lei nº 4.320/64. O estágio da liquidação consiste na verificação do direito adquirido pelo credor. Direito a quê? Ao pagamento. Por isso, a autoridade responsável, antes de autorizar o pagamento, verifica a origem da despesa, seu objetivo, identifica o credor e a importância a que ele faz jus. Registre-se que o gestor não pode autorizar pagamento antes da liquidação da despesa.

## QUESTÃO 149 – Gabarito: B

**Referências:**

- **Item do Livro:** Capítulo 3, itens 3.5. e 3.9.
- **Legislação:** CF, art. 167, § 2º.

**Comentário:** A própria CF prevê essa possibilidade de prorrogação excepcional da vigência dos créditos especiais e extraordinários. A condição imposta pela CF para essa reabertura de créditos, no exercício seguinte, no limite de seus saldos (valores não utilizados), é que o ato de autorização tenha sido PROMULGADO nos últimos quatro meses do exercício anterior. Trata-se de uma exceção ao princípio da anualidade orçamentária que, em regra, delimita a vigência dos créditos orçamentários ao período de doze meses. Lembrar que essa prorrogação é terminantemente vedada em relação a créditos suplementares.

## QUESTÃO 150 – Gabarito: D

**Referências:**

- **Item do Livro:** Capítulo 5, item 5.2. (5ª)
- **Legislação:** Lei nº 4.320/64, art. 11

**Comentário:** A classificação legal da receita pública orçamentária considera a receita tributária como "receita corrente". Lembrar que, para fins dessa classificação da receita, segundo a categoria econômica, a lei considera "tributários" apenas os tributos clássicos: impostos, taxas e contribuições de melhoria. Outras receitas consideradas pela doutrina e jurisprudência como "de natureza tributária", a exemplo das contribuições sociais, embora também sejam consideradas receitas "correntes", não estão inseridas, nos termos da lei, na subcategoria "receita tributária", mas sim na subcategoria "receita de contribuição".

## QUESTÃO 151 – Gabarito: E

**Referências:**

- **Item do Livro:** Capítulo 4, item 4.5.
- **Legislação:** Lei n. 4.320/64, art. 36

**Comentário:** Embora na LRF haja a previsão de uma série de vedações e condições para a realização de despesas em fins de mandato (que coincide com o fim do exercício financeiro), ela não veda a inscrição de despesas em restos a pagar nem revoga o dispositivo da Lei nº 4.320/64 que prevê a inscrição em "restos a pagar" das despesas empenhadas, mas não pagas, até o final do exercício financeiro. Com efeito, o artigo da LRF que pretendia alterar procedimentos em relação a "restos a pagar" (art. 41) foi vetado pelo Presidente da República.

## QUESTÃO 152 – Gabarito: B

**Referências:**

- **Item do Livro:** Capítulo 8, item 8.2.1.
- **Legislação:** CF, arts. 31 e 71

**Comentário:** Questão muito comum em concursos. Aborda a titularidade da função de CONTROLE EXTERNO da administração pública e o papel do Tribunal de Contas. A titularidade da função fiscalizadora de Controle Externo, no ordenamento jurídico brasileiro, é do Poder Legislativo, que o exerce, segundo a CF, com o auxílio do Tribunal de Contas. Não esquecer que os TCs são órgãos autônomos e não subordinados ao Legislativo e que exercem competências fiscalizadoras privativas e outras em colaboração com o Poder Legislativo. O fato de o TC não ser o Titular da função de Controle Externo não significa que sua autonomia seja mitigada ou que ele não pudessem ser conferidas atribuições exclusivas, a exemplo da competência (CF, art. 71, II) para julgar as contas dos administradores públicos (com exceção do Chefe do Executivo). A titularidade dessa nobre função é do Poder Legislativo porque é ele que representa a vontade do povo, autoriza o gasto público por meio do orçamento, sendo-lhe imanente essa função fiscalizadora ao lado de outra função precípua que é a função legislativa.

## QUESTÃO 153 – Gabarito: D

**Referências:**

- **Item do Livro:** Capítulo 4, item 4.4. e Capítulo 8, itens 8.2.4. e 8.2.7.2.
- **Legislação:** CF, arts. 70, 71, II e Lei nº 4.320/64, art. 68

**Comentário:** A principal regra sobre o alcance da fiscalização exercida pelo TC é a seguinte: se há dinheiro público sob a responsabilidade de quem quer que seja, essa pessoa (física ou jurídica, pública ou privada) tem a obrigação de prestar contas e o TC analisará se aqueles valores (no caso da questão: adiantamento/suprimento concedido a servidor público) foram aplicados de forma regular.

## QUESTÃO 154 – Gabarito: C

**Referências:**

- **Item do Livro:** Capítulo 8, item 8.2.7.1.
- **Legislação:** CF, arts. 31, 71, I, e 75

**Comentário:** O Parecer Prévio, deliberação de natureza opinativa, é emitido anual – mente pelo Tribunal de Contas sobre as Contas de Governo do Chefe do Poder Executivo: Presidente da República, Governador e Prefeito. Um detalhe importante é que esse Parecer, embora obrigatório, não vincula o julgamento das contas pelo Poder Legislativo Federal (Congresso Nacional) e Estadual (Assembleia Legislativa), mas, em relação a Prefeitos, o Parecer Prévio do TC só deixará de prevalecer se a Câmara Municipal rejeitá-lo pela maioria qualificada de 2/3 de seus membros.

## QUESTÃO 155 – Gabarito: A

**Referências:**

- **Item do Livro:** Capítulo 8, item 8.2.7.1.
- **Legislação:** CF, arts. 71, I, e 75

**Comentário:** As Contas de Governo apresentadas anualmente pelo Governador do Estado, assim como a do Presidente e a do Prefeito, serão apreciadas pelo respectivo TC, que sobre elas emitirá Parecer Prévio no prazo de sessenta dias a contar do seu recebimento. Uma pequena crítica que poderia ser feita à questão é quando enuncia que o Chefe do Executivo presta contas ao TC. A rigor, à luz do disciplinamento constitucional, ele presta contas ao respectivo Poder Legislativo, no prazo constitucional, e este, antes de proferir o julgamento, envia as referidas contas ao TC, para fins de emissão de Parecer Prévio. Em resumo: é o Poder Legislativo que envia para o TC as contas prestadas anualmente pelo Chefe do Poder Executivo.

## QUESTÃO 156 – Gabarito: E

**Referências:**

- **Item do Livro:** Capítulo 8, itens 8.2.4. e 8.2.7.5.
- **Legislação:** CF, art. 70 e Leis Orgânicas de TCs

**Comentário:** A primeira observação é que a atuação dos Tribunais de Contas, por meio de auditorias ou inspeções, não depende de provocação de terceiros. O TC pode determinar fiscalizações de ofício. Antes de contrariar qualquer norma legal específica, a atitude do servidor municipal afronta os princípios constitucionais da "prestação de contas" e da "transparência". Em regra, salvo as exceções legais de sigilo e confidencialidade, os documentos editados por gestores públicos (atos administrativos, licitações, contratos, livros e demonstrativos contábeis etc.), durante a execução orçamentária, são documentos públicos, que devem ser imediatamente entregues aos órgãos de controle, a exemplo do TC, para que estes possam exercer seu poder fiscalizador. Não bastasse a afronta direta à CF, as Leis Orgânicas dos Tribunais de Contas – leis que, entre outras atribuições, regulamentam e detalham as competências constitucionais de cada TC e regulam os procedimentos de fiscalização e julgamento das contas – preveem dispositivos obrigando os responsáveis pela aplicação de recursos públicos a disponibilizarem todos os documentos necessários à fiscalização, sob pena de responsabilização.

## QUESTÃO 157 – Gabarito: C

**Referências:**

- **Item do Livro:** Capítulo 8, item 8.2.3.

- **Legislação:** CF, art. 71, § 3º

**Comentário:** A CF conferiu eficácia de TÍTULO EXECUTIVO às decisões do Tribunal de Contas de que resulte imputação de débito ou aplicação de multa. Comprovado dano (prejuízo) ao erário decorrente, por exemplo, de pagamentos irregulares, superfaturamento, excesso em obras públicas, desvios e desfalques de recursos públicos, o TC imputará o débito (dever de ressarcimento) aos responsáveis. Em muitas situações, além da imputação do débito, o TC aplicará multa aos gestores responsáveis por irregularidades. Embora o TC não seja competente para ingressar com ações executivas de cobrança, caso os responsáveis não recolham voluntariamente os referidos valores, os erários credores, por meio de suas procuradorias (e também Prefeitos, no caso de Municípios), podem executar diretamente a decisão do TC, por serem dotadas de eficácia de título executivo.

## QUESTÃO 158 – Gabarito: A

**Referências:**

- **Item do Livro:** Capítulo 8, item 8.2.7.2.
- **Legislação:** Leis Orgânicas de TCs

**Comentário:** É comum em concursos para cargos no âmbito dos TCs o programa inserir a Lei Orgânica do respectivo Tribunal no conteúdo programático. Para as situações de caso fortuito, como a retratada no enunciado da questão, essas leis preveem que as contas serão consideradas iliquidáveis, num primeiro momento, e, passado algum tempo, serão arquivadas definitivamente. Nesse caso, as contas ficarão sem juízo de valor.

## QUESTÃO 159 – Gabarito: E

**Referências:**

- **Item do Livro:** Capítulo 8, item 8.2.9.
- **Legislação:** CF, art. 74, § 2º e Leis Orgânicas de TCs
- **Jurisprudência:** STF – MS nº 34.405-DF

**Comentário:** A CF previu expressamente que o cidadão, tendo conhecimento de irregularidades ou ilegalidades na gestão pública, pode denunciá-las ao TC. As Leis Orgânicas dos TCs disciplinam essa atribuição, exigindo, entre outras coisas, que haja a identificação formal do cidadão-denunciante, bem como que ele apresente provas ou indique onde elas poderão ser encontradas. Na mesma linha, o STF já decidiu que a Denúncia não pode ser anônima, nem o TC pode garantir sigilo do objeto ou do nome do denunciante, até o julgamento final da denúncia, como previa, por exemplo, a Lei Orgânica do TCU.

**QUESTÃO 160 – Gabarito: E**

**Referências:**

- **Item do Livro:** Capítulo 1, item 1.1.
- **Legislação:** CF, art. 3º

**Comentário:** A Atividade Financeira do Estado (AFE) é o objeto do Direito Financeiro. Trata-se de uma atividade de cunho econômico-financeiro, pois consiste, de fato, na arrecadação de receitas, cuja aplicação (despesas) é planejada por meio das leis orçamentárias. Com efeito, a arrecadação de recursos não é o fim último da AFE, embora seja uma etapa fundamental para que o Poder Público possa cumprir o seu verdadeiro objetivo: promover o bem comum, sem discriminações, reduzir desigualdades sociais e regionais e garantir o desenvolvimento. A AFE consiste, de fato, num instrumento para o Estado cumprir o seu papel constitucional.

**QUESTÃO 161 – Gabarito: E**

**Referências:**

- **Item do Livro:** Capítulo 3, item 3.9.
- **Legislação:** CF, art. 167, V, § 3º, e Lei nº 4.320/64, arts. 42 e 44

**Comentário:** Os créditos suplementares e especiais são autorizados por lei e abertos por decreto do Poder Executivo. Os extraordinários, considerando a situação de urgência, não dependem de autorização legislativa prévia nem da indicação formal de fonte de recursos, sendo abertos diretamente por Decreto, salvo na União, onde são abertos por Medida Provisória (nos Estados e Municípios onde houver previsão de medida provisória, o procedimento será o mesmo da União). Os créditos suplementares destinam-se a reforçar quantitativamente dotações para despesas já previstas na LOA.

## QUESTÃO 162 – Gabarito: C

Referências:

- **Item do Livro:** Capítulo 5, item 5.2. (7ª)

**Comentário:** Os tributos (impostos, taxas, contribuições de melhoria e sociais) são exemplos de receitas "derivadas", aquelas que segundo a doutrina são coercitivas e resultantes do poder de império imanente ao Estado. Os preços públicos ou tarifas são os principais exemplos das receitas "originárias", pois não são impostos pela força do Estado, originando-se da exploração do seu patrimônio.

## QUESTÃO 163 – Gabarito: A

Referências:

- **Item do Livro:** Capítulo 8, item 8.2.6.
- **Legislação:** CF, arts. 71 a 75
- **Jurisprudência:** Súmula 347 do STF

**Comentário:** A Súmula 347 do STF estabelece: "*Os Tribunais de Contas, no exercício de suas atribuições, podem apreciar a constitucionalidade de leis e atos do poder público.*" Trata-se do chamado "controle difuso ou em concreto" da constitucionalidade. Essa atuação dos TCs ocorre no decorrer da apreciação das contas quando alguma lei ou ato editado pelo poder público, em manifesto conflito com a Constituição, esteja causando irregularidade na gestão. Imagine-se uma lei de um município estatuindo que todos os cargos públicos, independentemente de sua natureza (professores, fiscais, controladores, procuradores, médicos, por exemplo), seriam comissionados, sem a necessidade de concurso público; e que o Prefeito, amparado nessa lei, tenha nomeado e empossado diversos servidores. Nesse caso, caberá ao TC competente, por manifesta afronta ao princípio constitucional do concurso público (CF, art. 37, II), afastar, naquela situação concreta, a aplicação da referida lei municipal, considerando inconstitucionais e irregulares aqueles atos administrativos, sem prejuízo de aplicar as devidas sanções previstas em lei.

## QUESTÃO 164 – Gabarito: E

Referências:

- **Item do Livro:** Capítulo 3, itens 3.5.1. a 3.5.4.

- **Legislação:** CF, art. 37, *caput*; LRF, arts. 48, 48-A, 49, 73-A e 73-B e Lei nº 12.527/11, arts. 7º e 8º

**Comentário:** Com o advento da LRF e, mais recentemente, da LAI – Lei de Acesso à Informação (Lei nº 12.527/11), o termo "Transparência", usado para definir o dever dos gestores de publicarem e divulgarem amplamente, de forma técnica e simplificada, os atos legislativos e administrativos concernentes ao processamento orçamentário, ganhou mais evidência. Contudo, esse dever de transparência é o mesmo dever de "publicidade" já consagrado na CF, e pela doutrina, como sendo de observância obrigatória por aqueles responsáveis pela elaboração e execução do orçamento. Não esquecer que os princípios da publicidade e da transparência são corolários dos princípios republicano e democrático.

**QUESTÃO 165 – Gabarito: B**

Referências:

- **Item do Livro:** Capítulo 3, item 3.5.1. e Capítulo 5, item 5.5.
- **Legislação:** CF, art. 167, IV

**Comentário:** A CF, embora preveja o princípio da não afetação (vinculação) da receita (apenas de Impostos) a despesas, órgãos ou fundos, estabelece, ela própria, algumas situações excepcionais em que a vinculação de impostos é possível (é constitucional), constituindo-se em exceções ao princípio geral. Algumas das exceções estão assinaladas na letra "b". Não pode haver vinculação de impostos a despesas com pessoal.

**QUESTÃO 166 – Gabarito: C**

Referências:

- **Item do Livro:** Capítulo 3, itens 3.7.3. e 3.8.1.
- **Legislação:** CF, arts. 165 e 166

**Comentário:** As receitas e despesas das empresas em que o poder público, direta ou indiretamente, detenha a maioria do capital social com direito a voto integram a Lei Orçamentária Anual, tanto no orçamento fiscal (empresas estatais dependentes) como no orçamento de investimentos. As demais alternativas são verdadeiras.

## QUESTÃO 167 - Gabarito: D

**Referências:**

- **Item do Livro:** Capítulo 3, item 3.7.2.
- **Legislação:** CF, art. 165, § 2º

**Comentário:** Questão clássica em concursos públicos. Exige o conhecimento do conteúdo da LDO disciplinado na própria CF. Muitas questões misturam de propósito conteúdos das três leis orçamentárias, o que exige do candidato atenção para não os confundir. De fato, a LDO, nos termos da CF, trata desses conteúdos, à exceção do disposto na letra "d". Lembrar que outras atribuições da LDO foram assinaladas na LRF.

## QUESTÃO 168 - Gabarito: C

**Referências:**

- **Item do Livro:** Capítulo 4, itens 4.3.e 4.4.
- **Legislação:** Lei nº 4.320/64, arts. 58 a 68

**Comentário:** A lei veda expressamente que a administração efetue o pagamento de despesas antes da sua efetiva liquidação, pois a aferição do direito adquirido pelo credor ao pagamento só ocorrerá quando houver a verificação de toda a documentação atestando a realização dos serviços ou a entrega dos produtos, ou seja, após a liquidação. Pode-se admitir, contudo, uma atenuação a essa vedação nos casos de "adiantamentos" (art. 68 da Lei nº 4.320/64) em que, havendo previsão em lei específica, a administração pode adiantar numerário (dinheiro) a servidor a fim de que ele possa realizar despesas que, segundo a referida lei, não possam subordinar-se ao processamento normal. Como exemplo, pode-se citar a forma de concessão de diárias em alguns órgãos públicos: empenha-se a despesa, entrega-se o numerário ao servidor, e este, após a realização dos pagamentos com os custos da viagem, presta contas à administração, que fará uma verificação, *a posteriori*, da regularidade das despesas. A lei não prevê a supressão da liquidação em casos de comprometimento da segurança de pessoas.

## QUESTÃO 169 - Gabarito: E

**Referências:**

- **Item do Livro:** Capítulo 4, item 4.2.
- **Legislação:** Portaria MPOG 32/1999 e LDO Federal

**Comentário:** Ainda que o concursando não soubesse o conteúdo da LDO federal vigente, a partir do conhecimento do conteúdo da Portaria referida, ele acertaria a questão, pois o conceito de programa, da forma como estatuído na letra "e", está consignado expressamente, repita-se, na Portaria. Lembrar que a classificação programática da despesa pública conceitua o que é "programa", "projeto", "atividade" e "operações especiais".

## QUESTÃO 170 – Gabarito: E

**Referências:**

- **Item do Livro:** Capítulo 4, item 4.2.
- **Legislação:** Lei nº 4.320/64, art. 12, §§ 4º e 5º

**Comentário:** Os conteúdos das letras "a", "b", "c" e "d" trazem exemplos de despesas correntes (custeio e transferências correntes). O aumento da participação no capital de empresas industriais ou agrícolas é considerado despesas de capital (investimentos). Lembrar, porém, que, se o aumento de capital fosse em empresas comercial ou financeira, a classificação mudaria para despesas de capital (inversões financeiras). É que as despesas alocadas na agricultura ou indústria teriam impacto maior na economia, daí a sua classificação como investimentos.

## QUESTÃO 171 – Gabarito: A

**Referências:**

- **Item do Livro:** Capítulo 5, item 5.3.
- **Legislação:** Lei nº 4.320/64, arts. 35, I, 53, 56, 57 e LRF, art. 12, *caput*

**Comentário:** Como o nome já sugere, o primeiro estágio da receita é a previsão (ou estimativa) do seu montante na LOA. Embora baseada em dados do passado e em projeções, tratando-se de uma estimativa é comum que, no decorrer da execução orçamentária, possa haver excesso ou déficit de arrecadação. Arrecadando-se mais do que o previsto, abre-se uma fonte de recursos para créditos adicionais. A própria lei prevê (art. 57) que, excetuando-se as receitas de natureza extraorçamentária, todas as receitas de natureza orçamentária arrecadadas serão classificadas e registradas no sistema orçamentário, sob as rubricas próprias, inclusive as provenientes de operações de crédito, ainda que não previstas no Orçamento. Portanto, a receita orçamentária arrecadada pode superar a prevista na LOA.

## QUESTÃO 172 – Gabarito: F V

**Referências:**

- **Item do Livro:** Capítulo 3, item 3.5.4.
- **Legislação:** Lei nº 12.527/2011, arts. 2º e 8º

**Comentário:** Entidades sem fins lucrativos que administrem recursos públicos se obrigam a divulgar o montante e a destinação dos recursos que tenham recebido dos cofres públicos. Essas entidades podem receber recursos de outras fontes não públicas, não se obrigando, em relação a estas, a observar as regras de publicidade da LAI. O conteúdo do item II diz respeito à denominada "transparência passiva".

## QUESTÃO 173 – Gabarito: VFFVV

**Referências:**

- **Item do Livro:** Capítulo 3, item 3.5.2., Capítulo 4, itens 4.2 e 4.4. e 4.6.10., Capítulo 8, item 8.2.8.1.
- **Legislação:** LRF, arts. 4º, 9º, 30, 31, 39, 48 e 59

**Comentário:** A LRF impõe a observância de requisitos em relação à criação de despesas com a seguridade social. No entanto, quando se trata de reajustamento do valor do benefício para preservar o seu valor real, a própria lei dispensa esses requisitos, especialmente aquele que exige medidas compensatórias. A rigor, a LRF, cujas regras buscam o equilíbrio das contas públicas, não exige, necessariamente, que este seja alcançado mediante a obtenção de superávit primário. A lei, em diversos dispositivos, faz menção à obtenção de "resultado primário", podendo, na prática, a depender do contexto macroeconômico, ser um superávit ou, até mesmo, um déficit primário. Decerto que, em se tratando de contextos de desequilíbrios fiscal ou de elevado grau de endividamento público, o ideal é a obtenção de superávits primários, como vem ocorrendo no Brasil, no âmbito federal, nos últimos anos.

## QUESTÃO 174 – Gabarito: VFFFVV

**Referências:**

- **Item do Livro:** Capítulo 4, itens 4.3., 4.5. e 4.6.7.
- **Legislação:** Lei nº 4.320/64, arts. 37, 58 a 63 e LRF, art. 42

**Comentário:** O conteúdo do item II diz respeito ao conceito do segundo estágio da despesa pública orçamentária: a liquidação. Embora os restos a pagar sejam as despesas empenhadas, mas não pagas até o fim do exercício financeiro, o simples fato de ter havido o empenho não cria a obrigação do desembolso financeiro, que só ocorrerá após a liquidação da despesa. O item IV trata do conceito de "despesas de exercícios anteriores (encerrados)".

## QUESTÃO 175 – Gabarito: FVVFF

**Referências:**

- **Item do Livro:** Capítulo 3, itens 3.7.1., 3.7.2., 3.7.2.1. e 3.8.1. e Capítulo 8, itens 8.2.9. e 8.2.10.
- **Legislação:** CF, arts. 165, 166 e 74 e LRF, art. 4º

**Comentário:** A CF exige que haja no âmbito dos três poderes um sistema de controle interno, os quais atuarão de forma integrada. O TC não auxilia o Controle Interno, mas sim o Controle Externo, cuja titularidade é do Poder Legislativo. A LRF prevê expressamente que a LDO disporá sobre equilíbrio entre receitas e despesas. O Chefe do Poder Executivo pode alterar a proposta de orçamento já enviada ao Legislativo, desde que a votação do ponto a ser alterado não tenha sido iniciada no âmbito da Comissão Mista.

## QUESTÃO 176 – Gabarito: C

**Referências:**

- **Item do Livro:** Capítulo 8, item 8.2.7.2.
- **Legislação:** CF, art. 71, II

**Comentário:** As contas de gestão dos administradores do TCU, como de quaisquer outros gestores públicos da União (excetuando o Chefe do Poder Executivo), são julgadas pelo próprio TCU, nos termos do que prevê a CF, em seu art. 71, II.

## QUESTÃO 177 – Gabarito: D

**Referências:**

- **Item do Livro:** Capítulo 8, item 8.2.7.2.
- **Legislação:** Lei Federal nº 8.443/91, art. 20 (Lei Orgânica do TCU)

**Comentário:** Todas as Leis Orgânicas de Tribunais trazem essa hipótese de as contas serem consideradas "iliquidáveis" quando situações caracterizadoras de caso fortuito ou força maior inviabilizarem a emissão de um juízo de valor de mérito sobre elas. Essas contas serão, num primeiro momento, arquivadas, podendo, contudo, ser reabertas para exame de mérito quando, no prazo de cinco anos, o Tribunal considerar que existem novos elementos suficientes para a apreciação de mérito. Se nesse prazo de cinco anos não surgirem novos elementos, o Tribunal considerará as contas encerradas, com baixa de responsabilidade dos interessados.

**QUESTÃO 178 – Gabarito: D**

**Referências:**

- **Item do Livro:** Capítulo 3, item 3.5. e Capítulo 5, itens 5.1. e 5.2. (5ª)
- **Legislação:** Lei nº 4.320/64, arts. 3º e 11

**Comentário:** Todas as alternativas que estabeleceram exclusões estão incorretas (apenas, tão somente, e exclusivamente). A Lei adotou o conceito amplo de receita pública (= ingressos), com específicas exceções, de sorte a contemplar aquelas decorrentes do poder de império (tributos), as decorrentes da exploração do seu patrimônio (preços públicos), bem como as receitas oriundas das operações de crédito (empréstimos).

**QUESTÃO 179 – Gabarito: E**

**Referências:**

- **Item do Livro:** Capítulo 8, item 8.2.4.
- **Legislação:** CF, arts. 70, 71, IV e VII, e 75

**Comentário:** A CF define o alcance da fiscalização exercida pelos Tribunais de Contas. O TC examinará os aspectos contábil, orçamentário, financeiro, patrimonial e OPERACIONAL da gestão. O controle operacional destina-se a avaliar o desempenho dos órgãos e os resultados dos programas governamentais.

**QUESTÃO 180 – Gabarito: C**

**Referências:**

- **Item do Livro:** Capítulo 8, item 8.2.7.2.
- **Legislação:** CF, arts. 71, § 3º, e 75

**Comentário:** Tanto o TCU como os Tribunais de Contas estaduais e municipais devem enviar ao seu respectivo Poder Legislativo, trimestral e anualmente, um "relatório de atividades". Atenção, contudo, que esse relatório não diz respeito às contas do Tribunal, mas sim a um documento contendo informações gerais sobre processos, a exemplo do número de contas julgadas, pareceres emitidos, consultas respondidas, montante de multas aplicadas, de débitos imputados e de medidas cautelares concedidas.

## QUESTÃO 181 – Gabarito: B
Referências:
- **Item do Livro:** Capítulo 8, item 8.2.7.10.
- **Legislação:** CF, arts. 72 e 75

**Comentário:** A questão aborda o que a doutrina denomina "veto absoluto impeditivo". No caso retratado, a sustação da referida despesa não autorizada pelo Poder Legislativo poderá ocorrer se o pronunciamento conclusivo do Tribunal de Contas considerar irregular a despesa. Registre-se, no entanto, que essa sustação só ocorrerá se o Legislativo entender que a irregularidade causa dano irreparável ou grave lesão à economia popular.

## QUESTÃO 182 – Gabarito: B
Referências:
- **Item do Livro:** Capítulo 3, itens 3.5., 3.7.1., 3.7.3. e 3.8.1.
- **Legislação:** CF, arts. 165, *caput*, e § 5º, 166 e 167, § 1º, e Lei nº 4.320/64, arts. 3º, 4º e 6º

**Comentário:** O princípio orçamentário da universalidade exige que o orçamento contemple todas as receitas e despesas públicas. As autarquias estão inseridas nessa obrigação. Emendas ao orçamento são prerrogativas do Poder Legislativo. O Judiciário não pode propor emendas. Tratando-se de investimentos, uma obra pública cuja duração for ultrapassar um exercício financeiro só poderá ser iniciada se estiver prevista no PPA ou em lei específica que autorize sua inclusão. O princípio do orçamento bruto exige que as despesas sejam consignadas no orçamento pelos seus valores totais. Assim, no caso do ICMS, a LOA estadual incluirá na receita a previsão de sua arrecadação total e na despesa o montante que será transferido aos Municípios.

## QUESTÃO 183 - Gabarito: A

**Referências:**

- **Item do Livro:** Capítulo 4, item 5.2. (5ª)
- **Legislação:** Portaria MPOG 42/1999

**Comentário:** Na classificação funcional da despesa pública orçamentária, os serviços da dívida interna e externa, bem como os seus refinanciamentos, as transferências e outros encargos especiais são classificados na função "Encargos Especiais".

## QUESTÃO 184 - Gabarito: C (?)

**Referências:**

- **Item do Livro:** Capítulo 1, item 1.3., Capítulo 4, item 4.6.4.2., Capítulo 5, itens 5.2. (5ª) e 5.6.1. e Capítulo 6, item 6.3.3.5.
- **Legislação:** LRF, arts. 2º, 12, § 2º (suspenso pelo STF), 38 e 44.
- **Jurisprudência:** STF ADI nº 2.238

**Comentário:** Para o cálculo da RCL do Estado excluem-se as parcelas das transferências tributárias obrigatórias repassadas aos Municípios. O limite de despesas com pessoal para o Município é 60% da RCL. As AROs só podem ser contratadas a partir do décimo dia útil do início do exercício financeiro, sendo vedada no último ano de mandato. A receita de capital oriunda de alienação de bens públicos só financiará despesas de capital, podendo, excepcionalmente, financiar despesas correntes relacionadas a regime de previdência social, geral e próprio dos servidores. ATENÇÃO! O conteúdo do "item II" reflete expressamente o texto da LRF, art. 12, § 2º. Ocorre que o STF suspendeu os seus efeitos sob a alegação de afronta ao art. 167, III, da CF, especificamente por não consignar a ressalva prevista na CF. Portanto, a questão deveria ter sido anulada, uma vez que não se pode exigir conteúdo considerado inconstitucional pelo STF, ainda que em sede cautelar.

## QUESTÃO 185 - Gabarito: C

**Referências:**

- **Item do Livro:** Capítulo 1, item 1.1.

**Comentário:** Trata-se de um conceito doutrinário. A rigor o conceito completo de Atividade Financeira englobaria, além da obtenção das receitas e da realização de despesas, as atividades de planejamento orçamentário. Sendo assim, o conteúdo que mais se aproxima da conceituação doutrinária está na letra "c". As outras são mais restritivas.

## QUESTÃO 186 – Gabarito: B
**Referências:**
- **Item do Livro:** Capítulo 5, item 5.2. (3ª)

**Comentário:** A doutrina classifica a receita, quanto à periodicidade (ou regularidade), em "ordinárias" (as que acontecem com mais frequência, a exemplo das receitas tributárias) e "extraordinárias" (ingressos excepcionais, a exemplo dos empréstimos compulsórios).

## QUESTÃO 187 – Gabarito: D
**Referências:**
- **Item do Livro:** Capítulo 4, item 4.3.
- **Legislação:** Lei nº 4.320/64, arts. 58 a 63

**Comentário:** As obras públicas são concretizadas mediante contratos, e os pagamentos são feitos em parcelas, ensejando a emissão de empenho global. Nenhuma despesa pública orçamentária dispensa a realização do empenho prévio. O documento nota de empenho é que, se houver previsão em lei, poderá ser dispensado, mas nunca o ato de empenhar (reservar dotação orçamentária). A liquidação da despesa ocorre em fase posterior ao empenho. O conteúdo da letra "d" está de acordo com a lei.

## QUESTÃO 188 – Gabarito: A
**Referências:**
- **Item do Livro:** Capítulo 4, item 4.4.
- **Legislação:** Lei nº 4.320/64, arts. 68 e 69

**Comentário:** O suprimento de fundos, também chamado "adiantamento", consiste na entrega de dinheiro a servidor, sempre precedida de empenho na dotação própria, a fim de que ele realize despesas que não possam subordinar-se ao processamento normal. As despesas passíveis de suprimentos devem estar previstas em lei específica, e o servidor beneficiado, após a aplicação dos recursos, deve prestar contas ao seu órgão.

## QUESTÃO 189 – Gabarito: E
**Referências:**
- **Item do Livro:** Capítulo 4, item 4.5.
- **Legislação:** Lei nº 4.320/64, arts. 35 e 36

**Comentário:** Os restos a pagar processados são as despesas empenhadas, liquidadas e não pagas até o encerramento do exercício financeiro. Os não processados são decorrentes de despesas empenhadas, mas não liquidadas e nem pagas até o fim do exercício. Embora a Lei Federal não estabeleça prazo, normas infralegais (Decretos, por exemplo) costumam estabelecer que os restos a pagar terão validade até o encerramento do exercício seguinte ao que foram inscritos, mas o direito do credor só prescreverá em cinco anos, contados da sua inscrição. Vencido esse prazo, comprovando-se o direito do credor, o pagamento, nos anos seguintes, ocorrerá à conta de dotação orçamentária específica denominada "despesas de exercícios anteriores" (art. 37 da lei).

## QUESTÃO 190 – Gabarito: B
**Referências:**
- **Item do Livro:** Capítulo 4, item 4.5.
- **Legislação:** Lei nº 4.320/64, art. 37

**Comentário:** Não é fácil a compreensão do verdadeiro significado dos "restos a pagar com prescrição interrompida". A rigor, são despesas que, no passado, já estiveram inscritas em "restos a pagar" e foram canceladas no prazo legal sem o efetivo pagamento. Acompanhe esta sequência de fatos: no exercício financeiro x1, a despesa foi empenhada e não paga, sendo, portanto, inscrita em "restos a pagar" ao final desse exercício (x1). Essa despesa permaneceu como "restos a pagar" até o fim do exercício seguinte (x2), sem que também tenha havido o pagamento, e, por isso, foi cancelada ao seu final (x2 – ver comentário da questão 189). Durante os quatro exercícios seguintes ao do cancelamento (o prazo de prescrição dessa dívida é de cinco anos, a contar da sua inscrição), se o credor comprovar que tem direito ao pagamento, a administração honrará o compromisso, não mais por meio de "restos a pagar" (que já não existem), mas sim mediante uma DOTAÇÃO ORÇAMENTÁRIA do próprio exercício financeiro vigente denominada "Despesas de Exercícios Anteriores". Portanto, restos a pagar com prescrição interrompida são uma das hipóteses de Despesas de Exercícios Anteriores.

QUESTÃO 191 – Gabarito: D

Referências:
- **Item do Livro:** Capítulo 3, itens 3.7.2.2. e 3.7.3., Capítulo 4, item 4.6.1. e Capítulo 6, itens 6.3.3.2. e 6.3.3.5.
- **Legislação:** CF, arts. 52, VI, e 165, § 5º, II; e LRF, arts. 4º, 9º e 38

**Comentário:** O orçamento de investimentos que integra a LOA não contempla as empresas cujo controle o ente federativo não detenha, direta ou indiretamente (maioria do capital social com direito a voto). Quem avalia passivos contingentes é o Anexo de Riscos Fiscais. Diante de uma arrecadação que poderá não comportar o cumprimento das metas de resultados, a limitação de empenho deve atingir dotações do próprio orçamento vigente, e não do seguinte. As AROs, de fato, são vedadas no último ano de mandato. É tarefa do Senado Federal fixar, a partir de proposta do Presidente da República, limites globais para o montante da dívida pública consolidada das três esferas federativas.

QUESTÃO 192 – Gabarito: C

Referências:
- **Item do Livro:** Capítulo 4, item 4.6.7.
- **Legislação:** LRF, art. 42

**Comentário:** A questão aborda uma das principais restrições que a LRF prevê para a realização de novas despesas nos últimos dois quadrimestres (oito meses) do mandato do Titular de Poder ou Órgão. Em regra, caso contrate novas despesas nesse período, o gestor tem que demonstrar que os pagamentos serão honrados no próprio exercício. Caso existam parcelas a serem pagas no exercício seguinte, o gestor terá de demonstrar que haverá disponibilidade de caixa para tanto.

QUESTÃO 193 – Gabarito: D

Referências:
- **Item do Livro:** Capítulo 3, item 3.5.
- **Legislação:** CF, arts. 165, §§ 5º e 8º, 167, IV e § 4º

**Comentário:** O princípio da exclusividade orçamentária possui duas exceções. Além de prever as receitas e fixar as despesas, a LOA poderá conter duas autorizações legais. Essas autorizações poderiam ser objeto de lei específica, mas a CF permite que elas possam vir na própria LOA. São elas: a) autorização para abertura de créditos suplementares e b) autorização para contratação de operações de crédito, inclusive de AROs (operações de crédito por antecipação de receita).

### QUESTÃO 194 - Gabarito: A

**Referências:**
- **Item do Livro:** Capítulo 6, item 6.3.1. e Capítulo 8, itens 8.1., 8.2.7.1., 8.2.7.2.
- **Legislação:** CF, arts. 49, IX, 52, V e IX, 71, I, II e VI

**Comentário:** Os recursos transferidos pela União a Estados e Municípios, voluntariamente, mediante convênios, acordos ou ajustes, serão fiscalizados pelo TCU. Cabe ao Congresso Nacional apreciar os relatórios sobre a execução dos planos de governo, bem como julgar as contas do Presidente da República. É o Senado Federal que estabelece limites globais e condições para o montante da dívida mobiliária dos Estados, bem como autoriza operações externas de natureza financeira.

### QUESTÃO 195 - Gabarito: B
**Referências:**
- **Item do Livro:** Capítulo 6, item 6.3.3.1.
- **Legislação:** LRF, art. 29

**Comentário:** A questão exige o conhecimento do conceito de dívida pública consolidada (ou fundada) preconizado na LRF. Em regra, trata-se do endividamento público de longo prazo (amortização superior a 12 meses), mas, excepcionalmente, contempla outras operações, a exemplo das operações de crédito de curto prazo (amortização inferior a 12 meses), cujas receitas tenham sido previstas na LOA, bem como os precatórios judiciais não pagos durante a execução do orçamento em que estavam previstos.

### QUESTÃO 196 - Gabarito: D
**Referências:**
- **Item do Livro:** Capítulo 3, item 3.7.2.

- **Legislação:** CF, art. 165, § 2º

**Comentário:** O enunciado da questão trata do conteúdo constitucional da LDO. É comum que os concursos abordem o conteúdo das três leis orçamentárias (PPA, LDO e LOA).

## QUESTÃO 197 – Gabarito: E

**Referências:**

- **Item do Livro:** Capítulo 4, item 4.6.4.2.
- **Legislação:** LRF, art. 19

**Comentário:** A LRF, regulamentando o art. 169 da CF, estabelece os limites legais para as despesas com pessoal dos entes federativos: União = 50% da Receita Corrente Líquida e Estados, DF e Municípios = 60% da Receita Corrente Líquida. No art. 20, a LRF estatui os limites específicos dos Poderes, do Ministério Público e do Tribunal de Contas.

## QUESTÃO 198 – Gabarito: D

**Referências:**

- **Item do Livro:** Capítulo 8, item 8.2.9.
- **Legislação:** CF, art. 74

**Comentário:** A CF previu um canal específico do controle social com os Tribunais de Contas. Os legitimados pela Lei Maior para fazerem denúncias perante os Tribunais de Contas foram: cidadão, partido político, associação ou sindicato.

## QUESTÃO 199 – Gabarito: A

**Referências:**

- **Item do Livro:** Capítulo 5, item 5.6.2.
- **Legislação:** LRF, art. 14, § 3º, I

**Comentário:** A CF – em seu art. 153, § 1º – permite que o Poder Executivo Federal altere alíquotas dos impostos de importação (II) e exportação (IE), do imposto sobre produtos industrializados (IPI) e do imposto sobre operações de crédito, câmbio e seguro, ou relativas a títulos ou valores mobiliários (IOF). A alteração das alíquotas desses impostos, ainda que impliquem diminuição da receita, pode ser efetivada sem a necessidade de observância das regras estatuídas na LRF pertinentes à renúncia de receitas. Essa exceção decorre da natureza "extrafiscal" dos referidos impostos, pois estão relacionados à política industrial e creditícia, não visando simplesmente à arrecadação.

## QUESTÃO 200 – Gabarito: A

**Referências:**
- **Item do Livro:** Capítulo 8, item 8.2.7.4.
- **Legislação:** CF, art. 71, IX, X e §§ 1º e 2º

**Comentário:** Trata da competência corretiva dos Tribunais de Contas, nesse caso, do TCU. Em relação a contratos administrativos, a CF adota uma atuação mais indireta do Tribunal de Contas. Diferentemente de ilegalidades verificadas em atos administrativos – em que, passado o prazo para correção, o Tribunal pode sustar diretamente os efeitos do referido ato –, em relação a contratos a situação é outra. Se a ilegalidade no contrato não for corrigida a tempo, caberá ao Poder Legislativo (Congresso Nacional – CN, no âmbito federal) sustar diretamente o contrato, solicitando ao Poder Executivo (PE), de imediato, a adoção de medidas cabíveis. Se o CN ou o PE, no prazo de 90 dias, não tomarem as medidas previstas na CF, o Tribunal de Contas decidirá a respeito. Ora, se a omissão for dos dois, CN e PE, entendo que o Tribunal poderá, nesse momento, sustar o contrato. Se a omissão for apenas do Executivo, o Tribunal, no exercício de suas atribuições ordinárias, julgará as contas do gestor responsável pelo contrato, podendo considerá-las irregulares, aplicará sanções e determinações previstas em lei, bem como poderá representar ao Ministério Público para fins penais e de improbidade, se for o caso.

# Referências Bibliográficas

ALVES, Benedito Antônio; GOMES, Sebastião; RODRIGUES, Edilson. *Curso de Direito Financeiro*. São Paulo: Editora Juarez de Oliveira, 2001.

ANGÉLICO, João. *Contabilidade Pública*. 7. ed., São Paulo: Atlas, 1991.

ARISTÓTELES. *A Política*. Tradução: Silveira Chaves. São Paulo: Edipro, 1995.

BALEEIRO, Aliomar. *Uma Introdução à Ciência das Finanças*. 15. ed., Rio de Janeiro: 1998.

BARROS, Luiz Celso de. *Ciência das Finanças*. Bauru, SP: EDIPRO, 1999.

BASTOS, Celso Ribeiro. *Curso de Direito Financeiro e de Direito Tributário*. 3. ed., São Paulo: Saraiva, 1994.

BORBA, Cláudio. *Direito Tributário*. Rio de Janeiro: Impetus, 2002.

BORGES, José Souto. *Introdução ao Direito Financeiro*. São Paulo: Max Limonad, 1998.

BRITTO, Carlos Ayres. O Regime Constitucional dos Tribunais de Contas. *Revista Diálogo Jurídico*, nº 9, dezembro 2001. Salvador.

CAMPOS, Dejalma. *Direito Financeiro e Orçamentário*. São Paulo: Atlas, 1995.

CARNEIRO, C. B. L.; COSTA, B. L. D. *Inovação institucional e* accountability: o caso dos conselhos setoriais. In Congresso Internacional Del CLAD sobre La Reforma Del Estado y de la Administracion Publica, 6, Buenos Aires, Argentina, 2001.

CASTRO, Robínson Gonçalves. *Controle Externo*. 3. ed. Brasília: Vestcon, 1999.

_____. *Administração Financeira e Orçamentária*. 5. ed., Brasília: Vestcon, 2001.

CITADINI, Antônio Roque. *O Controle Externo da Administração Pública*. São Paulo: Max Limonad, 1995.

CONTI, José Maurício. *Federalismo Fiscal e Fundos de Participação*. São Paulo: Ed. Juarez de Oliveira, 2001.

_____. *Direito Financeiro na Constituição de 1988*. São Paulo: Ed. Oliveira Mendes, 1998.

CRETELLA Júnior, José. *Comentários à Constituição Brasileira de 1988*. v. IV, Rio de Janeiro: Forense Universitária, 1991.

DI PIETRO, Maria Sílvia. Coisa Julgada – Aplicabilidade a Decisões do Tribunal de Contas da União. *Revista do TCU*, v. 27, nº 70, p. 23, out./dez. 1996.

FAGUNDES, Seabra. *O Controle dos Atos Administrativos pelo Poder Judiciário*. 5. ed. 1979.

FERNANDES, Flávio Sátiro. *Prestação de Contas* – Instrumento de Transparência na Administração. Disponível: www.datavenia.inf.br. Acesso em: 10.06.2000.

FERNANDES, Jorge Ulisses Jacoby. *Tomada de Contas Especial*. Brasília: Brasília Jurídica, 1996.

FIGUEIRÊDO, Carlos Maurício Cabral e outros. *Comentários à Lei de Responsabilidade Fiscal*. São Paulo: Ed. Revista dos Tribunais, 2001.

_____. *Lei de Responsabilidade Fiscal para Concursos*. Carlos Maurício Figueirêdo & Marcos Nóbrega. Rio de Janeiro: Impetus, 2001.

FURTADO, J. R. Caldas. *Direito Financeiro*. 3. ed., Belo Horizonte: Editora Fórum, 2012.

GIACOMONI, James. *Orçamento Público*. 4. ed., São Paulo: Atlas, 1992.

GUALAZZI, Eduardo Lobo Botelho. *Regime Jurídico dos Tribunais de Contas*. São Paulo: Ed. Revista dos Tribunais, 1992.

HARADA, Kiyoshi. *Direito Financeiro e Tributário*. 6. ed., São Paulo: Atlas, 2000.

KHAIR, Amir Antônio. *Lei de Responsabilidade Fiscal*. Brasília: BNDES, 2000.

KOHAMA, Heilio. *Contabilidade Pública*. 3. ed., São Paulo: Atlas, 1992.

LIMA, Luiz Henrique. *Controle Externo*. Rio de Janeiro: Elsevier, 2007.

MACHADO JÚNIOR, José Teixeira. *A Lei nº 4.320 Comentada*. 30. ed., Rio de Janeiro: IBAM, 2001.

MEDAUAR, Odete. *Controle da Administração Pública*. São Paulo: Ed. Revista dos Tribunais, 1993.

MEIRELLES, Hely Lopes. *Direito Administrativo Brasileiro*. 17. ed., São Paulo: Malheiros, 1992.

MIRANDA, Pontes de. *Comentários à Constituição de 1946*. 2. ed., Rio de Janeiro: Max Limonad, 1953.

MOTTA, Sylvio; DOUGLAS, William. *Direito Constitucional*. Rio de Janeiro: Impetus, 2002.

NASCIMENTO, Carlos Valder do. *Curso de Direito Financeiro*. Rio de Janeiro: Forense, 1999.

O'DONNEL, G. (1998) *Accountability Horizontal e Novas Poliarquias*. Lua Nova: Revista de Cultura e Política, São Paulo, Cedec, n. 44.

OLIVEIRA, Régis Fernandes de. *Manual de Direito Financeiro*. 3. ed., São Paulo: Ed. Revista dos Tribunais, 1999.

PASCOAL, Valdecir Fernandes. *A Intervenção do Estado no Município*: O Papel do Tribunal de Contas. Recife: Nossa Livraria, 2000.

SILVA, José Afonso da. *Curso de Direito Constitucional Positivo*. 9. ed. São Paulo: Malheiros, 1992.

SILVA, Lino Martins da. *Contabilidade Governamental*. 2. ed., São Paulo: Atlas, 1991.

TORRES, Ricardo Lobo. *Tratado de Direito Constitucional Financeiro e Tributário*. 2. ed., Rio de Janeiro: Renovar, 2000. v. 5.

_____. *Curso de Direito Financeiro e Tributário*. 5. ed., Rio de Janeiro: Renovar, 1998.

ZYMLER. Benjamim; ALMEIDA, Guilherme Henrique de La Rocque. *O Controle Externo das Concessões de Serviços Públicos e das Parcerias Público-privadas*. 2. ed., Belo Horizonte: Editora Fórum, 2008.

Pré-impressão, impressão e acabamento

**GRÁFICA SANTUÁRIO**

grafica@editorasantuario.com.br
www.graficasantuario.com.br
Aparecida-SP

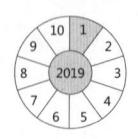

2019